마을에서 만난 예수,
함께 만드는 사회연대경제

마을에서 만난 예수,
함께 만드는 사회연대경제

2024년 1월 7일 처음 펴냄

지은이   오세향 · 이원돈 · 임종한
펴낸이   김영호
펴낸곳   도서출판 동연
등록   제1-1383호(1992년 6월 12일)
주소   서울시 마포구 월드컵로 163-3
전화/팩스   (02) 335-2630 / (02) 335-2640
이메일   yh4321@gmail.com
인스타그램   https://www.instagram.com/dongyeon_press

ISBN 978-89-6447-981-0 03330

마을에서 만난 예수, 함께 만드는 사회연대경제

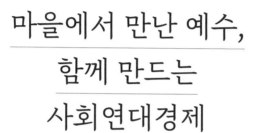

오세향·이원돈·임종한 함께 씀

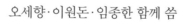

동연

추천의 글

예수의 갈릴리 정신과 약대동 마을목회

답은 언제나 현장에 있다. 닫힌 현장이 아니라 열린 현장에 있다. 인류에게 감동을 주고 선한 영향력을 주었던 역사적인 위인들의 삶의 자리도 언제나 현장이었다. 마더 테레사의 활동 무대는 인도의 캘커타 거리였고, 슈바이처 박사의 의료 현장 또한 거대한 빌딩이 아닌 질병으로 고통받는 자들이 살고 있는 아프리카의 작고 가난한 마을이었다. 하나님의 구원의 손길이 펼쳐졌던 곳은 파라오의 화려한 궁전이 아닌 광야였고, 우리의 구원자 예수 그리스도께서 복음을 전하신 곳 또한 예루살렘 성전이나 회당이 아닌 가버나움이었으며 갈릴리와 같은 마을이었다.

그러나 예수의 복음을 따르고 그분의 삶을 본받아 사는 것을 신앙으로 고백했던 중세의 교회가 세상 위에 군림하고 웅장한 성전 건축물을 지어 그 세를 과시했던 영적 암흑기에서부터 오늘에 이르기까지 교회는 현장이 아닌 건물 안에 갇혀 자신들만이 구원받은 거룩한 공동체인양 착각해 온 것이 사실이다. 그리고 교회와 세상을 이분법적으로 나누어 교회는 구원받은 자들의 성소이고 세상은 그렇지 않기에 철저히 교회 밖의 세상으로 정죄하고 지역사회와도 담을 쌓고 살아왔다.

1970년대에 세계 교회는 *Missio Dei* (하나님의 선교)라는 신학적 주제를 교회의 선교적 가치로 선언한 바 있다. 그럼에도 불구하고 하나님의 주권적인 선교를 교회는 구원받지 못한 영혼을 구원해야 한다는 지극히 제한적인 영역에 가두어 온 것이 목회의 현실이다.

이번에 출간하는 이원돈 목사와 오세향 사모의 『마을에서 만난 예수, 함께 만드는 사회연대경제』는 전환기적 시대에 서 있는 교회 선교에 대한 새로운 패러다임을 마을에서 찾고 지역사회와 민중들이 살고 있는 현장에서 다양한 사람들과 함께 실천해 온 소중한 신앙고백적 산물이다.

우리의 시선을 교회가 자리한 마을로 돌려보면 사람들이 살아가는 삶의 현장과 지역사회가 안고 있는 문제와 그 안에 살며 울고 웃는 이웃들이 보인다. 그들은 교회와 상관없는 타자들이 아니라 예수께서 관심하셨던 바로 그 선교와 돌봄과 섬김 그리고 구원의 대상이다.

일찍이 그것을 간파하였기에 교회와 마을을 이분화하지 않고 마을 속의 교회를 지향하면서 교회 선교의 장을 부천의 약대동으로 하여 새롬교회공동체와 마을을 함께 섬겨오신 목사님과 사모님의 공동 목회의 짧지 않은 고난과 헌신의 여정에 경의를 표한다. 특히 목회의 본질과 교회 선교의 방향을 다시 한번 생각하게 하는 책으로 적극 추천하고 싶다.

더욱 이 책을 귀하게 해 주는 것은 바로 임종한 교수의 사회연대경제와 마을목회의 접촉점이다. 일반적으로 한국교회가 가지고 있는 의식은 교회 성장과 영혼 구원의 문제에 한정되어 있는 경우가 많다. 사회 문제나 경제 문제는 목회의 영역에서 터부시되고 그것들이 교회가 추구해야 할 선교 방향이나 영역과는 철저히 구별해 온 것을 부정할 수 없다.

그러나 초대의 교회 공동체는 영적인 신앙 공동체이면서 동시에 경제 공동체였다. 다 함께 가진 것을 나누고 통용하는 삶의 공동체였다.

UN이 결의한 사회연대경제는 지역사회가 안고 있는 다양한 사회적 문제를 해결하기 위해 협동조합의 정신과 가치를 기반으로 인류가 지향해야 할 지속 가능한 발전 목표로 선포한 바 있다.

그런 의미에서 마을이나 지역사회를 단순한 구원의 대상으로 객관화하는 것이 아니라 돌봄과 협력, 연대와 상생의 장으로서 마을을 대하고, 더 나아가 사회연대경제의 정신으로 마을에서 다 함께 더불어 행복한 사회를 구현하기 위해 사회연대경제의 가치와 목회의 패러다임을 교회와 사회 현장에 접목해 가야 한다는 입장과 그 노력에 적극 공감한다.

또한 일반적으로 다른 의사들과는 달리 의료인을 필요로 하는 환자를 직접 찾아서 주치의로서의 역할을 감당하는 실천적 의료인을 표방하고 직접 실천하는 의사의 한 사람으로서, 의료복지사회협동조합의 통합돌봄과 사회참여 방식을 통해 사회정의를 실현하고 한국교회에 변화를 촉구하면서 목회자와 기독교인들에게 폭넓은 사회적 책임과 선교적 연대를 강조하는 임종한 박사의 글을 많은 독자들이 읽어 보기를 추천하는 바이다.

박남수
(원로목사, 전국협동조합협의회 상임대표)

추천의 글

　새롬교회와 이원돈 목사님을 만난 것은 선교적 교회를 연구하는 나에게는 행운이었다. 선교적 교회를 이론으로만 아니라 현장에서 실제로 실현하고 있는 도시 교회의 모델을 보게 된 것이다. 70년대 한국교회를 이끌어간 교회 성장 모델은 90년대 이후 더 이상 효력을 발휘하지 않는다. 성장 모델 자체 역시 개교회의 규모와 숫자를 중심으로 교회를 측정하는 기준으로 삼았기 때문에 성경에서 제시하는 교회의 본질을 벗어나 있다. 한국교회가 서 있는 네 가지 교회의 이미지—방주적 교회, 교회와 세상을 나누는 분리된 교회, 건물 안에 속한 교회, 프로그램 중심의 교회—를 극복하지 않으면 우리는 여전히 섬같이 고립된 교회 건물 안에서 교회 생활을 신앙생활로 여기는 목회를 지속할 것이다. 교인들은 자신의 삶의 현장 또는 일상과 분리된 교회 안에 갇힌 주일 중심의 신앙을 전부로 여기며 살아간다. 그러나 이제는 교회를 넘어서 지역사회와 주민들과 함께하는 열린 선교적 목회를 지향해야 한다.

　교회가 건물을 넘어서 사람들이 살고 있는 마을과 동네, 지역사회와 세상으로 나가는 일은 말처럼 쉽지 않다. 교인들도 힘들지만 목사는 더 힘들다. 왜냐하면 자신의 소명의 현장을 교회 안이나 교인들과의 관계 안으로 제한해 왔기 때문이다. 목회자가 먼저 교회를 넘어서 마을과 동네로 나가야만 교인들도 진정 세상 속에서 살아가는 그리스도인의 정체성을 회복하게 된다. 30년 동안 기성교회에서 목회하던 목사가 선교적 교회와 마을목회로 전환하게 된 시점을 이렇게 표현한다. "목사의 사무실을 나와서 마을로 들어갔다."

교회를 불신하고 무종교인들이 증가하는 시대에서 우리는 대안을 다른 곳에서 찾아야 한다. 그것은 '세상에 영향력 있는 교회'와 '신뢰를 받는 교회'이다. 부천 새롬교회는 작지만 영향력 있는 교회로서 우리 시대에 새로운 교회를 보여주고 있다.

이 책에서는 현장에서 살아 움직이는 생생한 마을교회와 약대동에서 실천해온 하나님 나라 이야기를 각각 다른 관점에서 기술한 세분의 저자를 통해 듣게 된다.

이원돈 목사의 사모이신 오세향 선생이 쓴 첫 번째 이야기는 마을에서 전개되는 하나님 나라 이야기를 들려준다. 가난하고 소외되고 어려운 마을에서 교회는 무엇을 보고 들어야 하는가를 생생한 이야기를 통해서 증언한다. 이원돈 목사는 이런 마을 이야기를 성서를 통해서 새롭게 조명하며, 특별히 갈릴리를 하나님 나라의 현장으로 삼아 활동하신 예수의 삶을 약대동 관점에서 해석하고 적용한다. 임종한 교수는 앞의 두 이야기가 어떻게 우리 시대에 보다 적합한 형태로 전개될 수 있을까를 성찰하며, 그 대안으로 사회적 연대와 협동조합의 이야기를 통해서 들려준다. 이렇게 세 저자는 각각 자신의 관점에서 다양하게 전개하지만, 사실상 삶의 현장에 뿌리를 두고 실현되고 있는 하나님 나라를 진정성 있는 삶의 이야기로 전하고 있다.

한국일
(장로회신학대학교 은퇴교수, 선교학)

추천의 글

예수 그리스도께서 3년 동안 사역하신 것으로 보면 총 156주간을 공생애로 사신 셈이십니다. 예수께서는 마지막 한 주간은 예루살렘과 그 주변에서 시간을 보내셨습니다. 그렇다면, 부활하신 예수께서 "날 만나고 싶으냐? 갈릴리로 가라, 거기서 만나자"라고 전하신 것처럼, 기독교인들의 신앙의 바탕이 예수에게 있어야 한다면, 우리는 예루살렘 한 주간 동안의 예수에게만 배타적으로 집착할 게 아니라, 주님 예수를 만나러, 예수께서 155주간 동안 친히 일하시던 그 갈릴리로 가야 할 것으로 생각합니다.

이런 대전제에서 저는 평생 신학을 전개해 왔습니다. 이제 갈릴리신학대학원을 졸업한 한 목회자가 자기 마을에 오신 그 갈릴리 예수 이야기를 진솔하게 나누고 있습니다. 그러므로 저는 이 저작을 기독교의 바탕 위에서 목회를 하고자 애쓰는 모든 예수 목회자에게 아낌없이 추천합니다. 이 작품의 발행이 '예수 르네상스'의 기치까지 높이 드는 시발이 되기를 간절히 희망해 봅니다.

지금 와 돌아보면 저는 한국에서 신학교 교단에서 신학을 전개하는 동안은 현장 목회자들의 고충을 충분히 이해하지 못하였습니다. 그러다가 천사는 하나 없지만 이름만은 천사의 도시인 Los Angeles에서 원하지 않는 이민자 목회 생활을 24년 해 오면서, 현장 목회자들을 도울 수 있는 신학이 지극히 부족하다는 사실 때문에 몹시 당황하며 고독한 씨름을 해 왔습니다. 이 기간에 저에게 가장 깊은 영감을 준 것은 기독교 신학 서적들이 아니라 제가 살고 있는 동네 옆에 있는, 재미 유대인들을 대상으로 목회하는 이들(랍비들)의 서적들이었음을 고백합니다. 역사의 어둠을 기억하는 자들의 신앙 이야기이기 때문이었습니다.

이원돈 목사님의 목회 이야기, 마을에서 만난 예수 그리스도는 기득 권자들의 높은 세도들 때문에 빛을 보지 못하고 아프게 살아가는 숱한 사람들에게 친구로 다가오시는 갈릴리 예수의 이야기 모음집입니다. "하늘 뜻, 이 땅에서 이루어지이다"라고 기도하라고 가르쳐 주신 그 예수의 친구들 이야기입니다. 혼자서는 절망할 수밖에 없지만, 우리를 하늘 백성으로 초대해 주시는 마을 예수 덕에 동네마다 잔치를 경험하였 다는 놀라운 간증 모음입니다. 교실 신학이 아니라 현장 신학의 산 간증입 니다. 갈릴리신학대학원이 아직 어둠 짙은 이 역사 속에서 길이 이어가 야 할 과제가 하나 있다면, 바로 이런 마을 예수 이야기들의 릴레이를 계승하는 것이라 믿습니다.

홍정수
(갈릴리신학교 총장)

책을 펴내며

약대동에서의 처음 10년을 기록한 『마을이 꿈을 꾸면 도시가 춤을 춘다』라는 책을 2011년에 펴냈다. 그 후 2022년, 새롬교회 36주년을 기념해서 『코로나19 문명전환기 생명망 목회와 돌봄마을』이라는 책을 출간했다. 앞의 책이 주로 약대동 마을과 부천의 시민사회운동에 대해 다루었다면, 뒤의 책은 코로나 문명 전환기 가운데 약대동 마을의 선교 활동과 이 활동의 기초가 되는 목회와 선교 신학 이야기를 담았다.

이번 책 『마을에서 만난 예수, 함께 만드는 사회연대경제』는 세 저자의 공저이다.

첫째 마당은 오세향 선생의 "약대동 사람들"이다. 1986년 약대동 마을에서 시작된 새롬교회의 초기 선교 사역이었던 새롬어린이집과 지역아동센터, 약대신나는가족도서관, 새롬가정지원센타에서 만난 약대동 사람들의 이야기를 기록한 글이다.

둘째 마당은 이원돈 목사가 쓴 "마을에서 만난 예수"이다. 이 목사가 담임하고 있는 새롬교회 30주년과 종교개혁 500주년 기념으로 안식년을 다녀온 2017년 직후, 매해 새해부터 부활절까지 "역사적 예수와 인문학적 성서 읽기"의 관점에서 6년간 집중적으로 "마을에서 만난 예수"라는 주제로 약대동 새롬교회 강단에서 선포한 말씀을 묶은 것이다.

그리고 셋째 마당은 지난 30여 년간 사회적 연대경제 활동을 이끌어온 임종한 교수(약대감리교회 장로)가 국내 사회적 연대경제의 기원과 뿌리, 그 활동 지향에 대해서 협동조합을 통한 공동체 회복 성과와 전망,

마을목회와 사회연대경제의 연계에 관해 이야기했다.

이렇듯 세 이야기가 만나『마을에서 만난 예수, 함께 만드는 사회연대경제』라는 이름의 책이 탄생하게 되었다. 원래 첫째, 둘째 마당만 엮어 책을 내려고 하였으나 현재 약대동 마을을 비롯하여 광범위한 지역에서 벌어지고 있는 '사회적 연대경제'를 추가하자는 생각에서 미래지향적인 면을 더 넓히자는 취지로 셋째 마당이 책 안으로 들어오게 되었다.

지난 30년 이상 인생의 동반자와 목회의 동역자로 함께 한 사랑하는 아내 오세향 선생과 이 책을 함께 쓰게 하신 하나님께 기쁨과 감사와 영광을 돌린다. 또 함께 가족 공동체를 이루어준 두 딸 고은, 희은에게도 사랑과 감사를 전한다. 이 마을 이야기의 실질적 주인공은 약대동 새롬교회 교인들과 약대동 마을 사람들임을 자랑스럽게 밝혀둔다. 특별히 새롬교회 30주년을 기념해 안식년을 허락하셔서, 그동안의 새롬교회와 약대동의 역사를 정리할 기회를 주신 것에 대해 다시 한번 감사드린다.

이 책의 추천사를 써 주신 세 분에게 감사드린다. 먼저 "지역 연합 정신(local ecumenism)에 기초한 생명망(Web of Life) 목회"라는 박사학위 논문(2014)을 쓸 기회를 주신 갈릴리신학대학원 홍정수 총장님께 감사드린다. 또 '마을목회와 선교적 교회'를 연결해 주면서 선교적 응원과 격려를 아끼지 않으신 장로회신학대학교 은퇴 교수이신 한국일 교수님 그리고 최근 "사회적 연대경제와 마을 대학"이라는 주제로 "마을목회 마당"(플랫폼)을 꿈꿀 수 있도록 큰 가르침을 주고 계신 전국협동조합협의회 상임대표 박남수 목사님께 감사드린다. 그 외 필자의 인생과 신앙의 멘토님들께도 깊은 감사를 드린다.

책을 출간하기 직전 오늘 우리 사회가 심상치 않음을 다시 한번 절감한다. 세계 최고의 자살률에 이어 빚투, 영끌과 함께 400만 나 홀로 가족과 서울에서만 13만 청년 히키코모리, 130만 청년 다중 은행 채무가 이제 새로운 사회적 문제로 등장하고 있다. 곳곳에서 살인 예고와 칼을 들고 불특정 다수를 찔러 대는 흉흉한 소식들과 함께 여러 곳에서 전쟁의 소식들이 들려오고 있다. 임종한 교수님의 "마을목회와 돌봄마을 그리고 사회 연대경제"라는 글을 통해 전환적 돌봄마을과 교회 그리고 사회적 연대 이야기가 이러한 시대 문제에 대한 보다 근원적인 치유 및 해결의 방안이 되어 활발한 토론이 시작되길 기대해 본다.

2023 부활절 약대 동산에서 공동 저자들을 대표하여

이원돈

차례

첫째 마당 _ 약대동 사람들 (오세향)

둘째 마당 _ 마을에서 만난 예수 (이원돈)

셋째 마당 _ 마을과 사회적 연대경제 (임종한)

약대동 사람들

●

오세향

머리글

약대동에서 만난 사람들

내가 약대동에 들어온 건 27년 전이었다.

구두 신고 출근해서 장화 신고 들어간 곳이 약대동의 자그마한 탁아소(현 어린이집)이다. 그곳은 구옥이 많았고 심지어 기와집에 초가집, 그 뒤에는 작은 연립 같은 아파트. 아무튼 어수선한 동네였다.

탁아소 앞에는 다다다닥 닭장집(한 집에 여러 개의 방이 있는 집을 묘사함)이 있었고 우리 탁아소와 공부방(현 지역아동센터)은 그 닭장집 아이들이 주 고객이었다. 우범 지역, 불결 지역이라 불렸던 약대동에는 초등학교를 졸업한 아이들의 대부분이 공장에 다녔기 때문에 학생복 입은 아이들을 거의 볼 수 없었다.

그곳의 아이들은 어떤 표정과 어떤 생각을 품고 살고 있을까? 그곳의 아이들은 땟국물을 묻히고 신나게 노는 생명력 질긴 골목 아이들이었다. 아이들은 참 신비롭다. 집이 가난하건 병이 있건 간에 지치지 않는 생명력, 활기찬 웃음이 샘솟는 듯하다.

많은 통계자료와 학문적 연구조사에서 빈곤가정이나 결손가정의 아이들을 대단히 어둡고 부정적으로 묘사하는데, 그것의 대부분이 사실이고 또 사실이 아니기도 하다. 가난하게 살다 보면 여러 가지 어려움이 생기는 것은 사실이지만 그렇다고 해서 그 아이들이 모두 다 그늘에 가려 어둡거나 생각이 삐뚤어지지는 않는다.

나는 27년 동안 그 아이들과 지내면서 우리가 굳게 믿어왔던 대부분의 학설과 통계가 맞지 않을 수 있다는 놀라운 사실을 발견하게 되었다. 그건 지식인으로서의 기만이요 거짓이고 책임 없는 표현이었다.

약대동은 이동률이 굉장히 심한 곳이었다. 대부분 시골에서 올라와 공장에 다니거나 일용 노가다를 하면서 형편이 좀 나아지면 다른 곳으로 탈출을 꿈꾸는 곳이었기 때문이다. 그래서 정들만 하면 다들 이사를 가버렸다. 대부분은 맞벌이요, 당연히 저소득 가정이었다. 아이들은 방치되기 일쑤였고, 학교에 다니는 아이들은 학습 부진에, 성장에 필요한 영양 공급이 제대로 되지 못했다.

젊은 청년들이 동거하면서 아이를 일찍 낳기도 하여 20대 초반의 부모들도 꽤 있었다. 남자들이 술에 취해 부인에게 손찌검하거나 자녀를 때리기도 했다.

이곳에서 나의 새로운 인생의 장이 열리기 시작했다.

나는 1990년에 약대동으로 들어와 새롬교회의 지역 선교위원회 사업인 탁아소, 공부방 일을 하면서 사회복지를 전공하고, 어르신 관련 일을 하면서 노인상담과 평생교육을 전공했다. 새롬교회는 가난한 자와 함께하는 교회를 꿈꾸며 세워진 민중교회였다. 학교에서 배우는 사회복지와 가난한 동네에서 배우는 것은 매우 달랐다. 빈곤 아동에 대한 관심에서 시작해서 결국은 가정, 마을로 확대되었고, 1990년대 이후 아동센터에서 가족지원센터로 변화해가는 미국 뉴욕주의 방문과 공부를 통해 새롬가정지원센터를 개소했다. 결국은 어린이를 키우기 좋은 마을이 되어야 한다는 합의로 우리 새롬교회의 지역 선교 영역도 마을로 확장되었다.

마을도서관에서 여성 성장 프로그램을 통해 동네의 주부들을 만났고, 사각지대의 어르신들을 만나면서 도시락을 배달했다. 우리에게는 그저 주변의 공기처럼 자연스럽게 읽을 수 있는 한글을 몰라 여러 가지 어려움에 처한 이야기를 듣고 어르신 한글교실을 열었고, 동네교회, 주민들, 교육청 등과 함께 거리청소년 심야밥차인 '꼽이청소년심야식당'을 시작했다.

약대동에서 만난 사람들은 정말 다양한 스펙트럼을 가지고 있다. 나는 이 사람들을 보면서 가슴이 아팠고, 내 맘대로 움직이지 않아 미웠고, 절망했다. 함께 울었지만 떠났고, 나는 내가 전능한 인간이 아니라 좌절했다. 하지만 이 사람들 속에서 삶의 역동을 보았고 작은 자로 오신 예수님을 느꼈다.

나에게 사회복지는 그저 서로 이웃을 돌보고 인사하면서 지내는 관계를 만들어 내는 것이다. 이웃은 관리 대상이 아니라 함께 살아가야 하는 예수님의 가족들이다.

27년 만에 휴가를 1년 갖게 되었다. 예전부터 조각 글로 써놨던 나의 약대동 인연들을 정리해보았다. 모처럼 그 인연들을 추억하면서 웃기도, 울기도 했다. 사생활 보호를 위해 가명, 나이, 성별의 조작과 약간의 섞인 스토리로 엮었다. 아직 함께하는 사람도 있고 이미 헤어진 이들도 있다. 모두 나의 인생의 중요한 이끔이가 되는 분들이다. 나는 그들을 '위해' 살고 싶었지만 결국 '함께' 살았다.

이 책을 통해 약대동의 인연에 감사드리며 마을과 함께하는 새롬교회와 그동안 함께 웃고 울며 마을 복지사의 동지로 일해 준 선생님들, 지역에서 우정을 보내주신 각계각층의 선배와 후배들께 사랑을 전하고 싶다. 나의 성취가 있었다면 모두 하나님의 것이고, 함께 일하고 우정과 연대를 보내주신 분들이 주신 선물이다.

장 면 1
처참하게 찢어진 가족

1. 그래. 나 가부장적이다. 어쩔래

　90년대 초반 새댁이었던 나는 약대동의 한 작은 아파트에서 살았다. 말이 아파트지 연립주택이었던 그 아파트 3층은 거리가 다 내다보이는 정말 아담한 곳이었다. 밤 12시 이후에는 주로 알코올과 무척 친한 남녀들의 가창력 좋은 목소리가 동네를 뒤옆었고 새벽녘에는 절정에 달한 목소리로 서로의 인생을 지도(?)하는 욕설로 난무하기도 했다.

　하루는 밤 12시가 좀 넘어서 갑자기 문 두드리는 소리가 났다. 그 소리의 주인공은 예원이 엄마. 다급한 목소리로 살려달라고 했다. 얼른 문을 여니 얼굴과 팔뚝이 피투성이가 되어 서 있었다. 얼마나 다급하게 도망쳐 나왔는지 맨발이었다. 웃옷도 찢겨 있었기에 얼른 방으로 데리고 와서 이불을 덮어주었다. 자초지종을 들어 보니 예원이 엄마는 담배를 피우는데 예원이 아빠가 그걸 용납 못 한다는 거였다. 여자가 술 먹고 담배 피우는 걸 목숨 걸고 반대한단다. 그래서 두들겨 맞았단다.

　예원이네는 아이가 셋이다. 엄마에게는 옛날 황금 송아지 타령이 있다. 자기는 미술을 전공했고 이 남자만 만나지 않았다면 지금쯤 화가의 길을 걸었을 거란다. 그런데 젊은 날건달 같은 애 아빠를 만나 신세를 망쳤다는 그런 후회 섞인 스토리였다. 그 얘기가 진짜인지 아닌지는 몰라도 하여간 예원이 엄마는 하염없이 현재의 남편과 가정생활에 불만을 터뜨리는 사람이었다.

　부엌 창문을 통해 거리를 내다보니 예원이 아빠가 서성거리고 있었다. 올라올 기세다. 하지만 좀 망설이는 듯했다. 결국은 예의(?)를 지켜 올라오지는 않았다. 덕분에 예원이 엄마와 나는 새벽까지 인생 전반에 관해 이야기하다가 아침에서야 돌아갔다. 나도 그때 신혼이었기에 주로 듣는 형편이었다. 그러나 부부 사이는 아무도 모른다더니 그 이후 여전히 때리고 화해하고 그럭저럭 살아가는 듯했다. 한참 후 빚쟁이들이 거주지를 찾아냈는지 야반도주를 하였고, 몇 년 후에는 예원이 아빠가 술 먹다가 죽었다는 소문만 들었다.

　알고 보니 예원이네는 빚에 쫓겨 이곳으로 숨어들었고 그 때문에 주민등록이 없었다. 예원이 아빠는 건달답게(?) 허우대가 멀쩡했고 키도 훤칠한 호남형이었다. 한국의 많은 남자가 그렇듯 자기는 술 먹고 주정하고 담배를 피워도 여자가 그러면 눈에 불을 켜는 사람이었다. 여자들은 삼중고에 시달려야 한다. 돈도 벌어야지, 가사노동도 해야지, 아이도 돌봐야지, 여자이기 때문에 못 해야 할 것도 많고, 여자이기 때문에 몸도 혹사당한다.

　예원이는 그때 6살 여자아이였는데 좀 특이했다. 몸놀림이나 눈웃음이 마치 성인 여자가 남자를 유혹하는 듯한 자태였다. 주변의 어른들이 비슷하게 느끼는 것 같았다. 좀 잘생긴 아저씨한테 유달리 달라붙고 안기곤 했다. 우리 탁아소 교사들이 간혹 그 아이 걱정을 하곤 했던 게 기억이 난다. 막내는 기저귀맨이었는데 하도 기저귀를 안 갈아줘서 아이가 똥을 싸서 뭉개곤 했던 기억이 있다. 하긴 아이가 셋이니 엄마가 꽤 힘이 들었을 거다. 여하간 그 엄마는 현재의 자신의 처지에 대해 매우 불행하게 생각하는 '불행한' 여인의 이미지였다.

지금은 아이들과 엄마가 어떻게 지내고 있을까? 나는 가끔 예원이와 그 엄마를 생각한다.

2. 아빠가 가위로 엄마를 찔렀어요

"그래서 일주일 동안 너희만 살았다구?" "네."

유달리 까만, 그래서 더 반짝이고 영특해 보이는 눈망울의 매력을 가진 가영이. 90년대 초반, 그때 가영이는 1학년, 동생 아영이는 7살이었다. 아영이는 동생이라 그런지 어리광이 심했고 애교도 많았다. 엄마는 아이들 둘 다 긴 머리를 하게 하고 늘 예쁘게 단장을 시켜서 학교와 어린이집에 보냈다. 그 당시 대부분의 약대동 젊은 엄마들처럼 가영이 엄마도 공장 일로 맞벌이를 하시는 분이었다. 엄마 역시 긴 머리에 성실한 분으로 기억이 된다. 방을 늘 깨끗이 관리했고, 아이들에게 따뜻하고 남편에게 착한 아내였다.

그런 엄마가 가출했다고 한다. 아빠가 술을 먹고 엄마를 때리다 못해 가위로 가슴을 찔렀단다. 세상에, 기가 막혔다. 그러니까 가출이 아니라 도망간 셈이다. 어느 여자가 가슴을 가위로 찔리고 그 자리에 태연히 남아있겠는가? 그 상황이 이해가 가고도 남았다. 하지만 아이들은 일주일 동안 자기들끼리 살았던 거다. 아빠는 들어오지도 않고.

난 그동안 눈치도 못 챘다. 가영이와 아영이, 둘 다 말하지 않은 채 라면 끓여 먹고 자기네끼리 옷도 챙겨 입고 다녔던 거다. 가영이가 아영이의 머리를 감겨주고 깔끔하게 빗어서 어린이집에 보냈다고 한다. 기가 막히다 못해 가슴에 무엇인가 뭉쳐왔다. 화도 나고 눈물도 났다. 당장이 아이들을 어찌해야 한단 말인가? 나는 막막했다.

누구한테 연락해야 할까를 고민하다가 외갓집 전화번호를 알게 되었다. 가영이의 엄마가 친정집에 가 계실 것 같았다. 당장 전화했더니 엄마 행방을 모른다고 했지만 알고 있는 것 같았다. 하지만 우리가 어떤 사람인 줄 알고 알려주겠는가? 애들 아빠가 찾아올까 봐 무서워하는 것 같았다. 애들 아빠가 매일 전화해서 괴롭힌다고 했다. 나 같아도 내 딸을 그렇게 만든 사람이라면 알려주고 싶지 않을 것이다. 하지만 애들 생각에 엄마를 찾아야겠다는 생각이 들었다.

나는 전략을 다시 짰다. 외갓집에 전화해서 3일 안에 아이를 찾아오지 않으면 부모가 다 구속되도록 고소 중이라는 선한 거짓말과 협박을 했다. 지금 생각하면 죄송한 일이지만 엄마를 빨리 찾아야겠다는 급박감이 들었다. 사람들이 순진해서 그런지 금방 속아주셨다.

다음날 엄마가 나타났다. 연락되고 난 뒤 어찌나 반갑고 고마운지 가슴이 두근거렸다. 근처에 사는 선생님 방을 빌려달라고 하고 아빠한테 들킬까 봐 망을 보게까지 했다. 드디어 만난 딸들과 엄마의 이산가족 상봉 장면은 눈물 없이 볼 수 없었다. 아영이는 엄마를 보자마자 품에 붙어서 통곡했다. 내 앞에서도 언제나 의연했던 가영이의 반응은 지금 생각해도 가슴이 떨린다. 가영이는 이를 악물고 눈물을 참았다. 엄마를 보자마자 "엄마 도망가. 아빠가 찾으면 어떻게 해. 얼른 도망가"라고 말했다. 가영이는 엄마가 걱정된 나머지 빨리 도망가라고 소리를 질렀다. 우리 선생님들과 나는 하염없이 울 수밖에 없었다. 저 어린 것이 그동안 얼마나 참았을까? 이제 1학년인 아이가 하는 말에 억장이 무너지는 것 같았다.

엄마는 돈 벌어서 방을 하나 마련한 후 애들을 데리러 오려고 했단다.

하지만 애들 생각에 일이 손에 안 잡혔다면서 고마워하셨다. 그날로 아이들을 데려가셨다. 며칠 뒤에 전화가 왔는데 잘 지내고 있다면서 남편과는 이혼할 거라고 했다. 심란하게 며칠을 보냈다. 그 후 아빠도 안 보이고 소식도 없지만 잘 지내리라 믿는 수밖에 없었다. 나는 지금까지도 가영이 생각을 많이 한다. 1학년 아이가 보여 주었던 의연함과 엄마를 생각하는 슬픈 배려심을 잊을 수가 없다.

가영이, 아영이 사건을 겪은 후 나는 약대동의 엄마들에게 더 많은 관심을 가지게 되었다. 가난한 시골에서 태어나 상경한 젊은 여성들이 대부분 걷게 되는 그 여정이 비슷비슷했다. 지금도 그때 일을 생각하면 가슴 저 한쪽에서 뭉클한 무엇들이 올라오는 느낌이 지워지지 않는다. 가난하고 못 배우고 결혼해서 남편한테 매 맞고 일에 치이고 여자라서 함부로 다뤄지는 이 사회, 일상들.

아직도 우리 주변에는 이런 여성들이 셀 수 없을 만큼 많다는 사실을 잊지 말자.

3. 술 깨면 기억이 없는 동원이 엄마

동원이 엄마는 알코올 중독자였다. 동원이는 6살, 할머니 손에 이끌려 어린이집으로 왔다. 엄마는 심한 알코올중독으로 그 남편이 인근 지역의 알코올중독 전문병원으로 가두다시피 입원시켜버렸고, 아이는 동네에서 돌아다니니까 동네 사람들이 우리 어린이집으로 데려가 보라고 그랬단다. 그 당시 주변의 어린이집은 우리밖에 없었다.

그 외할머니는 내가 약대동에 와서 처음 본 슈퍼 주인이었다. 지금은 그곳이 헐려 길이 되었지만. 할머니 얼굴이 예쁘장한데다 성격도 서글서글하셨다. 그때부터 동네 아저씨들한테 인기가 좋았던 것 같다. 동원이 엄마도 상당한 미인이었다. 물론 늘 술에 절어 다니기 때문에 그 미모는 가려졌지만.

엄마는 남편 사는 집이 있는데도 동원이를 데리고 남동생과 살고 있었다. 남동생, 즉 동원이 삼촌에게도 네 살배기 아이가 한 명 있었다. 동원이 삼촌이 19살 때 여자친구와 아이를 낳고 그 아이의 엄마는 곧 도망갔다고 한다. 남자 입장에서는 도망이요, 여자 입장에서는 가출이라 말할 수 있겠지.

동원이 삼촌은 시쳇말로 깍두기과에 종사하는 사람, 즉 나이트 기도였다. 동원이 엄마는 돈이 없어 퇴원했는데 이상하게 집에 안 들어가고 동생 집에 머물러 있었다. 이유를 물어봤더니 남편이 문을 안 열어준단다.

아이들은 늘 의복 상태가 불량하고 철 지난 옷을 입고 빨지 않아서 더러웠으며, 머리에는 이가 득실득실했다. 동원이는 인지적 발달이 지체되는 현상을 보였다.

하루는 동원이가 어린이집에서 똥을 싸서 입을 옷이 없었다. 그래서 내가 직접 집으로 갔다. 문을 여니 술 냄새가 팍 들어온다. 코딱지만 한 방은 온통 깨진 유리로 덮여 있고 그 위에서 한 여인이 피를 묻힌 채로 잠을 자고 있었다. 동원이 엄마였다. 술을 먹고 걸핏하면 남동생이 랑 주먹질이란다. 아마 그 밤도 그랬나 보다. 술을 먹고 주변의 유리란 유리는 다 깨놨다. 그러면 애들은? 애들은 어찌 잠을 자고 아침에 어린이 집으로 왔을까?

동원이 엄마의 잠든 얼굴을 보니 한숨이 절로 나왔다. 어여쁜 얼굴의 저 여인, 가슴속에 어떤 한이 있을까. 어릴 때부터 이 남자 저 남자가 들락거리는 친정엄마와 살면서 어떤 생각을 했을까. 가슴속에 멍울진 한이 술을 먹게 했을까. 남편은 사랑을 해줬을까. 이 생각 저 생각을 하며 유리 파편을 줍고 있는 나. 옷을 주섬주섬 챙겨서 어린이집으로 돌아왔다.

시간이 흘러서 동원이를 부천시 아동학대예방센터에 의뢰하게 되었 다. 도저히 아이가 살만한 환경이 되지 않았다. 누가 기준인가 생각하면 동원이가 우선순위일 수밖에 없었다. 엄마가 왜 자기 아이가 학대 아동이 냐고 노발대발했다. 자기 아이는 멀쩡하다면서 온갖 욕을 다 하면서 어린이집에서 한바탕하고 돌아갔고, 갑자기 어린이집을 그만두고 이사 를 가버렸다.

그 뒤로 센터 측에서 엄마를 몇 번 만났는데 상담이 잘 안된 모양이었 다. 그 뒤로 가끔 동원이를 보았다. 결국 특수학급으로 갈 수밖에 없었다.

지금도 나는 생각한다. 그때 나의 최선은 무엇이었을까. 동원이를 아동보호시설에 보내는 것이 누구를 위한 것이었을까? 동원이 엄마가 아이를 사랑하지 않을 것이라고 내 맘대로 생각하지는 않았는가?

4. 아이들이 교회 온 사이 이사 가버린 엄마

똑소리 나는 지연이는 당시 5학년, 귀염성이 철철 넘치는 소연이는 1학년으로, 엄마는 가녀리고 아름다운 여인이었다.

당시 약대동의 많은 어린 부모가 그렇듯이 바람, 폭력, 술주정으로 인해 잦은 부부 불화가 있었던 가족이었다. 엄마는 공장에 다니며 생계를 이어 나갔고 어린이집 자모 모임에도 꼬박꼬박 나와서 자녀 교육에 대한 열의를 보여 주곤 하셨다.

그런데 어느 일요일, 날씨도 따뜻하고 장미가 아름다운 봄날이었다. 아이들이 교회 와서 즐겁게 지내는 그 시간에 엄마는 이삿짐을 꾸려 가고 말았다. 아이들이 집에 갔는데 아무도 없다며 헐레벌떡 달려왔다.

"선생님. 우리 집이 이상해요", "응? 왜?"

"아무것도 없구요. 엄마도 없어요."

아빠가 다른 여자와 살고 있다는 소리를 들은 지 꽤 되었기에 이상한 느낌이 들어서 아이들과 함께 집으로 가 보았다. 덩그러니 빈방, 황당하기 그지없었다. 이사를 가버린 것이었다. 아빠는 행방을 알 수 없었고 친할머니가 근처에 살고 계셔서 여쭤봤더니 성을 내기만 하신다. 할머니 말씀인즉 애 엄마가 맞바람이 나서 도망가버렸다는 거였다. 사실인지 알 수 없지만 엄마가 나가버린 건 맞는 사실이니 별생각이 다 들었다. 아이들 얼굴을 보자니 엄마가 원망스럽고, 엄마를 한 사람의 여성으로 보자니 그 신세가 가여웠다. '얼마나 힘들었으면 그렇게까지 했을까?' 하는 생각도 들었다.

결국 아이들은 할머니와 지내게 되었다. 이후 깔끔하던 아이들은 꾀죄죄해지고 점점 말수가 없어졌다. 할머니의 사생활 역시 예사롭지 않아서 혼자 사는 분인데 할아버지들이 들락거리고 지연이, 소연이는 어린 나이에 보지 말아야 할 것을 보곤 했다. 그렇게 살다가 어디론가 이사를 가버렸다.

내가 그때 해줄 수 있는 게 뭐였을까. 내 가슴에 죄의식을 한 돌더 얹게 만든 지연이, 소연이. 지연아, 소연아. 보고 싶다. 선생님은 믿는다. 힘들어도 너희들을 잘 해낼 수 있다는걸. 멀리서도 너희들을 응원하는 사람들이 있다는 걸 잊지 마. 그리고 하나님이 너희들을 무지무지 사랑하신다는 걸.

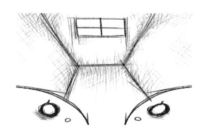

5. 자꾸 누가 나오래요

정신과에 다니는 고1 원정이. 지금 힘든 시기를 보내고 있다. 발달장애로 특수학급에 다니던 원정이는 옆집 아저씨에게 몹쓸 짓을 당했다. 하지만 원정이는 그 아저씨를 따랐다. 엄마는 어릴 적 집을 나갔기에 얼굴도 기억나지 않고 삼촌과 할머니가 원정이를 데리고 살았다. 사춘기의 소녀인데도 독립적으로 지낼 방이 없었고 마루에 원정이의 베개만 주어질 뿐이었다. 원정이는 늘 외로웠고 학교에 관심이 없었다. 집에 일찍 들어가지 않고 밤늦게까지 동네를 돌아다녔다.

원정이는 누군가 관심을 주면 금방 빠져들었다. 그 아저씨는 어린 원정이에게 간식과 용돈으로 관심을 끌고 원정이는 친절하게 해주는 그 아저씨를 따르게 되었다. 아저씨는 혼자 살았는데 원정이를 집으로 데려가곤 했다. 그 사실을 목격한 원정이 친구가 우리에게 말해줬고, 원정이에게 물어봤지만 대답하지 않았다. 평소 원정이는 대화를 두 마디 이상 끌고 가기 힘들었다. 단어 표현도 부족하고 인간관계, 특히 성인과의 관계에 두려움이 있었다. 하지만 아저씨에게 친밀감을 가지고 대했던 것으로 보였다.

여차저차해서 그 아저씨는 구속이 되었고, 원정이는 잠시 정신과 치료를 받게 되었다. 약물치료를 시작한 지 일주일 만에 원정이는 희한하게 눈빛이 또렷해졌다. 정신과 선생님의 의견으로는 어릴 적 심한 트라우마로 인해 스스로 정신적 발전을 닫아 놓은 것으로 생각된다고 하셨다. 원정이는 환청을 듣고 있었는데 자꾸 어떤 남자가 "원정아, 나와. 밖으로 나올래?" 하는 소리를 들었다고 한다. 그래서 밤에 늘 동네를 돌아다녔던 거다. 그러면서 아저씨를 만나게 되었던 거고.

원정이는 정신과 치료 후 가까이 있는 그룹홈에 가게 되었다. 집이 아닌 다른 곳에 가게 된다고 하니 무척 좋아했다. 집을 떠난다고 했을 때 좋아한 아이는 원정이가 처음이다. 원정이는 그룹홈에서 잘 적응했다. 자유로운 분위기의 그룹홈에서 새롭게 학교도 다니고 친구도 사귀었다고 한다.

내 생각이 맞는지 모르겠지만 원정이가 가족 아닌 다른 곳에 있었으면 했다. 원정이의 성장에 장애 요소가 바로 가족이었다. 언젠가 가족으로 돌아와야 하는데 그때까지 가족이 그대로라면 원정이가 적응하기에는 계속 힘이 드리라 예상된다.

나는 이런 경우를 볼 때마다 생각한다. 이제는 가족에게 의지하고 도움을 받는 경우를 보편적이라고 생각하면 시대적 오판이다. 무슨 일이 있을 때마다 가족의 책임을 1차로 두는 것도 구시대의 발상이다. 이제는 우리 모두의 책임이다. 본격적인 사회 안전망을 구축해야 하는 것이다. 마을이 청소년에게 안전하고 지지적이며 우호적인 환경이 되어야 한다. 그래야 우리 아이들이 산다. 숨을 쉴 수가 있다. 교육환경, 놀이, 문화예술, 인간의 권리 등 후진적 분위기인 한국 사회에서 아이들이 잘 자라기를 기대하는 것은 어른들의 도둑놈 심보다. 우리 모두 청소년을 불행하게 하는 공범이다.

친절한 사람들의 지지를 받으며 조금씩 안정되어 가고 있는 원정이. 원래 활달한 성격인 원정이가 그룹홈에서 잘 지내고 스스로 인생을 잘 살아갈 힘을 길렀으면 좋겠다. (원정이는 이후 졸업하고 성인으로 자기 삶을 잘 꾸려가고 있다.)

장 면 2
매 맞는 아이들

1. 벌거벗겨 쫓겨난 아이

진서는 초등학교 5학년, 아빠가 38살에 얻은 딸이었다. 진서 아빠는 환경미화원으로 집에 있는 날에는 술을 많이 마셨다. 아빠가 진서를 자주 때리는 소리를 들었다. 90년대 초반, 그 시절에는 아동 학대에 관한 법률이나 제재가 변변치 못하고 사람들의 인식도 거의 없었던 때였다. 물론 지금도 별반 다르지 않다고 생각한다. 아이를 때리는 것을 개인의 영역으로 생각하고 개입하는 사람이 없었다. 진서는 그 또래 아이들과 어울려 좀도둑질한다는 소문이 있었고 그것 때문에 아빠는 계속 아이에게 손찌검했다.

어느 날 어린이집에서 아기들과 함께 놀고 있는데 벌거벗은 진서가 뛰어 들어왔다. 벌거벗은 진서는 목에 개 목줄이 감겨 있었다. 술에 취한 아빠가 진서가 도둑질했다는 이야기를 듣고 매질하며 벌거벗겨서 목줄을 둘러놓았다. 진서는 어린이집으로 도망해 들어왔고 나는 이불속에 진서를 숨겨주었다.

학대를 하는 사람들은 주로 술에 취해 있다. 하지만 술기운에 학대하는 것은 아니다. 폭력행위를 술로 포장하는 것이라는 것을 알아야 한다. 폭력이 나쁘다는 것을 알기에 술에 취했다는 명분이 필요한 것이다. 그 명분은 계속 술을 마시게 하고 폭력의 정도가 더 심해져서 끊어내기 힘든 악순환의 고리에서 관계를 맺게 되는 것이다.

진서는 어릴 적부터 학대당했고 아빠에게 성폭력의 대상이 되었다. 진서는 중학교에 진학한 뒤 소위 일진이 되었고 고등학교에 진학하지 않고 가출하고 말았다. 진서랑 어울리면서 다녔던 또래 소녀들은 거의 비슷한 형태의 사춘기를 보냈다.

나는 진서와 그 또래들을 겪으면서 내가 할 수 있는 일이란 건 그저 조금의 위로와 따뜻한 품, 때론 잔소리와 간식 정도라는 것을 알았다. 나는 약대동에서 지낸 지 10년째에 번아웃 상태가 되었다. 도대체 내가 무엇을 할 수 있단 말인가? 밑 빠진 독에 물 붓기였다. 나는 너무 힘들었고 우울했다. 하지만 시간이 지나고 깨달은 것은 그 생각은 나의 교만함이었다는 것이다. 처음부터 사회복지를 한답시고, 그들을 위해 무엇을 한다고 설쳐댄 내가 틀렸다. 그저 우리는 서로를 보듬고 살아가야 했다. 그리고 조그마한 틈새 같은 따뜻함과 위로, 지지가 필요했다. 때로는 기다리고, 꿋꿋하고, 방법을 찾아 동분서주하는 성실함과 사랑이 필요했던 것이지 문제 아동을 관리하는 사람이 필요했던 것이 아니었다.

지금 진서는 30대일 텐데 어릴 적 폭력의 상처가 어떤 형태로라도 치유되었길 간절히 기도한다.

2. 서연아, 학교 가야지

서연이는 7살, 우리 어린이집에 다녔다. 아빠랑 둘이 사는 서연이에게는 엄마의 기억이 없다. 서연이가 갓난아이였을 때 엄마는 집을 나가서 지금껏 소식을 전하지 않는다고 했다. 서연이 아빠는 수줍음이 많은 분으로 막일하는 노동자였다. 하지만 집에 돌아와 술을 마시고 시끄럽게 주정을 부리면서 서연이를 때렸다. 술에 중독된 사람들은 대부분 평소의 모습과 사뭇 다르다. 서연이 아빠 역시 평소에는 점잖은 아저씨였지만 술이 들어가면 난폭한 사람으로 변했다.

서연이는 어린이집을 졸업하고 초등학교에 갔지만 아빠가 일이 없어 집에 있는 날에는 학교에 못 가고 술 심부름을 해야 했다. 서연이 아빠는 술에 취해 서연이를 학교에 못 가게 하고 돈을 줘서 가게에 술을 사러 보내곤 했다.

우리는 서연이가 학교에 가야 한다고 여러 번 말씀을 드렸지만, 그렇게 하겠다고 대답해놓고 나중에 보면 보내지 않은 날이 많았다. "서연아, 학교 가야지" 서연이에게라도 말을 했지만, 힘없이 웃기만 하는 서연이는 다시 가게로 가곤 했다.

몇 달 뒤 서연이 아빠는 새로운 일자리를 구해서 지방으로 이사하게 되었다. 서연이는 어떻게 살았을까? 또 다른 서연이들이 주변에 여전히 많았다.

3. 나도 생각이 있어요

경은이는 중학교 2학년, 약간의 지적 장애를 가지고 있지만 동네 중학교에 진학하여 친구들과 즐겁게 생활하였다. 경은이는 엄마가 몸이 약해 일찍 돌아가셨지만, 아빠의 사랑과 할머니의 보살핌으로 밝고 활달한 성격에 공부도 열심히 하는 사랑스러운 친구였다.

경은이는 일요일에 인근의 어느 교회에도 열심히 다녀서 성가대 활동도 했다. 그러던 어느 날 그 교회의 중요한 직분을 가진 사람이 경은이에게 몹쓸 짓을 했다. 경은이는 무섭고 두려워 며칠을 고민해야 했다. 경은이의 가장 친한 친구인 옥선이가 그 사실을 알게 되었다. 옥선이는 참 현명한 친구였다 "경은아, 그건 네 잘못이 아니야. 그 사람이 나쁜 짓을 한 거야. 어른들한테 도움을 받자." 고민하던 경은이는 선생님에게 알렸고 아빠한테 말씀을 드렸다. 선생님은 고맙게도 즉각 조처해서 병원에 보냈고 수사기관에 도움을 요청했다. 아빠는 노발대발하여 가만 있지 않겠다며 고소하였다.

경은이는 나를 찾아와 말했다 "선생님. 나는 너무 두려워요. 무섭기도 하고 아빠한테 미안해요", "경은아. 옥선이 말처럼 그건 네 잘못이 아니야. 오히려 너는 용감하게 말을 했고 현명하게 행동했어. 좀 힘들겠지만, 우리 함께 이겨나가자." 경은이는 자기 때문에 상처받은 아빠한테 미안했고 교회에 나쁜 영향을 주었다고 생각했다.

경은이에게 상처를 주었던 사람은 염치없게도 협의를 요구해왔다. 성범죄자들은 어찌 그리 이유가 한결같은가? 그저 이뻐서 안아줬다는 것이다. 어느 날 경은이가 말했다. "그 사람이 내가 장애인이라고 무시하는 거 같아요. 선생님, 나도 생각이 있어요. 경찰 아저씨한테 그때의 일을 잘 얘기할 거예요." 이후 수사 과정에서 경은이는 힘든 시간을 보냈다. 정신병원에서 약을 처방받고 환청에 시달려야 했다. 어린 경은이에게 성범죄는 견디기에 너무 힘든 트라우마가 되었다.

지금 경은이는 고등학교 2학년이다. 경은이에게 지난 3년은 지옥 같았다고 했다. 지금은 청소년 관련 프로그램을 통해 아이들과 어울리고 봉사도 하면서 동아리 활동에 열심히 참여하고 있다. 아직도 불면의 밤이 괴롭고 힘들지만 조금씩 이겨내고 있다고 했다. 경은이 아빠는 정말 훌륭한 분이다. 딸을 지지하고 위로하고 따뜻하게 손잡아준다. 이런 아빠가 계시는 한 경은이는 외롭지 않을 것이다.

학대의 대상이 되는 아이들에게 경은이 아빠처럼 지지해주고 믿어주고 기다려주는, 아이의 편이 되어 주는 성인 한 사람만 있어도 살아갈 수 있다고 믿는다. 경은이뿐이랴. 자라나는 모든 아이에게 성인 한 사람의 역할은 참 중요하다. 사회구조적 문제의 개혁은 오랫동안 기다려야 하지만, 한 사람의 관심과 지지는 아이들을 당장 살게 한다. 견디게 한다.

그런 의미에서 우리 사회도 후견인제도가 잘 정착되었으면 좋겠다. 좋은 어른이 필요한 아이들이 주변에 많다. 우리 모두의 자식이요 가족이다. 내 아이가 귀하면 다른 아이는 말할 것도 없다. 내 아이를 잘 키우고 싶고 내 아이가 행복하길 바란다면 지금 불행한 환경에 있는 아이들이 행복해져야 한다. 그래야 우리 아이들이 모두 함께 웃을 수 있고 행복해질 수 있다.

경은아. 사랑스러운 경은아. 난 네 편이다.

우리는 네 든든한 응원군이야. 함께 할게. 사랑한다.

<후견인제도>

친권에 의해 보호받지 못하는 미성년자 또는 장애, 질병, 노령 등으로 인해 도움이 필요한 성인에게 폭넓은 보호와 지원을 제공하기 위해 대리인을 선임하여 피후견자를 돌보는 제도. 미성년후견제도와 성년후견제도가 있다.

4. 나 때문에 엄마가 불행해요

중학교 3학년 성군이는 지체 장애가 있어서 걷는 것이 불편하다. 하지만 성군이는 활발한 성격답게 동아리 활동에도 열심이고 어디든지 잘 따라다녔다. 또 아이들과 잘 어울리고 소설을 쓰기도 하는 문학 소년이다.

성군이에겐 형이 두 명 있다. 형들은 비장애인으로 회사원, 대학생이다. 엄마는 성군이가 마음에 많이 걸렸을 것이다. 하지만 그 심정은 다소 삐뚤어진 표현으로 나타났다. 술을 먹고 성군이를 때리고 굶기기까지 했다.

성군이는 자신이 장애아로 태어나서 엄마가 불행하다고 생각했다. 성군이는 기꺼이 매질을 당했다. 성군이는 앞으로 고등학교를 마치면 회계사가 되고 싶다고 했다. 회계사는 앉아서 할 수 있고 돈을 많이 번다고 생각한 듯하다. 돈을 많이 벌어서 엄마에게 옷도 사주고 화장품을 선물하고 싶다고 한다.

이 땅에 장애를 가지고 있는 모든 아이는 그저 다양한 모습일 뿐이다. 장애로 인해 고통받는 것이 아니라 장애 사회가 문제이다. 차이가 있다고 차별로 연결되고 쉽게 폭력에 노출되는 장애인들의 환경이 개선되었으면 한다.

능력과 소질이 아예 꺾이고 균등한 기회가 주어지지 않는 척박한 사회가 이 땅이 아닌가? 장애를 문제로 생각하고 불행으로 여기며 '병신'으로 비하하여 귀한 어린 생명들이 상처 속에 자신을 추스르는 힘겨운 싸움과 고난의 길에 있어야 하는가?

성군이가 좀 더 사랑받는 가정, 인간적인 사회에서 살았으면 좋겠다. 불행의 짐을 떠안으려고 하지 않고 자신을 위해 살 줄 아는 사회가 되었으면 좋겠다.

성군아. 네가 세상의 빛이다.

(이후 성군이는 장애 관련 대학을 졸업하고 자격증도 취득했으나 취업 문제로 힘들어하고 있다.)

장 면 3
나름의 방식대로 살아가는 가족

1. 나는 애들 엄마라구요

내가 그녀를 처음 본 것은 막내인 쌍둥이가 배 속에 있을 때였다. 그녀는 만삭의 배를 안고 동네 사람들과 화투를 치거나 술을 먹고 있었다. 출산 후 1년 만에 쌍둥이가 우리 어린이집에 왔다. 돌배기 아이라면 걸음마를 시작할 때인데 이 아이들은 거의 날라서 들어왔다. 돌배기 쌍둥이 남자아이 둘이 팔에 깁스하고 씩씩하게 입학했다. 아빠가 술 먹고 자전거를 던져서 팔에 깁스했다고 들었을 때 내 눈은 세상에 태어나서 제일 크게 떠졌다.

쌍둥이네는 위로 공부방 다니는 초등학교 5학년인 형, 3학년인 누나, 7살 누나가 있었으니 아이가 모두 다섯에, 식구는 총 일곱 명이었다. 작은 방 하나에 모든 식구가 살았다. 엄마 아빠는 매일 술을 마시고(약대동 의 술 동아리 회원들이 몇 명 있었다) 아이들을 돌보지 않았다. 토요일에 어린 이집에서 기저귀를 차고 간 쌍둥이는 월요일에 올 때 그 기저귀를 그대로 차고 왔다. 집은 전기세를 내지 않아 자주 정전이 되거나 수도세가 밀려 물이 끊겼다. 하지만 부부는 늘 술을 먹고 있었다.

쌍둥이는 천하무적이었다. 둘은 서로 어른처럼 싸우다가도 누가 건 드릴라치면 합체하여 힘을 발휘했다. 계절에 맞지 않은 옷을 입었고 더러웠으나 신기하게 감기 한 번 걸리지 않았다. 피부병은커녕 소화도 잘되었다. 우리 공부방에 심리치료사로 온 젊은 사회복지사는 쌍둥이네

집 맏이인 형훈이 때문에 울고 나가기도 했다. 치료사가 애를 치료하는 게 아니라 애가 치료사를 치료하려 했다. 오래된 선생님과 내 말만 들을 정도였다. 둘째는 너무 순종적이어서 속을 알 수 없었고, 셋째는 미술 치료 심리검사에서 경계선 장애가 보인다고 했다.

그 엄마를 만나보았다. 깡촌에서 10남매 중 막내로 태어났고 아이가 굶어 죽을 것을 걱정한 그녀의 엄마가 조금 큰 마을 식당으로 보냈단다. 잔심부름이나 하면서 굶주림을 해결할 줄 알았던 어린 그녀는 그곳에서 학대당했다. 매를 맞고 힘들게 일해야 했다. 참을 수 없던 그녀는 12살에 도망쳐서 혼자 살아왔다고 했다. 그러다가 애 아빠를 만나서 같이 살았다. 그때 이미 애 아빠에게는 아이들이 셋이 있었고 그녀는 쌍둥이를 낳았다. 그 위의 아이 셋도 엄마가 둘이었다. 쌍둥이 엄마는 가족의 경험도 없고 사랑하는 방법도 몰랐다. 그냥 생존했던 것이었다. 이유 없는 행동은 없다고 했다. 그녀에게는 그렇게 아픈 상처가 있었고 배우지 못한 경험이 있었다. 그녀는 아이들을 사랑했지만, 그 방법은 다른 사람들과 매우 달랐다.

세월이 흘렀고 엄마와 아빠는 헤어졌다. 큰아이는 학교를 자퇴했다가 군대에서 제대하고 검정고시를 보고 전문대를 졸업했다. 여자아이 둘은 나의 지인의 집과 가족이 되었다. 입양한 것은 아니지만 자주 연락하고 후견인처럼 아이들을 대해주었다. 그녀들은 전문대를 졸업하고 취업해서 독립적인 생활을 하고 있고, 쌍둥이는 학교에서 짱을 먹고(?) 지금은 고등학교를 졸업했다.

아이들은 가끔 아빠를 만나고 다른 남자와 살고 있는 엄마와도 잘 지내고 있다. 남들이 보기에 비정상적이라고 볼 수 있겠지만 이 또한 그들의 사는 방법이다. 엄마 아빠는 헤어졌지만 가끔 애들과 함께 보기도

한다. 그냥저냥 원수가 되지 않고 잘 지내고 있다.

쌍둥이가 어릴 적에 그 집에 대해 전문가들은 예상했다. 가족은 해체되고 아이들은 문제아가 될 것이라고. 하지만 가족은 가끔 서로 재밌게 보내고 아이들은 각자 밥그릇을 책임지고 있다. 엄마와 아빠는 아이들을 돕고 있다.

환경이 좋지 않은 건 아이들의 성장에 좋지 않지만, 그럼에도 때로는 나름의 방법과 계획으로 살아가는 사람들이 많다. 나의 기준이 모두에게 적합해야 한다고 섣불리 생각하지 말자. 알량한 전문가의 기준을 뒤엎고 생명력을 이어 가는 사람들이 의외로 많다.

2. 이해할 수 없을 테지요

성아 엄마는 볼 때마다 배가 불러 있었다. 내가 잘못 봤는지, 기억을 못 하는지 헷갈려서 물어보면 임신 중이 맞단다. 즉, 저번에 본 아이는 이미 세상에 나왔고 다음 타자가 뱃속에서 준비 중이란다. 그러다 보니 성아 엄마의 홀쭉한 배는 몇 년 만에 처음 보게 되는 셈이다. 결과는 부부와 아이들 합해서 총 8명이 식구가 되어 있었다.

성아네는 문제가 끊이지 않았다. 큰애가 가출하고, 둘째는 정신과 약을 먹고, 셋째는 밤늦게까지 돌아다니는 등 골치 아픈 사건이 많았다. 엄마는 짧은 치마를 입고 남편이 아닌 동네 아저씨와 술에 취해 노래방에서 놀기도 했지만, 일요일에는 온 식구가 성당에 출석하는 희귀한(?) 단합력을 보이기도 했다. 부부의 금실은 좋아 보였다. 아이들 증언에 의하면 엄마 아빠는 싸우지 않는다고 한다. 아이가 가출하면 그저 찾아서 데려오고, 밤늦게까지 들어오지 않으면 TV 보면서 기다리고, 때로는 아들이 고등학생인데 여자친구가 집에 놀러 오면 자고 가라고 한단다.

한 달에 두 번은 성당에, 두 번은 교회에 간다. 워낙 식구가 많다 보니 종교 기관의 지원도 쏠쏠하다. 쌀과 밑반찬도 주고 장학금도 받았다. 종교 기관의 경제적 지원과 관심을 나름 잘 받고 있었다.

성아 엄마는 보육원에서 자랐다. 보육원에서는 18살이 되면 독립해야 한다. 준비가 안 된 채로 법적 규정에 따라 세상에 홀로 나와야 하는 것이다. 독립은커녕 하루하루 먹고살기 힘들었다. 이 일 저 일 다 해봤고 이 꼴 저 꼴 다 보면서 세상을 살았다. 그러다가 남편을 만났는데 남편 또한 보육원 출신이어서 서로 의지가 되었다. 자연스레 동거했고 가정을 이루게 되었다. 하나님이 주신 아이는 다 낳아야 한다며 6명을 낳았다. 동시대를 살아가는 보통 사람들의 기준에서 보면 황당하고 어이없는 경우겠지만 두 사람 나름의 살아가는 방식이다.

성아 엄마랑 이런저런 이야기를 하다가 헤어지는 길에 성아 엄마가 말한다. "선생님, 내가 이해 안 되지요? 그냥 우린 이렇게 살아요." 그 순간 나는 생각했다. 난 정말 세상을 몰라도 너무 모른다고. 돌아보면 이런 집이 너무 많다. 사람 살아가는 모습이 정말 다양하고 나름의 가시도 하나둘 다 가지고 산다. 그 모든 것을 해결한다고 달려들면 정말 해결이 되지 않을 것이다.

기준이 뭔지, 내가 정말 해결해야 할 것은 무엇인지, 책임질 수 있는 것은 어떤 것인지에 대해 많은 생각을 하게 되었다. 성아네는 정말 그냥 그렇게 살아가고 있었다.

장 면 4
무능력, 무책임한 남편과 성실한 아내들

1. 밥에 침 뱉었어요

7살 다훈이는 자폐아라고 판명받았다. 다훈이에게는 3살 터울의 활달한 성격의 누나가 있었는데 다훈이를 무척 아껴주었다. 동네 아이들이 다훈이를 놀리기라도 하면 당장 쫓아가서 씩씩거리며 혼내줄 정도로 다훈이 편이다. 다훈이 아빠는 노가다 일을 하시는 분으로 집에 잘 안 계시고, 엄마는 전자제품의 부품을 조립하는 부업을 하였다. 다훈이가 자폐아 조기 교실에 다녀야 해서 엄마는 시간을 자유롭게 써야 했다.

문제는 다훈이 아빠였다. 어쩌다 집에 오면 술을 많이 먹고 밤새 다훈이 엄마를 괴롭혔다. 손찌검을 한 것은 아니었지만 밤새 주저리주저리 말을 하며 잠을 재우지 않았다. 다훈이 엄마는 스트레스를 너무 받아서 탈모 증상까지 올 정도였다. 다훈이 아빠가 집에 없는 날은 세 식구가 하하 호호 재밌게 지내다가 다훈이 아빠가 집에 오면 다훈이는 자폐 증상이 심해지고 다훈이 누나는 오줌을 싸기까지 했다.

언젠가 다훈이 엄마가 내게 살짝 말해줬다. "그 인간 하도 미워서 밥 주면서 밥에 침 뱉었어요." 나는 "어머, 잘하셨어요"하고 맞장구를 쳤다. 그렇게 해서라도 다훈이 엄마가 숨 쉴 틈이 있어야 하기 때문이다.

다훈이 아빠는 술을 하도 마셔서 알코올중독 판정을 받았고, 당뇨로 발 염증을 앓다가 발가락 하나를 잃었다. 다훈이 엄마는 남편이 불쌍했던지 지극정성으로 돌보아주었다. "그래도 애들 아빠잖아요."

대부분 아내는 그렇게 살았다. 애들 아빠이기 때문에 참고 성실하게 살아가려고 애쓴다. 인간으로서, 여성으로서 살아가기 전에 엄마로서 살아야 한다고 생각한다. 사회적 유전인가? 우리나라 여성들은 대부분 그렇게 생각하는 것 같다.

여하튼 다훈이 아빠는 발가락 하나를 잃었지만 잘 퇴원했고 그 이후로는 알코올중독 증상도 좀 덜해진 것 같았다. 다훈이는 중학교에 들어간 이후 자폐 증상이 없어졌다. 알고 보니 자폐가 아니라 심리적 스트레스로 인한 유사 자폐라고 했다. 다훈이가 힘든 과정을 거쳤다는 것을 보고 다훈이 아빠는 꽤 충격을 받은 것 같았고 나름의 노력을 통해 술을 잘 마시지 않는다고 한다.

내가 만났던 대부분 가정은 주로 여성, 어머니의 힘으로 유지되었다. 엄마라는 이름으로 아내라는 의무로 가정의 틀을 유지하려 애쓴다. 나는 많은 여성을 보면서 그 점이 안타까웠다. 하지만 정답은 알 수 없다. 삶의 깊이와 사정이 다르므로 약간의 이론을 섭렵한 내가 섣불리 분류하고 판단할 일은 아니다. 나는 늘 이런 점이 고민스러웠다. 생활의 최전선에서 여성이 맞는 돌풍은 거세다. 어떻게 맞설 것인가? 우리 함께.

2. 한밤중에 짐 싸서 우리 집으로

경자 씨는 내가 약대동에 와서 사귄 아주 훌륭한 여성이다. 희귀성 난치 질환을 앓고 있는 아들, 고생스럽게 벌어놓은 돈을 홀라당 까먹은 남편과 함께 오랜 세월을 잘 살아온 강인한 분이다.

경자 씨는 남도의 어느 가난한 시골에서 태어나 농사일을 돕고 동생들을 돌봐야 하느라 초등학교도 졸업하지 못했다. 그녀는 젊은 시절 돈을 벌기 위해 부천의 한 공장에 다니면서 남편과 연애하여 결혼했다. 남편은 상고를 나와 공장에 다니고 있었는데 결혼하자마자 경자 씨의 권유로 야간전문대학을 다녔다. 남편에게 대졸이라는 학력을 선물해 주었던 것이다. 경자 씨는 늘 남편과 아들 준하가 우선인 삶을 살아왔다. 남편은 술을 좋아하고 놀기를 즐겨서 가정에 충실하지 않았다. 경자 씨는 부업을 하면서 아들을 데리고 병원에 다니느라 매우 바쁜 생활을 했지만, 남편은 밤에도 유흥을 즐기느라 늦게 들어왔다.

어느 날 밤 11시쯤 경자 씨가 집으로 찾아왔다. "미안해요, 선생님 나 하루만 재워줘요", "어머, 준하 엄마 싸웠어요?" 경자 씨는 옷 보따리를 들고 우리 집 문 앞에 서 있었다. 우리 집으로 들어온 경자 씨와 나는 밤늦게 라면을 끓여 먹고 비디오를 보며 이런저런 얘기를 나누었다. 경자 씨는 그날 늦게 들어온 남편에게 잔소리하다가 말싸움이 붙었는데, 화가 나서 소리를 막지르고 짐 싸서 나왔단다. "왜 경자 씨가 집을 나와요? 남편보고 나가라고 해야지", "그럴 걸 그랬나 봐요. 하하."

다음 날 아침 경자 씨가 일찍 사라졌다. 어딜 갔나 했더니 시장에서 해장국을 사다가 남편에게 갖다줬다나. "그럴 걸 왜 가출했어요?", "그러게요. 가출을 며칠 동안 해야 하는데." 결국 경자 씨는 준하가 걱정되고 남편의 속을 챙겨야 한다는 생각에 가출의 원대한 꿈(?)을 실현하지 못하고 다시 돌아갔다.

그 뒤로도 경자 씨의 가정생활은 순탄하지 않았다. 남편은 정신 못 차렸고 급기야는 준하의 교육보험마저 해약하며 낭비하기까지 했다. 하지만 경자 씨는 알뜰했고 어려운 시절 가정을 잘 챙겨왔다.

경자 씨는 매우 똑똑했다. 하나를 알려주면 셋을 알았다. 나는 검정고

시를 권유했고 경자 씨는 고심 끝에 도전했다. 검정고시로 고등학교까지 단숨에 끝낸 경자 씨는 현재 방송통신대학교 영문과에 재학 중이다. 경자 씨는 인근의 회사에 아는 사람 일을 잠깐 도와주러 갔다가 사장님 눈에 띄어 현재 회사 경리 총괄을 맡고 있다. 경자 씨의 총명함을 알아본 것 같았다.

경자 씨의 노력으로 전세지만 방이 두 개 있는 집도 마련했다. 남편은 회사를 그만두고 친구와 동업하면서 여전히 즐겁게 잘살고 있다. 준하는 병원에 정기적으로 다니고 대학도 졸업했다. 나는 약대동에서 만난 많은 여성 중에 경자 씨를 생각하면 놀랍다. 보석 같은 분이다. 총명함과 지혜로움이 겸비되어 있고 생활력과 의지력도 뛰어난 분이다. 저런 분이 학력의 날개를 달았다면 장관을 해도 부족함이 없었을 것이다. 우리나라에 여전히 기회의 평등은 없다.

3. 야구방망이 김옥란 여사님

2000년대 초반, 나는 어린이집 일을 정리하고 마을도서관에서 여성 성장 프로그램을 시작했다. 30대에서 50대까지의 여성들과 성장프로그램이라는 테마를 달고 1년 과정을 진행했다. 10명 정도가 시작했는데 마지막에는 6명이 남았다. 의사소통, MBTI, 이야기치료, 아동에 대한 이해 등 부모로서 역할에 도움이 되고 사회적 의식을 확장하기 위한 과정이었다.

김옥란 여사는 이 모임에서 만난 30대 여성으로 인근 아파트에 살고 있는 아들 둘의 엄마였다. 별명이 '조선 여자'일 정도로 얌전하고 순종적이었다. 공부하는 과정에서 가족에 대해 이야기하다가 남편 성토대회가 열렸다. 남편이 시대에 뒤떨어져서 아이를 이해하지 못한다는 얘기 중에 김옥란 여사가 자신의 고민을 말했다. 남편이 게임을 너무 좋아해서 아이들과 놀아주지 않는다고 했다. 남편은 일찍 퇴근해서 집에 돌아오면 밥을 먹고 바로 컴퓨터 앞에 앉아서 게임을 시작, 새벽까지 하고 주말에는 밤새우기까지 했다. 아들 둘은 쉬는 날 아빠랑 야구를 하기 원했지만, 아빠는 게임과 자신의 테니스에만 신경을 썼다 김옥란 여사는 자기가 미치기 일보 직전이라며 새삼 과격한 표현을 썼다. 우리 팀원들은 대화를 진지하게 해봐라, 수칙을 정해봐라, 아이들과 함께 지내도록 유도하라 등 나름의 조언을 했다.

다음 모임에 서로 지낸 이야기를 하는 시간이 되었다. 김옥란 여사의 고백으로 우리가 얼마나 깜짝 놀랐는지 모른다. 일요일 아침이 잠이 깨어 거실로 나가니 남편이 잠을 안 자고 게임을 하고 있더란다. 김옥란 여사의 표현에 의하면 순간 정신 줄이 끊어진 그녀가 아들의 야구방망이를 들고 게임을 하던 컴퓨터 화면을 부수고 분이 안 풀려 거실의 대형 텔레비전도 깨버렸다나.

조선 여자 김옥란 여사의 과격한 행동에 남편은 넋이 나갔다. 얌전하고 순종적인 사람이 화가 나면 무섭다고, 남편은 너무 놀라서 아무 말도 못 하고 잘못했다고 싹싹 빌었다고 한다. 분노의 야구방망이 기법이 먹혔나 보다. 아무튼 그 이후로 남편은 약속된 시간에만 게임을 하고 주말에는 아이들과 야구를 했다고 하니, 남편들이여, 얌전한 아내의 야구방망이를 조심하시라.

장 면 5
인생은 개척? 아니지, 그냥 살아가는 거다

1. 황소 대가리 진수

내가 공부방에서 아이들과 함께 지내던 90년대 초반에 개인 지도를 처음으로 경험하게 해준 친구는 황소 대가리 진수였다. 황진수가 그 아이의 이름이었는데 아이들이 황소 대가리 형이라고 곧잘 부르곤 했던 6학년 남자아이. 현수라는 3학년 친동생과 함께 우리 공부방에 다녔다. 그 당시 우리 공부방은 학원비가 없어서 아이들 방과 후 프로그램을 힘들어하는 저소득 맞벌이 가정의 아이들이 주 고객이었다. 공부방이라는 명칭 또한 공부방이 없는 아이들을 위한 곳이라는 것에서 유래되었다.

진수는 6학년인데 까막눈이었다. 그래서 아마 나에게 맡겨진 것 같다. 30대의 나는 당시 열정적으로 일하며 아이들에게 곧잘 무섭게 대한 터라 아마 내가 문제 해결이 필요한 아이에게 적임자라고 생각하신 듯하다.

진수와 공부를 하는 그 시간은 서로에게 정말 고된 작업이었다. 진수는 글도 못 읽을뿐더러 참지를 못하는 성정이어서 아이들을 곧잘 때리곤 했다. 진수의 아버지는 막노동하시는 분이었는데 곧잘 아이들을 때려서 진수는 '눈탱이가 밤탱이'되어서 오는 적도 종종 있었다. 동생 현수는 살살거릴 줄도 알아서 그렇게 맞질 않는데 진수는 곧이곧대로 대들기도 하고 고집도 세서 아마도 더 맞았던 것 같다. 엄마는 친엄마가 아니고 새로 들어오신 분이었는데 점집에 마실을 다니고(가난한 동네에는 점집이 많은데 아줌마들 마실 장소이기도 했다) 아이들을 그다지 잘 돌보아주는 분 같지는 않았다.

여하튼 늘 씨름하며 한글 공부를 하던 어느 날 진수가 그냥 넘어가지 못할 쌍소리를 계속해서 나랑 진수랑 한판 붙은 적이 있다. 대충 참고 넘어가다가 이번에는 끝장을 보려고 결심하게 되었다.

진수는 나에게 혼이 나야 했다. 제 친구들과 싸움이 붙었으면 바로 주먹이 날아갔을 테지만 선생인 나를 어쩔 수도 없고. 아마 제 성질에 약이 올랐던 것 같다. 순간 진수가 부엌으로 가더니 식칼을 들고 온다. 난 너무 놀랐다. 식칼을 나에게 주더니 자기를 죽여달라고 했다. 처음에는 식칼로 나를 어쩔까 봐 깜짝 놀랐는데 알고 보니 자기 성질을 스스로 감당할 수 없어서 그랬던 거다. 순간 그 칼은 내 가슴에 꽂히는 듯했고 커다란 망치가 내 머리를 때린 듯 아픔이 밀려왔다.

세상에, 초등학교 6학년밖에 안 되는 아이가 저렇게까지 할 때는 저 가슴속에 얼마나 큰 아픔과 상실이 있었을까. 그런 생각을 하니 눈물이 폭포처럼 나왔다. 나는 갑자기 진수를 끌어안고 기도했다. 뭐라고 했는지 기억도 안 난다. 하나님을 부르기도 하고 진수한테 사랑한다고 하기도 하고, 혼을 내기도 하고, 미안하다고 하기도 하고. 둘이 끌어안고 울면서 그렇게 30분 이상을 보냈다. 그 순간 진수와 나의 마음이 한 길로 연결되어 있었다.

그 이후로 진수는 놀라운 학습의 발전을 보였다. 라고 하면 소설이고, 여전히 한글엔 젬병이었지만 내 말이라면 순종했다. 주일학교에 나와서 놀고 어른들의 사랑을 받으며 나와 같이 생모를 만나보러 가기도 했다. 진수의 엄마는 아이 둘을 낳고 키우다가 남편의 학대에 못 견디고 가출하여 재혼해서 살고 계셨다. 엄마를 만난 진수는 무덤덤하고 눈을 맞추지 않았다. 나는 그런 진수를 보고 진수가 얼마나 엄마를 그리워했는지를 알았다. 진수의 마음 한쪽에 그리움이 돌이킬 수 없는 상처가 되었는지를 깨달았다.

초등학교를 졸업한 진수는 일자리를 찾아 전라도로 떠나는 아버지를 따라 이사를 하고 그곳 중학교에 진학했다. 전화도 없었고 연락할 방법이 따로 없어서 무척 궁금해했다. 몇 년 후 크리스마스이브에 183센티로 훌쩍 커버린 진수가 교회 문 앞에 나타났다. 깍두기 머리를 하고 장미꽃과 케이크를 들고 찾아온 것이다. 고등학교도 자퇴하고 오토바이 타다가 다리도 다치고 교도소에도 다녀온 모양이다. 학교에 적응하지 못하고 비슷한 처지의 선배들이랑 어울리면서 나이트클럽 같은 곳에서 일한다고 했다.

그 이후 아마 또 교도소에 들어간 듯싶더니 그곳에서 편지가 몇 번 왔다. 여전히 맞춤법은 틀리지만 정겨운 말투에 정성스러웠다. 진수에게 약대동의 어린 시절은 나름대로 소중했던 것 같다. 공부방과 교회 주일학교에 다니던 시절이 그립다고도 했다. 선생님 덕분에 잘 보냈다며 날 위로하기도 했다. 전라도에 간 후 10대의 대부분을 방황하면서 산 것 같았다.

진수의 마음에 약대동의 따뜻한 기억이 남아있다니 고마웠고 다 커버린 아이가 찾아오니 너무 감사했다. 얼마나 반갑고 고마운지 눈물이 나왔다. 이후 생모도 만나보고 이것저것 하면서 사는 듯했다. 진수는 여자친구를 많이 사귀었다. 하지만 오래가진 못했다. 사랑은 주고받던 경험이 있는 사람이 잘 할 수 있다는 말이 있다. 상대방을 깊이 사랑해주는 따뜻한 여성을 만나고 진수도 그렇게 사랑을 해주기를 바란다. 진수는 설이나 추석, 크리스마스에 꼬박꼬박 전화한다. 이번 연초에도 전화를 받았다. 말투가 훨씬 의젓해졌다. 왠지 가슴 한쪽이 아려온다.

진수를 생각하면 늘 그날의 사건이 또렷하게 떠오른다. 자주 볼 수는 없지만 진수가 지금까지 살아준 것, 연락해주는 것 그것만으로도 큰 감사를 느낀다.

2. 호떡을 구워 안주로

다연이는 어린이집 시절부터 알았다. 다연이는 똑똑하고 행동거지가 바른 아이였고, 언니 혜연이는 공부는 좀 못하지만 착하고 성실한 친구였다. 다연이는 초등학교에 가서도 공부를 잘하고 행실도 좋았다. 깔끔하고 단정하고 말도 조리 있게 잘해서 친구들에게 인기가 많았다.

엄마는 보험설계사를 오랫동안 하면서 아버지의 사업을 뒷바라지하는 와중에 어린이집 자원봉사도 해 주시는 성실하고 고마운 분으로 기억한다. 아빠는 사업상 필요하다면서 단칸방 살림에 당시 포텐샤라는 고급 승용차를 끌고 다닌 기억이 난다. 나는 그때 알았다. 사업하는 사람에게 '뽀대용'으로 큰 차가 필요하다는 '썰'을. 그러고 보면 내가 만났던 가난한 사람들은 큰 차, 큰 전자제품을 선호했다. 교회를 다녀도 큰 교회. 왜 그럴까? 한국 사회의 한 단면일까? 아니면 자신이 부족하다고 느끼는 것을 포장하려는 것일까?

90년대 후반 IMF가 왔다. 가난한 약대동에 그것은 폭풍처럼 몰아쳤다. 빈곤의 폭풍 지대에 있는 많은 가정이 풍비박산이 났고, 다연이 아빠는 그나마 하던 영세 사업도 부도가 나서 도망을 가버렸다. 엄마는 빚쟁이가 되고 아이들은 방치되었다. 나중에 들어 보니 아빠는 오랫동안 엄마를 학대해왔다고 했다. 다연이 엄마는 보험을 하면서 남편 사업비를 대주고 살림하고 매 맞으면서까지 아이들을 위해 참고 성실하게 살았다. 그 시절 이곳의 대부분 여성이 그랬다.

아이들은 고학년이 되었다. 집안은 어수선해지고 그 와중에 너무 충격을 받은 다연이 엄마가 정신이 좀 이상해진 것 같았다. 속옷 바람으로 차도에 뛰어다니는 걸 목격하는 사람이 생겼고 가끔 우리 어린이집에 나타나서 눈에 초점을 잃은 채 중얼거리곤 했다. 우리 선생님 한 분한테는 욕을 하기도 했는데 나한테만은 끝까지 깍듯했다. 주변에 그녀를 아는 사람들은 모두 쑥덕거리면서도 동정했다. 나도 연민이 느껴졌다. 다연이가 중학생이 된 후 한동안 연락이 끊겼는데 간간이 엄마의 소문은 들었다. 미쳤다고. 점을 잘 본다는 얘기도 있고 이상한 종교에 빠져서 망했다는 소문도 들었다.

하루는 두고 온 서류가 있어서 낮에 잠깐 집에 들릴 일이 있었다. 그때 우리 집은 구옥에 살고 있었다. 아파트보다는 재래식 주택에 살고 싶어서 닭장집을 개조해서 이사 갔던 것이다. 약대동 저편에 있던 그 집 주변의 다른 집들 역시 몇십 년 된 오래된 가옥들이 많은 동네였다. 약간 후미진 골목에 있는 우리 집에 가기 위해 들어선 순간 교복을 입고 다리를 쩍 벌린 채로 소주를 까고(?) 있는 여중생 세 명이 우리 집 앞에 있었다. 가만히 보아하니 강소주에 담배를 안주 삼아 마시고 있는 듯했다. 우리 집은 후미진 곳이라 등하교 시간에 중학생들이 담배 피우고 가는 장소이기도 했다.

그 아이들 앞을 지나가는데 그중 한 아이와 나는 눈을 마주치고 서로 놀랐다. 바로 다연이었던 거다. 세상에나. 1학년밖에 안 된 아이가 강소주를 까고 있다니. 엉겁결에 다연이는 "안녕하세요" 하고, 나는 "안녕"

하고 어색한 인사를 나눈 뒤 후다닥 집으로 들어왔다. 가만히 생각하니 그 아이 속이 걱정되었다. 냉장고를 뒤져보니 미니 호떡이 있었다. 그걸 몇 개 꺼내서 안주용으로 구웠다. 접시에 담아 나가니 아이들은 이미 가고 없었다. 하긴 거기 계속 앉아 있을 수 없었겠지. 한참 동안 호떡 쟁반을 든 채로 골목길에 서서 습기가 차는 눈을 쓱쓱 문지르고 있을 수밖에 없었다.

다연이의 어릴 적 장면들이 떠올랐다. 깔끔하고 명랑하고 적극적이던 다연. 누가 이런 아이들에게 강소주를 마시게 했을까? 나 역시 공범이다. 우리 아이들에게 상처를 준 우리 어른 모두가 공범이다. 한동안 길바닥에 앉아서 호떡을 씹었다.

그 뒤로 다연이 엄마는 소문대로 점집을 차렸다. 빨간 깃발을 집 지붕에 꽂았고, 봉고차가 왔다 갔다하고, 남자도 생긴 것 같았다. 돈을 잘 번다고 소문이 나더니 다른 동네로 이사 가서 큰 집에 점집을 차렸다고 했다. 아이들은 다 커서 지방대학에 갔다. 엄마가 점쳐서 번 돈으로 대학을 보낸 셈이다. 다연이는 지방의 전문대 유아교육학과를 다녔고 실습생으로 우리 어린이집에 왔다. 다연이는 불성실했고 선생님들한테 혼이 나는 실습생이었다.

하지만 난 생각한다. 그래. 아이들아, 살아줘서 고마워.

3. 나오더니 또 들어가니?

준호는 20살. 하지만 고등학교 1학년이다. 허구한 날 교정시설에 왔다 갔다 해서 그렇다. 할머니와 둘이 사는 준호는 마음을 둘 곳이 없다. 친구들은 의리로 똘똘 뭉친 시설 동기들이다. 학교 급우들은 동생들이라 친하기가 힘든데다가 출석도 자기 하고 싶은 대로 한다. 수업 시간에는 졸고 있고 선생님들도 웬만하면 그냥 놔두는 편이다.

꼽이청소년심야식당에 준호가 나타났다. 아이들이 90도로 인사를 한다. 선생님보다 더 무서운 게 선배다. 그것도 노는 선배. 손짓 하나로 인사를 받으며 폼 잡는 준호가 귀여웠다. 봉사 시간이 필요해서 건들거리면서 나타났다. 그때부터 준호와 인연이 시작되었다.

"짱이모(내 별명이 짱이모다), 귀찮게 이런 걸 왜 해요? 돈 많아요?", "그래 돈이 남아돌아서 이걸 한다. 왜?", "그럼 난 차 한 대만 사주세요. 멋지게 돌아다니게요. 여자 태우고 척", "꿀밤 투척이다."

주로 이런 농담을 하며 준호와 친해졌다. 나는 준호를 교화시킨다거나 말을 잘 듣게 한다거나 따위의 계획은 없다. 그저 준호가 말 걸 수 있는 어른 중의 한 명이 되고 싶을 뿐이다. 준호는 그러다가 자전거를 훔쳐서 반성하는 기간이 필요했는데 그새 오토바이 절도에 참여해서 보호시설에 또 가야 했다.

원래 직계가족과 담임선생님이 아니면 면회가 되지 않는데 학교 선생님을 설득해서 같이 면회를 가 보았다. 말랐던 준호는 하루 세끼 밥을 잘 먹어서 살이 좀 올라 있는 데다가 얼굴에 버짐이 없어져서 오히려 보기 좋았다. "야. 너 여기가 잘 맞나 보다. 몸 좋은데?", "이모, 나 맘 잡았어요. 나가면 착실하게 살 거예요", "어서 나오기나 해." 준호는 8개월 후 나왔다. 하지만 8개월의 결심은 그동안 살아온 세월을 따라잡지 못했다. 다시 자동차 절도미수로 시설에 들어가게 되었다.

청소년들은 집이 그리워 가출한다. 가정이 그리운 거다. 그런네 그 가정의 부모도 살아가기에 너무 힘든 사람들이 많다. 어린이집 시절부터 겪어온 젊은 부모들이 준호 같은 아이들의 부모가 되는 것이다. 대를 이어 가난하고 대를 이어 문제아가 된다. 이것이 어찌 개인만의 잘못인가? 굳이 구조적 문제가 이러니저러니 들먹거리지 않아도 준호 같은 아이들이 적응해나갈 만한 환경이 그리 많지 않다. 준호뿐인가? 청소년들이 마땅히 갈만할 여가 시설도 없고, 학교 시스템이 공부를 중심으로 이루어지고 있다는 것은 누구나 다 알고 있다.

청소년의 문제는 곧 우리가 원인이다. 제발 개인의 성실과 근면을 들먹거리지 말자. 소년이여 꿈을 가지라고 잔소리만 하지 말고 아이들이 진심으로 원하는 게 무엇인지 귀 기울여주고 최저임금이라도 맞추라고 편들어주는 어른이 되자. 청소년의 권리는 문서에만 있는 것인가? 대접 받는 사람은 삐뚤어지기가 힘들다. 청소년에게 우호적인 사회, 따뜻한 가정 그리고 옆에 있어 주는 어른이 되어보자.

나는 엽서에 색칠하여 준호에게 편지를 쓴다. "준호야. 짱이모야. 거기서 밥 잘 먹고 있나?"

4. 빨리 돈을 벌어야 하니까요

연화는 고등학생이다. 언니, 연화, 동생, 부모님, 이렇게 다섯 식구가 산다. 아빠는 정기적으로 일이 없어서 주로 집에 계시고 엄마는 식당 일을 하루에 세 군데서 하신다. 연화는 엄마를 닮아 굉장히 부지런하고 일손이 빠르다. 학교가 끝나면 카페 보조로 아르바이트하고 일요일에는 교회를 다니며 친구들하고 관계도 좋아서 어른들의 칭찬을 많이 받는 아이다.

연화의 걱정은 집의 가난이다. 언니가 교통사고를 당해 계속 누워 있어서 병원비가 많이 드는 데다가 아빠의 일이 지속적이지 않아서 엄마가 힘들게 일을 계속해야 하기 때문이다. 연화는 공부도 꽤 잘해서 선생님은 대학을 권유했지만, 언감생심 대학은 꿈도 못 꿀 형편이다. 연화의 그늘은 가난에서 비롯된 꿈의 좌절에 있었다.

하지만 하나님은 연화에게 긍정의 힘을 주셨다. 행복한 에너지를 듬뿍 선물해주셔서 연화가 있는 곳에는 환한 빛이 있었다. 친구들에게 늘 위로와 조언을 해주는 따뜻한 아이였고, 궂은일에 앞장서는 마음을 가지고 있었으며, 우월한 체격으로 댄스 실력도 뛰어난 맑고 밝은 아이다.

연화는 고등학교 졸업한 뒤 공장에 가기로 결정했고, 아쉬움은 있지만 뭐 나름 괜찮다고 말했다. 기회가 되면 다시 공부하겠지만 피곤해서 되겠냐고도 웃었다. 참 대단한 아이다. 연약하지 않고 가식적이지도 않다. 순수하고 현실을 받아들이지만 절망하지 않았다. 일단 돈을 벌어서 가정에 보탬이 되면 그게 자기 인생의 한 부분이므로 열심히 살겠노라고 했다.

하지만 연화에게 기회의 평등이 없었음은 확실하다. 꼭 대학에 가야 한다는 것이 아니라 다양한 기회를 얻어야 할 나이에 빨리 돈을 벌어야 하는 처지가 되어버린 것이다. 연화의 좋은 성격, 긍정적 마음만으로 극복할 수는 없을 것이다.

연화야, 열심히 살아줘서 고맙다. 늘 곁에 있고 같이 살아갔으면 좋겠다. 우리에게 좋은 날을 함께 찾자꾸나.

5. 립스틱 짙게 칠하고

왕방울 눈 예원이는 초등학교 4학년 때부터 결석을 밥 먹듯이 했다. 아빠랑 둘이 사는 예원이는 외동딸인데 너무 마른 체형인데다가 밥을 잘 먹지 않았다. 밥 한 그릇은커녕 반 그릇 먹으려면 한 시간 이상 걸려서 지켜보는 사람이 질릴 정도로 밥을 먹지 않는다.

예원이는 중학교 들어가더니 빨간 립스틱을 바르고 돌아다니기 시작했다. 학교는 결석이 잦고 밤늦게까지 무리 지어 다녀서 아빠를 속상하게 했다. 예원이 엄마와 아빠는 예원이가 두 살 때 헤어졌다. 아빠는 굉장히 엄해서 예원이가 규칙을 어기면 어렸을 때부터 많이 때렸다고 친구들이 말했다. 지금은 예원이가 더 잘못될까 봐 그런지 때리지는 않는단다. 예원이가 왜 그러는지 짐작이 되는 환경이다.

예원이의 가방에는 화장품만 들어 있다. 큰 거울과 립스틱 서너 개, 아이라이너, 핸드폰이 들어있다. 당연히 학용품은 없었다. 예원이는 사진 찍을 때마다 모델 포즈를 취한다. 자기가 예쁘게 생긴 것을 알고 있으며 어떻게 하면 더 예쁘게 보이는지를 잘 알고 있었다.

동아리 활동에 여러 번 초대했지만 약속을 지키지는 않았다. 아빠한테도 부탁했는데 아빠는 예원이를 포기한 것 같았다. 학교 선생님도 마찬가지였다. 예원이는 이미 동네를 벗어나 부천역으로 나가 돌아다니는 것 같았다. 가출한 아이들의 집결지가 바로 부천역인데, 부천역으로 나가면 동네로 돌아오기 힘들다. 그런 것을 예방하기 위해 청소년 밥차를 만든 것이다. 예원이는 밥차, 동아리, 여행 등 모든 초대를 거부하고 학교에 가지 않고 집에도 가끔 들어오기 시작했다. 곧 예원이를 동네에서 보기 힘들어졌다.

아이들은 지역사회에서 안전하게 살아야 한다. 호의적인 분위기, 청소년을 환대하는 좋은 동네가 필요하다. 아이들은 가정, 학교, 동네가 안전망이며 성장의 토대가 되는 곳이다. 어른들이 아이들에게 이런 환경을 제공하기 위해 함께 노력한 기억이 별로 없다면 아이들이 소위 문제아가 되어도 자신 있게 말할 수 없음을 알아야 한다. 나 역시 마찬가지다.

다 커버린 예원이. 생각하면 씁쓸해진다. 예원아, 밥은 먹고 다니니?

장면 6
어르신 이야기 — 못 배우고 못 살아서

1. 그래서 나 사는 동안 화장을 안 했어

은빛한글교실을 시작한 지도 10년이 되어 간다. 혼자 사시지만 복지의 사각지대에 있는 어르신들을 찾아 도시락 배달한 지 2년 만에 한글교실을 시작했다. 통장, 반장, 교회, 성당, 절을 찾아다니며 대상자를 직접 발굴했다. 도시락 배달하다가 만난 어르신 한 분이 글을 몰라서 전세자금을 떼여 먹혔다는 얘기를 듣고 시작했다.

첫 시간 한 분으로 시작해서 지금은 열두 분. 한분 한분 열심히 하시는 모습이 눈물겹다. 플래카드로 홍보했지만 하얀 건 천이고 까만 건 글자이니 도대체 당사자가 볼 수가 없지 않은가. 게다가 글을 모르는 것이 죄도 아닌데 서로 부끄러워하여 숨기고 살고들 계시니 학생을 찾기가 쉽지 않았다.

한 분으로 시작했지만 며느리가, 딸이, 교회 전도사님이 모셔 온 분들로 점점 채워지기 시작했다(2017년 현재 100여 분이 되었다). 알고 지냈지만 같은 처지라는 것을 몰랐던 이웃들이 한글교실에서 만나 비밀을 공유하는 친밀한 사이가 되었다.

내가 맡은 반은 나름 고급반이다. 초급은 ㄱ, ㄴ, ㄷ부터 시작하는 반, 중급은 받침 붙이기, 고급은 1학년 책을 보면서 받아쓰기를 조금 할 수 있는 반이다. 내 반에는 두 분이 계신다. 그중 문 할머니는 정말 열심히 하시고 바른 분이다. 따님과 함께 살면서 손주도 보느라 힘들

텐데도 열심히 하신다. 이번 겨울에는 미국 사는 둘째 딸 산후조리해 주러 가셔야 한다며 영어까지 배우러 다니신다.

문 할머니 말씀이 이제까지 화장을 안 해봤다나. 당신은 옷차림은 거지 같이 입어도 글씨 잘 읽고 잘 쓰는 사람이 이 세상에서 제일 존경스럽고 부럽단다. 화장 뽀얗게 하고 있는데 누가 와서 글 물어봐서 모른다고 하면 얼마나 창피할까. 그 생각에 지금까지 얼굴에 화장을 안 해봤다고 한다.

그 말씀을 하시는데 내 마음에 눈물이 흘렀다. 얼마나 한이 되었으면 저렇게까지 본인을 감추려고 하실까. 주변에 그런 분들이 생각보다 참 많다. 열심히 가르쳐드려서 뿌듯함이 많아지도록 해야겠다는 결심을 하게 된 계기였다.

문 할머니는 우리 기관에서 한글을 떼시고 야간 중학교에 진학하셨다. 손자를 돌보면서 공부해야 하니 건강하셨으면 좋겠다는 생각으로 졸업시켜드렸다.

나한테 고맙다고 하시지만 오히려 내가 더 고맙다. 그분들에게 인생을 배우고 사랑을 배우니까.

2. 저 앞으로 이사 가래

월선 어르신은 혼자 사신다. 소위 독거노인이다. 나는 독거노인이라는 용어가 거슬린다. 왠지 관리 용어라는 생각이 든다. 독거 1, 2 이렇게 명명해서 서류에 붙여놓을 것 같은 용어라 쓰고 싶지 않다. 독거노인, 빈곤 아동 뭐 이런 용어들 모두 그 모양새라 왠지 개념으로 편견을 불러일으키는 듯한 생각에 부정적이다. 여하튼 월선 어르신은 '독거 저소득 노인'이란 이름으로 근처 복지관에서 반찬을 배달받는다.

월선 어르신은 평생 재산인 오천만 원짜리 전세에 사신다. 젊었을 적 공장에 다니면서 번 돈을 모아 전세자금을 계속 올려주어 현재 20년째 같은 집에 사셨다. 집주인은 그동안 세 번 바뀌었고, 바뀔 때마다 전세자금을 올려주어야 했다. 월선 어르신에게는 아들 셋이 있는데 그중 둘째를 잃은 후 우울증에 시달렸다. 얼굴이 어둡고 의욕이 없어 보였다.

동네 친구의 소개로 우리 새롬은빛학교에 다니게 되면서 같이 밥을 먹고, 체조하고, 한글도 배우며 지내셨다. 지난겨울 월선 어르신은 몸보신을 위해 곰국을 끓이다가 깜빡해서 천정을 그슬리게 되었다. 연기가 나니까 이웃이 소방서에 신고했고, 소방차가 와서 물을 뿌려서 불을 껐다. 월선 어르신은 밖에 계셨기 때문에 다행히 다치지는 않았다.

문제는 그다음부터였다. 집주인은 월선 어르신에게 책임을 지라고 달달 볶아댔고 급기야는 전세금 5,000만 원에서 수리비로 3,000만 원을 내놓으라고 했다. 결석을 하셔서 집에 찾아가 본 우리 선생님 보기에 너무 기가 막히더란다. 다리는 다쳐서 질질 끌고 다니시며 약간의 치매 끼가 있으셔서 불안에 떨고 계셨다.

동사무소에 물어보고 이곳저곳 사건의 진상을 물어본다는 것을 어디서 들었는지 집주인은 다음 날 월선 어르신을 강제로 이사시켰다. 맞은편 지하 방인데, 1년 동안 아무도 쓰지 않아 가스와 전기도 들어오지 않는 곳으로 계약서를 써서 강제로 이사를 시켜버렸다. 어르신에게 이사 가지 말고 버티시라고 했지만, 두려움에 떨던 어르신은 계약서의 내용도 모른 채 도장을 찍었고 이삿짐센터 사람들에 의해 강제로 이사를 당해야 했다.

아무리 생각해도 상식적인 일이 아니어서 이곳저곳 도움을 요청하기 시작했다. 정치가, 동사무소, 소방서 등. 하지만 누구 하나 가난하고 힘없는 어르신을 위해 발 벗고 나서는 사람이 없었다. 나는 이런 경우를 당할 때마다 생각한다. 정치? 공무원? 정당? 가난한 시민 한 사람의 억울함에 귀를 기울여주지 않는 그 누가 우리에게 필요할까? 나는 마을 현장에서 당파의 실효성을 느끼지 못한다. 누가 진심으로 다가와 귀를 열고 발로 움직이냐에 방점을 찍고 싶다.

결국 개인의 인맥을 통해 법률관계자의 도움을 얻게 되었고 소송을 걸게 되자 집주인이 동네 창피하다면서 월선 어르신에게 취하를 종용했다. 우리 기관을 가만두지 않겠다는 소문을 우리 어르신들이 열심히 전해 주셨다. 법률관계자는 소송을 진행하면서 수리 견적을 뽑았는데, 소방차가 와서 물을 뿌렸기 때문에 결국은 집 전체 수리비 견적을 뽑아야 한단다. 법적으로는 그런데 상식적으로는 말이 안 된다. 판결하는 판사의 지혜를 기도로 구할 수밖에 없었다. 기도가 하늘에 닿았는지 판사는 어르신의 손을 들어주었다. 방만 고치고 나머지 돈을 돌려받을 수 있었다. 물론 그것도 시간이 꽤 걸렸지만.

상식적인 사회, 상식적인 말이 통하는 마을이 되었으면 좋겠다.

3. 슬픈 이야기를 보며 깔깔거리는 수자 어르신

수자 어르신은 73세. 깔깔이 언니로 유명한 늘 웃는 어르신이다. 뭐라고 얘기하던 깔깔깔. 그런데 문제는 슬픈 말을 해도 깔깔깔이다. 한번은 5월 광주 이야기를 담은 다큐멘터리를 보러 갔는데 장례식 장면에 깔깔깔 웃어서 사람들이 쳐다보기도 했다. 그냥 잘 웃는 분이라고만 생각했는데 뭔가 감정 표현에 문제가 있다는 걸 느꼈다. 한글을 공부하는데 몇 년이 되어도 제자리다. 어떨 때는 잘 쓰시다가 다시 원점으로 돌아온다. 다른 사람과 공감 능력이 확실히 떨어진다.

수자 어르신은 10살이 되기도 전에 남의 집에 식모로 가야 했다. 우리나라 70대 이상의 여성들이 거의 그렇듯 전쟁과 가난을 온몸으로 겪어야 했던 시대였고 남자 형제들에게 기회를 양보해야 했다. 수자 어르신은 어린 나이에 식모살이하면서 주인아저씨 아들한테 많이 맞았다고 했다. 별일을 다 겪었다고 했다. 상세하게 듣지 않아도 어떤 일이 일어났을지 상상이 갔다.

어릴 때 교육과 경험이 중요하다는 건 상식적인 말이다. 수자 어르신은 교육도 못 받고 좋은 경험의 기회도 없었다. 그런 과정에서 학습이나 소통에 관계되는 뇌의 어떤 부분에 손상이 가지 않았나 싶다. 수자 어르신뿐 아니라 비슷한 양상을 나타내는 어르신들이 꽤 있다. 일상생활은 그럭저럭하지만 소통과 사회적 학습이 어렵다. 수자 어르신은 여느 할머니처럼 손맛이 있는 편도 아니다. 살림을 잘하는 것도 아니다. 때로는 주변의 친구들이 따돌리기도 하지만 본인은 잘 모르신다. 그저 깔깔~

아들이 둘. 지방에 사는데 작은아들이 투석을 시작했고, 큰아들은 암 수술을 받았다고 한다. 여느 어머니처럼 안달하지도 않고 병원에

가 보지도 않는다. 물론 혼자서 대중교통을 이용하기에 어려움이 많다. 우리 어르신들 대부분 그렇다. 대중교통을 이용하는 게 두렵다. 우선 글과 숫자를 잘 모르고 우리 사회의 젊은이들이 노인에게 그다지 친절하지 않음을 알기 때문이다.

수자 어르신은 누가 아파도 공감하지 못하고 깔깔깔을 나름의 감정 소통 방식으로 규정한 것 같다. 그래도 동네 친구들한테 빵도 주고 마실도 잘 다니신다.

수자 어르신, 건강하고 천국 가시는 그날까지 즐겁게 지내세요. 지금까지 잘 살아오셨어요. 축복합니다.

4. 사요나라, 그리운 윤남 어르신

내가 2003년 어르신들과 함께 논 이후 처음으로 천국으로 보내드린 분이 윤남 어르신이다. 윤남 어르신은 혼자 사시면서 재활용품을 모아 정리해서 팔았다. 아들이 둘 있는데 지방에 거주했다.

윤남 어르신은 우리 새롬은빛학교 초창기 멤버다. 내가 사각지대에 계신 어르신들에게 도시락 배달을 할 때 만난 분이다. 밥상공동체와 한글교실을 시작할 때 모셔 왔다. 윤남 어르신은 매우 유쾌한 분이셨다. 들어오실 때 '곤니찌와', 나가실 때 '사요나라'를 외쳤다. 한글을 공부할라 치면 머리가 갑자기 아프다고 노래나 하고 놀자고 하시면서 춤을 추기도 하셨다. 혼자 살면서 관리를 못 하시는지 늘 냄새가 났고 의복은 청결하지 않았다.

우리 교회는 사회적 심방 기간이 있다 교회 출석에 상관없이 돌봄이 필요한 분을 찾아가 기도해드리고 얘기도 나누는 기간이다. 새롬교회 지역 선교 기관에서 추천하여 교회의 권사님들이 같이 방문한다. 마을 떡방인 달나라 토끼가 생산한 떡과 식혜를 가지고 가서 같이 얘기를 나누면 무척 좋아하신다. 절을 다녀도 성당을 다녀도 같이 기도하는 것을 반기신다. 관심과 사랑이 좋아서다.

심방 기간에 늘 윤남 어르신을 추천했다. 반찬을 좀 들고 가서 같이 밥을 먹으면서 얘기를 나누었다. 어르신 댁은 방 한 칸에 침대 하나 놓으니 걸어갈 공간도 없다. 냉장고에는 언제나 썩은 반찬이 좀 있고 집 안 구석구석에는 쌓아놓은 쓰레기와 요강에 있는 불순물로 냄새가 났다.

아들은 요양원에 가시라고 했지만 윤남 어르신이 완강했다. 아무리 그냥저냥 살아도 내 집이 좋고 내 동네가 좋다는 것이다. 완전히 공감한다. 노인들에게 필요한 건 멀리 떨어진 요양원이 아니라 가까이 있는 이웃과 사람들의 눈맞춤이다.

노인복지가 발달했다는 것은 동네에 돌봄 연결망이 얼마나 구성되어 있는지 보면 알 수 있다. 노인과 장애인은 그저 멀리 떨어진 공기 좋은 곳에 가두려 한다. 하지만 그들은 공기 좋은 곳보다 사람 많은 곳을 좋아한다. 국가는 대놓고 효도를 부추겨서 개인이 책임지게 한다. 장애인이 이용하는 시설이 있으면 집값이 내려간다고 난리를 치는 사람들의 의식 또한 국가의 의식과 손발이 척척 맞는다.

우리 기관 어르신 모두가 같은 생각이다. 요양원 가는 그날은 죽음이다. 하지만 자녀가 책임질 수 있는 한계가 있다. 서로 힘든 것이다. 이문제는 마을이 구체적으로 나서고 국가가 밀어야 해결할 수 있다.

윤남 어르신은 시간이 흘러 치매가 심해졌다. 문제가 발생하자 아들이 재빨리 요양원으로 모셨고 우리 어르신들의 예상대로 석 달 후 먼곳으로 떠나셨다. 처음으로 우리 고객이 되어 주셨던 윤남 어르신을 절대 잊을 수 없을 것이다. 윤남 어르신의 삶에 여성, 아내, 엄마 그리고 버림받은 노인의 삶이 묻어있다. 그것이 곧 나와 우리 모두의 문제인 것이다.

윤남 엄니, 이제 아프지 말고 걱정 없는 그곳에서 편안하세요.

5. 약장사? 홍보관? 재밌잖아

어르신들 10명 중 8명이 가 본 곳이 홍보관이다. 홍보관은 약장사의 다른 표현이다. 어르신들 많은 동네에는 꼭 홍보관이 있다. 어르신들은 삼삼오오 가셔서 놀고 사은품을 챙겨오신다. 비누, 휴지, 치약 등 생활용품을 꼭 손에 쥐여준단다.

가서 뭐 하시냐고 했더니 재미나게 놀고 간식도 먹는다고 하신다.

그러다가 의약품이나 기계를 구매하는데 절대적 확신으로 사인을 하신다. 물론 자식이 알면 큰일이지만 미련 없이 구매하신다. 폐지를 줍는 분도 그냥저냥 사는 분도 꼭 뭔가를 산다. 하도 잘해줘서 미안해서 사는 거란다.

자세히 여쭤봤더니 요즘 홍보관은 젊고 잘생긴 남성들이 어르신들한테 "누나, 누나" 하면서 레크레이션도 하고 재미나게 놀아준단다. 어르신들 왈 "자식보다 나아." 새삼 이해가 갔다. 어르신들의 그런 점을 이용한 약장사들이 얄미웠지만 외로운 어르신들에게 재롱떠는 효자 노릇 해준 것은 틀림없는 듯하다. 씁쓸하지만 인정.

의견 글

어르신들이 많은 동네에는 홍보관이 있다. 약장사의 우아한 브랜드명이다. 어르신들 대부분은 홍보관 경험이 있다. 자식들 잔소리와 구박에도 쌈짓돈을 털어 의료 용품을 구매한다. 여쭤보니 자식들보다 더 잘해주고 재미있게 해드린단다. 공감이 갔다.

요즘 젊은이들은 노인을 싫어한다. 특히 보수당의 절대적 지지자라는 점에서 더 그런듯하다. 하지만 의외로 어르신들은 당이 뭔지에 대해 그다지 관심이 없다. 하물며 잘 알지 못하는 분들이 부지기수다. 자신들의 편을 들어줬다고 믿던 대통령이 쫓겨났으니 대안은 뭘까.

내가 만나는 어르신들은 대부분 폐지를 줍고 살며 아프고 글을 잘 몰라 억울한 일이 꽤 있는 약자다. 어르신들은 그저 고단하고 힘든 상황을 위로하고 억울한 일을 해결해주는 정치가 최고의 바람이다. 삶의 치열한 현장에서는 명예와 정책대결보단 작은 문제에도 세심하게 반응해 주는 정치다.

　과연 현재 그런 정치인들이 몇이나 될까. 어르신뿐인가. 힘겨운 건 어린이, 청년 다 마찬가지다. 표 대결이 치열해져도 그다지 열의가 없고 거시적 정책에 무관심 또는 무지한 어르신들이 그렇게 지탄받아야 하는 지 유감이다.

장 면 7
용기를 내요. 생존의 전사여

1. 시집온 그날부터 맞았어

"선생님, 거기 신고하면 해결됩니꺼?", "아, 네 어르신. 우리한테 말씀하시면 바로 연결해드릴 수 있어요."

노인학대 예방에 관한 수업 시간이었다. 노인 권리에 대한 이야기의 연장선에서 이루어졌다. 사실 학대라는 개념이 세워진 지 그리 오래되지는 않았다. 한국의 여성 노인들은 학대가 무엇인지 모르면서 학대당했고, 여자와 아이들은 맞을 수 있다고 생각하는 시대에 살았기 때문에 폭력에 대한 수업이 난감할 때가 있다. 즉, 맞았냐 안 맞았냐가 아니라 누가 더 심하게 맞았냐가 기준이 되는 것이다. 자신의 이야기를 솔직하게 하는 분, 친구의 이야기라며 슬쩍 자신의 이야기를 하시는 분, 가까이에서 폭력의 현장을 겪은 분까지 참 다양했다.

순자 어르신은 이 수업에 상당한 관심을 표현했다. 초롱초롱한 눈빛으로 듣고 질문도 많이 했다. 순자 어르신은 남편과 두 분이서 사신다. 아들이 가까운데 살기 때문에 손주를 돌봐주신 지 몇 년이 되었다. 며느리와 육아 갈등이 있었는데 며느리가 학벌은 좋지만 아이 키우는 건 하나도 모른다며 가끔 흉을 보시곤 했다. 영감님은 나이를 가늠하기 어려운 정도의 튼튼한 몸을 가지고 계셨는데 운동을 굉장히 열심히 하신다고 했다.

그러던 순자 어르신이 하루는 마음을 굳게 먹고 자신의 이야기를 풀어냈다. 친구들 앞에서 말하기 힘들 텐데 영감이 가끔 때린다고 했다. 하지만 단둘이 이야기할 때는 더 솔직하게 말씀해주셨다.

"선생님, 실은 난 시집온 그날부터 맞고 살았어. 첫날 밤부터 술에 억수로 취해서 패는 거야. 그날부터 지금까지 계속이야. 공부하러 올 때도 딴 남자 만나는 거 아니냐고 의심하고 병원도 맘대로 못 가."

어르신께 위로와 용기를 내라고 말씀드렸다. 어르신은 한 달을 고민하더니 신고를 결심했다. 더 이상 맞고 살다가는 죽을 지경이라 하셨다. 그러던 와중에 폭력이 일어났고 어르신은 짐을 챙겨 우리한테 오셨다. 노인보호기관과 연결했고 여성쉼터에 가기로 결정했다.

며느리와 아들이 알고 영감님이 온 동네를 다니며 순자 어르신을 찾아다니며 아들을 괴롭혔다. 나는 지방에 사는 큰 따님께 전화했다. 이만저만하니 순자 어르신을 혼자 사시게 해야 할 것 같다는 의견을 말했다. 하지만 딸, 아들, 며느리 모두 순자 어르신이 이 상황을 짊어지고 가야 한다고 생각하는 것 같았다. 험악한 아버지를 누가 돌보는가에 대한 관심이 더 있었다. 어머니가 평생 얼마나 힘든 인생을 살았는지에 대해서는 관심이 없었다.

우리 어르신들이 대부분 그렇게 가정을 떠받치고 사셨다. 맞고, 일하고, 눈치 보면서 마치 평화로운 가정의 책임이 혼자에게 있는 듯 자의로, 타의로 그렇게 사셨다. 마음이 너무 아팠고 남 일 같지 않았다.

쉼터에 있을 수 있는 기간은 3개월이다. 하지만 가족들의 무관심으로 순자 어르신은 지옥으로 돌아와야 했다. 남편은 더 괴롭혔고 감시했으며 급기야는 위험한 폭력을 행사해서 순자 어르신이 입원하기에 이르렀지만 다른 사람의 면회도 금지하고 본인이 수발을 든다며 옆에 있었다.

퇴원한 순자 어르신은 몰래 전화해서 방법을 찾았다. 남편을 정신과 감정해서 진단이 나오면 병원에 입원시킬 수 있다고 한다. 남편은 극심한 의처증인 것 같단다.

그때 많은 시간을 함께해 온 동무들이 "그래 한번 해 봐. 자네는 할 수 있어. 참고 산다고 자식들이 좋아하지 않아"라며 응원의 말을 했다. 새로운 삶을 살아야겠다는 그녀의 굳은 결심은 많은 시간의 고통과 눈물을 딛고 지금은 남편이 병원에 있고 혼자 씩씩하게 살아가고 계신다. 이런 과정까지는 공동체 관계에서 빚어낸 우정의 지지 세력들이 있었고 그녀가 발견한 용감한 결단이 있었다. 그녀는 이제 매 맞는 아내에게서 잘살고 있는 사람으로 살아간다.

폭력에 시달려온 여성들은 평생 불안에 떤다. 그 두려움의 사슬에서 벗어나기 힘들다. 우리 어르신들 대부분 폭력의 경험이 있다. 하지만 더 씁쓸한 것은 폭력을 일정 부분 당연하다고 여긴다는 것이다. 시대가 변한 만큼 가정에서 일어나는 폭력부터 근절해야 여성들이 숨을 자유롭게 쉴 수 있을 것이다.

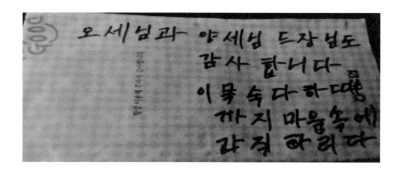

2. 두고 봐. 내가 더 세질 테니까

길순 어르신은 괄괄하고 화통하다. 별명은 사납배기이다. 말도 크게 하고 행동도 적극적이다. 끼도 있어서 연극의 주연으로도 손색이 없으시다. 활동하실 때마다 나는 '저런 끼를 가지고 평생 어떻게 살았을까' 하는 생각이 든다.

길순 어르신은 매일 부천을 걸어서 돌아다닌단다. 그러지 않으면 속에서 불이 나서 죽을 거 같아서란다. 속사정은 남편에게 있었다. 평생을 손찌검과 의처증으로 못살게 하던 남편이 허리 수술하고 누워지내는데 처음에는 은근히 고소했더란다. "그래, 이 못된 영감아. 평생 나 그렇게 때리더니 쌤통이다. 오냐, 내가 시중들 테니 평생 누워지내라."

그랬더니 웬걸. 누워서 온갖 쌍욕을 하며 더 괴롭힌단다. 전화 오면 누구냐, 무슨 내용이냐부터 시작해서 하루 종일 입으로 사람을 들들 볶는단다. 그게 더 짜증 나고 못 살겠다며 걸어서 산에도 가고 돌아다녀야 조금 힘을 얻어서 집으로 갈 수 있다고 했다.

길순 어르신도 만만치 않게 힘도 세고 입도 걸다. 하지만 여성이라는 위치가 그녀를 나약하게 옭아맸다. 길순 어르신이 방송단 활동 중 폭력에 관해 이야기한 게 나의 마음을 강하게 움직였다. "그러니까 이웃들이 말이지, 모른척하지 말고 좀 나서줘야지. 웬만하면 좀 해결해가면서 살고 동네가 좀 그런 역할을 해야지 않겠어? 글구 나는 더 쎈 여자가 될탱게. 당하고 살진 말어야제."

3. 수면제가 내 친구야

경선 어르신은 입담이 걸쭉한 유머가 많으신 분이다. 우리 한글반 수업할 때도 양념 같은 우스갯소리로 잠을 깨우며 톡톡 튀는 이야기를 곧잘 하셔서 인기도 많았다. 경선 어르신은 남편과 떨어져 사신다. 사별 하신 줄 알았는데 알고 보니 별거가 오래돼서 아예 헤어진 상태였다.

경선 어르신은 열여덟에 이웃 마을의 부잣집 둘째 아들한테 시집을 갔다. 아들 둘을 낳았고 나이가 들어 영감님은 마을 이장이 되었다. 이장이 된 영감님은 동네에 들어온 다방 언니랑 사이좋게 지내기 시작하더니 급기야 딴 살림을 차렸다. 경선 언니는 그만 화병이 나고 말았다. 아들 둘은 결혼해서 가정을 꾸려서 엄마에게 신경을 쓰지 못했던 것 같다.

경선 어르신은 영감님과 별거를 시작했다. 고향에서 떨어진 목포로 나와 살았다. 별거가 길어지자 영감님은 아예 마음 놓고 딴 살림에 열중했다. 경선 어르신은 친구를 따라 부천으로 오게 되었고 10년 정도 살고 계셨다. 경선 어르신은 자식도 호적에서 다 지우고 싶단다. 명절이 되어도 전화 한 번 안 하는 게 자식이냐고 푸념하셨다. 다리가 불편해서 자치센터의 알선으로 다리 수술을 받게 되었는데 간호해줄 사람이 아무도 없어서 요양사의 도움을 요청해야 했다. 다행히 수술이 잘 되어서 잘 걸어 다니신다.

영감님의 배반으로 인한 화병이 우울증을 가져왔다. 또 우울증이 불면증을 가져와서 약을 드셔야 한다. 우리 어르신들 대부분 종합병원보다는 동네의 친절한 병원을 더 선호하신다. 우선 가깝고 노인에게 설명을 잘해주는 의사를 좋아한다. 그러다 보니 가끔은 친절을 가장한 약장사(?)에 가까운 병원을 만나기도 하는 것 같았다. 약이 너무 세서 얼굴이 부어오르거나 부작용이 심한 분들이 더러 있다.

경선 어르신은 수면제를 먹고 한 알씩 쌓아놓는단다. 자기가 견딜 수 없으면 그 약을 다 먹고 죽어버린다고 입버릇처럼 말씀하신다. 제일 좋은 친구는 수면제, 그다음으로는 텔레비전이 차지했다. 그래도 그렇게라도 말씀하시니 다행이라는 생각이 들고, 주변에 동무들이 있으니 더 행운이라고 생각한다.

여성 어르신들이 신체적, 정신적으로 아픈 곳이 참 많다. 특히 마음이 무척 아프시다. 그런 분들에게는 동무들과 말할 공간이 참으로 필요하다. 노인복지를 고민하는 사람들은 이런 특징에 신경을 써서 동무들을 엮어주고 노인에게 적합한 공간을 디자인했으면 좋겠다.

우리 공간은 50년 된 낡은 주택이다. 그나마 경기도 프로젝트 공모로 리모델링을 했지만 턱없이 부족하다. 옆 동네인 삼정동에서 어르신들이 많이 오셔서 모 노인단체의 후원으로 방을 하나 얻었다. 다양한 프로젝트와도 연결하여 노인 프로그램을 왕성하게 하지만 하드웨어가 정말 부족하다.

이럴 땐 길 가다가 구덩이에 돈이 왕창 떨어져 있었으면 하는 상상을 수없이 한다. 그 돈으로 미래형 마을 커뮤니티센터를 만들고 어린이, 청소년, 노인까지 세대가 공감하여 소통할 수 있는 재밌고 신나는 하드웨어를 디자인하고 싶다. 그래서 마을이 더 역동적으로 소통하며 움직일 수 있도록 하는 커뮤니티센터가 약대동, 삼정동 등 구도심 지역에 만들어지는 게 소망이다. 청년들이 유입되어 신나고 활기찬 에너지가 넘쳐야 마을이 살고 사회가 지속될 수 있다. 특히 정치하는 분들은 좀 더 공부를 열심히 해서 미래형 주민의 요구에 섬세하게 반응하고 움직였으면 하는 바람이다.

거기에 또 하나 얹어본다면 청년과 어르신의 공동주택이다. 요양원 형태든 공동주택 형태든 현재 살고 있는 마을에 있어야 한다. 요양원을 공기 좋은 어디에 지어야 한다고 생각하는 젊은 분들, 그건 착오다. 어르신들은 공기 좋은 곳보다는 사람 많은 곳을 좋아한다. 마을에 있어야 한다. 사람들과 만나고 시장에 다니고 사람들의 눈과 숨결 근처에 있어야 자존감을 지키고 살아갈 수 있다. 존엄하게 죽어갈 수 있다.

청년들 역시 어르신을 돌봐드리면서 경험과 지혜를 학습하며 따뜻한 마을공동체적 관계를 형성할 수 있다. 고령화를 문제로 보면 안 된다. 그분들에게 죄책감을 안긴다. 고령화가 왜 문제인가? 젊은 사람들이 마음 놓고 연애하고 결혼하고 아기 낳기 두렵게 하는 구조가 더 문제 아닌가? 저출생이 해결되어야 고령화도 해결할 수 있다. 아, 나는 아이디어도 많고 열정도 있는데 딱 하나 돈이 없다.

4. 그 집에 전화하지 마

설매 어르신은 의식적으로 부르지 않으면 거의 말씀을 안 하셨다. 표정도 수줍은 열여덟 소녀이고 살포시 웃는 모습이 아직도 새색시였다. 어버이 달이 되면 늘 소풍을 간다. 소풍을 갔다가 마무리는 어르신들이 제일 좋아하는 사우나에 갔다.

설매 어르신은 몸에 좋다며 온탕, 냉탕을 왔다 갔다 하시더니 뜨거운 온도인 온탕에서 마비가 왔다. 처음에는 그냥 뜨거운데 앉아계시는 줄 알았더니 몸이 굳어 움직이지 않는 것이었다. 같이 들어가 있던 선생님이 연락해서 소방관과 119가 왔다. 그 과정에서 어르신은 다행히 안정되었다.

어르신과 거리가 먼 곳에 움직이면 꼭 사건이 발생한다. 인형극 공연 하러 천안에 갔을 때 주연을 맡으신 분이 너무 떨려서 한잠도 못 주무셔서 공연 당일 갑자기 쓰러져 응급실로 가시고 내가 대신 했던 기억도 난다. 살 떨리는 기억이 사라질 즈음에 또 이런 일이 일어난 것이다.

사람을 상대하는 일은 이래서 힘들다. 늘 위험한 일을 대비해야 하는 것이다. 소풍 다녀와서 우리 선생님께 같이 사는 아드님한테 전화하라고 말했다. 엄연히 보호자로 아드님이 되어 있는데 나중에 알게 되면 소란이 있을까 봐 걱정되었다. 그랬더니 옆집 사는 어르신이 그 집에 절대 전화하지 말라고 하신다. "그 집에 절대 전화하지 마", "왜요?", "아들이 엄청 무서워. 그 사실 알게 되면 엄마가 혼날 거야. 가끔 때려."

마음 같아선 그 아들을 신고하고 싶었다. 하지만 그게 그렇게 쉬운 일이 아니라는 걸 어르신과 함께하면서 알았다. 우선 신고하면 재빠르게 움직여서 일을 해결하는 체계가 없고, 가정에서 일어나는 노인학대에 대한 광범위한 인식도 없다. 게다가 아들이 고발당하면 엄마의 거취가 불분명해진다. 마땅히 일상적으로 보호해줄 장소도 없다. 가장 취약한 점은 본인이 원하지 않는다는 것이다.

자식 이기는 부모 없다더니 어르신들은 자식에게 부당한 대우를 받아도 참고 사는 게 대부분이다. 앞으로는 달라질지 몰라도 아직은 멀었다.

설매 어르신은 결혼하지 않은 나이 많은 아들과 같이 살며 밥해주면서 생활비와 방을 제공 받는 셈이다. 다른 어르신들도 그런 경우가 많다. 이혼하면 아이를 맡긴다. 아이를 보고 밥도 해야 한다. 게다가 험악한 경우에 아들에게 맞기까지 한다.

여성 관련 업무를 보면 여성에 노인을 포함하지 않는다. 노인은 노인복지만 생각한다. 노인도 여성과 남성이 있다. 성별, 연령 차별이 은연중에 일어난다. 시민의식이 더 발전했으면 좋겠다. 전문가가 세심하게 현장을 보고 배웠으면 한다. 또 다른 모습의 설매 어르신이 주변에 너무 많다. 해야 할 일이 점점 많아진다.

또 작년에는
30여 년간 버스 운전을 하며
두 아들을 뒷바라지하며 살아온
한 70대 노인이
홀로 기초 생활수급비로
근근이 생활하는 모습이 매스컴에
보도되었습니다.

평생을 뒷바라지한
두 아들과는 소식이 닿지 않고,
남은 건 월세 30만 원인
3평짜리 쪽방이 전부인 노인

"장례는 좀 치내줘라"라는 내용의 편지를
두 아들에게 보내 봤지만, 반송되어 돌아오는
편지에도 원망보다는 그리움이 앞선다는
노인의 삶은 불안과 고독, 좌절, 슬픔만이
가득했습니다. (출처: TV조선 2016.06.21 보도)

웃고 울고

1. 국기에 대하여 안녕하세요

정자 어르신은 말만 하면 사람들이 다 웃는다. 진한 전라도 사투리가 그대로 남아 있는 데다가 본인은 안 웃는데 사람들을 웃기는 재주가 있으시다. 게다가 귀가 잘 안 들려서 가끔 딴소리하면 그게 또 우리를 즐겁게 한다.

우리 어르신들이 인형극을 한 적이 있다. 『옹고집전』이라는 동화를 각색해서 무척 재밌게 진행하였다. 어르신들은 뭘 하자고 하면 처음에는 이렇게들 말씀하신다. "다 늙어 가지고 뭘 해", "이런 건 이쁜 젊은이들이 해야지", "사람들이 욕해." 하지만 시작했다 하면 참 잘도 하신다. 애드립을 치는데 맛깔스럽다. 글은 몰라도 생의 경험은 수석이다. 그 속에서 나오는 애드립은 천하의 명품 대사가 된다. 정자 어르신 역시 그중 한 분이다.

인형극 공연에 초청받아서 모 복지관에 갔다. 그 복지관 노인학교는 행사할 때마다 국기에 대한 경례를 한다고 한다. 우리는 구시대의 유물이라고 하지 않는데 어르신들이 그 의식을 매우 좋아하신다는 것을 뒤늦게 알았다. 어르신들에게는 그 시대의 추억이 있는 것이다.

국기에 대한 경례 시간이 왔다. "국기에 대하여 경례." 정자 어르신은 맨 앞줄에 서 계셨다. 나는 그때 마침 인사말을 하기 위해 앞줄에 있었다. 옆에 계신 정자 어르신은 "국기에 대한 경례"라는 멘트가 끝나자마자

국기를 향하여 "안녕하세요?" 하고 공손하게 절을 하셨다. 나는 허파가 터지도록 웃음을 참아내야 했다. 정자 어르신이 어찌나 웃기고 귀여우신지. 학교에 다니지 못했고 국기와 인사를 나눌 기회가 없었던 정자 어르신은 최선의 예를 갖추어 절을 한 것이다.

앞으로 국기에 대하여 정중하게 "안녕하세요?" 하고 인사를 할지어다.

2. 전설의 빨간 가위

약대동에 한참 개발의 바람이 불 때 이야기다. 중동대로 공사가 시작되었고 우리 어린이집 주변으로 헌 집이 헐리고 연립이 막 지어질 즈음. 공부방 선생님이 5학년 한나와 함께 찾아오더니 "원장님, 여자아이들이 무서워서 공부방에 못 온대요. 바바리맨이 나타나나 봐요", "원장님, 어떤 아저씨가요 옷을 내리고 자꾸 만지래요." 슬픈 악역이 시작되었다.

"한나야, 그 아저씨 나타나면 바로 와. 선생님이 혼내 줄게." 3일 후에 한나가 달려왔다. "선생님, 그 아저씨 나타났어요", "어디?" 나는 주방에 가서 빨간 가위를 들었다. 지금 생각하니 왜 하필 빨간 가위를 들었을까? 한나에게 기다리라고 하고 현장으로 달려갔다. 문제 처리반의 결연한 의지로 개발 공사 중인 도로 어느 한쪽에서 볼일을 보고 있는 바바리맨에게 다가갔다. 가위를 들고.

차마 여기에 글로 못 쓴 대화가 이어졌다. 남성에 대한 위협적 언사를 하면서 빨간 가위를 들고 무서운 얼굴로 설쳐대는 나를 상상하시라. 아무튼 결과적으로 나는 바바리맨을 약대동에서 추방한 공로자가 되었다. 이후 나는 더 큰 문제를 해결해야 하는 막중한 전사가 되어야 했다.

빨간 가위만 보면 늘 생각난다.

3. 편 가르기를 하고 왕따를 시키더라

내가 인생을 많이 살지는 못했지만, 대부분 사람은 적당히 집단에 속해줘야 안심이 된다. 나도 마찬가지다. 하지만 집단이라는 게 편 가르기가 많다. 편 가르기는 자연스럽지만, 도를 넘으면 양아치가 된다. 옳고 그름이 아니라 네 편이냐 내 편이냐가 기준이 되니까 말이다. 어르신들도 마찬가지다. 유유상종이라 비슷한 분들끼리 친하게 지낸다. 친하게 지내면서 서로 챙겨주고 간식도 나누면서 재밌게 지내신다. 가족 없이 혼자 보내는 분들은 정말 필요한 친구들이다.

그러다가 가끔 집단 간에 불미스러운 일이 생긴다. 사소한 일로 삐지고 돌아선다. 나라를 구하느라 싸우지는 않는다. 순진하고 눈치가 좀 없으신 미자 어르신은 돈을 관리하는 총무였다. 그런데 며느리가 착각해서 동아리의 돈을 모르고 썼다가 나중에 알고 그대로 채워 넣은 적이 있다. 미자 어르신은 그래도 돈을 채워 넣었기에 괜찮다고 생각해서 다른 분들한테 말하지 않았다. 그런데 평소에 미자 어르신을 고깝게 생각하던 어르신이 작정하고 미자 어르신을 따돌리기 시작했다. 소위 뒷담화를 하면서 다른 친구들과 함께 흉을 보기 시작했고 미자 어르신은 순식간에 왕따가 되었다. 우리가 나서서 중재해 보기도 했지만 단단해진 마음을 녹이기에는 역부족이었다.

미자 어르신을 왕따 시킨 분은 좀 영리한 편이었다. 미자 어르신이 총무라는 직책을 맡고 중요한 일을 하는 것으로 보이니 질투가 났나 보다. 시간이 흐르고 그 어르신은 아들네로 이사 가시면서 미자 어르신의 왕따 족쇄는 자연스럽게 풀어졌다. 어르신들의 왕따 코스프레는 좀 귀엽다. 눈에 훤히 보인다. 애나 어른이나 마찬가지라는 생각이 들면서 사람 사는 게 다 거기가 거기라는 어르신들이 말씀이 일리가 있다고 느낀다.

4. 내 이름으로 만든 어르신 통장

금분 학상. 금분 어르신을 부르는 내 호칭이었다. 금분 학상은 허리가 너무 꼬부라지셔서 걸을 때 멀리서 봐도 쉽게 알아볼 수 있었다. 금분 학상은 남편이 돌아가시고 한글교실에 나오셨다. 어머니들은 대부분 글을 모르셔서 남편이 세금, 은행 등을 처리해주신다. 그러다가 남편이 먼저 가시면 곤란한 일이 생기는 것이다. 금분 학상은 세금 고지서가 나오면 대체 읽을 수가 없다며 한글교실에 나오시게 되었다.

80이 된 금분 학상은 제일 먼저 교실에 나오시고 제일 늦게 가신다. 작지만 아파트도 있으시고 남편이 남겨준 재산도 좀 있다고 하셨다. 가끔 딸들이 입다 버린 옷을 가져오시는데 전부 비싼 거라며 나 입으라고 주셨다. 내가 옷이 너무 없어 보였나 보다. 맛있는 장아찌도 주시고 전라도 김치도 갖다주셨다. 꼬부랑 허리로 반찬까지 가져오셔서 너무 황송했지만, 그 마음을 생각하며 맛있게 먹었다.

금분 학상의 고민은 아들이었다. "아들놈의 새끼가 사업한다고 돈 달라혀서 내가 안 된다고 했더만 삐쳐서 명절에도 안 와. 괘씸한 놈의 새끼. 내가 돈 주나 봐라." 하지만 나는 금분 학상이 아드님에게 곧 돈을 줄 거로 생각했다. 아니나 다를까 돈을 줬는데도 자꾸 모자란다고 한다. 금분 학상은 은행에서 현금 5,000만 원을 찾아서 내 이름으로 통장을 만들어달라고 했다. 아들이 자꾸 현금이 어디 있냐고 물어본다. 나는 너무 부담스러웠지만 그냥 그렇게 해드리고 도장을 새로 만들어서 금분 학상에게 드렸다.

대부분 어르신이 아들한테 돈을 거의 뺏긴다. 자식 이기는 부모 없다고 자꾸 보채면 마지막 재산을 주고는 보살핌을 받지 못하는 경우가 많다. 금분 학상은 딸들이 잘 돌봐드려서 병원도 같이 가고 다리 수술도 시켜드렸다. 금분 학상은 늘 "난 내 관에 한글책을 넣을 거야. 못 배운 게 너무 한이 되어서 죽어서 한글은 꼭 배울거구먼." 그러면 나는 말하곤 했다. "아이고 엄니, 걱정을 말어유. 내가 엄니 관 속에 떡허니 한글책 하나 넣고 연필까정 넣어드릴텡게."

금분 학상은 85살에 돌아가셨다. 다리 수술 이후 급격히 몸이 약해지시더니 평안하게 돌아가셨다. 물론 내 뜻대로 한글책과 연필을 넣어드리지는 못했다. 아들이 이해를 못 해주었기 때문이다. 아쉽긴 하지만 금분 학상이 한글 모른다고 불편함이 없는 편안한 하늘나라에서 아무 걱정 없이 지내시길 기도한다.

공부

나는 어려서 공부하고
싶어도 집안이 가난해서
월사금을 못내서 학교에
못갔다 그래서 공부를
많이 배워서 군로 살았고
좋은 회사에 취직해
돈많이 벌어서 못사는
우리집도 도와주고
살았는데 그 꿈을 이루지
못해서 한이 됩니다

5. 이년아, 니가 가방끈이 길면 길었지

약대동은 오래된 가옥들이 많았다. 90년에는 우리 어린이집이 동네
에서 신식 건물이었다. 비가 오면 장화를 신고 출근했고 오래된 가옥들은
빈집이 꽤 있어서 청소년들이 밤에 들어가서 지내는 일도 있었다. 불이
가끔 나기도 했고 소위 알코올동아리(약대동에 술로 시간을 보내는 분들이
좀 많았다. 내가 작명한 이름이다) 회원들이 어린이집 앞에서 평상을 깔아놓
고 온종일 술을 마시며 즐겁게(?) 지냈다. 우리 어린이집 담을 예쁘게
쌓으려고 붉은벽돌을 가져다 놨는데 그 벽돌이 자꾸 없어졌다. 알고
보니 앞집 사는 술동아리 회원이 간장 눌러놓는다고 말없이 가져간
거였다.

다섯 명 정도가 둘러앉아 술을 마시고 있었다. 내가 가서 말했다.

"우리 벽돌 가져가셨죠?", " 그런데요?", "그런데라니요. 먼저 물어보셔야지요." 그분들은 이미 술의 환상세계에 들어가 있었다.

"좀 가져다 쓰면 어때." 나도 그때는 30대 끓는 피를 가진 때였다. "여보세요, 말을 하시면 드릴 수도 있는데 그냥 가져가시면 어떡해요? 그건 도둑질이죠." 그때 평소 나와 점잖게 인사를 나누던 남자분이 벌떡 일어섰다. "뭐 이년아. 그깟 거 가져다 쓰면 어때. 왜 지랄이야?"

"에? 말을 가려서 하시죠", " 이년아, 니가 가방끈이 길면 길었지 왜 지랄이야 지랄은! ***&*&*."나도 지지 않고 말했다. "여보세요, 내 가방끈이 긴지 안긴지 내가 언제 댁한테 보고했어요? 왜 쓸데없는 가방끈 얘기가 나와요? 벽돌 얘기하는데."

그 남자는 갑자기 웃통을 벗더니 우리 어린이집 정문에 드러누웠다. 난데없는 시위라니. "이년아, 쳐라 쳐." 아, 이 얼토당토않은 상황이라니. 게다가 아이들이 집에 가는 시간이었다. 그때 나는 옆에 있는 삽을 들었다. "좋아, 까잇거 너 죽고 나 죽자!" 그러고는 삽을 땅에 멋지게 내리꽂았다. 그러면서 세상에 태어나서 그때까지 머릿속에 담아놓은 육두문자를 내뱉기 시작했다. 불라불라 쏼라쏼라~

누가 봤으면 꼭 신 내린 미친X 같았을 거다. 상대도 없는 욕의 잔치라니. 지금은 시켜도 못할 지경이다. 그랬더니 그 남자가 눈이 휘둥그레져서 날 쳐다봤다. 술에 취한 와중에도 갑자기 헐크로 변한 내가 새로웠나보다. 마침 소식을 듣고 달려온 전도사님이 말려서 서로 지는 척하면서 상황이 종료되었다.

다음날 출근하면서 만난 우리. 나는 아무 일도 없는 척하고 여우처럼 목소리를 높이며 "안녕하세요?" 그 남자 역시 얌전하게 "안녕하세요? 원장님." 그 이후로 나는 알코올동아리의 협박에서 해방되었다. 음하하.

그 당시 약대동에는 술과 폭력으로 힘든 여자와 노인, 아이들이 꽤 있었다. 하지만 술에 중독된 사람들의 끝은 그리 좋지 않았다. 어린이집에 다니던 승훈이 아빠가 그런 경우였는데 아빠의 술과 폭력에 시달리던 승훈이는 초등학교 졸업 후 바로 공장에 들어가 돈을 벌더니 아빠를 병원에 강제 입소시켰다. 엄마와 여동생을 계속 때리는 것을 참을 수 없었던 것이다. 아빠는 3년 후 병원에서 퇴원했지만 갈 곳이 없었다. 가족들이 알리지 않고 먼 곳으로 이사를 해버렸기 때문이다.

어느 날 어린이집에 출근했더니 승훈이 아빠가 문을 따고 들어와 잠을 자고 계셨다. 몇 번을 모른척했는데 얼마 후 술을 드시고 길에서 돌아가셨다는 소식을 들었다. 한 인간이 이렇게 망가진다는 생각에 측은하기도 했다. 나중에 듣기로는 승훈이네는 셋이 잘 살다가 여동생은 결혼하고 승훈이도 가정을 꾸렸다고 한다.

6. 세대 공감의 선구자 연화 어르신

2016년 어느 날 나의 sns에 올린 글

할매들의 수다, 할수다.

올해 주제는 청소년과 만난 할매들입니다. 워밍업을 위해 경험담 나누기를 했어요.

김○○어르신: "우리 집 밑의 빈방에 어느 날 저녁 딸그락 소리가 나서 가봤더니 애들이 부루스타 갖다 놓고 라면을 끓이려고 하는거야."

"너희 뭐 하는 거니?", "왜요? 신고라도 하게요?"

"아니, 신고 안 해. 위험해서 그러지. 우리 집에 김치밖에 없는데 같이 밥 먹을래?"

그렇게 세 명의 청소년과 혼자 사는 할머니는 따끈한 밥과 김치, 라면에 밥 말아 먹으면서 별 얘기를 다 했답니다. 관심 없는 부모, 집 나간 엄마, 돌아가신 부모. 소위 전문가가 우리 할머니보다 이런 관계 형성을 얼마나 더 잘 할 수 있을까요.

할머니는 우리가 되찾으려 하는 이웃, 세대공감. 마을의 따뜻한 품으로 아이를 품었습니다. 방송단과 함께한 우리 선생님 얘기를 전해 듣고 마음 저 끝이 찌르르했습니다.

장 면 9

동무들과 재밌게, 신나게

1. 영화로 표현하는 인생

우리 어르신들하고 뭐 재밌게 할 게 없을지 고민하던 중 연극을 하게 되었다. 어르신들은 대본 읽기가 수월하지 않다. 대신 듣고 말하기는 굉장히 뛰어나시다. 흥부놀부전을 놓고 우리끼리 말해보며 연극을 하는데 할 때마다 내용이 달라지고 무대에서는 더 달랐다. 하지만 스토리를 스스로 꾸며가시는 것이 뛰어나서 내친김에 영화를 제작하게 되었다.

어떤 어르신의 이야기를 들려드렸다. 섬에 살던 어르신이 시집가서 아들딸을 낳고 살았는데 시어머니가 중학교 나온 똑똑한 며느리로 갈아치우는 바람에 자식 데리고 육지로 쫓겨나와 살아온 이야기였다. 그 어르신은 안 해 본 일이 없이 고생하여 자식을 잘 키우고 나이 들어 한글을 배우시는 분이었다. 이 이야기를 해드렸더니 바로 영화의 주제가 되었다. 그런데 영화를 찍을수록 내용이 변하고 급기야는 바람피운 남편을 죽이고 시어머니의 참회와 용서가 등장했다. 결국 내 인생은 백 점짜리라는 결론이 났다. 처음 이야기와 나중 이야기가 변한 것은 별문제가 되지 않았다. 한 큐에 내리찍고 서울노인영화제에서 3등 상을 받았다. 약대동 꼼사리 영화제에 출품하여 레드카펫을 걷기도 하였다.

영화제 수상 소식에 매스컴에도 나고 이웃에서도 알아보니 배우들이 신이 났다. 다른 반 어르신들이 우리도 찍고 싶다고 하여 다음 해에는 〈청춘꽃매〉를 찍었다. 치매기가 온 어르신에게 힘이 되는 친구들의 우정을 그렸다. 많은 공감을 얻어서 대상을 차지했다.

어르신들은 영화를 찍거나 춤을 추거나 연극을 하면서 알게 모르게 인생극장을 연출하신다. 본인의 이야기를 은연중에 풀거나 문제를 제기하게 된다. 그런 의미에서 문화예술 활동은 매우 중요하다고 생각한다. 수상까지 하다 보니 이제 우리 어르신들은 못 하는 게 없게 되었다. 뭐든지 하자고 하면 대부분 오케이다.

영화제 상금을 소중한 데 쓰게 되었다. 송전탑 밀양 어르신을 초대하여 북 콘서트를 열고 세월호 가족 위로 잔치를 열었다. 어르신들이 직접 노래도 하고 같이 밥을 나누니 초대된 손님들이 너무들 좋아하셨다. 골방에 축 처지고 눈치 보는 어르신보다 활달하게 나서는 어르신이 좋다. 사회를 읽어가고 적극적으로 참여하며 관계를 맺어가는 선배 시민으로서 모습을 만들어가는 우리 어르신들이 너무 아름답다.

2. 여기 오면 참 즐거워

허리가 아파서 꼬부랑으로 땀을 비 오듯 흘리며 은빛날개에 출석하는
양태 어르신은 78세로 혼자 사신다. 아들과 딸이 어머니를 잘 이해하고
안부를 잘 묻고 명절 때도 잘 찾아오는 행복한 어르신이다.

양태 어르신은 경로당도, 복지관에도 안 다니신다. 남편을 잃은 지

10년이 되었는데, 글을 몰라 여러 가지로 불편하게 여기던 중 연화 어르신 소개로 우리 은빛날개를 찾게 되었다. 글도 배우고 밥도 같이 나누고 여러 가지 활동을 하니 너무 좋다고 하신다. 양태 어르신은 〈백점짜리 내인생〉 영화에도 출연하셔서 다리는 아프지만 앉아서 옛날을 회상하는 역할을 맡으셨다. 그 영화로 상도 받게 되니 더욱 기분이 좋아지셨다. 양태 어르신은 나중에 당신의 관 속에 영화제 상을 같이 묻어달라고 하시며 사람 좋은 미소를 계속 보내주셨다. 딸들도 그런 엄마를 잘 이해하고 고맙다며 가끔 과일도 보내주신다.

이런 어르신 볼 때마다 괜히 좋다. 이 세상에 나만 영웅인 것 같다.

3. 야해지는 인형극

〈옹고집전〉이라는 인형극을 했다. 아내에게 못되게 구는 심술 맞은 옹고집 영감을 참회시키기 위해 하늘님이 가짜 옹고집을 만들어서 골탕

먹인 후 진짜 옹고집이 깨닫게 된다는 권선징악 이야기다.

우리 어르신들은 이야기를 코믹하게 풀어내는 재주가 있다. 무슨 이야기든 우리 어르신들한테 가면 19금이 된다. 인형을 더듬지를 않나, 대사가 갈수록 야해진다. 원래 인형극 공연을 어린이집에서도 하기로 했지만 다 취소하는 웃지 못할 불상사가 일어났다. 그리하여 우리는 19금 인형극이라는 타이틀을 얻게 되었다. 천안의 노인복지관에 가서 공연도 하고 지역의 다른 단체, 지역 평생학습 축제 등 무대에 서니 날로 그 연기력이 빛나고 애드립이 끝을 모르고 발전한다.

직접 인형을 바느질해서 만들고 생전 처음 들어보는 옹고집 이야기를 새롭게 꾸며서 즐겁게들 공연을 마쳤다. 포스터를 제작했는데 본인 얼굴이 못생기게 나왔다며 1년을 두고 말씀하시는 모습이 너무 귀여우시다.

4. 청소년들과 함께

70대와 가장 궁합이 잘 맞는 나이가 10대이다. 손주 세대이기 때문이다. 내리사랑이라는 말이 맞는 것 같다. 70대분들은 10대를 예뻐하신다. 우리 어르신들은 청소년 밥차 봉사도 하시고 새벽 설거지도 해주신다. 지역 행사가 있으면 출연하여 여러 세대를 만나기로 한다.

'조손짝꿍단'이라는 프로그램으로 청소년들과 함께 이야기 배틀도 하고 작업도 해봤는데 의외로 잘 어울린다. 조손짝꿍단은 청소년과 어르신을 짝지어주어 프로그램에서 보고 마을에서 보고 간간이 안부 인사를 전하게 하는 느슨한 조손 가족의 형태다. 여기에 청년을 붙이고 또 중년을 붙이면 대안 가족 공동체가 되는 거다. 나는 이런 마을 가족의 형태가 많이 생겼으면 좋겠다. 가족은 고정되지 않고 필요에 따라 바뀌기도 하면서, 결국 마을에 사는 모든 세대가 서로 한 번씩은 만나고 진정한 이웃이 될 수 있지 않겠는가? 신앙인으로서 나는 이런 예수 가족, 예수마을이 이상적 관계라고 생각한다.

5. 가난한 사람들을 위해 무슨 일을 할 거예요?

선거 때가 되면 우리 어르신들의 민주시민교육이 활성화된다. 어르신들의 집단적 동일 투표(?)가 걱정돼서이다. 적어도 어르신들이 스스로 선택할 기회를 드리고 싶다. 그래서 각 당의 예비 의원을 초빙해서 선거 공약을 듣고 질문도 하며 학습할 기회를 만들어본다.

처음에는 그저 듣기만 하시더니 시간이 흐르니까 질문도 가끔 하시게 되었다. "노인을 위해 뭘 할 거예요?", "그저 우리는 목욕탕 하나 지어주면 좋은디." 그중 가장 기억나는 질문이 있다. 야당 쪽 의원이 유세하러 왔는데 우리 어르신이 질문을 하신다. "잘 들었는지. 가난한 사람들을 위해서 뭘 할건지 계획이 있어요?" 순간 당황한 의원 얼굴이 잊히지 않는다.

이렇게 어르신들은 자신을 스스로 민주적 학습자로 조직하고 계신다. 앞으로도 계속될 것이다. 정치인들에게 이렇게 공부하는 어르신들이 있다는 것을 알려주고 싶다. 그러니 당신들도 열심히 공부하고 현장을 다니며 실천하는 제대로 된 정치가가 되라고 말하고 싶다.

선거 홍보 전략은 어르신에게 불리하다. 알아볼 수 없는 작은 글자로 되어 있는 것 자체가 인권유린이다. 어르신들을 위해서 좀 더 큰 글자와 명함이 필요하다. 선택의 폭을 넓혀야 한다. 그뿐인가. 알아들을 수 없는 내용의 공약도 좀 쉽게 풀어서 썼으면 좋겠다.

끝내면서

과거와 현재를 왔다 갔다 하면서 글을 엮었다. 우리 약대동은 이제 다양한 주택과 아파트, 빌라로 활기찬 분위기로 변해가고 있다. 아직도 남아 있는 골목길은 불편을 준다고 생각할 수도 있지만 이웃 간의 눈맞춤이 가능한 유일한 소통의 통로라고 생각하면 무척 재미있다.

주민들이 힘을 모아 협동조합 떡카페 '달나라토끼', 마을 카페인 '달토'도 만들었다. 주민자치센터와 힘을 합쳐 복지문화교육의 생태계 마을지도도 제작해서 동네에 걸어놓았다. 청년들이 꿈이마을 방송국을 만들고 마을의 교회들과 주민들이 함께 '꿈이청소년심야식당'을 운영한다. 우리가 즐겁게 사는 모습을 보려고 전국에서 많은 분이 왔다 가신다.

우리 새롬교회, 새롬가정지원센터는 앞으로도 작은 교회, 마을교회를 추구하며 주민들의 요구에 움직이는 '마을과 함께 살아가는 공동체'가 되도록 노력할 것이다. 약대동은 아직도 복지관 하나 없는 사각지대다. 하지만 전통시장도 살아있고 구수한 인사가 남아 있는 신나는 마을이다. 자원봉사자들이 활발하게 움직이고 인심에 가슴이 뭉클해지는 사랑스러운 동네이다.

나는 약대동에서 일하면서 지역사회의 많은 분을 알게 되었다. 지원을 보내주시는 지역의 목사님, 공무원, 국회의원, 시의원, 의사, 변호사, 교사, 각계각층의 친구들을 알게 되었다.

마을영화제인 꼽사리 영화제를 기획하면서 자치단체의 지혜로운 마을 어른들도 알게 되고 나의 소중한 인연을 좋아해 주고 마음 가는 대로 지원도 해주는 언니들, 동생들도 생겼다. 꿈이청소년심야식당을 시작하면서 고개를 낮추고 귀 기울이게 하는 청소년들의 마음도 조금은 알게 되었다.

　　나는 약대동에서 살아가는 어린이, 청소년, 청년, 엄마, 아빠, 어르신들 덕분에 더 성장했다. 사람을 존경하고 약자의 생활이 어떤지 구체적으로 알게 되었다. 내가 세상에 보내진 소명 의식도 이분들 덕분에 생겼다. 돌아보면 역시 나는 누구를 '위해' 산 것이 아니라 '함께' 살았고 그 덕분에 나라는 인간도 더 잘나졌다. 감사한 일이다.

　　약대동은 앞으로 더 재밌어질 것이다. 젊어지고 생동감 있게 서로 교류하며 마을을 신나게 가꿔갈 것이다. 젊고 새로운 일꾼들이 들어왔으면 좋겠다. 나의 경험과 지혜를 나누고 젊은 일꾼들에게 참신함을 배웠으면 좋겠다. 젊은이들이여, 약대동으로 오라.

부천 약대동 여성노인공동체,
새롭고 다양한 내러티브
— 2016 이야기치료학회 발표글

　안녕하세요? 부천 은빛날개에서 일하고 있는 오세향이라고 합니다. 대학원 박사과정 중 처음 접하게 된 이야기 치료는 저에게 번뜩이는 즐거움과 "그래, 바로 이거야"라는 자유로움을 주었습니다. 틀을 깨고 흩트려 버리는 자유로움, 그래서 보지 못했던 것을 보게 되고 사람과 사건에 대해 개안하는 듯한 느낌을 받게 되었다고 하면 과장된 표현일까요? 아무튼 내가 만나는 사람의 문제를 끄집어내 외재화하고 새로운 이야기를 써가기 전에, 나 스스로가 나를 규정하는 중요한 맥락들을 자꾸 흔들어보고 새로운 것들, 있었는데 발견하지 못했던, 자각하지 못했던 것들을 꺼내는 이야기보따리들을 다양하게 풀어낼 가능성이 있는 것이 바로 이야기 치료의 매력과 흥미가 아닐까 합니다.

　저는 굳이 직업을 말하라고 하면 소지하고 있는 자격증에 의해 사회복지사, 노인상담사, 평생교육사, 잠재적 기사 가능자라고 말할 수 있지만, 그냥 마을에서 이것저것 참견하고 같이 일해가는 잡꾼이라고 말할 수 있습니다. 뭐, 그냥 살아가는 사람이죠. 하지만 너무 방만해 보여서 저 나름대로 창직을 했습니다. 마을복지사. 이것이 저의 직업입니다.

저는 부천 약대동이라는 작은 마을에서 다양한 이웃들과 만나고 일을 만들어 간 지 25년 되었습니다. 빈곤 아동에 대한 관심으로 시작해서 가족으로, 지역사회로 관심을 확장하게 되었고, 현재는 낮에는 어르신들과 정기적으로 만나서 밥상을 나누며 여러 가지를 시도해보고, 밤에는 청소년 친구들과 만나서 수다를 떨고 있습니다. 저는 이분들을 굳이 클라이언트나 내담자라고 부르지는 않습니다. 그냥 사람들이라고 하는 것이 자연스럽다는 생각에서요.

제가 사람을 보는 관점은 틀을 버린다는 것입니다. 학력, 나이, 계층, 과거 등. 하긴 제가 사는 동네에서 제가 만나는 분들은 우리 사회의 소위 정상 기준에 맞추어 보면 거의 '비정상'이라 틀을 버리고 말 것도 없습니다.

레비 스트로스라는 프랑스의 사상가는 『슬픈 열대』라는 저작에서 이렇게 말합니다.

이 세상에 우월한 사회란 없다. 만일 진보의 기준이 기술, 발명, 업적이라면 서구사회는 진보사회이고, 불리한 지리적 조건을 극복하는 것이 기준이라면 에스키모족일 것이며 가족 및 사회집단의 조화로운 유지가 그 기준이라면 오스트레일리아의 어떤 원주민이 진보적인 집단일 것이다.

저는 이분의 말에 동의를 보내고 싶습니다. 우리가 우리를 지배하고 있는 틀을 자꾸 쳐다보느라 보지 못했던, 개발되지 못했던 다른 것들을 끌어낼 수 있는 능력이 있다면 훌륭한 이야기 치료사의 자질을 갖추었다고 생각합니다.

사실 제가 지금부터 이야기할 사례가 이야기 치료의 전형적인 구조 위에서 작업한 것이라고 볼 수는 없습니다. 그저 지역사회에서 어르신들과 계속 만나고 대화하고 친밀한 관계를 만들어 냈던 여러 가지 프로그램과 사건 속에서 변해가는 곡선이 있었다는 걸 말씀드립니다. 그리고 그 기반은 공동체적 관계에 있었습니다. 이 사례의 분석은 여러분들의 몫입니다.

그러면 이제 제가 우리 어르신들과 새로운 이야기들을 개발해냈던 작업을 소개해볼까요?

제가 일하는 동네는 부천의 약대동이라는 곳입니다. 약대동은 구도심 지역으로 낙후된 주택 지역 및 사각지대의 노인 가구가 많은 편으로 난개발이 이루어지고 있는 지역입니다. 고급 아파트와 연립주택 및 빌라, 낙후된 주택이 공존해 있는 지역이며 계층 또한 다양하게 존재하고 있습니다.

가난한 계층의 주민들은 주로 임대 아파트, 빌라나 연립의 지하에 거주하며 약대동과 그 주변의 노인들은 상시로 폐지를 주우러 다니는 모습이 일상화되어 있습니다.

경로당은 8개 정도 있으나 노인들의 새로운 문화적 양상은 일어나지 않고 있고, 노인들은 소위 '구걸 복지'를 당연하게 여기며 동네 곳곳에서 화투를 치거나 그저 앉아 있는 모습들이 보입니다.

그러나 살아있는 골목길, 남아 있는 마을공동체적 관계, 따뜻한 정감이 흐르는 동네 곳곳의 활기가 구도심으로서의 장점을 충분히 살릴 수 있다고 기대합니다.

제가 만나는 어르신들은 기본적으로 한글을 모릅니다. 그래서 오시면 누구나 한글을 배우고 숫자와 생활 영어를 배웁니다. 그 후 밥상을 같이 나누고 자치회 활동을 합니다. 오후에는 동아리 활동으로 방송단, 인문학(역사, 시사 등), 바느질, 연극 등 다양한 곳에 참여합니다.

한글을 모른다거나 잘 읽지 못하는 것은 우리가 알고 있는 세상에 대해 읽지 못하거나 읽지 않는 상태입니다. 게다가 학교 교육을 못 받았기에 제도 교육의 기본 맥락에서 완전히 벗어난 분들입니다. 재밌는 것은 이분들이 기억력과 상황판단력이 굉장히 뛰어나다는 것이지요. 이것은 생존의 감각입니다. 생존하기 위해서 글도 이미지와 눈치로 때려 맞추고 시장에서 계산도 합니다. 게다가 고유 단어도 창조적으로 바꾸어 말합니다. 특히 외래어는 두말할 것도 없습니다.

조선 후기 지성인 홍대용은 책 읽기란 세상을 읽는 것이라 하였습니다. 저에게 책 읽기는 텍스트였습니다. 하지만 우리 어르신들은 세상을 읽었으니 더 큰 공부를 한 것이지요. 그리고 그 세상에는 너무나도 다양하고 깜짝 놀랄 일들도 많았습니다. 대부분 우리의 큰 실수는 그 세계의 한 부분만 보고 복지니, 교육이니 하는 관리의 체계로 나눈다는 것입니다. 인생의 많은 이야기가 담겨 있는 세계를 보지 못한다는 것이지요.

처음에 저도 혼자 사시는 분들 도시락 배달을 하면서 이런저런 이야기를 하다가 나에게는 마치 공기같이 의식하지 못하고 읽어내리는 글이 어르신에게는 까만 그림과 선이라는 것도 알았고, 그로 인해 삶의 질이 하락하는 것을 보았습니다. 비분강개한 저는 그날부터 한글교실을 열었는데, 플래카드를 걸어도 하얀 천에 까만 글씨라 누가 봐야 오는 것이지요. 여하간 여차저차해서 아주 많은 분이 글을 배우기 위해 오셨습니다. 글을 몰라서 공장에서 승진을 못 했던 얘기에서부터 자녀를 키우면서 수치심을 당했던 것까지 눈물 없이 들을 수 없는 설움도 알게 되었습니다. 하지만 그 설움은 대단히 단편적인 것이었지요. 이분들은 참 자유로웠습니다. 단어도 여기저기 대충 갖다 쓰고, 거시기로 대충 다 통하고, 노래는 다 외우고 있었습니다. 생각의 틀이 그다지 없었기에 관계 속에서 생각이 형성되었고 때로는 새롭고 특이한(다양한) 생각과 생활 양식들도 많았습니다.

하지만 저는 지금까지 어르신들과 연극도 하고, 영화도 찍고, 역사 공부도 하고 있습니다. 연극과 영화를 만들려면 대본을 봐야 한다는 것부터가 글을 아는 제 생각이었지요. 하지만 우리 어르신들은 다양한 애드립과 변화무쌍한 내용으로 논스톱으로 찍어버렸습니다. 무슨 내용으로 해도 출연한 남자는 거의 아내를 때리고 바람을 피운다는 내용으로 갔습니다. 마치 상황극처럼 어르신들은 극 속에서 남자를 응징하는 쪽으로 해피엔딩을 만들어 내기도 했습니다. 한 편의 연극에 성공하고 나니 그다음부터는 라디오 극장도 하고 실버방송단도 참여하게 되었고 동네 축제 등 무대 체질이 되고 있습니다.

공동체 → 관계 형성 → 개인과 우리의 변화 → 지역사회 참여 → 새로운 관계 와 변화 → 공동체의 성장

그 과정에서 개발된 프로그램을 설명해 드리자면, 여러 가지 공동체 프로그램들을 통해 새로운 이야기를 발견하고 rich story로 확장해가기 입니다. 그 사례를 들자면,

1) 인생사진책 제작

— 인생사진책: 주제(기쁨, 슬픔, 소중함, 우정)

"다 늙어서 뭘 배우고 뭘 해" "늙으면 다 짐짝이지" "사람들이 흉봐"	"재밌네" "자식들한테 알려주고 싶다" "내 관 속에 가져갈 거야"

(중요 계기: 노인영화제 상 수여)

서로에게·공감(울림) 공유. 딸에게 사진책 보여주기: 연결, 공감

2) 영화 제작(총 두 편, 〈백점짜리 내 인생〉, 〈청춘꽃매〉)

 ─ 절대부정으로 시작 "노인이 뭘 영화를 찍어. 흉물스럽게"

 ─ 자신의 이야기를 스스로 대본화 (남편=바람피우고, 때리고/ 시집살이 등)

 ─ 강하고 당찬 여성으로 주인공을 변화시킴(복수/ 용서)

 ⇒ 동네에서 공개 상영하여 새로운 노인문화콘텐츠 가능성 인정

   (사회적 맥락 바꾸기 :advocacy)

3) 토크쇼(방송단 활동): 새롭게 이름 불러주기와 그렇게 살아갈 수 있음

① 길순 어르신(63세, 가명)

성폭력, 아내 구타 등을 주제로 자신의 의견을 말하는 토크쇼를 진행하는 동안 자기 경험을 옆집 누구, 아는 동생 등으로 이야기하기 시작합니다. 남편의 폭행으로 오랜 시간을 살아온 길순 어르신이 "그런 일은 이웃 간에 나서서 잘 타이르고 더 그러지 못하도록 해야지. 지금 사람들처럼 해결할 생각은 안 하고 헤어지거나 가출하거나 고발을 한다. 그것은 마지막으로 할 일이지"(이웃 관계가 무너지거나 대화가 단절됨을 비판), "나는 그런 이웃이 될 거야"(자신의 기여를 결심). 그래서 우리는 정의의 투사로 임명해주었습니다.

길순 어르신은 정의의 투사답게 행동하며 어르신들은 "역시 별명을 잘 짓고 봐야 해"라고 말씀하셨어요.

② 연화 어르신(79세, 가명)

연화 어르신의 이미지는 '표독'이었습니다. 말을 해도 곱지 않게 하고 너무 직설적으로 하니까 사람들이 그다지 친근해하지 않았지요. 어느 날 요즘 청소년들에 대해 어떻게 생각하느냐는 주제로 토크쇼를 진행하는데 자기 경험을 이야기하였어요. "저번에 말이야. 우리 지하층에 비어 있는 집에 자꾸 달그락소리가 나는 거야. 그래서 가봤더니 애들이 부루스타에 냄비를 가지고 있는 거야. 그래서 내가 니들 뭐하니? 라고 물어봤더니 애들이 '라면 끓일라구요' 하는 거야. 모양새를 보니 집 나온 애들 같더라구."

우리는 예상했지요. 에구, 연화 어르신한테 혼구녕이 낫겠구만. 그런데 연화 어르신은 반전을 보여주셨습니다. "그래서 내가 말했지. '애들아. 그거 위험하다. 우리 집에 김치밖에 없는데 같이 밥 먹을래?' 그리구 우리 집 가서 같이 밥을 먹었어. 한 놈은 아빠가 하도 때려서 나왔대고 한 놈은 친구 따라 나왔대고 한 놈은 부모가 집에 잘 안 들어온대. 밥 먹으면서 술술 잘 털어놓더라고."

듣는 분들이 다들 칭찬했어요. "아이구 잘했네, 잘했어. 연화 형님 참 정도 많지." 저는 깜짝 놀랐습니다. 성질 급하시고 화도 잘 내는 분이 참 정감 있는 면이 많구나 하면서요. 그때부터 연화 어르신은 정이 많은 분으로 인식되었지요.

그 후에 청소년과 함께하는 프로그램을 하면 애들한테 참 살갑게 대하십니다.

생존자의 용감함을 찬양하다
― 학습과 토론을 통한 관계에서 다른 길을 모색하다

60년 동안 매질을 당하며 자식을 위해서 내가 참아야 한다며 버텨온 순자 어르신(75세, 가명). 그녀는 어느 날 아내폭력에 대해 신고할 수 있고 쉼터가 있다는 이야기를 들으며 깜짝 놀랐습니다. "그런 게 있어요? 나도 하고 싶어요." 그때 많은 시간을 함께해 온 동무들이 "그래, 한번 해 봐. 자네는 할 수 있어. 참고 산다고 자식들이 좋아하지 않아"라며 응원의 말을 했지요. 그러나 60년 동안의 학대는 5분의 응원의 관계를 이길 수 없었습니다. 하지만 며칠을 고민한 그녀는 도움을 요청했고 녹록하지 않은 기관 접수, 자식들의 반대 등으로 3년 동안 홀로 고통을 받아야 했습니다.

새로운 삶을 살아야겠다는 그녀의 굳은 결심은 많은 시간의 고통과 눈물을 딛고 지금은 남편이 병원에 있고 혼자 씩씩하게 살아가고 계십니다. 이런 과정까지는 공동체적 관계에서 빚어낸 우정의 지지 세력이 있었고, 그녀가 발견한 용감한 그녀의 결단이 있었습니다. 그녀는 이제 '매 맞는 아내'에서 '잘살고 있는 사람'으로 살아갑니다.

새로운 이야기를 함께 쓰고 마을로 나가다

어르신들과 8년 정도 공동체적 관계 속에서 다양한 프로그램과 여러 가지 실험으로 어르신들은 요모조모의 모습으로 성장하였습니다. 우리 가 무엇을 보고 공동체의 성장을 볼 수 있는가? 그것은 더 확장된 관계의 형성과 지역사회로 나아가는 모습입니다. "노인은 그저 뒷방에 앉아서 가만히 있는 게 도와주는 거지", "잔소리만 하면서 고집불통이야", "도움이 안돼", "머리가 다 늙었어", "옛날 사람이지"라는 지배적 편견과 스스로 덮어쓴 소외감의 굴레를 벗고 신나고 밝고 활기찬 모습으로 마을로 나가서 다양한 사람, 세대와 어울리며 새로운 맥락과 콘셉트를 만들어내는 것입니다. 노인이 꼭 다정하고 따뜻하고 지혜가 빛나는 존재 이어만 하는 것은 아닙니다. 노인은 '노인'이 아니라 여성이고, 남성이고, 다양한 성격과 능력과 재주가 있는 사람입니다. 이러저러한 모습이 다른 사람들과 만나서 어우러지고, 관계를 맺고, 다양한 모습들로 함께 성장해 갈 힘을 같이 낼 수 있는 공동체가 바로 마을, 지역사회가 될 수 있는 것. 이것이 우리 Narrtive의 건강한 확장이 아닌가 생각해 봅니다.

저는 이제 상상하고 실천합니다. 조손짝꿍단, 우따이삼, 마을가족 등입니다. 청소년들과 조손 짝꿍을 맺고, 아이들에겐 따뜻한 이모와 삼촌을, 이렇게 해서 새로운 마을 가족으로 형성해갈 수 있도록 하고 우리 어르신들은 다양한 이야기를 풀어내는 어른의 역할을 할 수 있을 것이라는 상상을 해 보는 것입니다.

이 이야기의 진행은 이제 시작되고 있습니다. 그 과정에서 얼마나 많은, 다양한 우리들의 이야기가 짜일지 기대합니다. 감사합니다.

남편은 집에서 늦둥이로 나아서 어렸을 때 어찌 자랐는지, 일은 안하고 놀고 먹었다. 술주정뱅이에다가 손지검도 하고 지랄을 다했다. 자식들도 패고 나도 패고 술만 처먹고 아주 진저리가 난다.

남편은 시골에서 농사 짓고 살 때, 똥 퍼내는거 하라고 하면, 한짐 퍼내서 놓고, 논두렁에 엎어져서 하모니카나 불고 그러는 한량꾼이었다. 똥을 퍼내서 그걸로 퇴비도 하고 그랬었는데, 뭐 하나 시키면 그거 하나 하고, 나 몰라라 하고 늘어져서 술먹고 놀고 하는 난봉꾼에 한량이었다. 그래서 일은 내가 다 했다. 부천으로 이사 와서도 일은 안하고 술 먹고 돌아다니고 그랬다. 술 처먹고 애들도 때리고 그랬다.

큰아들이 교통사고로 하체를 못 움직이고 집에 와서 있는데, 내가 퇴근하고 집에 와서 보니까 남편이 술 처먹고 살림을 때려부수고 지랄을 해서 경찰을 불렀는데, 경찰이 와서 보고는 아들은 하체를 못 움직이고 누워있고, 집은 난장판이고 남편은 술 처먹고 경찰이 왔는지도 모르고 있으니까, 막 욕하면서 남편에게 뭐라고 하고 간적도 있다.

나는 남편이라면 이가 갈린다. 꿈에서도 보기 싫다. 큰 딸은 하도 아버지한테 맞아서 고막이 나가는 바람에 지금도 귀가 멍멍하고 잘 안들린다. 딸이 연탄까스로 쓰러졌는데 남편이 애가 안 일어난다고 얼굴을 하도 때려서 그때 맞은 귀가 탈이 난 것이다. 그래서 재혼하는 사람들 보면 이해가 안간다. 나는 나중에 남자로 태어나서 식구들을 편하게 먹여살리고 잘 해주고 싶다.

마을에서 만난 예수

●

이원돈

머리글

『마을에서 만난 예수, 함께 만드는 사회연대경제』는 2016년 6월 부천 약대동 새롬교회 30주년으로부터 시작하여 2016년 12월 대통령 탄핵이라는 초유의 사태와 촛불 시민의 등장 그리고 2020년 코로나 재난의 모든 과정을 통과하면서 썼다. 즉, 부천 약대동에서 새롬 공동체와 약대동 주민들과 함께 마을 생활을 나누고, 주님의 말씀을 함께 읽어가며, 우리가 약대동 마을에서 만난 예수님과 마을 사람들의 이야기를 통해서 오늘날 약대동의 작은 마을교회가 코로나 이후 어디로 가고 무엇을 해야 할지 그 방향을 찾아본 기록들이다.

새롬교회는 창립 30주년(2016)과 종교개혁 500주년(2017)이 겹치는 그 중간 시기 2016년에 대통령 탄핵이라는 초유의 사태와 촛불 시민의 등장을 겪게 된다. 당시 한국 사회는 촛불 혁명 이후 디지털과 한류가 급속도로 연결되고 한국 문화가 세계적으로 큰 호응을 얻으며 본격적으로 선진국 진입을 경험하는 희망에 들떠 있었다. 그 시기 우리 약대동 마을도 광장에서 출발한 촛불이 마을로 내려오는 분위기 속에서 마을목회라는 새로운 목회 담론이 등장하고, 마을에서 만난 예수 이야기를 통한 마을목회의 새로운 가능성과 교회 30주년을 전후로 산업 문명 이후의 마을목회와 생태 문명에 대한 새로운 각성이 일어나고 있었다.

그러나 2020년부터 난데없이 코로나 재난이 들이닥치고 재난의 시기가 진행되는 동안 한국 사회의 불평등과 양극화가 더욱 심화하고 2022년 대선의 결과로 언론 검찰과 극우 대형 교회와 사이비 이단이 일종의 카르텔화되는 모습이 분명하게 보이기 시작했다. 촛불 혁명을 거치고 선진국 진입의 가능성에 들떠있던 우리는 이러한 상상하지도 못한 재난 속에서 오히려 퇴행적 사회 지배 카르텔이 공고히 되어 가는 과정을 보며 성서의 엠마오로 도망가는 제자들처럼 절망과 좌절의 늪에 빠지기 시작하였다.

코로나 기간 동안 재난의 여파로 대화도 끊기고, 마음도 멀어지고, 믿음도 약해지는 것 같은 신앙의 위기가 도래하고 있었지만, 우리는 그 과정에서도 엠마오 가는 길 내내 우리에게 말씀을 주시고 떡을 떼어 주시는 부활한 주님을 만날 수 있었다. 고난주간 새벽기도회 때 요한복음을 읽으면서 예수님이 십자가에 못 박힌 후 100년이 지나는 동안 단순한 고난과 수치와 모욕이던 십자가가 당시 요한복음에 이르러서는 '하나님의 영광과 하나님의 능력'으로 재해석되고 있다는 놀라운 신앙고백을 재발견하게 되었고, 이를 우리의 신앙고백으로 함께 읽고 마음으로 받아들일 수 있었다.

코로나 재난 가운데 하나님이 우리에게 들려주신 말씀은, 이제 하나님은 더 이상 교회 건물 안에만 계시지 않는다는 말씀이었다. 포로기에 하나님이 성전에 계시지 않고 흩어지는 디아스포라와 백성들 가운데 계셨듯이, 우리도 코로나 재난 이후의 새로운 시대에 교회 안에만 계시지 않고 교회를 넘어 교회 밖 마을 사람들 사이에 계신 예수님을 만난 것이다. 지난 6년 동안 성서의 말씀을 함께 읽으며 우리는 재난을 겪고 있는 이때야말로 다시 한번 새롭게 예수님의 하나님 나라운동을 선포할 때라는 성령님의 말씀을 들었다.

예수님이 가버나움의 회당에서 나와 마을 한복판에 있는 베드로의 장모의 집으로 들어가신 것처럼 이 재난기에 우리도 교회라는 건물에서 나와 마을의 집과 집을 연결할 때임을 깨달았고, 예수님이 베드로의 장모를 치유했을 때 온 마을이 베드로의 장모의 집 앞마당에 모였던 것처럼 우리도 교회를 넘어 마을로 나설 때 임을 깨달았다. 중풍병자 친구들이 서로 협동하여 지붕을 뚫고 중풍병자를 예수님 앞으로 내렸을 때 "네 병이 치유되었다"고 협동과 돌봄의 신앙에 죄사함을 선포하시는 예수님의 말씀과 알패오의 아들 레위의 집 앞마당에서 밥상을 펴는 예수 공동체의 역동적 움직임과 축제적 밥상 공동체의 모습을 통해서 오늘 갈릴리마을의 이 협동과 돌봄과 밥상의 감동이 이제 약대동 마을의 공동체 체험으로 부활할 때라는 음성으로 들렸다.

또한 마을에서 쫓겨나 갈릴리호숫가를 가로질러 이방 10도시(데카폴리스)로 이방 선교를 출발하시며 예수님이 들판과 호숫가에서 가르치신 그 비유 장면들을 오늘 코로나 시기의 우리 사정과 형편 가운데서 온몸으로 공감하며 읽어 나갔다. 이방 땅을 향한 제자들과의 항해 내내 제자들이 예수님을 따르기보다는 바리새인과 헤롯의 누룩에 물들어 가는 제자들의 모습은 우리의 모습과 겹치면서 안타까운 마음으로 읽지 않을 수 없었다.

그러나 항해 가운데 거라사 광인, 하혈병 걸린 여인, 수로보니게 여인이라는 지역 협력자가 등장하면서 끝내는 이방 땅의 문이 열리고 하나님 나라운동이 확산하는 이야기는 우리로 말씀의 힘을 느끼게 하고 큰 공감과 위로를 경험하게 하였다. 제자들과 항해 이야기가 끝나고 예루살렘으로 수난받으러 올라가는 이야기 가운데, 앞뒤에 맹인 치유 이야기를 배치한 마가의 의도와 율법을 잘 지킨 부자 청년이 제자가 되지 못하고 오히려 맹인 바디메오가 제자가 되어 주님을 따라 예루살렘에 입성하는 이유를 살펴보면서 재난 이후에는 누가 예수님의 제자로 다시 살아남을 수 있을까 하는 분명한 답을 얻을 수 있었다.

예루살렘 입성 후에는 안식일, 율법, 성전이라는 유대교 종교 플랫폼이 왜 열매 없는 무화과나무로 비유되고 있는지 깨달을 수 있었다. 또 마리아가 예수님의 발치 앞으로 나와 말씀을 경청할 때 오랫동안 우리 자신이 옳다고 받아들인 당시 유대 신앙과 같은 우리의 인습화된 낡은 신앙의 율법적 잣대들이 무너지는 경험이 있었고, 향유 병을 깨뜨려 주님의 수난과 죽음을 예비하는 장면과 연결되면서는 지금이 어떠한 때인지, 우리의 향유 병을 깨뜨려야 할 때가 언제인지를 분별하기 시작하였다.

같은 이유로 초대교회가 유대교의 성전 중심의 동물 속죄 제사를 혁파하고 단 한 번에 십자가 제물로 드려짐으로써 더 이상 구약의 낡은 동물 희생제사를 드리지 않는, 혁명적 부활 예배의 탄생 사건을 예수님의 십자가와 부활 사건과 연결하여 오늘 이 시대에 성문 밖으로 나가 십자가를 진다는 것의 의미와 연결할 수 있었다. 성문 밖으로 나간다는 것은 성문 안에서 개인의 대속과 구원을 넘어 이웃과 마을과 사회의 십자가를 함께 지고 시대 구원과 사회 구원을 넘어 생태 구원으로까지 우리의 신앙을 확장해야 한다는 예수님 부활 이후의 새로운 기도 제목으로 읽어 나갈 수 있었다.

그리고 갈릴리에서 예수님께 처음 부름을 받아 마지막까지 함께한 제자들이 골고다 언덕 수난의 십자가를 앞에 두고 하나둘 배반하고, 부인하고, 예수님을 팔아넘기고, 도망하는 모습 속에서 코로나 재난기를 겪고 있는 우리의 모습을 보았고 예수님의 십자가 신앙의 아픔이 무엇인지를 구체적으로 느낄 수 있었다.

이렇게 주님의 십자가를 경험하며 코로나 재난의 한복판에서 함께 말씀을 읽고 선포하면서 더 구체적이고 분명하게 들리는 말씀이 있었다. 그것은 처참히 무너지는 제자들의 비극적 상황이 바로 우리의 모습이라는 것과 다른 한편으로는 예수의 하나님 나라운동이 이렇게 끝이 나는 것이 아닐까 하는 두려운 질문 앞에 정면으로 마주 서게 되었다는 것이다. 이러한 질문과 씨름하면서 결국은 제자들의 배반, 부인, 도망은 사실 예수님의 하나님 나라운동이 새로운 국면으로 넘어가기 위해 기존의 모든 것을 해체하는 과정이라고 읽을 수 있었다. 예수님의 심판과 죽음 이후 하나님 나라운동이 철저히 새롭게 시작되기 위해 예수운동은 낡은 모든 것을 버리고 해체한다. 그 이후에야 "갈릴리마을에서 다시 보자!"는 부활의 말씀이 우리 가슴속 깊은 곳으로부터 새롭게 울려 퍼짐을 깨닫고 들을 수 있었다.

코로나를 겪으며 갈릴리마을에서 다시 보자는 주님의 부활의 말씀을 우리 약대동에서는 "돌봄교회와 돌봄마을로 다시 시작하라"라는 부활의 말씀으로 들으며, 이제 우리는 새로운 부활의 교회와 마을을 꿈꾸고 새로운 출발을 시작하고 있다.

우리는 마을에서 만난 예수, 약대동에서 만난 사람이라는 예수님과 마을 사람들의 이야기를 통하여 오늘 이 시대에 온 교회와 마을을 생명망으로 짜나가는 하나님 나라의 움직임을 보기 원한다. 또 낡고 타락한 시대 한가운데를 하나님 나라의 겨자씨와 같은 새로운 생명력이 사정없이 밀고 들어가 낡고 부패한 세상을 새로운 정의, 평화, 생명의 나라로 쑥대밭을 만들어 끝내는 부활의 새 하늘과 새 땅이 오는 것을 꿈꾸어 보길 기대한다.

1장

마을로 내려온 예수

갈릴리 마을에서 펼치신 '예수님의 하나님 나라 운동'

회당에서 귀신을 쫓아내고[막 1:26] 가까운 마을들로 가서 전도하는[막 1:38] 교육과 전도 마당

예수께서 모든 성과 촌에 두루 다니사 저희 회당에서 가르치시며 천국 복음을 전파하시며 모든 병과 모든 약한 것을 고치시니라 [마 9:35]

베드로의 장모 집과 중풍병 환자집은 병든 자를 고치는 치유 마당

알패오의 아들 레위의 집으로 이동하셨는데, 그곳에 죄인들과 어울리는 밥상 공동체 형성

1. 마을로 내려온 예수

역시 갈릴리가 좋았다. 갈릴리에서 배를 타면서, 갈릴리호숫가에서, 갈릴리호 변을 따라 이곳저곳을 여행하며 사람을 부르시고, 말씀을 전하시던 예수님의 진한 냄새를 느낄 수 있었다. 갈릴리 호수와 나사렛 등 가버나움의 이 일대는 바로 예수님의 신나는 미션(선교) 축제가 집약된 곳이고, 우리는 2000년 후 다시 이곳을 여행하면서도, 갈릴리와 가버나움 가나 일대의 마을과 마을을 도시며 가르치시고, 병자를 고치시고, 기적을 일으키신, 예수님의 그 축제적 삶의 열정이 갈릴리를 넘어 온 유대땅으로 전진하고 있음을 느낄 수 있었다(이원돈, "갈릴리 성지순례 일기", 2007).

청년기의 예수님 앞에는 세 가지 장소가 나타나 있다. 첫 번째 장소는 당시 유대교의 중심인 성전이 있는 예루살렘이다. 두 번째 장소는 세례요한이 머물던 광야이다. 그리고 소외된 가난한 백성들이 있는 갈릴리마을이 세 번째 장소이다. 예수님은 청년기에 광야로 나가신다. 그곳에서 세례요한에게 세례를 받으시고, 광야에서 40일 동안 사탄의 유혹을 이겨내시고, 하나님 나라운동에 대한 선교적 비전을 세우신다.

2. 세례 요한의 세례운동과
청년 예수의 갈릴리마을운동

예수님은 갈릴리마을로 들어오시기 전 먼저 광야로 나가 세례 요한에게 세례를 받고 하나님의 아들로서 수련받는다. 당시 유대인 신앙생활의 중심은 성전이었는데, 세례 요한은 그 성전 밖 광야에서 세례운동을 펼치고 있었다. 이것은 성전 중심의 신앙생활에 큰 도전을 의미한다.

당시 종교 지도자들은 성전에 나와 제사장에게 죄사함을 받지 않으면 죄 용서를 받을 수 없다고 했다. 성전에 제물을 가지고 나와 성전 중심으로 신앙생활을 하는 사람들만이 진정한 신앙인임을 강조했다. 그러나 세례 요한은 요단강에서 물로 세례를 받으면 사람들의 죄가 사해진다는 혁명적 죄사함을 이야기했고, 그래서 수많은 사람과 예수님을 비롯한 젊은 이들이 광야에 나와 세례를 받았다. 이것은 이스라엘 신앙이 성전 중심에서 출애굽기와 예언자 중심의 광야 신앙으로 변화됨을 의미하는 것이다. 예수님은 청년기에 요단강 강가에서 요한에게 세례를 받고 그곳 광야에서 40일간 사탄에게 세 가지 유혹을 받으며 수련하게 된다.[1]

마가복음은 길의 복음이다. 광야에서 세례 요한에게 세례를 받고 광야의 수련을 거친 예수님이 갈릴리의 마을에 들어오시면서 하신 말씀은 "때가 찼고 하나님 나라가 가까웠으니 회개하고 복음을 믿으라"(막 1:15)였다. 이 말씀에 따라 갈릴리의 젊은 어부들이 그물을 버리고 하나님 나라운동의 길을 떠나기 시작한다. 이제 우리도 신발 끈을 매고, 모든 것을 버리고, 예수님의 하나님 나라운동의 길을 출발해야 한다.

준비되셨는가?

3. 회당과 마을 사이

— 온 동네가 그 집 문 앞에 모였더라

예수님의 갈릴리 선교의 첫 시작은 예수님과 그 일행이 반복적으로 회당에 들어가시면서 시작된다. 당시에 예수님이 회당에 들어가셨다는 의미는 예수님이 단순히 종교적 건물에 들어간 간 것이 아니라 그들 지역의 마을 모임에 들어간 것으로 보아야 한다.[2]

마침 저희 회당에 더러운 귀신 들린 사람이 있어 소리 질러 가로되 나사렛 예수여 우리가 당신과 무슨 상관이 있나이까 우리를 멸하러 왔나이까 나는 당신이 누구인 줄 아노니 하나님의 거룩한 자니이다(막 1:23-24).

마가복음에는 예수님이 마을에 들어가시기 전 회당에 들어가셔서 회당의 악령을 내쫓는 장면이 나오는데, 그것은 당시 유대교라는 종교의 중심인 회당이 사실 악령의 소굴이었다는 것을 암시하고 있다. 회당이라는 거룩한 공간에 악령들이 살고 있었다는 것은 어떤 의미일까?

다 놀라 서로 물어 가로되 이는 어찜이뇨 권세 있는 새 교훈이로다. 더러운 귀신들을 명한즉 순종하는도다 하더라(막 1:27).

악령이란 무엇인가? 말로만 예수님을 하나님의 아들이라 하지 자기를 버리고 예수님을 따라 회당 밖으로 나설 용기가 없는, 회당 안으로 고립된 신앙의 상황을 이야기하고 있는 것은 아닐까? 이 이야기의 핵심은 회칠한 무덤처럼 입으로 말만 하지 '버림과 따름'이 없는 오늘 우리 신앙의 모습이 바로 악령 들린 사람의 모습이라는 것이다. 이러한 예수의 새 가르침에 대한 충격과 놀람이 결국 그를 따르는 행동으로 변화되어 예수를 따르는 무리로 회당을 넘어 마을로 들어가게 되는 것이다.

예수님의 최초의 선교 사역의 모습을 자세히 살펴보면 유대교 회당에서 나와 마을의 시몬의 집으로 들어가는 장면으로 시작된다. "회당에서 나와 곧 야고보와 요한과 함께 시몬과 안드레의 집에 들어가시니"(막 1:29)라는 이 문장은 놀라운 의미를 함축하고 있다. 마가는 분명 이 '집'을 회당과 대비되는 구도로 설정해 놓고 있다. 나와서 들어갔다는 상반된 두 개의 동사는 회당, 즉 당시 유대교에서의 이탈을 말할 뿐 아니라 '시몬의 집'을 예수님 일행의 새로운 활동 거점으로 부각하고 있다. 마가가 이 구절을 통해서 말하고자 하는 의도는 분명하다. 회당에서 나왔다는 것은 기존 유대교의 거점인 회당에서의 이탈을 의미한다. 그리고 집으로 들어갔다는 것은 새로운 공동체의 형성을 암시하는 것으로 볼 수 있다.[3]

마가의 측면에서 보면 회당은 더 이상 하나님 나라가 실현될 수 있는 장소가 아니다. 새 술이 새 부대가 필요하듯이, 기존의 유대 공동체로는 하나님 나라를 담을 수가 없다. 회당을 벗어난 사람들에게 시몬과 안드레의 집은 새로운 활동 거점이 된다. 그래서 예수님이 회당에서 나와 베드로 장모의 집이 있는 마을로 들어가실 때 "온 동네가 문 앞에 모였더라"(막 1:33)라는 것이다. 이제 회당에서 나와 마을의 집에서 예수의 하나님 나라운동이 본격적으로 시작되고 있다. 이처럼 회당에 대립하는 새로운 공동체가 시몬의 장모의 집에서 생겨났다면, 베드로의 장모라는 한 여인이 일으켜 세워짐으로써 그곳에 교회도 세워짐을 의미한다. 장모는 처음에는 아픈 사람으로서 시중을 받던 사람인데 예수 일행을 만난 후에는 시중을 베푸는 선교사로 바뀌게 된다.

저물어 해 질 때에 모든 병자와 귀신 들린 자를 예수께 데려오니 온 동네가 문 앞에 모였더라(막 1:32-33).

해질 때 온 동네가 그 집 문 앞에 모여 모든 병자와 귀신 들린 자들을 고치는 마을의 치유 캠프가 되었다는 이야기는 마가가 우리에게 전하고 자 하는 말씀의 주제이다.

오늘 우리 사회의 지역과 마을 곳곳에도 베드로의 장모처럼 화병과 우울증에 시달리는 사람들이 많다. 이러한 상황에서 진정한 마을교회는 베드로의 장모처럼 누워 있던 사람들이 예수의 손을 잡고 일어서기 시작하는 곳이 되어야 한다. 예수의 손을 잡고 일어난 사람들은 그와 같이 마을 곳곳을 돌면서 다른 사람들의 손을 잡아주기 시작하고, 교회는 화병과 우울증에 시달리던 사람들이 일어서는 마을 치유의 베이스캠프 가 되어야 한다. 마을 곳곳에 치유와 돌봄의 거점으로 마을교회가 재탄생 한다면, 우리 마을은 베드로 장모의 집 앞마당처럼 늘 하나님 나라의 잔치가 일어나는 곳이 될 것이다.

예수의 부름에 응답한 베드로의 장모가 그녀의 집을 예수님의 치유와 돌봄의 캠프로 내놓았을 때 이 가버나움의 집을 중심으로 하나님 나라의 치유운동이 시작되었듯이, 세월호 부모님들로 구성된 '4.16 가족 극단 노란 리본'이 안산 일대를 배경으로 〈이웃에 살고 이웃에 죽고〉라는 멋진 연극 공연을 하였으니 이 마을 공연 한 편을 구경하고 가자.

앵돌아선 마을을 일으킨 세월호 어머님들의 연극4

지난 금요일, 부천 송내어울마당에서 열린 '4.16 가족 극단 노란 리본'의 〈이웃에 살고 이웃에 죽고〉 공연을 보았습니다. 그날 저는 마가 복음 1장 29-34절에 있는 예수님이 유대교의 중심 공간인 회당에서 나와 마을의 한 가정인 베드로의 장모의 집으로 들어가는 설교를 준비하고 있었습니다. 이 본문은 가버나움 베드로의 장모의 집을 유대교의 회당과 대비되는 예수님의 하나님 나라운동의 거점으로 세우시는 장면입니다. 그런데 설교가 딱 막히는 부분이 있었습니다. 화병으로 드러누운 베드로의 장모를 고치는 장면이 "나아가사 그 손을 잡아 일으키시니 열병이 떠나고 여자가 저희에게 수종드니라"(막 1:31)로 너무 짧게 묘사된 것입니다. 이 장면을 전하는 데 한계를 느껴 끙끙거리다가 마침 부천에 온 '4.16 가족 극단 노란 리본'의 연극을 보게 되었습니다. 저는 세월호 어머님들의 연극을 보면서 이 장면의 느낌을 구체적으로 깨닫고 설교의 막힌 부분을 열 수가 있었습니다.

'4.16 가족 극단 노란 리본'의 〈이웃에 살고 이웃에 죽고〉는 이제막 시골에서 안산의 작은 빌라로 이사 온 한 할아버지가 삭막한 도시에서 거칠어진 마음을 가지고 살아가는 이웃들을 만나면서 시작됩니다. 할아버지가 이 작은 마을에서 부닥치는 첫 번째 사람들은 성질만 내고 사는

옆집 남자와 로커를 꿈꾸는 백수 청년, 매사에 삐딱한 여고생입니다. 그리고 이들은 아무리 문을 두드려도 마음의 문이 잘 열리지 않는 사람들입니다.

오늘 우리 주변에서 흔히 볼 수 있는 인물들이 등장한 것입니다. 성서의 가버나움에는 열병으로 누운 베드로의 장모가 있었는데 여인의 병을 예수님이 손 한 번 잡는다고 풀어줄 수 있는지, 이 대목을 어떻게 설교할까 고민했습니다. 그런데 세월호 어머님들의 연극을 보면서 그 앵돌아진 마음이 어떻게 돌아서는가 하는 이야기의 실마리를 풀 수 있었던 것입니다.

연극에서 주인공 할아버지는 화병에 걸린 옆집 남자와 백수 청년을 집으로 초대하여 음식을 대접하며 그들의 화난 마음을 풀어주었습니다. 결국 할아버지 집은 마을의 백수와 화병 환자와 삐딱한 여고생의 밥상 공동체로 변신하기 시작합니다. 이러한 할아버지의 활동은 문이 꼭 닫힌 집에 와서 〈내게 강 같은 평화〉를 불러도 결코 집 안으로 들어갈 수 없는 전도자와 취약층 가정을 방문하지만 결국 그 집 문을 열지 못하고 돌아가는 지역복지사의 발걸음과 겹치면서 마을공동체의 문을 여는 일의 중요성을 설득력 있게 설명해 나갑니다.

할아버지의 이웃과 나누는 삶은 교통사고로 의식불명인 아들을 수발하는 할아버지 자신이 위기에 닥쳤을 때 화병에 걸린 아저씨와 백수 청년과 삐딱한 여고생이 뭉쳐서 119를 부르며 할아버지 가정을 돕는 일로 전환됩니다. 이러한 변화는 마을과 아무런 소통을 하지 않고 왕따 당하던 가족의 마음 문까지 열며 '마을 텃밭을 함께 일구는 상생하는 마을공동체'를 일구어냅니다. 매녀가 마을을 살린다는 연극의 주제와 함께 마음 문을 열고야 맙니다.

마찬가지로 마가복음에 나오는 베드로의 장모는 예수를 만나 그동안의 눕던 자에서 일어나 예수와 그의 일행을 수종 드는 예수운동의 지원자이자 동참자로 변합니다. 이처럼 누워있는 자에서 일어나 섬기는 자로의 변화로 말미암아, 예수님의 마을운동이 낡은 유대교 회당 중심을 넘어 마을운동으로 전환하게 됩니다. 즉, 베드로 장모의 집 문 앞이 "온 동네가 문 앞에 모였더라"(막 1:33)라는 것으로, 예수님의 하나님 나라운동의 큰 거점과 전환점이 되었습니다.

그 후 베드로의 장모의 집은 예수님의 순회 사역의 거점이 되고, 이런 거점 모델은 열두 제자 그리고 나중에 70인의 제자들을 보내는 사역으로 확장되었습니다. 그 후 특별히 유럽의 빌립보, 데살로니가, 고린도, 겐그레아, 에베소, 로마, 골로새 그리고 라오디게아 등 도시와 연결되면서 강력한 도시 공동체 교회운동으로 확산하기 시작하였던 것입니다.

오늘 우리 사회의 지역과 마을 곳곳은 세월호 어머님들의 연극에서 늘 버럭 화를 내는 아저씨처럼, 성서의 베드로의 장모처럼 화병과 우울증에 시달리는 사람들이 많습니다. 그러나 오늘 말씀에 비추어 우리가 약대동 마을에서 경험한 놀라운 부활 경험들은 바로 한 사람이 예수의 손을 잡고 일어서기 시작하면 그곳에 한 선교가 세워지고, 한 교회가

세워지고, 한 마을이 세워진다는 것입니다. 2018년 약대동 마을 성탄 잔치부터 지난주 4.16 세월호 어머님의 연극 잔치까지의 과정을 살펴보면, 한 사람 한 사람이 중보기도와 마을 심방으로 곳곳을 돌면서 그들의 손을 잡아주기 시작하니 그동안 화와 피곤함에 시달리던 사람들이 마을의 귀한 구성원으로 변하면서 일어서기 시작하고, 일어서는 그들 가운데 마을의 공동체와 마을 축제가 일어나는 놀라운 가능성을 보게 되었습니다. 베드로의 장모의 집을 중심으로 마을의 치유마당이 세워졌듯이 우리 약대동 마을과 새롬교회도 한 사람 한 사람이 그 화병과 우울증에서 일으켜 세워질 때 하나님 나라가 세워지고 확산되는 희망과 믿음을 갖길 소망합니다. 아멘.

4. 귀신을 내쫓고 사람을 치유하신 예수
(막 1:33)

1. 온 동네가 문 앞에[막 1:32], 베드로의 장모 집 앞마당

2. 우리가 다른 가까운 마을들로 가자 거기서도 전도하리니 [막 1:38]

예수님과 그 일행은 더 이상 회당 중심의 건물이 아니라 마을의 집과 집을 연결하는 네트워크로 새로운 하나님 나라 운동을 시작하셨다. 이것은 하나님 나라 운동이 가벼나움 마을에서 마을의 집을 연결하며 급속도로 퍼져나가고 있는 것을 반증한다.

The healing of the paralyzed man

3. 많은 사람이 모여서 문 앞에라도 용신할 수 없게 되었는데 [막 2:2]

4. 그의[알패오의 아들 레위]집에 앉아 잡수실 때에 많은 세리와 죄인들이 예수와 그 제자들과 함께 앉았으니[막 2:15]

마가복음 1장 32절에 저물 때 사람들이 몰려온 이유는 이날이 안식일이었기 때문이다. 유대교 율법에 따르면 안식일에는 일을 해서는 안된다. 일의 범주에는 병자를 고치는 치료 행위도 들어간다. 거룩하고 복된 날로 축복 받은 안식일이 오히려 사람들을 얽매는 날이 된 것이다. 그런데 우리가 여기서 다시 들여다보아야 할 것은 회당과 베드로의 집이 뚜렷이 대비되고 있다는 것이다.5 지금 새로운 공동체가 베드로의

집을 중심으로 탄생하고 있다.

온 동네 사람들이 문 앞에 모였을 정도로 많은 사람으로 북적인다. 회당과 다르게 마을은 그 문턱이 낮아 많은 사람이 편안하게 오갈 수 있었다. 그래서 회당이 아니라 회당 밖 베드로의 장모의 집이 바로 예수님 의 치유의 베이스캠프가 된 것이다.6

이렇게 갈릴리마을에 베드로 장모의 집이라는 새로운 공간이 탄생하 자 예수님은 이곳을 거점으로 갈릴리 가버나움 일대에서 낮에는 복음 전도를 하고 밤에 각색 병을 고치신다(막 1:29-34). 그리고 새벽 미명에 하나님 앞으로 나가 기도로 하나님과 소통하시고, 다음과 같이 말씀하신다.

> 이르시되 우리가 다른 가까운 마을들로 가자 거기서도 전도하리니 내가 이를 위하여 왔노라 하시고(막 1:38).

새벽 미명에 하나님 앞으로 나가 기도로 하나님과 소통하며 영적 힘을 충전하신 예수님이 다른 동네에서도 하나님의 나라 복음을 전해야 한다고 하시자, 마치 새벽 동이 트면서 빛이 도래하자 어둠이 물러가기 시작하는 것처럼 갈릴리마을의 모든 악령이 추방되고, 병든 사람들이 고쳐지고, 새로운 하나님 나라의 놀라운 역사가 갈릴리마을 일대에 도래 하기 시작했다. 이처럼 마가복음 1장에서 베드로의 장모의 집이 가버나 움 마을의 새로운 선교적 거점으로 세워지기 시작하자, 마가복음 2장에 이르러 예수님의 하나님 나라운동이 더욱 구체적인 윤곽을 드러낸다. 2장 13절에 알패오의 아들 레위의 집이 또 다른 새로운 공간으로, 예수님 의 하나님 나라 마을운동의 새로운 밥상 공동체와 하나님 나라 잔치운동 의 거점으로 등장하고 있는 것이다.

바리새인의 서기관들이 예수께서 죄인과 세리들과 함께 잡수시는 것을 보고 그 제자들에게 이르되 어찌하여 세리와 죄인들과 함께 먹는가(막 2:16).

이처럼 예수의 하나님 나라운동은 가버나움이라는 마을을 거점으로 삼았다. 예수의 선교에서 중요한 점은 개인이나 가정이 아니라 마을에 초점을 둔 것이다. 예를 들면 어느 마을에서 예수님의 제자들을 환영하면 그들에게는 하나님 나라의 평화와 치유가 베풀어지고 제자들은 마을에 일정한 기간 머물면서 선교하였지만, 거절하면 마을 전체에 경고가 내려진다. 너희 발의 먼지를 떨어 버리고(마 10:14) 그 마을을 떠나 다른 마을로 향하라는 복음서의 말씀은 예수님과 제자들의 선교 사역의 초점이 마을 단위이었음을 의미한다.7 또한 제자들은 일정 기간 한 마을에 머물면서 악령축출과 치유 사역을 하였는데, 이 역시 자비를 베푼 개별적 행동들이 아니라 사회적 몸을 치유하고 세우려는 더 큰 하나님 나라운동의 일부로 보아야 하겠다. 예수님과 제자들은 하나님 나라를 선포하고 악령을 축출하고 사람들을 치유하면서 그 마을이 공동으로 함께 사는 공동체를 세우는 일에 힘을 쓰고 있었던 것으로 보인다.8

1세기 팔레스타인 사람의 기쁨과 슬픔, 눈물과 희망을 자양분으로 탄생한 예수운동은 바닥에서부터 솟아나는 자생적인 공동체운동이었다. 그것은 파괴의 위협에 처한 전통적인 갈릴리의 소농 중심 마을공동체가 벌인 삶의 회복운동이었고, 밑바닥 민초들의 사회적 보존운동이었다.9

예수님의 하나님 나라운동의 핵심은 서로 빚을 탕감해 주고(눅 11:2-4) 상대방의 근심과 기본적인 필요를 들어주는(눅 6:27-36) 것, 지역 공동체의 갱신을 위한 구체적인 계획으로써 삼중고에 시달리는 지역과 마을공동체의 갱신과 재활성화에 있었던 것으로 볼 수 있다.10

5. 예수의 갈릴리마을 활동 캠프들
(막 1-4장)

마가복음에서 집은 마을 한가운데 있어서 회당과 성전과 대비된다. 마가는 '예수와 복음을 위하여 내놓은 집'을 반복적으로 사용하여 예수께서 이 마을 한가운데의 집을 그 지역의 선교 근거지로 삼았다는 점은 분명하다.[11] 마가복음에서 지역 선교의 근거지로 삼은 마을의 집들을 더 입체적으로 보면 베드로의 장모의 집과 같은 치유캠프와 알패오의 아들 레위의 집 앞마당과 같은 밥상 공동체이다. 이에 마을 전체를 하나의 전략적 캠프나 공유지 같은 선교적 생태계로 형성하려는 흔적으로 볼 수 있지 않을까.

예수님은 갈릴리마을과 마을 사이에 '갈릴리마을 활동 캠프'를 세우시면서 역동적으로 '갈릴리 하나님 나라 마을운동'을 움직여 나가신 것 같다.

1. 갈릴리마을 치유 캠프

온 동네가 문 앞에 모였더라(막 1:33).
회당에서 나와 곧 야고보와 요한과 함께 시몬과 안드레의 집에 들어가시니(막 1:29).

2. 갈릴리마을 밥상 캠프: 세리와 죄인을 부르러 왔다

바리새인의 서기관들이 예수께서 죄인과 세리들과 함께 잡수시는 것을 보고 그 제자들에게 이르되 어찌하여 세리와 죄인들과 함께 먹는가(막 2:16).

3. 가나의 잔치 캠프

말하되 사람마다 먼저 좋은 포도주를 내고 취한 후에 낮은 것을 내거늘 그대는
지금까지 좋은 포도주를 두었도다 하니라(요 2:10).

4. 갈릴리마을 말씀 캠프: 씨뿌리는 비유

새벽 오히려 미명에 예수께서 일어나 나가 한적한 곳으로 가사 거기서 기도하
시더니 이르시되 우리가 다른 가까운 마을들로 가자 거기서도 전도하리니
내가 이를 위하여 왔노라 하시고(막 1:35-38).

성전 회당 마을	마을의 집과 집 네트워크	새로운 마을 생태계
	1. 베드로 장모집(치유) 2. 중풍병자(사죄) 3. 레위 집(죄인과 밥상)	= 하나님 나라 '가난한 자가 복이 있다'

2장

갈릴리에 등장한 예수와
마을의 새로운 움직임과 변화

1. 고립을 뚫고 협동과 연대로

한 문둥병자가 예수께 와서 꿇어 엎드리어 간구하여 가로되 원하시면 저를
깨끗케 하실 수 있나이다(막 1:40).

길가에서 일어난 예수님의 치유 이야기의 대상은 온몸에 문둥병이
걸린 사람이다. 그는 예수님 앞으로 나와 "주여, 원하시면 나를 깨끗케
하여 주옵소서"라고 간청했다. 당시 이스라엘에서 문둥병이란 오염되었
고 전염되기에 다른 사람과 접촉해서는 안 되는 병이다. 이 병의 무서움은
사회로부터 고립과 격리를 의미한다. 이 무서움은 오늘날에도 적용된다.

현대인의 가장 큰 병과 문제는 대부분 고립과 소외에서 발생한다.
오늘 우리 가운데도 세상이 그들을 혐오하거나, 스스로 마음을 닫아
세상으로부터 고립되고 격리된 사회적 문둥병 환자가 많다.

예수님의 문둥병 치유 이야기는 고립으로부터의 치유를 의미한다.
현대인의 고립과 소외현상은 대부분 사회가 발달하면서 공동체가 깨지
고, 사람과 사회가 개인주의화 되면서 발생한 것들이다. 그래서 예수님
은 자기 앞에 나타난 이 문둥병자를 단지 한 개인의 죄가 아니라 당시
유대 공동체의 문제로 보고 근원적인 차원의 치료로 접근했다. 하루에
50명씩 죽어 나가는 오늘날 우리 사회의 자살 현상을 우리가 예수님의
시선으로 보기 시작한다면, 그것이 개인적인 자살이 아닌 사회적 타살로
보이기 시작할 것이다.

예수께서 민망히 여기사 손을 내밀어 저에게 대시며 가라사대 내가 원하노니

깨끗함을 받으라 하신대(막 1:41).

예수님은 이 문둥병자를 어떻게 보고 계신 것인가? 예수님은 이 문둥병자를 통해서 당시 유대 사회의 차별과 배제를 보고 그것을 넘어서려고 하셨다. 여기서 예수님이 환자를 치유하시는 방법은 직접 문둥병 환자의 몸에 손을 대는 것이었다. 문둥병의 근원이 '고립과 격리'였다면 치유는 예수님이 병자의 몸에 손을 대신 것처럼 '접촉과 관계'이다. 그것은 우리가 건강한 인격, 건강한 신앙인으로 거듭나고 치유되려면 삶의 사회적 관계와 접촉이 회복해야 한다는 것이다.

무리를 인하여 예수께 데려갈 수 없으므로 그 계신 곳의 지붕을 뜯어 구멍을 내고 중풍병자의 누운 상을 달아내리니(막 2:4).

현대 사회가 치유해야 할 가장 큰 질병은 무엇인가? 오늘날 가장 큰 질병은 다름 아닌 고립, 격리 그리고 우울증 등이다. 허무와 불안, 우울의 문화가 우리 모두를 뒤덮고 있다. 차별과 배제를 포용과 접촉으로 치유한 문둥병자의 다음 이야기는 중풍병자이다. 곧 중풍이라는 마비의 치유이다.

요즘 과거에는 듣지 못한 말들을 많이 듣고 있다. '히키코모리'라는 은둔형 외톨이와 쓸모없는 잉여 인간 그리고 이 모든 것의 종합판인 무연 사회라는 말들이다. 많은 사람이 요즘 젊은이들을 '잉여'라고 이야기하는데, 잉여가 바로 마비가 심화하여 일어난 현상이다. 성서의 마비된 중풍병자의 친구들이 그를 둘러업고 예수님 앞으로 나갔듯이, 잉여로 마비된 친구를 둘러업고 지붕을 뚫고 예수 앞으로 나가는 친구들이 탄생하기 시작했다는 것이다.

　문둥병 환자 치유 후의 두 번째 치유 기사인 중풍병자를 치유하는 장면이 바로 고립에서 협동의 차원으로 나오는 것을 의미한다. 중풍병자의 친구들은 중풍 환자를 둘러업고 지붕을 부수고 예수님께 나가고 있다. 이러한 중풍병자 친구들의 협동과 연대는 환자를 둘러업었을 뿐만 아니라, 예수님께로 나가는 길을 가로막고 있는 무리(군중)를 넘어섰다. 이것이 협동과 연대라는 집단적 지혜로 진화하여 결국은 지붕을 뚫고 만다. 선진국일수록 고립된 개인적 차원에서 문제를 푸는 것이 아니라 협동과 참여와 연대, 공공성으로 풀어나간다고 한다. 이 이야기의 결론은 개인에서 공동체로 나가며 공동체와 관계적 몸을 만들고 그리스도의 몸을 세울 때 예수님의 네 믿음이 너를 치유했다는 '속죄의 치유 선언'이 선포되며, 우리의 죄 문제와 상처가 진정으로 치유되고 그 환자가 일어나 걸을 수 있다는 것이다.[1]

2. 젊고 유쾌한 밥상 공동체

> 바리새인의 서기관들이 예수께서 죄인과 세리들과 함께 잡수시는 것을 보고 그 제자들에게 이르되 어찌하여 세리와 죄인들과 함께 먹는가(막 2:16).

우리는 베드로의 장모 집 앞에 온 동네가 모였다는 장면에서 중풍병자 치유 이야기로 넘어갔다. 이제 '많은 사람이 모여서 문 앞에라도 용신할 수 없게'(막 2:1-2) 마을이 움직여 나가는 것을 볼 수 있다. 이제 선교의 중심이 회당에서 마을 한복판의 집과 그 집의 앞마당으로 옮겨가고, 그 앞마당들이 치유와 사죄의 캠프로 변하고 있다.

예수님은 바닷가에서 무리를 가르치신 후 동네로 들어가 세관 앞에 앉아있는 알패오의 아들 레위의 집에서 밥상을 펴기 시작하신다. 우리는 세리와 죄인과 식사하고 잔치를 벌이시는 모습 속에서 예수님의 하나님 나라운동의 중요한 변화와 전진의 모습을 볼 수 있다. 실제로 성서는 예수의 무리가 밥을 나누고 밥상 공동체를 만드는 장면을 여러 번 보도하고 있다. 예수님의 적대 집단인 바리새파는 그 장면을 목격하고서 '봐라. 저 사람은 즐겨 먹고 마시며 세리나 죄인들 하고만 어울리는구나'(눅 7:34)라며 예수를 비난하고 나설 정도로 밥상 공동체를 즐기셨다.

세리란 당시 유대인 회당사람에게는 바로 죄인으로 분류된 사람이었다. 이처럼 예수님이 세리, 창기와 같은 죄인들과 어울리고 그들과 밥상을 펴자 회당 사람들이 그 밥상 앞으로 나와 예수님께 시비를 걸기 시작한다. "당신은 어찌하여 죄인과 세리와 식탁을 같이 합니까?" 여기에 예수님의 그 유명한 말로 응답하신다. "나는 의인을 부르러 온 것이 아니라 죄인을 부르러 온 것이다."

　예수님이 죄인 취급 받던 레위의 집에서 한 일이 바로 이러한 밥상 공동체를 세우는 일이었다. 이 일로 예수님을 향해 "당신은 어찌하여 세리와 죄인들과 어울리기만 하는가"라고 비난할 때 예수님이 하신 말씀이 바로 나는 의인이 아니라 죄인을 부르러 왔다는 말씀이다.

　예수께서 들으시고 저희에게 이르시되 건강한 자에게는 의원이 쓸데 없고 병든 자에게라야 쓸데 있느니라 내가 의인을 부르러 온 것이 아니요 죄인을 부르러 왔노라 하시니라(막 2:17).

　예수님은 이처럼 늙고 낡은 유대교의 '차별과 배제'의 세계에서 나와 세리와 죄인들 사이로 들어가 밥상을 펴고 함께 어울리고 사귀며 나누며 먹는 하나님 나라운동을 시작하셨다. 그러나 예수 시대의 유대 권력자들은 자신의 의와 거룩함을 드러내며 율법으로 사람들을 지배했다. 이러한 차별과 배제로 당시 민중들에게 세 가지 패배적 병적 삶의 징후를 심각하게 드러난다.

　첫째는 가난한 자들 스스로가 죄인이라는 콤플렉스를 내면화하기 시작했다. 둘째로 주류 종교는 가난한 자들을 죄인이라 하며 차별 배제하고, 스스로를 거룩하게 구별하는 것을 종교의 가장 주요 기능으로 삼기 시작한다. 이것이 바로 예수님 당시의 유대교의 종교적 율법적 기능이었다. 셋째로 가난한 신앙인들도 참 신앙을 찾기보다는 기득권층의 율법적 종교를 내면화하여, 헤롯과 바리새인의 회칠한 무덤과 같은 누룩을 부러워하고 그 독성에 중독되어 가고 있다는 것이다.

　오늘 이 시대가 무겁고 행복하지 못하다면 그 이유는 무엇인가?

우리 사회와 교회와 가정 안에 바리새인들이 많기 때문은 아닌가? 바리새적 위선 종교에 예수님처럼 저항하며 해방된 참 신앙을 찾기보다는 위선적 종교의 누룩을 부러워하고 기복적으로 내면화하여, 회칠한 무덤과 같은 누룩으로 물들어가고 있는 것이 우리 주변의 대부분의 종교인의 모습이다. 이에 오늘날 많은 이들이 가나안 성도, 탈교회 신앙인이 되어가고 있는 것이 아닌지 모르겠다.

그러면 예수님의 특징은 무엇인가? 예수님의 신앙은 남을 의식하고, 열등감에 시달리고, 과잉 방어를 하며 스스로 스트레스를 받고 상처받는 바리새적 신앙과는 근본적으로 다르다. 예수님의 신앙은 당시 유대 사회의 바리새주의와 차별과 배제에도 불구하고 그 짐을 과감히 벗어버리는 것이다. 이는 예수님의 신앙이 스트레스에 시달리는 신앙이 아니라, 자신을 객관적으로 보면서 진정 자유함을 느끼는 신앙이기 때문이다.

이처럼 다른 사람의 헛된 말이나 시선에서 해방되면 우리는 삶의 에너지를 창조적으로 사용한다. 예수님은 자신은 의인을 위해 오지 않았고 죄인을 위해 오셨다고 이야기하실 수 있었고, 예수를 만난 사람들은 바리새파가 생산해낸 불안과 공포의 마케팅과 율법적 짐을 떨쳐 낼 수 있다.

결국 예수님은 하나님 나라는 바리새적인 위선과 점잖은 경건에서 오는 것이 아니라, 하나님 나라의 은혜로 시작되는 공동체적 삶의 새로운 관계와 스타일에서 오는 것임을 아셨다. 그래서 예수님은 오직 하나님과 그의 백성들, 특별히 약하고 천한 세리와 죄인들과 깊은 관계를 추구하는 것에만 열중하셨다. 그러므로 당시 가난한 민중들로부터 전폭적인 신뢰를 얻었고, 그들을 근본적으로 치유하며 하나님 나라의 잔치를 벌이실 수 있었다.

하나님 나라의 상속자이자 하나님 나라 축제 주관자인 예수 그리스도
는 숨 막히고 낡은 유대교적 삶의 생태계를 넘어서 가난한 자, 죄인,
세리와 차별받는 자들을 용서하고 수용하는 하나님 나라를 일으키셨다.
세리와 죄인들과 함께하신 그 밥상 공동체가 예수님의 하나님 나라
잔치의 출발점인 줄로 믿는다면, 오늘날의 무상 교육, 무상 급식, 무상
치료가 하나님 나라운동의 핵심이 될 수 있다.

하나님 나라의 새로운 생태계는 차별과 배제와 불안과 공포의 낡은
율법적 생태계가 아니라, 용서와 수용을 선포하는 하나님의 은혜의 생태
계. 이 세상에 새로운 생명의 숨과 부활의 생명을 불어넣어 이 사회를
다시 살아 숨 쉬게 하는 것이다. 우리 그리스도인이 해야 할 가장 중요한
일이 하나님 나라의 은혜의 생태계를 선포하고, 그것을 믿고 그대로
사는 일이다.

오늘 길 위에서 알패오의 아들 레위를 부르시고, 그 집에서 밥상을
펴신 예수님의 하나님 나라운동의 최종 목적지는 어디인가? 마가복음의
제자라는 말이 본문에서 처음 나온다. 예수를 따른다는 것과 예수의
제자가 된다는 것은, 바로 우리 가정과 마을을 알패오의 아들 레위의
집처럼 밥상 공동체로 만들고 참여하는 것이다. 그 밥상이 천국이요
그곳이 바로 하나님 나라임을 깨닫는 것이다.[2]

3. 불안, 공포 마케팅을 날려버린 예수

예루살렘에 있는 양문 곁에 히브리 말로 베데스다라 하는 못이 있는데 거기 행각 다섯이 있고 그 안에 많은 병자, 소경, 절뚝발이, 혈기 마른 자들이 누워 물의 동함을 기다리니(요 5:2-3).

베데스다 연못의 병자는 38년이 된 환자였으나 한 번도 치료의 기회를 얻지 못했다. 그리고 그는 여전히 오늘도 이야기한다. "주님, 물이 동할 때 나를 못에 넣어 줄 사람이 없어 내가 가는 동안에 다른 사람이 먼저 내려갑니다"(요 5:7).

이 38년 된 환자는 그동안 형성된 고정 관념이 있었다. 첫째는 물이 동할 때 들어가야 낫는다. 둘째로 나를 못에 넣어 줄 사람이 없다. 마지막으로 내가 가는 동안 다른 사람이 먼저 내려가 내가 38년 동안 기회를 놓쳤다. 예수께서 그 누운 것을 보시고 병이 벌써 오랜 줄 아시고 이르시되 네가 낫고자 하느냐(요 5:6).

이 38년 된 환자가 치유의 기회를 얻지 못한 핵심적인 이유가 무엇인가? 그것은 물이 동할 때 가장 먼저 들어가야 한다는 요행을 바라는 심리적 상태 때문이다. 이것이 바로 무속적 영성이다. 점, 제비뽑기, 타로 카드와 별다르지 않다. 우연성에 모든 것을 내맡기고 그것을 신의 뜻이라고 해석하고 믿는 것이다.

그러나 우리 복음의 핵심은 과거가 현재를 완전히 구속하거나 제한하는 숙명론적 폐쇄적 인과율을 끊어내는 힘이다. 우리에게는 과거가 현재를 완전 구속하거나 제한할 수 없다. 예수님이 38년 된 병자를 치유한 핵심이 운명론과 숙명론의 고리를 깨뜨린 것이다. "예수께서 가라사대 일어나 네 자리를 들고 걸어가라 하시니"(요 5:8).

일어나 네 자리를 들고 걸어가라는 말씀의 의미는 무엇일까. 38년 된 환자의 가장 큰 문제는 물이 동할 때 제일 먼저 들어가는 미신적 경쟁의 확률에 목숨을 건다는 것이다. 좀 더 확대하면 오늘날 1:99가 되어버린 사회의 숙명론을 끊어버리기보다는 1:99 중 1이 되는 그 행운의 주인공이 자신이 되겠다는 미신에 사로잡혀 있는 것이다.

이러한 경쟁에 대한 열광과 고정 관념은 봉준호 감독의 영화 〈설국열차〉에서 메디슨 총리가 반복해서 외친다. "성장 엔진이 멈추면 모두 죽는다. 그러니 너희는 꼬리 칸 우리는 앞 칸 자기 자리를 지켜라." 그러나 열차 밖으로 나가면 모조리 얼어 죽을 거라고 믿던 설국 열차 안 사람들의 생각은 영화가 진행되면서 결국 거짓이라고 드러난다. 앞이 아니라 옆으로, 새로운 생태계로 나가야 산다는 것이다. 지금까지의 성장 엔진이 멈추면 모두 죽는다는 것과는 전혀 다른 룰과 상상력, 생태계가 필요하다는 것이다.

베데스다 사람들도 이처럼 확률이 1 프로도 안되는, 물이 동할 때 가장 먼저 들어가는 미신적 경쟁에는 목숨을 걸지만 99명이 협동해서 함께 사는 방법에 대해서는 고민이 없다.

예수님은 깊은 곳에 그물을 던지기 위해 안식일을 범하셨을 뿐 아니라, 물이 동할 때 남보다 먼저 들어가려는 1:99의 경쟁의식을 타파하시고 네 자리를 들고 일어나라는 전혀 다른 방법을 제안하셨다. "성장 엔진이 멈추면 모두 죽는다. 그러니 자기 자리를 지켜라." 같은 공포 마케팅, 죄인 마케팅과 철저히 싸우신 분이다.

물이 동할 때 남보다 먼저 뛰어드는 무모한 경쟁을 내려놓고, 지금

너의 자리에서 벌떡 일어나 '협동과 자립과 연대'의 길로 걸어가라는
새로운 삶의 생태계를 향한 명령이다.

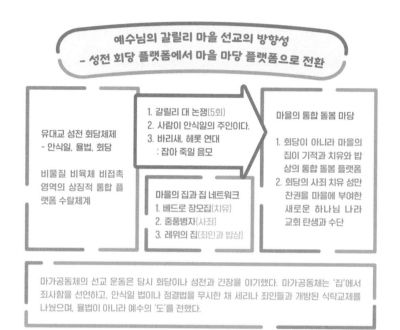

4. 춤의 왕, 잔치꾼 예수

예수님은 회당에서 마을로 움직이시면서 마을 전체를 밥상 공간, 치유 공간, 잔치의 공간으로 만드셨다. 세리와 죄인의 집을 밥상을 나누는 공간으로 만드셨고, 가버나움의 산과 들과 호숫가를 말씀과 오병이어 사건이 만나는 급식과 기적의 공간으로 만드셨다.

요한복음에 의하면 예수님의 첫 번째 기적은 가나의 혼인 잔치에서 벌인 기적이다. 예수님 당시도 그랬지만 오늘 우리의 삶의 큰 위기의 하나는 삶의 맛이 떨어지는 것이다. 밥맛, 살맛, 일할 맛이 떨어지는 것이다. 흥이 깨져 버린 것이다. 어떠한 일을 해도 흥이 나지 않고 기쁨이 없고 재미가 없다. 80년도에서 90년대로 넘어가는 시기 80년대의 잔치가 끝난 것을 탁월하게 묘사한 최영미 시인의 〈서른 잔치는 끝났다〉라는 유명한 시에서 "잔치는 끝났다"라고 서술하고 있다.

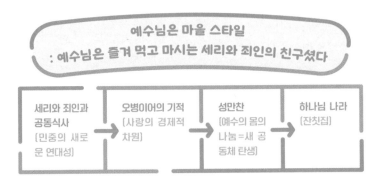

늘 잔치가 끝났다는 사람이 있다. 그리고 판을 깨고 서둘러 떠난다. 많은 사람이 포도주가 떨어지자 잔치가 끝났다고 수군대기 시작한다. 주섬주섬 옷을 입고 지갑을 챙기고 돌아가려고 한다. 우리는 인생을 살면서 포도주가 떨어진 때를 경험한다. 이때 포도주가 떨어진 때가 중요하다. 그러나 다른 사람들이 수군거릴 때도 아직 잔치가 끝나지 않았다는 것을 아는 사람이 있다. 바로 예수님의 어머니 마리아였다. 예수님의 어머니 마리아는 "당신이 참 신랑으로 왔다면, 당신이 진정 메시아라면 이제 흥이 떨어져 가는 잔치판을 다시 한번 흥겹게 일으키시오"라고 주문한 것이다.

우리는 혼인 잔치에 나타나신 예수님, 물을 포도주로 바꾸는 하나님, 잔치의 흥을 돋우시는 하나님을 만나야 한다. 그리고 성령의 새 술에 취한 우리는 맹탕과 같은 세상에서 포도주 빛과 맛을 내는 사람들이 되어야 한다. 어디 가나 물을 포도주로 만들고, 잔치와 기적과 축제를 만들어 내는 성령의 사람, 기적의 사람들이 되어야 한다. 이것이 바로 예수님의 삶의 방식이고 하나님 나라이다. 예수님은 당시 사람들을 춤추는 능력과 곡하는 능력을 상실한 세대로 진단하셨다.

> 이 세대의 사람을 무엇으로 비유할꼬 무엇과 같은고 비유컨대 아이들이 장터에 앉아 서로 불러 가로되 우리가 너희를 향하여 피리를 불어도 너희가 춤추지 않고 애곡을 하여도 너희가 울지 아니하였다 함과 같도다(눅 7:31-32).

그리고는 자신이 바로 하나님 나라의 신랑이 되어 갈릴리 일대의 백성들과 함께 몸소 하나님 나라의 큰 춤을 추신 춤의 왕이 되셨다. "이 세상이 창조되던 그 아침에 나는 아버지와 함께 춤을 추었다." "춤

춰라 어디서든지 멋있고 힘차게 춤 춰라"(〈Lord of the Dance춤의 왕〉은 영국의 작곡가 Sydney Carter가 1963년에 쓴 찬송가이다). 예수님은 자신의 이러한 새로운 삶을 세례 요한과 비교한다. 그리고 누가복음에 이렇게 이야기한다.

여자가 낳은 자 중에 요한보다 큰 이가 없도다. 그러나 하나님 나라에서는 극히 작은 자라도 저보다 크니라(눅 7:28).

이전까지의 세대, 과거의 세대, 율법의 세대에서는 세례 요한이 가장 큰 자였고 그의 삶의 방식이 참으로 훌륭한 것이지만, 앞으로의 시대 하나님 나라가 이미 시작된 지금 복음의 시대에는 가장 작은 자도 세례 요한보다 낫다고 말씀하시고 계신 것이다.

세례요한이 와서 떡도 먹지 아니하고 포도주도 마시지 아니하매 너희 말이 귀신이 들렸다 하더니 인자는 와서 먹고 마시매 너희 말이 보라 먹기를 탐하고 포도주를 즐기는 사람이요 세리와 죄인의 친구로다 하니(눅 7:33-34).

세례 요한이 먹지도 마시지도 않는 금욕주의자라면, 예수님은 즐겨 먹고 마시는 잔치꾼이다. 세례 요한의 분위기가 도끼가 나무뿌리에 닿았다며 임박한 심판을 요구하는 장송곡의 분위기라면, 예수님은 즐겨 먹고 마시며 물을 포도주로 만드는 결혼식 잔치 준비를 하는 신랑의 분위기이다. 요한은 광야에서 낙타 가죽을 걸치고 야생 꿀을 먹으며 고행과 단식을 하였다면, 예수는 갈릴리에서 어부와 농민들과 즐겨 먹고 마시며 밥상 공동체와 결혼식 잔치를 만드셨다. 예수의 별명이 세리와 죄인의 친구인

만큼 예수님은 사람들을 친구 삼기 좋아하셨다.

예수님이 죄인과 세리의 친구가 되고 그들과 함께 밥상 공동체를 만드시고 앉은뱅이, 문둥이, 귀머거리를 고치시고 가난한 자들에게 복음을 전하자 갈릴리 일대에는 새로운 희망이 살아났다. 새로운 믿음이 전염병처럼 퍼져나가기 시작하였다. 그리하여 예수꾼은 언제든지 잔치를 준비하는 사람이요, 언제든지 사람을 초대하는 사람이요, 언제든지 춤을 출 준비가 되어 있는 춤꾼이 되어야 하는 것이다.

예수님은 갈릴리 일대에서 하나님 나라에 대한 믿음의 춤을 추셨을 뿐만 아니라 하나님 나라 잔치를 준비하셨다. 그것은 빵 다섯 개와 물고기 두 마리로 오천 명이 먹고도 남는 잔치, 오십 명씩 백 공동체이든지 백 명씩 오십 공동체이든지 즐겨 공동체로 나누어 서로 나누고 먹고 마셔도 열두 광주리가 남는 잔치였다. 마지막으로 자기 몸을 세상의 떡으로 나누어 주시고 자기 피를 세상의 음료로 나누어 주실 때, 다시는 목마르지 않고 다시는 배고프지 않은 영원한 생명의 양식이 되는 잔치. 이것이 바로 예수님이 준비하신 천국 잔치이다.[3]

그러므로 진정 하나님 나라의 춤의 왕으로 부름받은 우리 예수의 제자들은 예수님처럼 좀 썰렁한 상황이 닥칠지라도, 즐겨 먹고 마시는 자라고 비난받을지라도, 세리와 죄인의 친구라고 놀림을 받을지라도 그 춤과 잔치를 멈추어서는 안 된다. 조그만 밥상 공동체가 잔칫집으로 변할 때까지, 물이 포도주로 변할 때까지, 빵 다섯 개와 물고기 두 마리로 오천 명이 먹는 기적이 일어날 때까지 이 믿음의 춤과 천국 잔치는 멈춰서는 안 된다. 결국 춤의 왕 예수는 갈릴리 일대에서 최대의 잔치를 만들어 내는데, 바로 빵 다섯 개와 물고기 두 마리로 오천 명이 먹고 열두 광주리가 남는 오병이어의 기적 사건이다(눅 9:10-17).

5. 바리새파와 서기관들과 5차에 걸친 갈릴리 대논쟁
(막 2:1-3:6)[4]

예수님과 그 일행은 이미 붕괴하고 파산한 당시 성전과 회당의 제도와 건물을 넘어 마을로 나가서서 그들을 구체적으로 돌보고 치유했다. 그러자 회당의 바리새인과 서기관들이 예수님이 가는 곳마다 쫓아다니며 시비와 꼬투리를 잡기 시작했다. 본문은 드디어 마을에서 3개의 집을 돌며 사람을 고치고 사죄를 선포하고 밥상을 편 예수님과 그 일행이 안식일을 맞이하는 내용이다.

예수님은 당시 귀신축출과 치유행위로 위험한 인물로 낙인이 찍혀 드러나게 마을로 들어갈 수 없었다. 이러한 상황에 예수님은 다시 가버나움으로 들어간다. 이런 재방문은 금지된 것에 대한 도전의 의미도 내포하고 있다. 실제로 중풍병자의 치유 기사는 흔히 '갈릴리 논쟁 사화'(막 2:1-3:6)로 알려진 다섯 차례에 걸친 논쟁 중 첫 번째로, 이후 예수에 대한 적대자들의 공격적 태도는 점차 강도를 더해 간다. 우리는 예수와 적대자들 간의 갈릴리에서 일어난 논쟁을 다섯 가지로 정리할 수 있겠다.

예수님은 마을의 바리새인들이 율법을 통해 마을 주민들을 죄인이라는 올무에 매여 살게 하는 것을 아셨다. 마을에 바리새파의 지배 전략과 음모를 아시고 이러한 율법이라는 차별과 배제의 메커니즘에 정면으로 대항하신 것이다.[5] 회당사람들과의 다섯 번에 걸친 갈릴리 대논쟁을 요약하면, 이제 유대교의 중심인 안식일, 성전, 율법보다 큰 인자인 예수가 왔다는 이야기다.

① 중풍병자를 고치자 하나님 이외에 누가 죄를 사해 줄 수 있느냐는

1. 중풍병자 사죄 논쟁

2. 식탁 논쟁 - 예수님은 즐겨 먹고 마시는 세리와 죄인의 친구셨다.

3. 금식 논쟁 - 신랑과 함께 있을 동안에는 금식할 수 없나니(막 2:10)

4. 안식일 밀 이삭 자르기 - 저희가 어찌하여 안식일에 하지 못할 일을 하나이까
   (막 2:23-24)

5. 안식일 날 손 마른자 치유 논쟁

사죄 논쟁 ② 알패오의 아들 레위의 집에서 왜 창녀와 세리와 식사하는지
에 대한 바리새파의 시비에 대해 죄인을 부르러 왔다는 식탁 논쟁 ③
왜 당신과 제자들은 금식하지 않느냐는 도전에 결혼 잔치의 날을 비유하
는 금식 논쟁(막 2:19) ④ 안식일 날 밀 이삭을 훑는 제자들을 향해 안식일
에 일을 한다며 도전하는 바리새파와 안식일 법 위반 논쟁 ⑤ 안식일
날 손이 오그라든 사람들 고치시는 안식일 치유 논쟁이 바로 그것이다.

예수께 나아온 이들은 누구인가? 파산한 사회의 거덜 난 종교에서
생명을 찾아 나온 사람들이다. 그들이 예수께 나온 것은 '그가 하신 큰일'
(막 3:8)을 들었기 때문이다. 그가 하신 큰일이 바로, 이 갈릴리 논쟁이다.
이 일을 통해 인간이 인간의 죄를 사하고 용서하고 화합할 수 있고 서로
밥상으로 품을 수 있다. 인간만이 안식일의 주인이 될 수 있다는 하나님
나라운동의 혁명적 가능성을 본 것이다.

예수님의 갈릴리 변방에서의 마을 선교는 큰 도전을 맞이한다. 지금 바리새인들은 예수님과 그 일행에게 사사건건 도전하고 꼬투리 잡아서 예수님에게 올가미를 씌우려고 일거수일투족을 주시하고 있었다. 바리새인들은 안식일에 예수님이 유대의 율법을 지키는가를 유심히 살피고 있었고, 예수님은 율법을 대변하는 안식일 법이야말로 지금 갈릴리마을 사람의 가장 큰 족쇄가 되고 있음을 알고 있었다. 갈등의 핵심이 바로 안식일이었다. 드디어 바리새인과 예수님이 안식일에 정면으로 부딪치는 날이 오고야 말았다.

사람들이 예수를 송사하려 하여 안식일에 그 사람을 고치시는가 엿보거늘 예수께서 손 마른 사람에게 이르시되 한 가운데 일어서라 하시고(막 3:2-3).

손 마른 자란 오늘날로 말하면 사회적으로 오그라들고 위축된 자들을 말한다. 예수님은 당시 구석에 찌그러지고 오그라들고 위축된 사람들을 무대 정면으로 나오라 하시고, 마치 시위하듯 병을 고치시고 안식일법을 어기신다.

저희에게 이르시되 안식일에 선을 행하는 것과 악을 행하는 것, 생명을 구하는 것과 죽이는 것, 어느 것이 옳으냐 하시니 저희가 잠잠하거늘(막 3:4).

안식일의 예수님의 퍼포먼스와 데모는 유대교를 근본에서부터 흔드는 행위이다. 너무 당황한 바리새인들은 드디어 칼을 뽑아 든다.

바리새인들이 나가서 곧 헤롯당과 함께 어떻게 하여 예수를 죽일꼬 의논하니

라(막 3:6).[6]

예수님은 안식일 날 이미 건물뿐인 유대 회당 안에서 담대하게 하나님 나라가 무엇인지 그 실체를 선포하신다. 마가복음 2장 내내 마을과 마을 사이에서 치유와 속죄와 밥상 공동체를 통해 행하신 해방을 이제 안식일 날 회당의 한가운데로 연장한다.

그동안 이 부패한 종교가 사람들에게 지운 무거운 짐들 때문에 손이 위축되어 오그라든 사람을 향하여 "수고하고 무거운 짐 진 그대여, 안식일은 바로 수고하고 무거운 짐을 진(마 11:28) 너를 위해 있는 것이다"라고 말한다. 당신들이야말로 이 안식일의 주인이니 안식일의 중심으로 나와 편히 쉬라. 하나님과 이웃 앞에서 그대의 뜻을 펼치고 한없이 존재를 긍정하고 확장하라고 선언하신다.

예수님이 이처럼 안식일과 율법이라는 유대교의 짐에서 해방을 선언하자, 바리새파는 더 이상 참지 못하고 뛰쳐나가 예수님을 죽일 것을 의논했다(막 3:5). 이제 예수님은 마을에서 쫓겨날 운명에 처하고, 고난과 수난과 죽음의 그림자가 드리우기 시작한다.

그 결과 예수님은 더 이상 회당에서는 말할 수 없고 마을 안 어디에서도 활동하는 것이 어렵게 되었다. 이제 예수운동의 세 번째 단계는 마을 밖에서 벌어진다. 회당과 마을에서 쫓겨난 예수님은 어부 출신의 추종자들 덕에 갈릴리마을 밖의 호숫가를 주요 활동 공간으로 선택하여 새로운 활동을 시작한다.

그런데 마을 밖에서 활동하려면 그곳에 사람들이 있어야 한다. 놀랍게도 그곳에 사람들이 있었다. 마가복음은 그들을 '오클로스'라고 불렀다. 마을 안에 있었지만, 그들은 회당 안에는 들어갈 수 없었다. 그들이 모이는 곳은 마을 밖이다. 이 파산한 유대 사회와 거덜 난 종교 속에서 수고하고 무거운 짐 진 백성들은 이제 회당이 아니라 갈릴리호숫가로 예수님의 말씀을 듣기 위해 모이기 시작한다.7

여기서 중요한 것이 마을 밖 호숫가에 등장한 새로운 청중들인 오클로스가 모인 것과 대비되는 예수님 제자들의 모습이다. 마을에서 쫓겨난 예수님의 예루살렘에서의 십자가 처형까지 제자들의 동선을 보면, 이들은 예수님의 고난의 십자가를 따르는 데 끝없이 실패한다는 것이다. 과연 우리는 이 바리새인과 헤롯의 누룩을 떨쳐 버리고 예수 살기와 예수 따르기에 성공할 수 있을까?

3장

마을에서 쫓겨난 예수,
민초와 마당극을 펼치다

어떻게 가버나움 마을 일대에
예수님의 하나님 나라 마당극이 시작되었는가?

성전 회당 마을	마을의 집과 집 네트워크	마을의 마당이 넓혀지며 예수의 마당극이 펼쳐지는 전환점	갈릴리 호숫가
	1. 베드로 장모 집(치유) 2. 중풍 병자 (사죄) 3. 레위 집 (죄인과 밥상)	촌락회당에서 바리새인과 충돌한 뒤 호숫가로 주로 갈릴리 외곽 호숫가에서 활동 예수의 소문이 더욱 퍼지매 허다한 무리가 말씀도 듣고 자기 병도 나음을 얻고자 하여 모여오되(눅 5:15)	청년들이 배를 버리고 예수의 하나님 나라 운동에 뛰어들기 시작한다

1. 마을에서 쫓겨난 예수, 민초와 마당극을 펼치다
(막 3:5-10)

　우리가 지금까지 전개해 온 예수님의 갈릴리마을 사역을 요약하면, 첫째는 예수님의 활동무대가 회당에서 마을로 나왔다는 것이다. 베드로의 장모 집 앞 마당에 온 동네가 모이고, 중풍병자의 집 앞에는 사람들이 모였다. 알패오의 아들 레위의 집에는 밥상이 펼쳐지면서 갈릴리마을에 새로운 마당이 형성되기 시작했다. 이는 예수님과 그 일행이 더 이상 회당 중심의 건물이 아니라 마을과 집을 연결한 선교 네트워크로 하나님나라운동을 시작하신 것을 의미한다.

　누가복음 5장은 이러한 예수님의 마을 사역이 "예수의 소문이 더욱 퍼지매 허다한 무리가 말씀도 듣고 자기 병도 나음을 얻고자 하여 모여오는"(막 5:15) 결정적인 사건이 되어 마을의 마당이 넓어지기 시작하는 전환점을 시사하고 있다.

　문둥병자 치유 사건은 예수님의 사역의 운명이 바뀌는 전환적 사건이다. 여기서 예수님을 만나는 환자들은 사회로부터 격리, 배제, 고립된 사회의 가장 작은 자들, 헬라어로는 '오클로스'이다. 코로나 재난기에 우리가 경험하는 것이 바로 그동안 보이지도 않은 이 미미한 존재가 지금 지구촌의 사회 경제 시스템 모두를 변화시키고 있는 가장 중요한 영향자가 되었다는 것이다.[1] 재난기에 우리가 발견하는 전환적 지혜는 이제 우리는 이들 바이러스와 연결되어 있고, 이들과 함께 사는 길을 알지 않으면 우리도 멸망할 것이라는 새로운 사실이다. 그리고 이들이 만들어 내는 새로운 생태계와 함께하는 사람만이 미래를 열 것이라는 사실이다. 새로운 발견의 핵심은 바로 오클로스와 바이러스야말로 세상을 변화시키는 우주적 존재라는 사실이다.

이 오클로스 문둥병자가 바로 "예수의 소문이 더욱 퍼지매 허다한 무리가 말씀도 듣고 자기 병도 나음을 얻고자 하여 모여오는"(눅5:15) 일을 해내고 있다. 이 치유 사건의 반전은 예수님도 이 사람의 이야기를 통제할 수 없었다는 것이다.

문둥병 치유 사건은 사회적 전인 치유 사건이다. 이 사건은 문둥병 환자가 시작한 사건이다. 그가 율법을 어기고 예수에게 접근했고, 예수와 만났고 치유 사건을 일으킨다. 예수님은 이 문둥병자를 치유하시고 사제에게 보이고 사회적 복귀를 명령하시면서 예수님이 그를 치유하신 것에는 침묵을 명령하신다. 놀라운 것은 왜 문둥병자가 예수님의 침묵 명령을 거부하고 소문을 퍼트렸는가이다. 치유의 기쁜 소식은 그 기쁨으로 말미암아 통제되지 않고 전파될 수밖에 없다는 것이다. 이것이 바로 복음의 소통 방식이다.

이 문둥병자는 자기가 체험한 하나님의 이야기를 전파하며 자연스럽게 말씀의 사역자가 되었다. 예수의 치유를 몸으로 체현한 이들이 바로 오클로스였기에, 이들이야말로 예수 기억을 결합하여 이야기를 만든 주역이 되는 것이다. 그들이 아니었다면 예수의 기억의 대부분은 우리에게 전달될 수 없었을 것이다.

마가복음의 베드로 장모 집 앞 치유 마당, 중풍병자 집 앞 속죄 마당, 레위 집 밥상 마당. 이 모든 마당은 가정집이지만 마당이었고, 마을공동체의 이야기를 마당극으로 입체화한 공유지대였다. 이 공유지대와 마당에서 병자들에 의해 예수님의 침묵(치유 전파 금지) 명령에도 불구하고 이들 마을의 민초(오클로스)들에 의해 일종의 마당극적 요소가 덧붙여져

가며 전달되고 있었다. 민초들이 스스로 말하고 서로 돌보고 서로 치유하기 시작한 것이다. 우리 마을교회들이 하나님 나라를 만들어가는 마을의 사회적 플랫폼으로서의 공유공간이 되어야 할 뿐만 아니라, 마을교회 스스로가 마을의 마당극이 되어야 할 이유가 바로 여기에 있다.

2. 마을의 마당극으로서의 교회

(눅 5:12-15)[2]

마을교회는 마당극 교회이다

우리는 복음의 전달자 문둥병자(오클로스)와 함께 등장하는 마가복음의 인물과 이야기들의 동선이 마당극으로 전개되는 것을 느낄 수 있다. 이제 촛불 혁명 이후 우리 사회의 문명의 단계는 오클로스와 같은 모든 민초들의 이야기를 모아 마을공동체의 이야기를 만들 때가 되었다. 마가복음에서는 이 마을공동체의 이야기가 예수와 마을의 민초들이 함께 쓴 민중의 '사회적 전기'(soccial biography)[3]라고 할 수 있는 마을의 마당극 형식으로 입체화된 것에 주목할 필요가 있다.

이는 이제 우리의 복음의 이야기를 한 영웅이 아니라, 그 마당극에 참여하는 전달자들 스스로가 서로 돌보고 치유하고 말하고 고백하며 마침내 하나님 나라를 만들어가는 구원의 마당극으로 읽을 때이다. 이제 우리 마을교회는 이러한 마을 사람들의 마당극이 되어야 함을 깨달을 때가 된 것이다. 그러면 우리 시대의 오클로스는 누구인가?

부천역 마루 광장에서 거리 노숙인에 대한 지원 활동을 펼치던 주효정 선생님이 지난 12월 27일에 타계하셨습니다. 그간 개인 차원에서 묵묵히 이십여 년을 노숙인 지원 활동으로 온몸을 다해 애쓰셨는데 갑작스런 심장마비로 세상을 달리하셨습니다. 1월 4일 오후 4시에 이정아 대표님과 함께 부천의 노숙인을 돕던 고 주효정 선생 추모제가 있었습니다(청개구리 청소년 밥집

이정아 대표).

부천 마을목회 협동조합(부마협)에서 노숙인을 위한 거리의 천사, 고 주효정 선생 추모제에 다녀왔습니다. 우리 부천 마을목회 협동조합에서도 독거노인, 노숙인 등 돌봄의 사각지대에 놓인 이들을 돌보는 활동을 꾸준히 해주시면 좋겠습니다. 이것이 바로 마을목회죠. 청개구리 이정아 대표님 수고 많으셨습니다(부천 마을목회 협동조합 임종한 이사).

주님, 우리는 이 시간 예수님이 가버나움 마을에서 선교를 시작하면서 마을의 한복판의 베드로의 장모 집에 온 마을이 모이고 중풍병자의 집 앞마당에 모인 것을 보면서 이제 코로나 이후 우리 교회도 더 이상 교회의 건물 중심이 아니라 마을과 집을 연결하는 마을의 마당 중심으로 하나님 나라가 전개될 것이라는 사실을 함께 공부하고 공감하였습니다. 또한 예수님이 갈릴리마을에 등장하시면서 회당에서가 아니라 마을의 마당에서 병을 고치시고 죄사함을 선포하시는 것을 보면서, 그동안의 낡은 회당의 종교적 형식과 행동과는 전적으로 다른 새로운 마을 복음이 전해지고 있음을 깨닫지 않을 수 없었습니다.

주님, 특별히 문둥병 환자는 본인의 병에서 벗어난 그 치유의 기쁜 소식으로 말미암아 예수님의 침묵 명령을 어기면서까지 갈릴리 일대에 기쁜 소식을 전파함으로써 예수의 말씀도 듣고 자기 병도 나음을 얻고자 모여드는 무리에게까지 이 구원 드라마의 새로운 참여 마당을 더욱 넓히고 말았습니다.

주님, 이제 약대동의 우리도 예수님의 하나님 나라 구원의 마당극에 참여하면서, 서로 돌보고 치유하고 스스로 말하고 고백하며, 마침내 하나님 나라를 만들어가길 원합니다. 주님, 마을에서 함께 구원의 마당극을 만들어 나가는 우리의 삶이 바로 교회의 마당극이 되고 동시에 마을의 마당극 교회가 되길 원하오니 우리와 함께하소서.

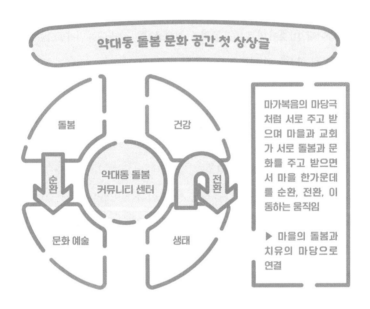

약대동 돌봄 문화 공간 첫 상상글

돌봄

건강

순환

약대동 돌봄 커뮤니티 센터

전환

문화 예술

생태

마가복음의 마당극처럼 서로 주고 받으며 마을과 교회가 서로 돌봄과 문화를 주고 받으면서 마을 한가운데를 순환, 전환, 이동하는 움직임

▶ 마을의 돌봄과 치유의 마당으로 연결

3. 마가복음 마당극으로 읽기

마가복음은 당시 초대교회가 지역 교회를 돌면서 공연한 일종의 마당극 대본으로 "읽는 자는 깨달을진저"(막 13:14)라는 성구는 마당극 소리꾼이 마당 군중들에게 던지는 일종의 추임새와 같은 말이라고 한다.4 예수님은 바리새파에게 "나는 의인을 부르러 오지 않고 죄인을 부르러 왔다. 신랑이 왔을 때는 금식할 필요가 없다"라고 말하며 죄인들과 즐겨 먹고 마시는 축제의 왕으로 오셨다. 이처럼 마가복음의 말씀들은 마당극에서 말뚝이가 양반에게 퍼붓는 '풍자와 해학'과 같은 마당극 대사로서 전혀 손색이 없는 것이다.

오늘 시대에도 성서의 복음 이야기는 마을의 마당극의 대본이 되어 다시 한번 현장성 있는 역동적인 무대와 마당으로 예수 복음이 재선포되어야 한다고 믿는다. 이제 우리의 말씀과 복음은 예수님이 바리새파에게 "나는 의인을 부르러 오지 않고 죄인을 부르러 왔다", "신랑이 왔을 때는 금식할 필요가 없다"라고 하셨듯이, 우리 한국인의 정서에 생생히 살아 움직이는 말씀으로 들려지길 바란다.

죄인들과 함께 즐겨 먹고 마시는 축제의 왕으로 오신 예수님의 행동에 금식이라는 경건의 외식과 차별과 배제로 대응하는 위선적 바리새주의에 대해 "인자는 의인을 위해 온 것이 아니라 죄인을 위해 왔다"라고 하시는 예수님의 말씀이 이 시대의 '역동적인 풍자와 해학과 비판과 대안과 희망'으로 부지런히 재해석 되기를 바란다.

당시의 오클로스, 민초들이 예수님과 만나며 이루어진 치유 사건을 소문을 내지 말라는 명령에도 불구하고 소문을 냈다. 이 소문이 모여 결국 마을에서 예수의 기적과 치유와 돌봄의 예수전, 즉 '예수 마당극'이 만들어졌다. 이제 마을에서 만난 예수 복음은 새로운 해석으로 교회의 안과 밖에서 생명과 돌봄의 이야기가 풍성한 마을의 마당극으로써 다시 선포되며 널리 널리 퍼져 나가길 바란다.

그런데 예수님이 회당과 마을에서 쫓겨난 사건과 지금 언론인들을 쫓아내는 사건이 자꾸 겹친다. 「민들레 신문」이라는 대안언론에서는 방송인 김어준 씨의 TBS 추방 사건과 더 탐사 구속영장 신청 사건을 보도하면서, 2023년 중 더 강해진 "뉴스공장 2"가 나온다고 보도했다. 이어 함석헌 선생의 씨알의 소리가 최초의 독립언론이었고, 김어준의 뉴스공장과 더 탐사가 그 독립언론의 정신을 잇고 있다고 보도하였다. 그리고 "탄압의 끝은 새 매체의 탄생"이라고 제목을 뽑으면서, 한 언론학자의 말을 덧붙였다.

캐나다의 언론학자 해롤드 이니스는 "모든 미디어는 독점의 경향이 있다. 그
때마다 새로운 차원의 미디어가 나타난다"라고 말한 바 있다. 독점뿐 아니라
탄압도 마찬가지다. 제대로 된 미디어는 탄압당하기 마련이다. 없어지면 새로
운 모습으로 다시 나타난다.[5]

4. 마을에서 쫓겨난 예수
: 비유로 하나님 나라를 가르치시다[6]

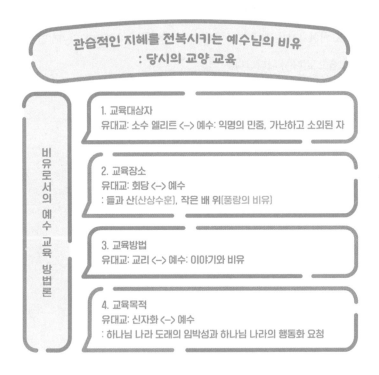

관습적인 지혜를 전복시키는 예수님의 비유
: 당시의 교양 교육

비유로서의 예수 교육 방법론

1. 교육대상자
유대교: 소수 엘리트 <-> 예수: 익명의 민중, 가난하고 소외된 자

2. 교육장소
유대교: 회당 <-> 예수
: 들과 산(산상수훈), 작은 배 위(풍랑의 비유)

3. 교육방법
유대교: 교리 <-> 예수: 이야기와 비유

4. 교육목적
유대교: 신자화 <-> 예수
: 하나님 나라 도래의 임박성과 하나님 나라의 행동화 요청

예수님 일행은 회당의 헤게모니 세력인 바리새파와 갈등을 일으킨 후 더 이상 회당 안에서 활동할 수 없게 된다(막 3:6). 예수는 적대자들과 다섯 차례에 걸친 긴 논쟁을 마치고 호숫가로 물러난다. 마가복음은 극적 사건이나 대중들의 열광적 반응 다음에 광야, 외딴곳, 호숫가로의 이동을 통해 성찰적 거리감을 확보하는 '나아감과 물러섬'의 패턴에 따른

장소의 이동을 택한다. 그리하여 마을 밖 외딴 산과 들과 호숫가가 예수의 주된 대중 활동의 공간으로 활용된 것이다.7

　마을에서 쫓겨나 산과 들과 호숫가에서 가르치신 예수님의 이야기에는 첫째, 들에 핀 백합화를 보라는 예수님의 말씀처럼 자연이 주는 생태적 낙관론이 담겨 있다. 이처럼 하나님 나라가 일하는 방식은 자연의 무위와 비슷하다. 즉, 생명의 현상은 인간의 노력과 이해를 넘어선 무위와 은혜의 세계에 터를 잡고 있다.8

　예수님은 하찮아 보이는 것들 속에서 하나님의 숨결과 은혜와 자비와 소망을 읽어내면서 삶의 무게에 짓눌리고 위축되어 행복하지 못한 사람들에게 인간의 인위적인 노력을 넘어서는 생명의 가치를 이야기한다. 다시 말해 더 큰 전체와의 관계적 삶을 이해하고, 동시에 연약한 개체를 돌보는 더 근원적인 세계에 근거해서 대지에 뿌리를 박고 살라는 것이다. 둘째로 예수님은 마을에서 쫓겨난 무리(오클로스)에게 비유로 가르치셨다. 마태복음 13장에만 총 7편의 천국 비유가 나온다. 씨뿌리는 자의 비유, 곡식과 가라지 비유, 겨자씨 비유, 누룩 비유, 밭에 감추인 보화 비유, 진주 비유, 물고기와 그물 비유, 겨자씨와 누룩의 비유가 바로 그것이다. 이 비유에는 바로 전복적 가치의 특성이 있다.

　최근 젊은이의 세계에서 노력이라는 단어를 '노오오력'이라 쓰는 것이 유행이다. 이 문제적 단어는 세상의 승자독식 사회를 인정하여 경쟁에서 진 사람을 승자보다 노력하지 않았기 때문이라는, 사회구조의 문제를 개인의 책임으로 묻는 세상의 처세술, 심리학, 자기계발서, 성공학 등에 대해 파기 선언을 하고 탈출하려는 단어이다. 이 단어는 오늘의 젊은이들이 열심히 토플 만점을 받아도 실패자가 되는 것이 헬조선의 현실이라는 것을 보여주는 단어이다. 실패자들은 그들이 노력하지 않아서 실패자가 된 것이 아니다. 결론적으로 이 세상에서 가진 자, 성공한 자를 쫓았던 사회적 루저들이 성공을 위한 경쟁에 뛰어드는 것 자체가 그들을 패배자로 만들고 있다는 것을 깨닫기 시작하고 있다는 것이다.

이러한 상황에서 오늘날 예수를 교사, 특히 전복적 지혜의 교사로 새롭게 이해하는 것은 학계에서 거의 합의가 이루어져 있다. 예수님의 가르침의 전통적 지혜의 관점과 가장 두드러지게 차이 나는 부분이 바로 비유의 전복적인 부분이다.

예수는 세상의 안전과 검약을 추구하는 에토스, 보상과 징벌에 기초해서 구성된 현실 관념, 억압적인 위계 체계, 의인과 죄인을 규정하는 범주들 등을 함축하는 전통적 지혜의 밑바탕을 뒤흔들었다. 교사로서 예수는 전통적 지혜를 전복시킬 뿐만 아니라, 기성문화 속에서 안위하거나 정체성을 찾기보다는 하나님의 영 안에서 삶을 살아가라고 촉구하는 전복적인 현자이다.

카리스마적 존재이며 전복적인 현자, 예언자 그리고 갱신운동의 창시자로서 예수는 자신이 살던 사회적 세계의 역사적 형태와 발전 과정을 변혁하려 했다. 자신이 속한 사회적 세계의 변혁에 초점을 둔 선교를 펼친 영의 사람으로서의 예수상은 우리에게 제자의 의미에 관해 중요한 시사점을 던진다. 제자는 뒤를 따르는 것을 의미한다. 예수의 뒤를 따른다는 것은 그가 추구하고자 했던 영 속에서 사는 삶, 역사 속에서 사는 삶을 추구하는 것이다.9

이러한 의미에서 예수님의 비유를 다시 보면 가난한 자가 복이 있다는 산상수훈 이외에도 내용이 대부분 전복적인 것이다.10 포도원 일꾼의 비유, 잃어버린 동전 한 닢 등, 전부 나중 된 자와 처음 된 자가 뒤집히는 이야기이고 외부자에 의해 내부자가 뒤집히는 이야기이다. 그동안의 주류를 따라가는 사고를 전복시키고, 새로운 독자적으로 주체적인 길을 상상하게 하는 것이 예수의 비유의 특징이라는 것이다. 이러한 의미로 예수님의 비유는 외부인들(outsiders), 즉 탕자와 사마리아인, 세리 등 잔치에 초대받지 못한 사람들이 결국에는 모두 하나님 나라에 참여하는 반면에, 내부인들(insiders), 즉 큰아들과 제사장과 레위인, 바리새인, 잔치에 먼저 초대받은 사람들은 결국 그 나라에 참여하지 못한다는 것이다.[11]

최근에 음악사에서 전복과 반전의 순간을 다룬 책이 나왔다. 이 책에서 저자 강헌은 음악사에서의 전복과 반전의 순간을 이렇게 묘사한다.

> 그동안의 세상에서 한 번도 기득권자들이나 기성세대에게 청년들이 이겨본 적이 없다. 그리고 사실 1960년대 68혁명의 순간 그들은 기성세대에게 무자비하게 짓밟혔다.[12]

그들이 이처럼 프랑스의 68혁명의 경제적, 사회적 현실에서는 패배했지만 오직 한 군데서 승리하는데, 그곳이 바로 음악과 문화의 영역이라는 것이다. 68혁명 이후 재즈와 록도 백인 중산층 계층에게 엄청난 박해를 받았지만, 이 음악 분야에서만큼은 청년문화가 기성세대와의 싸움에서 이기고 재즈와 록이라는 당대의 청년문화를 세계화하는 것에 성공했는데, 이 성공 신화의 정점에 바로 흑인들과 리버풀 출신의 노동자 계급의 자녀 출신인 비틀스가 있었다는 것이다.

이처럼 늘 역사적 변화의 변곡점은 사회적 소수자들이 있는 자들, 기득권자들의 흉내를 내지 않고 자신의 존엄함을 위해서 누룩처럼 분연히 행동에 나설 때 변화된다는 것이다. 만약 사회적 약자들이 기득권자

흉내 내기를 멈추고 경쟁과 전혀 다른 방향으로 움직이기 시작한다면, 그들은 더 이상 루저의 삶이 아닌 누룩과 같은 삶의 새로운 생태계와 지평을 열기 시작할 것이다.

그렇다면 우리가 새로운 상상력을 가능하게 하는 예수님의 비유에 나타난 전복적 지혜의 근원과 뿌리는 무엇인가? 예수님의 모든 전복적 지혜의 뿌리는 바로 팔레스타인 소농들의 생태적 지혜를 하나님 나라 지혜로 확장하여 나온 것이다.

리차드 A. 호슬리에 의하면, 예수님의 하나님 나라운동의 핵심은 서로 빚을 탕감해주고(눅 11:2-4; 마 18:23-34) 상대방의 근심과 기본적인 필요를 들어주라는(눅 6:27-36, 12:22-31) 지역 공동체의 갱신을 위한 구체적인 계획의 일부로써 (농민들이 삼중고에 시달리는) 지역과 마을공동체의 갱신과 재활성화에서 찾았다고 한다.

예를 들면 성서에 나와 있는 청지기 이야기의 본문은 예수님 당시의 실질적, 사회·경제적 관계를 잘 드러내는 본문이라고 한다.

예수 당시의 농촌의 사회·경제적 관계는 주인과 소작농들 간의 이중적인 관계에 의해서 형성되고 유지됐고, 청지기 본문은 소작농들에게는 소작료와 지대를 더 높이고 속여서 이중장부를 기록하고, 주인에게는 정상 소작료와 지대보다 낮게 상납하는 당시 농촌의 사회·경제적 상황을 드러내는 본문이라고 한다. 그래서 청지기 비유에서 복음서가 하고 싶은 이야기는 선한 청지기가 되기 위해서는 소작농 공동체의 일원이 되는 것이라는 것이다. 즉, 주인으로 대변되는 정치 권력적인 억압과 착취적인 사회, 부정직한 경제적인 부의 형성과 결별하고 소작농들의 빚을 탕감해주고 주인에게 피해를 주면서라도 불의한 재물로 소작농들을 친구로 만드는 일이라는 것이다. 이를 다른 말로 표현하자면 개인주의적인 성공주의, 더 나아가 식민주의의 착취적인 경제적인 모순의 구조와의 연결 고리를 끊고 소농들의 공동체적 삶으로의 전향을 뜻한다고 볼 수 있다고 한다.[13]

한편 허호익 교수 역시 2,000년 전 예수는 포도원 주인의 비유를 통해 일자리가 없는 사람들에게 일자리를 주고 모든 사람에게 최저 생계비를 주어야 한다는 하나님의 나라의 경제 질서의 새로운 대안을 가르쳤다고 한다. 우리 시대의 저임금, 저숙련, 임시직 노동자는 예수 시대의 일용 노동자인 품꾼과 다름없다. 이 비유를 현대의 관점에서 보면 예수는 인류 역사상 최초로 일자리 창출을 통한 실업률 최소화와 최저임금제를 주장한 선구자임을 알 수 있다.[14]

5. 들꽃과 온 생명: 마을목회의 생태적 상상력
(마 6:28-30)

그러므로 내가 너희에게 말한다. 목숨을 부지하려고 무엇을 입을까, 무엇을 마실까, 또 몸을 보호하려고 무엇을 입을까 걱정하지 마라. 목숨이 음식보다 소중하고 몸이 옷보다 소중하지 않느냐? 하늘의 새들을 눈여겨 보아라. 그것들은 씨를 뿌리지도 않고, 거두지도 않을 뿐만 아니라 곳간에 모아들이지도 않는다. 그러나 하늘의 너희 아버지께서는 그것들을 먹여 주신다. 너희는 그것들보다 더 귀하지 않으냐?(마 6:25-26, 표준새번역).

우리는 "무슨 옷을 입을까?", "무엇을 마실까?", "어떤 음식을 먹을까?" 늘 따진다. 예수님의 눈에는 그보다 더 중요한 게 있었다. 우리 삶의 온 우주의 온 생명적 '뿌리'가 무엇인가이다. 무엇을 위해 음식을 먹고, 무엇을 위해 옷을 입는지 묻고 계신 것이다.

우리는 '공중에 나는 새를 먹이시며 들에 핀 백합화를 입히시는 하나님 아버지'라는 예수님의 비유를 들으면서 예수님이 우주와 마을을 대상으로 생명의 망을 짜시는 하나님을 떠올렸을 것으로 생각해 볼 필요가 있다. 생태적 지혜를 가지신 예수님은 마치 아낙이 베틀의 날줄과 씨줄을 가지고 옷을 짜듯이 하나님이 이 우주와 마을을 생명의 망으로 짜고 계신다고 생각하셨을 것이다.

어느 날 영국의 전환 마을인 '킨세일 마을'의 주민들이 언덕을 넘어 후미진 과수원에 올랐다고 한다. '이제 곧 석유도 동나고 기후변화의 문제도 닥칠 텐데, 이런 문제들을 함께 풀어갈 마을을 만들어 보는 게 어떨까?' 다시 말해 '지구촌 기후와 에너지 위기 시대에 함께 사는 새로운 생태 마을을 만들면 어떨까?'라는 새로운 상상력이 바로 오늘 전환 마을 운동을 전 세계적으로 확산시킨 출발점이 되었다고 한다.

한편 킨세일 마을과 함께 전환 마을운동을 전 세계적으로 확산시킨 '토트네스 마을'의 출발점은 이렇다. 기후변화, 에너지 자립마을, 지역화 폐, 공공텃밭 등 당장 자신들의 각자도생을 위해 필요한 일보다 지역의 공동자산을 만드는 것에서 출발했다. 전환 마을은 단절에서 연결로의 전환이었고, 끼리끼리에서 함께로의 전환이었다고 한다.

이처럼 전환 마을운동의 가장 중요한 관점은 외적 전환에서 내적 전환이라고 한다. 한 사람의 문제가 마을과 지구의 문제와 연결되고, 한 사람의 희망이 마을과 지구의 희망과도 연결된다는 새로운 세계관이 문명의 전환을 이룬다는 것이다. 토트네스 전환 마을의 특징은 다양한

소그룹 모임을 만들어 그룹 안의 중간 리더들을 육성하여 생태 마을로 전환해 나간 것이라고 한다.

한국에서는 전환 마을운동이 서울 은평에서 제일 먼저 시작됐다. 도시인 은평에서도 로컬 푸드가 가능하다는 파머 컬처 설계를 바탕으로 마을식당에 도전하여 2015년 11월에 구산역 사거리에 '전환 마을 은평'의 첫 번째 사업인 '전환 마을 부엌 밥·풀·꽃'을 개업했다고 한다. 이처럼 모든 전복과 반전의 변화와 새로움은 겨자씨와 누룩처럼 작은 곳에서부터 전면으로 퍼져나간다.

우리 약대동 마을에서도 마을 목사가 안식년에 토트네스 전환 마을을 견학한 경험을 응용하여 약대동 마을의 소그룹인 마을학당(돌봄, 생태, 문화)을 만들어 돌봄생태마을로 전환을 꿈꿀 기회를 얻게 되었다. 우리가 전환 마을을 꿈꾸며 약대동에서 듣고 보고 느낄 수 있었던 것은 약대동 마을에서 하나님이 어떻게 생명망을 짜고 계신가 하는 것이었다.

하나님이 처음에는 약대동 마을 전체에 학습망을 짜시고, 그다음 협동조합을 중심으로 복지망을 짜시고, 그 위에 생명 돌봄마을을 짜나가시는 모습을 느낄 수 있었다. 하늘의 나는 새를 보라, 하나님이 그들도 먹이고 입히시니 무엇을 먹을까 입을까 걱정하지 말라(마 6:25) 하시는 생명의 하나님의 생태적 호흡을 느끼게 되었다. 하나님의 움직임을 느끼며 우리는 함께 기도하고 마을을 심방하면서 하나님이 이 약대동 마을에 생명망을 짜고 계신다는 신앙고백을 하게 되었다.

첫째로 이제 우리는 먼저 그 나라와 의를 구하면 생명을 얻을 것이라는 기도를 더 분명히 믿어야겠다는 고백이다. 둘째, 오늘 저성장시대에는 고도 성장기의 각자 살길을 찾는 삶이 불가능하다는 것을 깨달아야 한다. 저성장시대 우리의 신앙고백은 하나님 나라의 의를 구하고 하나님 나라의 온 생명과 생태계를 먼저 만들어 나간다면, 온 생명이 우리를 되먹일 것이라고 믿는다.

우리 교우님들과 특히 젊은이들께 말씀드린다. 앞으로는 어느 곳을 가든지 무엇을 먹을까 무엇을 입을까 각자도생하지 마시길 바란다. 먼저 나에게 맡겨진 생태계, 즉 학습 생태계이든 복지 생태계이든 문화 생태계 이든 돌봄 생태계이든 먼저 맡겨진 생태계를 살리기 바란다. 그러면 그 생태계와 생명망이 우리를 되먹이고 되살릴 것이다. 하나님 나라와 그 의를 먼저 구하면 하나님 나라라는 새로운 생태계가 우리를 되먹이고 되살릴 것이라는 믿음이 성서가 말하는 새 하늘과 새 땅이고 하나님 나라라는 것이다.

예수님은 하나님 나라를 한낱 잡초에 불과한 겨자풀에 비유하셨다. 하나님 나라라는 겨자씨는 작은 씨에 불과하지만, 그 한 알은 강인하고 억센 생명력으로 탐욕과 배척과 이권으로 가득 찬 이 세상 속으로 사정없 이 밀고 들어간다는 것이다. 그래서 하나님 나라라는 나눔과 섬김, 협동 과 자치, 자비와 정의의 새로운 생명력으로 이 세상을 쑥대밭으로 만들 것이라는 새로운 믿음, 작은 공동체의 생명력과 생명망에 대한 새로운 믿음이 필요한 때가 바로 지금인 것이다[15]

약대동 교육 문화 복지 생태계

복지 생태계	교육생태계	문화생태계
- 약대동 어함모(어려운 이웃과 함께) - 약대 돌봄재가 요양센터 - 어르신 꿈터(은빛 꿈빛날개)	- 약대 초등학교 - 새롬 지역아동센터 - 신나는 가족도서관 - 약대동 여름 마을학교	- 약대동 꼽사리 영화제 - 신나는 가족도서관 - 담쟁이 문화원(마을 교육극단 틱톡) - 달나라 토끼(협동조합 떡카페)

| 4장 |

마을공동체의
새로운 항해

가버나움과 이방
데카폴리스 교차점의 세 여인
하혈병, 수로보니게, 회당장 딸

저 건너편으로 가자: 예수님의 항해이야기

이방 데카폴리스
마당
거라사 청년, 수
로보니게 여인

회당 사람들
바리새인의 누룩을 흠모하는 오염된 남성 제자들

1. 마을공동체의 새로운 항해
(마 4:1-9)[1]

예수님은 마을에서 쫓겨나신 후 갈릴리 호수 길을 횡단하여 이방 땅으로 건너가는 횡단 여행을 감행하셨다(막 4:35-39). 갈릴리 호수 저편은 게라사, 두로, 시돈 등 이방 땅으로 친숙한 유대인들이 사는 곳이 아닌 낯선 땅이었다. 예수님은 제자들에게 이제 그리로 가자고 재촉하고 계신 것이다. 바다를 건너 이방 땅으로 넘어갈 때 반드시 풍랑을 만날 것이다. 성서는 그 풍랑에 배가 뒤집힐 정도라고 했다.

왜 예수님은 제자들에게 공포와 당황함을 주는 횡단 여행을 시도하셨을까?

저 건너편으로 가자는 예수님과 제자들의 항해는 비유의 항해였다. 배에 오른 예수가 뭍에 있는 사람들을 향하여 앉고 입을 열어 하나님의 나라를 비유로써 가르치신 것이다(막 4:1-2). 가버나움 마을에서 쫓겨난 예수님 일행은 이제 데카폴리스 10개 도시로 이방 선교 여행을 떠나는데, 항해 중 풍파를 맞이하는 제자들의 모습을 보게 될 것이다. 예수님과 제자들의 항해라는 새로운 마당을 시작하기에 앞서 생각해 볼 것을 나누어 보자.

1. 마을에서 쫓겨난 예수님이 제자들에게 저 건너편으로 건너가자며 이방 선교의 항해가 시작된다. 그동안 우리의 신앙생활 중 예수님과의 항해와 같은 경험이 있는지, 신남과 홍분의 경험을 이야기해 보자.

2. 예수님과의 항해 중 제자들은 풍파를 맞이하자 우리가 다 죽게 되었다,

유령이다, 빵이 없다고 두려움과 공포를 표현한다. 우리도 예수님과 함께 항해하면서 경험한 공포와 두려움을 이야기해 보자.

3. 우리 인생의 풍랑이 일 때 하나님의 도움으로 풍파를 이긴 경험도 기억하고 나누어 보자.

2. 비유 말씀과 함께 떠난 항해

(막 4:33-41)

그 날 저물 때에 제자들에게 이르시되 우리가 저편으로 건너가자 하시니 저희가 무리를 떠나 예수를 배에 계신 그대로 모시고 가매 다른 배들도 함께 하더니 (막 4:35-36).

마을에서 쫓겨난 예수님은 들판과 호숫가에서 비유로 사람들을 가르치기 시작한다. 예수님은 비유로 가르치시면서 이방 땅으로 항해하며 거라사와 시돈 그리고 데카폴리스라고 하는 로마풍의 열 도시로 이동하신다. 이 여행에서부터 마가복음의 주제도 치유와 밥상공동체운동에서 예수를 따름으로 바뀌면서 제자들의 예수 따름의 실패와 예수님과의 갈등으로 이어지기 시작한다.

오늘 본문은 예수님이 들판에서 제자들에게 씨뿌리는 비유 말씀을 전하시고 이제 건너편 이방 땅으로 넘어가자는 그 시점에서 시작된다. 여기서 호숫가라는 장소의 의미가 중요하다. 호숫가란 바로 들판과 혼돈의 중심지인 바다의 경계선에 있다. 그곳에서 예수님은 배를 띄우고 비유로 제자들과 무리를 가르치시고, 이제 저 혼돈의 바다를 건너자고 하시는 것이다. 아직 준비되지 못한 제자들은 얼떨결에 바다 한복판에서 자신들이 들판에서 들은 비유 이야기를 기억하고 체험하게 된다.

큰 광풍이 일어나며 물결이 부딪혀 배에 들어와 배에 가득하게 되었더라(막 4:37).

이에 제자들에게 이르시되 어찌하여 이렇게 무서워하느냐 너희가 어찌 믿음이 없느냐 하시니(막 4:40).

제자들도 예수님처럼 풍파를 제압하는 데 실패하고 마는 것이다. 마치 마가복음 4장 15-19절의 씨뿌리는 비유처럼 풍파가 일자 두려움과 공포로 말씀을 빼앗기고, 환난과 핍박과 세상 염려와 유혹으로 결실치 못하고 있는 것을 항해에서 경험하고 있다.

말씀이 길 가에 뿌리웠다는 것은 이들이니 곧 말씀을 들었을 때에 사단이 즉시 와서 저희에게 뿌리운 말씀을 빼앗는 것이요, 또 이와 같이 돌밭에 뿌리웠다는 것은 이들이니 곧 말씀을 들을 때에 즉시 기쁨으로 받으나 그 속에 뿌리가 없어 잠깐 견디다가 말씀을 인하여 환난이나 핍박이 일어나는 때에는 곧 넘어지는 자요. 또 어떤 이는 가시떨기에 뿌리우는 자니 이들은 말씀을 듣되 세상의 염려와 재리의 유혹과 기타 욕심이 들어와 말씀을 막아 결실치 못하게 되는 자요(막 4:15-19).

예수께서는 고물에서 베개를 베시고 주무시더니 제자들이 깨우며 가로되 선생님이여 우리의 죽게 된 것을 돌아보지 아니하시나이까 하니 예수께서 깨어 바람을 꾸짖으시며 바다더러 이르시되 잠잠하라 고요하라 하시니 바람이 그치고 아주 잔잔하여지더라(막 4:38-39).

지금 우리 사회에 노년층보다 40~50대 자살률이 더 높다고 한다. 이는 청소년의 두 배로 일 년에 1,600~2,000명 정도의 중장년층이 자살한다고 한다. 대개 자기계발서를 보고 성공을 위해 달려온 사람,

고지식하게 열심히 일한 사람, 주변 관계망이 없는 사람들이 갑자기 위기에 닥쳤을 때 무너진다는 것이다.

성공과 실패 그리고 입시, 경쟁, 자기계발서만을 보고 자란 사람들은 오직 입시와 성적으로 대표되는 성공 이외에 자기 삶의 뿌리가 없다. 이런 사람들은 인생의 실패나 고통에 취약할 수밖에 없다. 그래서 갑자기 위기가 닥치면 무너진다는 것이다. 그렇기에 교육의 핵심은 입시나 성공이 아니라 우리 인생의 위기와 실패와 고난이 무엇인지 알고, 그 위기와 실패를 넘어설 수 있어야 한다.

오늘 많은 사람이 인생의 풍파와 위기를 견디지 못하는 핵심적인 이유 중 하나는 우리의 교육이 가족과 공동체가 아닌 학원과 같은 사교육 기관이나 시장에 맡겨져 교육되고 관리되었기 때문이다. 승자독식의 세계관으로 쉽게 물들어 남들과 구분 짓고 싶어 하고, 지배층이 되어 세상을 독점하고 싶어 하는 자기계발서 부류의 시장적 가치에 중독된 사람들은 자기 삶 속에 다가온 풍파와 위기를 스스로 극복해 나가는 능력을 잃어버려 자신의 삶을 쉽게 포기하게 된다.

승패나 우열에 신경을 곤두세우기보다는 무언가를 공유할 수 있는 사람들과 어울려야 한다. 이러한 통찰을 얻으려면 가족을 넘어 세대 간의 만남이 중요하고, 자기 아이를 넘어서 '사회적 양육'에 동참하는 일상의 반경을 넓혀야 한다. 이를 위해 무엇보다 기독교 신앙을 가진 부모들이 자녀를 위한 기도의 내용을 바꿔야 한다.

내 아이의 대학 진학, 남편의 직장 승진, 사업 성공, 내 교회의 부흥, 자신과 가족의 건강에 머물지 않고 나의 이웃, 내가 속한 지역과 도시에서 하나님 사랑과 이웃 사랑을 구현하고 하나님의 영향력이 되고자 하는 새로운 기도가 필요하다.

무수히 많은 실수와 실패를 하는 것이 인생이다. 성공이 아니라 위기와 실패와 고난이 주는 축복의 의미를 알아야 진정한 성공이 있다. 우리 인생의 풍파와 풍랑에 대한 가장 좋은 해석은 실패냐 성공이냐의 관점이 아니라, 고난이 오히려 우리를 성장시킨다는 새로운 관점이다. 그러므로 오늘 본문의 예수와 함께 바닷가를 건너 항해하는 제자들의 수없는 실패와 오늘 우리가 겪는 고난과 위기와 실패는 축복일 수 있다.

헤밍웨이의 노벨상 수상작인 소설 『노인과 바다』는 늙은 어부 산티아고가 바다에 나가 있는 84일 동안 고기를 한 마리도 잡지 못했다는 장면으로 시작한다. 그리고 산티아고의 배의 돛은 "여기저기 밀가루 부대 조각으로 기워져 있어서 돛대를 높이 펼쳐 올리면 마치 영원한 패배를 상징하는 깃발처럼 보였다"라고 묘사되어 있다. 늙은 어부 산티아고는 이 낡은 배를 타고 바다에 나가서 거대한 청새치를 잡았지만, 상어들이 습격하여 그 살을 전부 뜯기고 거의 실신해서 돌아온다. 헤밍웨이는 이 장면에서 "인간은 파멸당할 수 있을지 몰라도, 패배할 수는 없다"라는 유명한 이야기를 남긴다. 즉, 우리 인생의 풍랑으로 삶의 외형은 파멸당할 수 있지만, 우리의 인생 자체가 패배당하는 것은 아니라는 것이다.

이처럼 우리의 삶은 온통 비유뿐이다. 우리는 오늘도 예수님의 제자들처럼 비유의 배를 타고 미지의 세계로 향한다. 다른 곳을 가자던 예수님과의 항해에서 거듭된 실패를 하고 있지만, 반복되는 실패에도 불구하고 결국은 복된 항구에 도착할 줄로 믿는다.

3. 바리새의 누룩과 풍파를 잠잠케 하는 항해
(막 8:15-17)[2]

예수께서 경계하여 가라사대 삼가 바리새인들의 누룩과 헤롯의 누룩을 주의
하라 하신대 제자들이 서로 의논하기를 이는 우리에게 떡이 없음이로다 하거
늘 예수께서 아시고 이르시되 너희가 어찌 떡이 없음으로 의논하느냐 아직도
알지 못하며 깨닫지 못하느냐 너희 마음이 둔하냐(막 8:15-17).

마가복음은 길의 복음이다. 마가복음이 제시하는 예수와 함께 떠나
는 길은 육로의 길뿐만 아니라 '망망대해 속의 쪽배'로 표현되는 거친
바다의 길이기도 하다. 본문의 예수와 제자들은 지금 거대한 바다를
항해하고 있다. 예수님은 갈릴리 일대의 모든 마을과 도시를 다니며
회당에서 가르치고 치유하시다가, 마을의 유지인 바리새파와 헤롯당에
의해 쫓겨나 호숫가와 들판을 전전하시다가 이제 새로운 선교를 모색하
며 출발하는 항해이다.

마가는 이 여행에 대해 이스라엘의 신앙의 원형인 출애굽기를 신약적
형태로 새롭게 반영한다. 이스라엘 백성들이 애굽에서 탈출하였지만,
광야에서 고난을 견디지 못하고 다시 애굽으로 돌아가자고 했듯이, 제자
들은 이방 땅으로의 항해를 이해하지 못하고 오히려 헤롯과 세상과
외부인을 흠모하고 닮아가고 있다. 예수와의 항해의 앞뒤로 펼쳐지는
비유와 풍파를 제압하시는 장면은 교육적, 신앙적인 의미였다. 그러나
우리는 예수님이 항해라는 비유를 통해 주는 가르침을 이해하지 못하고,
오히려 실패한 제자들의 모습을 통해 하나님 나라의 비유가 무엇인지를

분명하게 듣고 깨달을 수 있게 되는 것이다.

이 항해의 과정을 요약하면 예수와 제자들이 탄 배는 바다를 건너는 도중 바다의 광풍을 만나 큰 풍랑이 일어 좌초의 위협을 당한다(막 4:37). 또 예수님 없이 제자들만 바다를 항해하는 도중 바다에서 역풍을 만나 심한 고생을 한다(막 6:47-49). 그 후 예수님은 제자들과 함께 배에 올라 벳세다 방향으로 향하는 것이 오늘 본문이다.

예수와 제자들이 벳세다 방향으로 향하는데 가지고 있는 빵이 하나밖에 없었다. 걱정하는 제자들에게 예수께서는 바리새파 사람의 누룩과 헤롯의 누룩을 조심하라(15절)고 말씀하신다.

그동안 예수님이 마을에서, 광야와 들판에서, 항해 중에 여러 가지 기적을 보여주신 것은 그들 가운데 있는 하나님 나라를 보고 믿으라는 뜻이었다. 그러나 그들은 다시 세상 사람들, 즉 외부인인 헤롯과 바리새파와 같이 먹고 마시는 문제로 근심했고, 제자들이 아직도 하나님 나라에 대해 무지함을 폭로하시면서 예수님은 두 번이나 "깨닫지 못하느냐?"(17절, 21절)라고 책망하신다. 이 본문의 심각성은 4장의 예수님의 비유와 함께 읽으면 더 분명해진다.

"이르시되 하나님 나라의 비밀을 너희에게는 주었으나 외인에게는 모든 것을 비유로 하나니"(막 4:11)하는 것처럼 외부인에 대한 비유의 경고가 이 항해 중 내부인인 제자들에게로 다시 적용된다. 길가에 떨어진 씨앗을 새가 먹듯이(막 4:4) 항해 중 제자들은 말씀에 집중하지 못하고 세상 걱정에 말씀을 빼앗기는 양상으로 나타난다(막 4:15)는 것이다.

이처럼 예수님은 하나님 나라의 모든 비밀을 알고 있는 내부인에서 길가에 떨어진 씨앗처럼 하나님 나라의 지혜를 빼앗긴 외부인이 되는 위험을 알고 계셨다. 그래서 하나님 나라의 모든 지혜를 빼앗기고 정태적이고 고립되어가고 있는 제자들을 움직이기 위하여 횡단 여행이라는 수업을 넣으신 것이다. 그렇다면 예수님의 가르침의 핵심은 무엇이고, 예수님은 횡단 여행을 통해 무엇을 가르치고자 하신 것인가?

더 이상 세상 사람처럼 먹고 마실 것을 걱정하는 삶을 살지 말라. 너희를 광야에서 먹이고 바다의 풍파를 잠잠케 하신 하나님 나라와 그 공동체를 믿고, 먼저 그 나라와 그 의를 구하라. 그리하면 모든 먹고 마실 것을 구할 수 있을 뿐 아니라, 하나님 나라를 흔드는 어떠한 풍파와 유혹도 잠잠케 될 것이다. 그러니 지금 거대한 바다를 항해하고 있는 하나님 나라와 그 공동체를 믿으라는 말씀이다.

예수님은 끊임없이 헤롯이나 바리새인처럼 외부인이 되려는 유혹에 시달리는 내부인(제자들)임을 아시고 밖으로는 새로운 땅으로 모험을 떠나는 일을 끊임없이 일으키셔서 공동체가 정체되거나 부패하지 않도록 제자공동체를 움직이셨다. 또한 필요에 따라서는 내부인을 외부인으로 교체시키시며 새로운 에너지를 순환시키셨다.

그러기에 우리는 예수와 함께 길을 떠나고 항해의 훈련을 마다하지 않는 제자공동체로 자기 해체와 재구성의 과정을 끊임없이 되풀이해야 한다. 안으로 폐쇄되어 가는 마을과 교회 공동체 안에 소통, 개혁의 공간을 확보해야 한다는 것이다. 늘 믿음의 힘으로 자신을 새롭게 해체하고 재구성하는 것이 오늘 우리가 짊어져야 할 십자가이다. 우리 인생길의 풍파를 잠잠케 할 수 있다는 자신감으로 새로운 땅을 향하여 다시 한번 횡단 항해를 시작하는 부활의 아침이 되길 기도한다.

4. 무덤가 광인에서 데카폴리스의 전도자로[3]

그 날 저물 때에 제자들에게 이르시되 우리가 저편으로 건너가자 하시니(막 4:35).

예수님 일행은 회당의 기득권 세력인 바리새파와 갈등을 일으킨 후 더 이상 회당 안에서 활동할 수 없게 되었다(막 3:6). 마을에서 쫓겨난 예수님은 산과 바다와 호수에서 비유로 하나님 나라를 가르치시고 한편으로 갈릴리 호수 건너 이방 마을로 항해를 시작하여 데카폴리스 중심의 이방 선교를 시작하신다.

예수님이 이제 갈릴리 호수를 건너 이방 땅으로 진출하는데 큰 광풍이 방해한다. 본문은 호수를 건너가는 장면에서 풍랑이 일고 제자들이 두려움에 휩싸여 있음을 보여준다(막 4:35-41). 왜 예수님께서는 유대 지역을 떠나 밤에 풍랑이 일어나는 거친 갈릴리 바다를 건너오셨을까?

거라사는 하나님과 먼 어두운 이방 땅, 로마 군대가 주둔하는 헬라 땅이었다. 배에서 내리신 예수님은 무덤 사이에 사는 엄청난 힘을 가진, 아무도 제어할 수 없는 더러운 귀신 들린 사람을 만나게 된다. 다시 말해 거라사의 광인을 만나게 되는데, 그는 동네 악령이 아니라 제국의 악령으로 무덤가에 살면서 몸을 자해하기에 이웃과 가족은 그를 쇠사슬로 묶어 시체들이 득실거리는 무덤 사이에 두었다.

동네에서 쫓겨난 그는 버림받은 인생이요 가족들에게조차 소외된 사람이다. 이처럼 주께서는 사회에서 철저하게 버림받는 한 인간을 만나신다. 이 광인과의 만남은 그 사람 속에 거하는 귀신들과의 대면으로 연결되고, 예수는 그에게서 귀신들을 쫓아내심으로 그를 고쳐 주신다.

> 이에 물으시되 네 이름이 무엇이냐 이르되 내 이름은 군대니 우리가 많음이니
> 이다 하고(막 5:9).

예수님께서 귀신에게 이름을 묻자 '군대'라고 대답한다. 레기온은
바로 로마 군단을 지칭하는 군사 용어로 힘과 숫자가 많다는 이야기이다.
그렇다면 군대라는 이름을 가진 이 사람은 어떤 사람이었을까? 그는
로마 군인에 의해 가족을 빼앗긴 사람일 가능성이 높다. 로마제국이
식민지에서 일으킨 정복 전쟁 중에 재산과 고향을 빼앗기고, 친구와
추억과 삶의 모든 것, 심지어 영혼과 사랑하는 아내와 아이를 잃었을
수도 있다. 그래서 그는 차라리 자기가 죽어야 했다며 동네방네 소리
지르며 돌로 제 몸을 치지 않고서는 잠 못 들지 않았을까?

우리는 이 복합적인 귀신의 실체를 이해해야 한다. 오늘 거라사의
광인 이야기에서 "너의 정체가 무엇이냐?"라고 했을 때 거라사 귀신이
"군대요 수가 많다"라고 하였듯이 로마의 식민지 팽창 정책으로 인한
전쟁과 폭력의 후유증으로 자신을 자해하는 광인들이 오늘 거라사 광인
인 것이다. 그런데 우리 주변에도 이러한 트라우마에 시달리는 사람들이
참으로 많다. 한반도의 문제를 풀기가 만만치 않은 것은 바로 식민 분단
그리고 군사독재의 악한 것이 복합, 축적, 거대화된 것이기 때문이다.

예수님이 청년에게서 군대 귀신을 돼지 떼와 함께 몰아내 멀쩡해지
자, 거라사 지역 사람들이 예수께서 떠나시기를 간구했다(막 5:17). 우리
시대에도 청년이 정신 들고 멀쩡해지는 것을 두려워하는 사람들이 많이
있다. 지금도 갈등과 분열과 분쟁의 희생양 놀이를 반복해서 찾는 제국의

군대 귀신들이 살아 있는 것이다.

종전과 평화 선언이 오면 이러한 제국의 군대 귀신들은 더 이상 힘을 쓰지 못한다. 거라사 지방에서 악령 들린 자를 살리지 않고 희생양으로 만들어가고 있을 때, 예수님은 폭풍우를 뚫고 건너가서 군대 귀신의 정체를 드러내시고 악령 들린 자를 고치시고 폭력의 악순환을 끊으신 것이다.

그러면 우리는 우리 안의 거라사의 광인을 어떻게 치유할 수 있을까?

첫째로 오늘 우리의 상황은 무덤들 사이에 사는 광인처럼 고립되어 있고 격리된 상황과 같다는 사실을 깨달아야 한다. 둘째로 오늘 우리의 상황은 엄청난 힘을 가진, 아무도 제어할 수 없는 더러운 귀신 들린 사람처럼 꼬이고 뒤틀린 상황이라 진단이 쉽지 않고 돕기도 쉽지 않다는 것을 깨달아야 한다. 셋째로 수가 많은 군대처럼 어마어마한 힘을 가진 실체의 귀신이라 힘이 세고 난폭하여 근접할 수 없고 도울 수도 없는 상태라는 것이다.

그러나 우리는 예수님의 치유 사건을 통해 거라사의 광인이 치유된 신호를 볼 수 있다.

① 그는 마을공동체 바깥에서 공동체 안으로 들어갔다. ② 무덤에서 살고 있었으나 이제 집에서 살게 되었다. ③ 벌거벗음에서 옷을 입은 것으로 변화되었다. 다시 말해 미쳐있는 것에서 온전한 정신상태가 된 치유의 사건이 우리 가운데 일어날 수 있다는 믿음을 잃지 말아야 한다는 것이다.[4]

거라사의 광인과 예수님의 만남은 그를 파멸적인 격리에서 벗어나서 보살핌을 받는 사람의 공동체의 일원이 되게 하였을 뿐만 아니라, 다른 사람과 상호작용하는 공동체의 권리와 의무들을 이행하는 인격으로 전환했다.

우리가 무덤가의 광인 이야기에서 주목해야 할 것은 그가 예수님을 만난 후 데카폴리스의 전도자가 되었다는 것이다. 사마리아 우물가의 여인이 예수를 만나자 물동이를 놓아둔 채 사마리아 지역을 전도했듯이, 데카폴리스의 10개 도시가 이 무덤가의 광인에 의해 전도되었다는 것이다.

예수님을 만나고도 복음 앞에 무능력한 사람이 이 시대의 광인이다. 우리는 광기의 시대에 광인이 살고 있는 데카폴리스와 같은 상황에서 예수님과 같은 치유 사건을 일으켜 우리 사회 곳곳을 생명과 평화의 공간으로 변화시키는 진정한 예수님의 제자들이 되어야 할 것이다.5

5. 하혈병 걸린 여인과 회당장 야이로의 딸
치유 이야기[6]

데카폴리스 거라사에서 광인을 고치신 후 예수님은 다시 유대 땅으로 오신다. 이때 유대 땅에서 일어난 두 가지 중요한 치유 사건이 있는데, 회당장 야이로의 딸과 하혈병 걸린 여인을 고치는 사건이다.[7] 우선 두 여주인공의 상황에는 당시 이스라엘과 유대 사회를 보는 마가복음의 시각이 드러나 있다. 마가는 죽을병 걸린 야이로의 딸과 하혈병 걸린 여인의 치유 기사를 통해 지금 유대 사회의 심각함을 암시하고 있다.

본문에서 회당장의 딸이 죽을병에 걸렸다는 것은 두 가지 의미가 있다. 이스라엘의 주류 종교인 유대교가 이것을 고치지 못하고, 오히려 유대 회당장이 예수를 찾고 있는 형편이라는 것이다. 그리고 이 불치병을 고치기 위해 예수님이 길을 떠나시는 것이다.[8]

한편 예수님이 회당장의 딸을 고치러 가는데 하혈병 걸린 여인이 중간에 끼어든다. 그런데 회당장의 아이가 죽어 가는 시간이기에 그 길은 한시가 급한 길이었다. 이처럼 한시가 급한 상황에서 여인이 끼어들었을 때, 예수님은 이 하혈병 걸린 여인의 새치기를 용인하고 우선권을 주는 전복적인 태도를 취하신다.

유대교 성결법에서 피를 흘리는 여인이 앉았던 자리, 입었던 옷, 그녀의 몸과 닿았던 것은 모두 불결한 것으로 보았기에 그녀는 성결법상 다른 사람과 접촉해서는 안 된다. 예수께 접근한 이 여인은 유대 성결법적인 관점에서 보면 오염 덩어리였다. 유대 율법을 어기는 행위임에도 불구하고 예수님은 여인이 옷깃을 만지고 접촉하는 행동을 받아들이고

"딸아, 내 믿음이 너를 낫게 했다 평안히 가라"(막 5:34)는 전복적인 선언을 하고 그녀를 고쳐주신다.

그런데 예수님이 하혈병 걸린 여인을 고친 순간 회당장의 딸이 죽었다는 소식이 전해온다. 그러면 야이로 회당장의 딸 쪽의 상황은 어떠한가? 지금 그들은 예수님의 지체하심 때문에 딸아이가 죽었다. 희망이 없게 되었다고 한다. 여기서 하혈병 걸린 여인과 회당장 쪽과 제자들, 이 세 그룹의 신앙을 비교해 보고 가자.

예수님의 옷자락만 만지면 낫는다는 믿음이 싹터 스스로 움직이고 나온 하혈병 걸린 여인에 비해 야이로 가문은 아이가 죽게 되었다. 상황은 끝났다고 하며 울고 심히 통곡하며 벌써 장례식을 시작하고 있는 불신앙의 모습을 보인다. 더군다나 예수님의 기적과 치유의 의미를 가장 잘 알아야 할 제자들이 하혈병 걸린 민초(오클로스)들의 새로운 움직임을 간파하기는커녕 계속 막아선다.

이 낡고 퇴화해가는 신앙인들 앞에 예수님은 무엇이라 하시는가? "이 아이는 죽지 않았다. 다만 잠들었을 뿐이다"라고 이야기하시면서 유명한 말씀을 하신다. "달리다쿰, 소녀야 일어나라."

여기서 일어나라는 말은 부활을 뜻하는 말이다. 아이는 아직 죽지 않았고 다시 살아날 것이다. 지금 우리도 이 낡은 세상에서 떨쳐 일어나야 한다는 것이다.

예수를 쫓아낸 회당은 이미 무력해졌다. 자신의 욕망을 채우기 위해 에워싸며 밀치는 무리, 예수님을 따른다고는 하지만 확고한 믿음에 이르지 못한 제자들과 다르게 (하혈병 걸린 여인은) 예수님의 옷자락만 잡아도 자신의 병을 고칠 수 있다는 새로운 제자도와 믿음이 성장하고 있다. 이제 갈릴리 호수 일대에서는 잠잠하던 민초들 사이에서 움직임이 시작된다. 고립되었던 문둥병 환자와 중풍병자가 해방되고, 베드로의 장모 집 앞에 온 동네가 모인다. 중풍병자의 집 앞에도 사람들이 모이고, 예수님이 가는 곳마다 밥상공동체와 잔치가 일어난다. 안식일에 손 마른 자의 손이 펴지고 예수를 만나기 위해 삭개오는 나무 위로 올라간다. 밖으로 나와 사람과 접촉해서는 안 되는 하혈병 걸린 불결한 여인이 예수님께 먼저 접근하여 옷자락을 만지고, 그 병을 고치며 움직이고 있는 것이다.

6. 데카폴리스 선교를 연 수로보니게 여인

(막 7:24-30)

본문은 예수님의 기적의 급식 사건 사이에 샌드위치식으로 끼워져 있다. 앞의 급식 사건은 오천 명이 먹고 열두 광주리가 남는 유대인들 사이의 급식 사건이었고, 뒤의 사건은 사천 명이 먹고 일곱 광주리가 남는 이방인 지역의 기적 사건이다.

오늘의 주인공 수로보니게 여인의 이야기는 유대인의 급식 사건이 이방인의 급식 사건으로 확산하는 사이에 배치된 본문이다. 이는 수보니게 여인이 유대 급식 사건이 이방인 급식 사건으로 확산하는 데 결정적인 역할을 하였다는 것을 알려주는 것이다.9

> 여자가 대답하여 가로되 주여 옳소이다마는 상 아래 개들도 아이들의 먹던 부스러기를 먹나이다(막 7:28).

지금 예수님은 가버나움 마을 지도자들에 의해 쫓겨나고, 이방 마을 데카폴리스로 향하고 있었다. 예수님의 일행은 이방 땅 항해 중에 바다 위를 뱅뱅 맴돌고 있는 상황에서 잠시 휴식을 취하고 있는 가운데 이방 수로보니게 여인이 나타난 것이다.

자기 아이를 고치기 위해 이곳까지 찾아온 이방 여인에게 예수님은 "자녀의 떡을 취하여 개들에게 던짐이 마땅치 아니하니라"라는 아주 모욕적인 이야기를 하였으나 이 수로보니게 여인은 '부스러기'라도 달라는 놀라운 믿음을 보여준다.

남성 제자들은 수많은 기적을 보고도, 특히 앞 본문인 유대 땅에서 오병이어 급식 사건을 보고도 예수님이 '생명의 빵'이라는 것을 결코 알아채지 못한다. 이러한 가운데 수로보니게 여인의 등장과 믿음은 남성 제자들의 거듭되는 실패에 대한 새로운 대안과 믿음의 방향을 보여주고 있다.

예수님의 제자들은 늘 불신과 배반을 반복하고 있었다. 그런데 이 여인은 예수님을 생명의 떡으로 알고, 개라는 모욕을 받으면서까지 생명의 떡의 부스러기라도 원했고, 그 생명의 떡 부스러기로 자기 아이를 고칠 수 있었다. 여인은 당시 유대와 이방의 교차점 지역에서 유일하게 예수님을 생명의 떡으로 알아차린 여인이었다.

이제 예수님이 생명의 떡임을 고백하는 여인의 믿음으로 바다 위를 맴돌며 전진하지 못하고 있던 이방 땅 항해의 길은 활짝 열릴 것이고, 유대 땅의 오병이어 급식 사건도 이방 땅 칠병이어 사건으로 이어져 생명의 떡 급식 사건은 급속히 확산될 것이다.

코로나 문명 전환기에 우리도 수로보니게 여인처럼 예수님을 생명의 떡으로 알아보고, 그 부스러기라도 달라하는 믿음으로 유대 땅을 넘어 이방 땅으로 복음의 교두보를 연결하고 확장하는 예수님의 '생명의 떡운 동'의 아름다운 동역자가 되어야 할 때이다.

7. 가버나움과 이방 땅을 잇는 예수운동의 아름다운 협력자들[10]

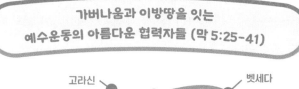

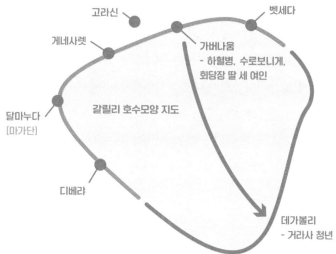

가버나움과 이방땅을 잇는
예수운동의 아름다운 협력자들 (막 5:25-41)

고라신 · 벳세다
게네사렛 · 가버나움
 - 하혈병, 수로보니게,
 회당장 딸 세 여인
달마누다
(마가단) 갈릴리 호수모양 지도
디베랴
데가볼리
 - 거라사 청년

마가복음은 가버나움과 이방 땅을 오가는 여행 중 데카폴리스 지역의 거라사의 광인과 유대 땅의 하혈병 걸린 여인과 수로보니게 여인 등 새로운 예수운동의 지역(마을) 협력자를 등장시킨다. 마을에서 쫓겨나 이방 땅을 향해 갔지만, 제자들의 몰이해로 전진하지 못하고 바다 한가운데를 뱅뱅 돌고 있는 이 항해에 새로운 지역 협력자들과 예수님이 펼치는 새로운 항해의 의미는 무엇인가?

가버나움과 이방 땅을 잇는 하혈병 걸린 여인, 거라사의 광인 그리고 이방 수로보니게 여인, 세 사람의 등장으로 예수님의 사역은 새로운 협력자들과 제자도로 다시, 부활하는 모습을 보인다. 세 지역의 협력자 이야기는 바리새인의 누룩에 물들어가는 남성 제자들을 향한 수난 경고와 대비되며 실패하는 것 같았던 예수님과 제자들의 이방 항해의 마지막 순간을 빛내고 있다.

데카폴리스라는 이방 도시로 항해를 떠난 예수님은 거라사에서 광인을 만나 그를 고쳐주셨다. 고침 받은 거라사 광인이 "저도 이제 예수님을 따라다니고 싶어요"라고 간청하지만, 예수님은 그 사람이 따라오는 것을 허락하지 않으신다. 예수님은 네 사명은 하나님께서 네게 행하신 큰일을 말하는 것이라고 하시고, 거라사의 광인은 예수님의 말씀대로 데가볼리 전 지역에 하나님 나라를 전하는 전도자가 된다.

거라사 광인을 고치신 후 예수님이 유대 땅으로 돌아오셔서 회당장의 딸을 고치시러 가시던 중 고침 받은 하혈병 걸린 여인도 유대 땅의 훌륭한 지역 협력자가 된다. 민중신학자 김진호 목사에 의하면 마가복음에서 "나를 따르라"라는 말씀이 예수님이 제자들에게 하신 말씀이라면, "너희들이 사는 지역에서 지역 협력자가 되라"라고 하신 사람들이 있는데 그들이 바로 거라사 청년, 하혈병 여인, 수로보니게 여인이라고 한다. 예수님은 그들에게 "네 집으로 가서, 하나님 나라의 일을 하라"는 헬라어로 '휘파게'라는 말을 썼다고 한다.

예수님의 제자들은 이방 여행 내내 계속 "우리가 죽게 된 것을 모르느냐, 유령이다. 빵이 없다"하고 공포와 두려움과 불만을 터뜨렸다. 예수님은 제자들에게 바리새와 헤롯의 누룩을 조심하라고 경고하신다. 그러나 거라사 지역에 광인 청년에게는 "네 집으로 가서(휘파게), 가족에게 주님께서 너에게 큰 은혜를 베푸셔서 너를 불쌍히 여겨 주신 일을 이야기하라"(막 5:19)라고 하신다.

하혈병 걸린 여인이 예수의 옷자락을 만지면 병이 나을 수 있다는 믿음으로 예수 앞으로 나올 때도 "딸아, 네 믿음이 너를 구원하였다. 안심하고 가거라(휘파게)"라고 말씀하신다. 이어서 수로보니게 이방 여인이 예수 복음을 유대 땅에서 이방 땅으로 확산시키는 교두보와 교차점의 역할을 하게 되는데, 이 여인에게도 "네가 그렇게 말하니, 돌아가거라(휘파게). 귀신이 네 딸에게서 나갔다"라고 말씀하신다.

여기서 예수님이 세 사람에게 공동으로 쓴 '휘파게'라는 말은 "네가 사는 그 지역에서 하나님의 일을 하라"는 지역(마을) 협력자로 이들을 부르셨다는 것을 의미한다는 것이다.

예수님은 당시 제도권 종교와 회당과 같은 건물 종교는 이미 그 기능을 상실했다고 보았다. 예수님은 회당과 성전을 중심으로 한 종교적 기능에 아무런 희망을 품고 있지 않으셨다. 그러나 사는 곳에서 하나님의 일을 하는 지역(마을) 협력자로 세 사람을 부르실 때, 이들에게 큰 희망을 품으셨다.

본문의 배경은 제자도가 남성 중심에서 여성으로 넘어갔고, 오병이어(유대인)에서 칠병이어(이방인)로 빵의 주도권이 넘어가는 교차점에 있다. 여기서 오늘 우리가 신앙생활을 하고 있음을 드러내고 있다. 예수님은 제자들이 공포와 두려움과 불만을 터트릴 때, 거라사의 광인, 하혈병 걸린 여인, 수로보니게 여인, 세 사람에게 "네가 사는 지역에서 하나님의 일을 하라"며 새롭게 부르고 계신다.

우리 새롬교회도 지난 30년간 약대동 지역 선교가 벽에 부딪힐 때마다 하나님이 수로보니게 여인과 같은 분들을 우리 약대동에 보내주셔서 지역 선교의 방향을 열어주신 경험이 있다. 이러한 경험은 오히려 풍파가 몰려올 때마다 하나님이 어떤 분을 보내주실까 하는 기대감으로 그 공포를 잊게 해 주었다.

새롬교회의 초기 지역 선교 시절 하나님은 어린이집에 예○희 권사님과 김○숙 권사님을 보내주셨다. 마을 도서관을 세울 때는 엄○용 전도사님을, 지역 공부방에는 김○희 권사님을 보내주셨다. 중보기도회 때 김○자 권사님, 최○정 권사님, 마○임 집사님을, 찬양대에 선○정 집사님을 보내주셨다. 정○회 안수집사님을 통해서는 협동조합 달나라 토끼를 세워주시고, 이 일을 돕기 위해 이○훈 전도사님을 보내주셨다. 또 이번 김용희님 고공 농성때 고○희 집사님이 등장하신다. 이처럼 하나님은 제자들이 흔들릴 때 오히려 지역 협력자를 보내주신다.

▲캐나다 홍○희 선교사님 ▶▲발리 두○석 선교사님 ▶▼남아공 김○범 선교사님

"새로운 사람이 온다는 건 실은 어마어마한 일이다. 그는 그의 과거와 현재와 그의 미래와 함께 오기 때문이다. 한 사람의 일생이 오기 때문이

다"라는 정현종 시인의 시 〈방문객〉처럼 코로나 기간 약대동에 세 분의 선교사님들이 다녀가셨다.

1. 남아공 김○범 선교사님 이야기

남아공에서 마을목회로 박사학위논문을 쓰시는 김○범 목사님이 부천에 다녀가셨다. 이제 전국 곳곳에서 마을목회가 펼쳐지고 해외에서는 마을목회로 박사학위논문을 쓰는 시대가 열리고 있다.

2. 캐나다 홍○희 선교사님 이야기

부천노회에 계실 때 청소년공동체 목회를 하시다가 캐나다 선교사로 가신 홍○희 목사님이 한국에 오셔서 만나 뵈었다. 이제 캐나다 선교를 접고 한국으로 들어온다면서 마지막 선교 기간에 있었던 이야기해 주셨다. 캐나다 한인 어르신들이 한국에 방문하여 건강검진도 받고 여행도 하고, 일부는 한국에서 생을 마치고 싶어 하신다는 것이었다.

3. 발리 두○석 선교사님 이야기

발리 두○석 목사님 초청으로 발리에서 마을목회 세미나가 열렸는데, 그때 청개구리 청소년 식당의 이정아 대표님이 발표한 "건물 없는 교회"(선한목자교회)의 영성 이야기를 함께 나누며 오늘 말씀을 마무리하려 한다.

청개구리 청소년 식당 이정아 대표

한국에서는 교회가 이제 사회로부터 좋은 인상이 없습니다. 한국은 이제 눈에 보이는 건물 교회를 원하지 않습니다. 한국 사회는 더 이상 교회가 커지는 것과 건물이 크고 화려한 것을 바라지 않습니다. 이러한 교회일수록 외면을 받습니다. ○○교회와 ○○목자교회처럼 이제 지역에 좋은 일을 하는 교회를 원합니다.

저희 교회는 교회 건물은 없지만 3개 식당을 가지고 있는데, 장애인들과 학교 밖 청소년들과 함께합니다. 토요일과 주일에 학교를 열어 장애아동과 가난한 아동들과 함께합니다. 우리는 절대로 입으로 전도하지 않지만, 우리가 하는 모든 사역을 보고 그들은 말합니다. "당신은 그리스도를 믿는군요. 당신은 그리스도를 살고 보여주는군요."

거리의 천막 식당이 건물로 바뀌었습니다. 사람들이 말하기 시작합니다. '당신의 뒤에는 그분이 있군요'라며 우리가 그리스도인임을 인정합니다. 우리는 교회 건물이 없는 교회지만, 하나님은 거리의 천막 식당을 건물로 바꾸어 주셨습니다. 누가 했을까요? 저는 할 수 없지만, 하나님이 하신 것입니다.

우리 새롬교회도 새로운 예수 따름과 협력과 부활의 제자도의 모범을 보이며 선포하는 한 해가 되길 간절히 기도드린다.

5장

십자가로의 여행길,
예루살렘 오르는 길

예루살렘 오르는 길
- 영적으로 눈 뜨지 못한 제자들은 주의 수난의 길을 따르지 못한다

벳세다 소경을 고침(8:22)과 베드로의 고백(8:29)

바디메오 -영적 눈을 뜨자 예수와 함께 수난의 길 출발

시돈지역에서 수로보니게 여인을 고치신 후(막 7:24), 귀먹고 어눌한 자를 고치심(막 7:31-37)

세 번의 수난 경고(8:31) 제자들은 깨닫지 못하고 영광의 주님 좌우에 앉을 것에만 관심을 둠. 섬기는 종이 되어야 으뜸이 된다는 예수의 말씀(10:35-45)

예루살렘 입성 -종려주일 (막 11장)

1. 예루살렘 수난을 앞에 두고
경계선에서 길 찾기 훈련[1]

```
        마가복음의 세 단계
```

1. 마을에서 치유와 하나님 나라 선포. 바리새인의 예수 죽임 음모	2. 마을에서 쫓겨나 들판에서 가르침. 갈릴리를 가로질러 이방 선교	3. 제자들의 깨닫지 못함과 예수의 수난 경고, 예루살렘 입성

예수께서 다시 두로 지경에서 나와 시돈을 지나고 데가볼리 지경을 통과하여 갈릴리 호수에 이르시매(막 7:31).

지금 우리는 예수님의 데카폴리스 전도여행을 함께 하고 있다. 이제 데가볼리 지경을 통과하여 다시 갈릴리 호수에 이르렀다. 그동안의 데카폴리스의 여행 이야기를 다시 추적하면, 먼저는 건너편으로 갈 때 거라사 지역의 광인을 치유하여 이 광인이 나중에 데카폴리스 선교의 주역이 되는 장면을 목격하였다. 두 번째는 수로보니게 여인을 통하여 예수님의 복음이 유대인를 넘어 이방인들에게 활짝 열리고, 이방 땅까지 복음이 전파되는 이야기였다.

사람들이 귀먹고 어눌한 자를 데리고 예수께 나아와 안수하여 주시기를 간구하거늘(막 7:32).

본문은 이방 땅에 복음의 길이 활짝 열리고 있는데, 정작 유대 땅인 호숫가의 주민들이 아직도 귀먹고 눈먼 어두운 상태에 살고 있음을 나타내고 있다. 마가복음 7장 33절에는 예수님의 치유 과정이 나오는데, 첫 번째 단계는 무리로부터 데리고 나오는 것이다. 이것은 무엇을 의미하는가?

무리에서 데리고 나오라는 말은 대형 교회의 익명성에 기대어 무리 속에서 눈치 보며 숨어 있는 병을 고치시는 것이다. 무리 속에서 귀먹고 어눌한 자처럼 있는 사람을 데리고 나와 분명히 보고 듣고 말하게 하려는 것이다.

이 시대의 바른 복음 전파에 첫 번째 장애가 있다. 많은 자들이 무리 속에 숨으려고 한다는 것이다. 그때 우리는 그를 무리 밖으로 데리고 나와야 한다. 때로는 마을을 벗어나고 넘어설 필요도 있다. 마을과 마을이 마당과 길로 연결되지 않는다면 마을은 또 하나의 폐쇄적 공간이 되기 때문이다.

마커스 보그의 용어로 말하자면 마을과 회당은 관습과 통념이 지배하는 억압의 공간이며, 배제의 논리가 지배하는 곳이다. 귀신 들린 사람, 나병환자, 중풍병자, 귀먹은 자 등은 모두 이런 억압의 희생자들이다. 예수님이 회당을 벗어나 시몬의 집에 들어가는 것이나 병자를 데리고 마을을 벗어나는 것은 그들에게 인습의 굴레에서 벗어난 새로운 삶의 가능성을 보여주기 위해서이다. 이런 의미에서 베다니의 '문둥병자 시몬의 집'은 회당으로 대표되는 유대교에 대비되는 자비와 포용의 새로운 공동체의 표상이다.[2]

이 맹인이 맹인 된 이유가 마을에 있었다는 것이다. 인습의 마을, 통념의 마을, 편견과 미망의 마을, 무엇보다도 시급한 건 눈을 고치려면 그 인습과 통념의 마을을 벗어나야 한다는 것이다. 마을의 질서, 통념의 질서를 뒤집지 않고서는 결코 눈을 뜨는 일이 생겨나지 않는 법. 진정으로 눈을 뜨고 싶으면 마을을 벗어나라는 말씀이다.[3]

오늘 우리가 이러한 신앙을 전할 수 없는 이유는 굳게 닫힌 마음의 문과 아파트 문을 열 수가 없기 때문이다. 우리는 먼저 예수를 믿으라고 하기 전에 지역사회와 신뢰를 쌓는 지역 선교로 문을 열어야 한다. 한국교회의 가장 큰 문제는 지역주민들과 충분히 사귀기도 전에, 다시 말해 코이노니아가 있기도 전에 전도하려고 해서 실패한다는 것이다. 그러므로 사귐과 신뢰의 기초위에 예수님이 그의 혀에 손을 대시는 것과 같이 꾸준히 접촉하여 그들의 귀와 입을 열어야 한다.

이때 우리의 기도와 심방의 내용에 변화가 있어야 한다. 개인과 가족과 교회만을 위해서가 아니라, 지역과 마을을 위해 기도하고 방문하고 심방하는 사회적 기도와 심방이 요청되는 것이다.

그런데 예수님 당시에도 귀를 뚫고 입에 침을 대어도 갈릴리 사람의 닫힌 귀와 입이 잘 열리지 않았나 보다.

하늘을 우러러 탄식하시며 그에게 이르시되 에바다 하시니 이는 열리라는 뜻이라 그의 귀가 열리고 혀의 맺힌 것이 곧 풀려 말이 분명하더라(막 7:34-35).

예수님이 하늘을 우러러 탄식하고 기도하며 "에바다, 열려라" 할 때 드디어 그 문이 열렸다. 이처럼 예수님이 갈릴리와 데카폴리스 지역의 귀먹고 눈멀고 입이 닫힌 사람들에게 다가가 무리 속에 숨어 있는 그들을 따로 데리고 나올 때, 그들과 귀에 손을 넣고 침을 뱉으며 만지고 접촉하고 하늘을 우러러 에바다 하실 때야, 비로소 그들의 귀가 열리고 입이 열렸다는 것이다.

세 번째로 이제 귀가 열리고 입이 트인 그들은 어떻게 하였는가?

예수께서 저희에게 경계하사 아무에게라도 이르지 말라 하시되 경계하실수
록 저희가 더욱 널리 전파하니 사람들이 심히 놀라 가로되 그가 다 잘하였도다
귀머거리도 듣게 하고 벙어리도 말하게 한다 하니라(막 7:36-37).

그들은 아무에게도 이르지 말라 경계할수록 더욱 널리 전파하고
있다. 이러한 사실은 거라사의 광인과 수로보니게 여인 그리고 오늘
갈릴리의 귀머거리와 벙어리들이 경계선을 열게 한 주역들이었다는
것을 분명히 드러내고 있다. 이런 의미에서 복음서의 여행은 갈릴리와
사마리아와 예루살렘 사이의 경계선에서 길 찾기와 경계선 넘기 훈련이
라고도 볼 수 있다.[4]

우리도 갈릴리와 예루살렘 사이의 길 위에 있는 존재일 수가 있다.
이처럼 선교란 경계가 존재하는 이 세상의 모든 곳에서 참 자유의 영이신
성령으로 경계를 넘는 일인 동시에, 경계를 넘어 자유롭게 된다는 의미가
있다.[5]

그러나 마가복음의 이야기는 여기서 끝나지 않는다. 예수님이 십자
가의 수난을 지기 위해 예루살렘 오르는 길 사이에 마가복음 8장과 11장
의 두 장님이 눈뜨는 이야기를 배치하고 그 사이에 눈 뜬 제자들이 제대로
보지 못하는 이야기를 배치하여, 예수님이 제자들의 눈을 뜨게 하려면
할수록 제자들은 더욱 눈을 감는 상황을 효과적으로 드러내고 있다.

우리는 두 장님의 눈뜨는 사건 사이에 있는, 눈은 떴지만 보지 못하는
제자들의 모습을 통해 예수를 배반하고 부인하고 저주하는 눈감음의

나락으로 빠져드는 처참한 우리의 모습을 볼 수 있다. 눈뜸과 눈멂의 경계선 가운데 멈춰선 우리에게 자신의 십자가를 지고 나를 따르라며 그 선을 넘으라 하시는 예수님의 음성이 들리는 순간이다.6

　오늘 우리는 예루살렘 도상에서의 수난을 감당하기 위한 길이 끝나는 예루살렘 입성 장면에서 예수님과 군중들이 펼치는 새로운 하나님 나라의 향연을 볼 수 있다. "호산나 찬송하리로다 주의 이름으로 오시는 이여"(막 11:9)는 당시 예루살렘의 군중들이 예루살렘에 도착한 예수와 그의 제자들을 맞이하며 외친 찬양이다. 그리고 그들이 외치지 않으면 돌들이 외칠 것(눅 19:40)이라는 예수님의 응답처럼 길 위에서 길 찾기라는 새로운 하나님 나라 여행길의 향연을 우리도 경험해야 한다.

　세상에는 수많은 길과 경계선이 존재한다. 예수님은 우리에게 끊임없이 이 경계선을 넘어가라고 말씀하신다. 민족적인 편견, 문화적인 차이, 경제적인 차이, 언어적인 차이를 넘어서 사마리아와 갈릴리로 가라는 말씀이다.

　이러한 때에 오늘 백수 시대를 여는 하나의 담론으로 길 위에 길이 있다는 새로운 로드맵을 제시한 고미숙 선생님의 『로드 클래식』이라는 책이 나왔다. 고미숙 선생은 지금 3포 5포 시대의 청년 백수뿐 아니라 로봇이 인간의 일자리를 빼앗아 가기 시작하면서 대부분 사람이 백수가 되는 '백수의 시대'가 도래하고 있다며 이러한 백수 시대의 미래가 무엇이냐고 묻고 있다. 이제 저출산, 고령화와 백수의 시대 교회와 마을의 미래는 한편으로 마을에서 마당을 펴면서 다른 한편으로는 새로운 거리로 길을 떠나는 동시에, 그 길과 마당의 경계선 넘기를 시작하여야 할 때이다.

2. 수난 경고에 앞서,
바리새파 사람들과 헤롯의 누룩을 조심하라
(막 8:14-26)[7]

오늘 예수님은 제자들에게 엄청 화를 내신다. 이야기에는 바다가 비유로 등장하지만, 사실은 예수와 제자 사이에 풍랑의 전선(戰線)이 설정되었다. 마가복음에서 횡단의 문학적 주제는 제자도의 신학적 주제를 노정한다.[8] 표면적으로 예수와 제자 사이로 보이지만 사실은 예수운동을 마을에서 내쫓은 바리새인의 누룩과 예수님과의 싸움이 전개되고 있다.[9]

그러면 바리새인의 누룩이란 무엇인가? 바리새(Pharisees)란 말은 '분리된 자'라는 뜻으로 신약 시대에 가장 큰 세력을 가지고 영향력을 행사했던 자들이었다. 이들은 형식이나 의식, 관습을 매우 중요하게 여겼다. 그래서 금식, 십일조, 장로들의 유전과 전통에 매우 충실하였으며, 세리나 죄인들과는 교제하려고 하지 않았다. 그들은 겉으로 아주 경건한 것처럼 보였다. 자기의 일을 남에게 알리기 좋아하며, 잔치와 회당에서는 높은 자리에 앉는 것과 사람들이 많이 있는 시장에서 인사받는 것 그리고 선생이라 불리는 것을 좋아하였다. 그들의 모든 기준은 얼마나 율법을 알고 잘 지키는가에 달려 있었다.

그런데 이 바리새인의 율법 신앙은 소자산가들만 지킬 수 있는 율법이었다. 바리새인은 율법을 지킬 수 없는 민초들을 죄인이라 불렀다. 당대에 민초에게 율법은 지킬 수 없는 무거운 짐이었다. 그래서 그들은 죄인이 되었다.

이와 같은 현상은 오늘 예수님이 제자들에게 바리새파의 누룩을 조심하라는 현상과 관련되어있다. 바리새인들이 당시 민초에게 뒤집어 씌운 죄인이라는 개념이 바로 오늘날 능력주의와 같은 이야기임을 암시하고 있다. 예수 당시의 민초들은 바리새인들이 주입한 가르침에 따라 불행의 원인을 자신의 무능에서 찾고 자신들을 율법으로 규정지은 죄인에서 불평등의 원인을 찾은 것이다. 당시 유대 사회는 율법을 잘 지켜야 한다는 자기 착취가 율법을 통한 자기 계발이라는 이름으로 끝없이 자행되는 사회였다. 당대 능력주의자들이 바로 바리새파였다.

이 율법이 씌워놓은 죄에서 해방을 선포한 최초의 사람은 바로 세례 요한이다. 성전에서 양과 염소와 같은 비싼 제물을 바치지 않아도 요단강에서 물로 죄를 씻을 수 있다는 혁명적 죄사함의운동을 선구적으로 일으켰다. 세례 요한에게 세례를 받은 예수님은 광야에서 수련 후 갈릴리 마을에 들어오시면서 회당 밖 마을과 가정집에서 죄인을 치유하고 죄사함을 선포하셨다. 바리새인처럼 남들에게 보이기 위해 기도하고, 자랑하기 위해 금식하고, 십일조를 드리고, 율법을 문자적으로 지키는 일에만 몰두하는 형식주의, 체면주의의 가면을 "바리새인의 누룩을 조심하라" 말씀하시며 경고하신다.

김누리 교수는 마이클 샌델 교수의 『공정하다는 착각』이라는 책을 인용하면서 "능력주의가 미국 사회를 오늘날의 야만 사회로 만든 주범이다. 능력주의 사회에서는 더 힘든 일을 하는 사람일수록 그 사회적 가치를 인정받기는커녕 오히려 경멸과 조롱의 대상이 되기 일쑤다"라고 "능력주의는 폭군"이라는 칼럼을 쓴다.

샌델은 묻는다. 역사상 유례가 없는 사회적 불평등에 직면하고도 왜 사회적
약자들은 저항하지 않고 자살하거나 마약에 빠져드는가. 왜 이들은 불의한
사회에 맞서 싸우지 않고 자기 자신을 '응징'하는가. 그것이 결국 오늘날의
미국, 역사상 최악의 불평등 사회를 만들어 낸 것이 아닌가. 한국 사회가 세계
최고 수준의 갈등을 겪는 문화전쟁의 나라가 된 것이나, 노동의 존엄성이 물리

적으로나(세계 최고 수준의 산업재해 사망률), 사회적으로나(힘든 노동에 대한 멸시) 전혀 존중되지 않는 사회가 된 것이나, 세계 최고 수준의 자살률을 수십 년째 유지하는 나라가 된 것이나, 이 정도 불평등이면 옛날 같으면 혁명이 일어날 상황인데, 샌델을 읽으니 한국 사회에서 혁명이 일어나지 않는 이유를 알 듯도 하다.[10]

오늘 한국 사회는 한편으로 눈떠보니 선진국에 진입하고 있는데, 이 땅의 상층부들과 그의 젊은 아들들은 능력주의에 사로잡힌 미숙한 엘리트주의자가 되어 있고 그들 주변에 있는 서민들은 무당의 주술에 물들어 있다. 이러한 능력주의의 결론은 소모적 싸움과 신자유적 자기 착취와 자살 공화국이 되는 것이다. 타인이 착취할 때는 착취당하는 자의 내면에 착취하는 자에 대한 저항 의식이 생긴다. 그러나 스스로 자신을 착취할 때는 내면에 죄의식이 생겨난다. 이것이 바로 자기가 자기를 착취하는 능력주의 중독의 상황을 의미한다.

어떤 신학자는 오늘 한국교회가 상당 부분 이러한 바리새적 능력주의 (근본주의)에 점령당했다고 보고 있다. 이런 집단에 속하게 되면 비판 이성의 기능은 정지하고, 삶을 위한 종교가 아니라 그들의 종교를 위한 헌신과 봉사의 삶을 살도록 강요받는다. 건전한 신앙을 가진 것처럼 행세하는 이들조차도 대부분 근본주의적 편견에 깊이 물들어 있다고 본다.

이러한 맹신의 구조는 구성원의 삶을 사회에서 소외시키고 황폐하게 망가뜨린다. 더구나 근본주의 집단이 대형화되면 될수록 어리석음의 농도는 더욱 짙어진다. 대형화된 교회에서 일어나는 전근대적 세습 행위, 분에 넘치게 재산을 헌납하도록 세뇌하는 행위, 종교 행위에 헌신하도록 하는 행위 등 비이성적인 신앙을 강요하고 그에 순종하는 신자의 미덕이 높이 평가받고 있다. 특히 대형 교회들은 대부분 이런 구조 속에서 쉽게 대중을 통제한다. 합리적인 신자들은 자신이 속한 교회의 허와 실을 감지하고 일부는 교회를 떠나 가나안 신자가 되어 유랑하고 있다.11

3. 수난 경고에 앞서 열두 제자를 파송하신 예수님
(눅 9:1-6)

예수께서 그 열두 제자를 부르사 더러운 귀신을 쫓아내며 모든 병과 모든 약한 것을 고치는 권능을 주시니라(마 10:1).

사순절 수난 경고를 하기 직전 예수님은 제자들을 마을로 파송하신다. 예수님은 제자들에게 "지팡이나 주머니나 양식이나 돈이나 두 벌 옷을 가지지 말며" 복음을 전하고 병자를 고치게 하셨다. 제자들에게 가장 중요한 것은 복음을 전하는 것이다. 이 시대의 대안을 말하는 것이다. 그리고 구체적으로 아프고 약한 것을 고치는 것이다. 열두 명 단위, 마을 단위, 공동체 단위로 마을에 들어가서 전하고 고치는 것이다.

오늘 코로나 이후 아프고 죽어 가는 자가 많은 이때 길과 방향을 제시하고, 나라 곳간을 풀고, 소상공인을 지원하고, 모든 아프고 약한 것을 고쳐야 한다. 이 시대의 최대 문제는 코로나 재난으로 사회 양극화와 불평등이 더욱 심화되는 상황이다. 이것을 해결할 지역과 사회의 포용적이고 통합적인 돌봄마을 공동체를 세우는 것이 오늘 우리들의 과제가 될 것이다. 사회적 양극화와 불평등 해결은 단순히 경제적 문제 해결로 되는 것이 아니다. 건강 복지 문화 생태 돌봄이라는 포용적이고 통합적인 돌봄공동체만이 이 문제를 해결할 수 있기 때문이다.

우리가 예수의 제자들처럼 아무것도 갖지 않고 맨몸으로 마을로 들어가려면 통합돌봄마을에 대한 시민의식과 주민의식이 형성되어야 한다. 문제는 우리 사회에 포용적 통합 공동체 의식이 마을 단위로 형성되지 않았고, 마을과 지역사회가 기득권 카르텔에 둘러싸여 있고, 시민의식과 돌봄공동체 의식이 아닌 온갖 무당과 주술에 포위되어 미래가 불안한 것이다. 이러한 가운데서 마을 단위로 포용적 시민의식과 돌봄주민 의식으로 협동하기 위해 우리 약대동에 새롭게 시작되는 마을 환경생태 돌봄공동체의 움직임과 경험을 나누어 보려고 한다.

이번 약대동 환경생태 리더 교육 때 유미호 센터장님이 토트네스 전환 마을의 이야기를 들려주셨다. 마을 단위로 다양한 소그룹이 중간 리더를 육성할 때 어떻게 마을을 대량 생산, 소비, 폐기의 산업 문명에서 생태 마을로 전환해 나갔는지 생생하게 그려주셨다.

필자도 새롬 30주년 기념 안식년에 토트네스 전환 마을을 견학한 후 약대동 마을에 소그룹인 마을학당(돌봄, 생태, 문화 학당)을 세워 생태 마을로 전환을 꿈꿀 수 있었다. 이처럼 마을 단위로 다양한 소그룹이 중간 리더를 육성할 때 마을 단위로 포용적 시민의식과 돌봄적 주민 의식이 형성되고 서로 협동하는 마을이 되기 시작하는데, 이번 환경생태 리더 교육 시간에 이러한 가능성을 생생하게 들려주셔서 깊은 감사를 드린다.

그리고 주님의 고난을 기억하는 사순절을 앞두고 초기 부천 약대동 새롬 공동체의 기억이 고스란히 남아 있는 '고미애 약사 30주기 추도식' 소식을 우리 마을의 콩나물 신문이 전해 주었다. 이 기사를 다시 돌아보며 오늘 이 시대 예수께서 열두 제자를 부르고 더러운 귀신을 쫓아내며 모든 병과 약한 것을 고치는 권능을 주신다(마 10:1)는 말씀을 떠올렸다. 우리가 어디로 가야 할 것 인가를 다시 한번 생각하고 기도하는 시간이 되길 바라며 기사를 소개한다.

1986년 새롬교회는 부천시 약대동에서 어린이집을 시작했고 1990년에는 지역 최초로 새롬공부방을 운영했다. 당시 약대동은 부천에서 가장 열악한 주거 지역으로 영세 공장이 많은 곳이었다. 빈곤, 결손, 저소득 맞벌이 가정 아동과 불우 청소년이 방과 후 길거리에 방치되는 상황에서 이들을 보호하고 돌보며 함께 공부하기 위해 새롬공부방을 시작한 것이다. 매주 금요일 고 약사는 약국을 마친 피곤한 몸을 이끌고 부천 야학의 중추라 할 수 있는 새롬 공부방에 가서 공단 노동자 자녀들을 위한 자원 교사로 열정적으로 일했다. 이 상의 첫 수상자는 '주거권 실현을 위한 부천연합'이었으며, 고인이 봉사하던 약대동 지역의 '약대 신나는 가족도서관'이 상을 받기도 했다. 이렇게 한동안 고미애 약사 상이 운영되며 그 따뜻한 마음이 이어졌으나 재정상의 이유로 안타깝게도 중단되었다. 윤선희 부회장은 2016 「약사공론」과의 인터뷰에서 "약사회가 나서 고미애 약사 상을 이어갈 수 있게 노력해야 한다"고 말했다.[12]

지금 새 신자 정○○님은 중보기도회 카톡방에도 참여하시고, 성서학당에도 참여하시고, 2구역 카톡방에도 가입하셨다. 새 신자 황○○ 선생님은 교회 곳곳을 수리해 주시고 계신다. 지난주 공동의회 때 들어보니 안수집사님 권사님들도 맡긴 일들은 남김없이 감당하여 교회에 덕을 세우자고 결의하셨다 한다. 36주년을 준비하며 공동의회를 마친 새롬교회 전체에 새바람이 불고 있다.

4. 수난 경고에 앞서 소경을 고치심
(막 8:22-26)

마가복음은 길의 복음이다. 예수님과 함께 길에 나서고 예수와 함께 복음의 여행과 길을 따르고 십자가의 길까지를 따르는 것이 바로 마가의 복음이다. 이방 땅으로 가는 내내 제자들은 길가 돌짝밭, 가시덤불에 떨어진 씨앗처럼 예수님의 말씀을 이해하지 못했지만, 이때 새로운 지역 협력자들이 등장하고 있었다. 제자들과의 항해 후 예수님은 자신이 예루살렘에서 대제사장들과 서기관들과 장로들에 의해 수난당할 것이라는 경고를 계속하면서 예루살렘으로 오르기 시작한다.

이방 땅으로의 항해 이야기에 이어 예수님의 마지막 여행길인 수난받으러 예루살렘으로 오르는 이 길에서 왜 마가는 앞뒤에 맹인 치유를 배치하였는가? 이제 수난받기 위해 예루살렘으로 움직일 때 앞뒤로 맹인의 눈을 뜨게 하는 이유는 무엇인가?

이 길 위에서 우리는 예수님의 결연한 의지와는 상관없이 살아가고 있는 제자들의 모습을 보게 된다. 그들은 누가 크냐, 누가 더 위대하냐, 누가 더 똑똑하냐, 누가 더 잘났냐를 따지면서 예수의 길에 아랑곳하지 않고 자꾸만 예수를 빗나가기 시작한다(막 10:37). 발걸음은 예수와 함께 가이사랴 빌립보의 여러 마을과 갈릴리로 예루살렘으로 예수를 따라가지만, 그들의 마음은 예수의 길로부터 멀어져 가고 있다.[13] 결국 그들은 예루살렘으로 오르는 길 내내 "보지 못하고 깨닫지 못하여" 예수의 길을 제대로 따라가지 못하였고 도리어 예수의 길과 팽팽한 긴장을 더 해가고 있었다.

이제 제자들과 바다 항해 이야기가 끝나고 예수님의 이야기는 예루살렘으로 수난받으러 올라가는 이야기로 집중된다. 본문 벳새다의 소경 이야기는 예수님께서 베풀어 주신 오병이어의 이적을 생생하게 기억하고 있던 사람들에서 시작한다. 그들은 예수님께서 벳새다에 오셨다는 소식을 듣고 맹인 한 사람을 데리고 나와 예수님께서 맹인에게 안수해 주시기를 간청했다. 예수님은 그의 눈에 침을 뱉으시면서 안수해 주면서 무엇이 보이느냐고 물으신다. 이 사람은 움직이는 물체를 쳐다보면서 "사람들이 보이나이다 나무 같은 것들이 걸어가는 것을 보나이다"라고 대답한다. 그러자 예수님은 다시 한번 맹인의 눈에 안수해 주신다. 그랬더니 맹인이 주목하여 보면서 모든 것을 밝히 보게 되었다. 맹인이었던 사람이 이제 눈이 완전하게 밝아져서 세상을 바라볼 수 있게 되었다는 것이다.

우리 종교에도 마찬가지이다. 공익형 종교가 있고, 사익형 종교가 있다. 공익형 종교가 바로 고등 종교이고, 사익형 종교가 바로 사이비 이단인 것이다.[14] 사적 이익을 좇는 종교는 고등 종교가 될 수 없다. 우리 신앙이 공공성이 없고 타인에 대한 보편적 이타성이 없으면 사교이고 사이비이고 무교가 되는 것이다. 자신과 가족의 사적 이익과 욕망을 비는 푸닥거리에 불과한 것이다.

오늘 예수님이 소경에게 두 번이나 안수해서 눈을 뜨게 하신 일에 주목하길 바란다. 예루살렘 오르는 길에 제자들의 상황을 한번 보자. 그들은 끊임없이 사적인 자기주장만을 하고 있다. 이로 인해 제자들은 이미 예수님과의 갈릴리 호수 항해 중 극단적인 질책을 듣는다.

너희가 어찌 떡이 없음으로 의논하느냐. 아직도 알지 못하며 깨닫지 못하느냐.

너희 마음이 둔하냐. 너희가 눈이 있어도 보지 못하고 귀가 있어도 듣지 못하느냐(막 8:17-18).

이러한 상황에서 예루살렘 오르는 길에 세베대의 두 아들인 야고보와 요한이 등장한다(막 10:35). 그런데 그 등장이 눈살을 찌푸릴 정도로 꼴사납다. 그들은 다른 제자들 몰래 예수님께로 다가가서 우리가 당신께 구하는 것은 무엇이든 들어 달라(막 10:35)고 하며 청탁(請託)한다. 그러자 예수께서는 "내가 너희에게 해주기를 원하는 것이 무엇이냐?"(막 10:36)고 묻는다. 대답인즉 당신이 영광을 받으실 때, 우리를 하나는 오른편에 하나는 왼편에 앉게 해 달라(막 10:37)는 것이다. 예수님의 등극(登極)을 염두에 두고 지금 한 집안의 두 형제가 '우의정, 좌의정' 자리를 달라는 사익 추구형 제자들이 바로 야고보와 요한이었다.

오늘 한국의 K 문화 콘텐츠 등을 보면 우리나라가 세계적인 문화 강국이 되었지만, 정치 지도자들과 신앙인들은 보면 아직도 우리 정치인들이나 종교인들이 너나 할 것 없이 사적 욕망 채우는 일에 급급하다.

최근 "한국 기독교인들아 깨어 일어나라" 하는 성명서를 보니 "근래 한국인의 자본주의적 에너지와 욕망은 미국인을 넘어서고, 최대한의 노력을 쥐어 짜내는 집요함은 일본인을 능가하고 있다"라는 평가도 나오고 있다. 여기서 긍정과 부정이 모두 들어가 있는 평가가 나오기까지 한국 사회 근대화와 민주화의 밑바탕에 한국 기독교가 핵심적인 정신적 추동력 역할을 해 왔다는 것을 부인할 수 없다. 그러나 오늘 기독교는 세상에서 가장 좋은 것을 소유하고 있고, 이생 이후의 생까지 영원히 보장받았다는 기득권 의식(영생 또는 천국)은 일종의 영적 특권의식으로 변하여 일부 특권자들이 영을 가두고 독점하는 영의 사유화(enclosing)

가 일어나고 있다.15

오늘 본문에서 예수님이 맹인에게 한 첫 번째 안수는 사적 욕망과 영적 독점과 영적 사유화를 넘어서지 못했는데, 두 번째 안수로 공익형 리더가 되고 영의 사회화와 공유화가 시작되었다는 것이다. 오늘 예수님이 다시 맹인의 눈에 안수해 주신 이유가 바로 이것이다. 두 번째 안수를 받자 첫 번째 안수로 사람과 나무같은 것이 희미하게 보이는 수준의 맹인의 눈에서 다시 안수하니 눈이 완전히 밝아졌다는 것이다.

오늘 이 시대에 바로 이러한 영의 공유화와 공익형 정치인 신앙인 리더가 필요하다. 실천신대 조성돈 교수는 이를 "오늘 교회에서도 교회가 대형화되고 기득권화되면서 사회와 마을과 소통하려 하지 않는 내적인 매커니즘으로 돌아가다 보니까 교회에 공공신학과 마을교회가 필요한 때가 되었다"라고 이야기한다.16 바디매오 치유 사건은 이제 새로 봄의 사건이 어떻게 예수의 수난에 동참하고 따르는 것으로 연결되는지를 알려준다.

본문은 예수를 따라가지만, 마음은 예수의 길로부터 멀어져 가고 결국 예수의 길을 배반하고 이탈하기 시작하는 제자들과 뚜렷이 비교되는 모델로, 벳세다의 맹인을 두 번의 안수를 통해 완전한 무지의 상태에서 시작하여 불완전 이해를 거쳐 완전한 이해에 도달한 인물로 묘사하기 시작한다.

뒤이어 10장에 나오는 맹인 바디매오의 치유 사건은 영적인 안목으로 새로 봄 사건이 어떻게 예수의 수난에 동참하고 따르는 것으로 연결되는지를 알려주는 중요한 신앙의 지표를 제시하고 있다. 맹인 바디매오가 등장할 때 예수님은 가던 걸음을 멈추신다(10:49). 그리고 맹인(바디매오)을 부르라고 하신다. 그래서 사람들은 그 소경을 부른다. 그러자 그는 겉옷을 벗어 던지고 벌떡 일어나 예수께로 왔다(10:50).

예수님께서는 그에게 이렇게 말한다. "내가 너에게 해주기를 원하는 것이 무엇이냐?"(10:51) 그러자 그 소경이 "랍비여, 제가 보기를 원합니다"라고 말한다. 여기서 우리는 맹인과 제자들 사이의 중요한 차이를 보아야 한다. 우리가 앞에서 예수님이 제자들에게 물으실 때, 제자들은 당신이 영광을 받으실 때 우리를 하나는 오른편에 하나는 왼편에 앉게 해 달라(10:37)고 한다.

그러나 맹인 바디매오는 "랍비여, 제가 보기를 원합니다"라고 답한다. 질문에 대한 답변이 제자와 바디매오가 다르다. 예수께서 그에게 "가라. 너의 그 믿음이 너를 구원했다"(5:52)라고 하신다. 이윽고 그는 다시 보게 되었고 그 길에서 그를 따랐다.

우리는 여기서 영적으로 눈을 뜬다는 것이 무엇인지 깨달을 수 있는데, 그것은 십자가를 지고 예수를 따른 사람만이 영적인 눈을 뜰 수 있다는 사실이다. 영적으로 눈을 뜨려면 바디매오처럼 그 길에서 '예수를 따라나설 때' 우리의 영적인 눈이 열린다는 것이다. 자기 십자가를 지고, 예수님을 따라나서는 사람만이 영적인 눈이 열려 길을 찾을 수 있는 것이다.

5. 세상 권세의 예수님 배척과
예수님의 강한 자 결박하기
(막 3:20-30)[17]

예수님의 배척 이야기를 보면 처음에는 모두 그를 찾았고, 많은 사람이 모였고, 예수님이 말씀하시고 병자를 고치시는 문 앞에는 자리가 없을 정도로 인기가 상승곡선을 그렸다. 그러나 예수님은 세리와 죄인들과 어울려 지내기를 즐겨 하시고 율법 비판을 시작하자 엄청난 비난과 적대가 일어났다. 갈릴리의 고향 마을처럼 가버나움에서도 예수님을 거부했다. 이 소문을 들은 예수님의 가족이 그가 미쳤다며 붙잡으러 내려오고, 예루살렘에서 내려온 서기관들은 예수님의 치유 능력이 바알

세불이라는 귀신의 두목으로부터 온다고 시비를 걸기 시작한다.

마가복음에서는 군중이란 말은 권리를 박탈당한 사람과 같은 의미가 있다. 가난한 사람, 실직자, 난민, 환자, 부정한 사람들이 바로 그들이다. 그리고 예수님은 권리를 박탈당한 가난한 사람, 실직자, 난민, 환자, 부정한 사람들을 위해 계속 귀신을 쫓아내시는데, 마가복음에서는 귀신 쫓는 일(사회악 제거)이 설교만큼이나 교회 사명의 핵심이 되어야 한다고 한다.18

그런데 지금 예루살렘에서 내려온 서기관들은 예수님이 사람들에게서 귀신을 내쫓는 힘이 바알세불에 신접했기 때문이며, 결국은 귀신 왕의 힘을 빌려 귀신을 쫓는 것이라 하고 있다. 예수의 삶에서 카리스마가 가장 집약적이고 농축적으로 발현되는 행위는 기적, 특히 치유(治癒)와 축귀(逐鬼) 현상일 것이다. 일명 바알세불 논쟁은 역사적 예수와 축귀의 기적 그리고 하나님 나라의 관련을 밝히는 중요한 이야기이다.

이처럼 하나님의 일은 세상의 권세와 지배체제에의 눈에 위협적으로 비치므로 감시와 배척과 핍박이 뒤따르기 마련이다. 예수님이 하나님 나라운동을 할 때 이 일을 적극 배척하는 두 세력이 있는데, 첫 부류는 예수님이 미쳤다고 잡으러 온 가족들이었고, 또 다른 부류는 예루살렘에서 내려온 서기관들로서 이들은 예수가 가난한 자와 약자를 치료하는 것에 대해 심한 불만을 가졌던 세력이다.

이에 대해 예수님은 "사람이 먼저 강한 자를 결박하지 않고는 그 강한 자의 집에 들어가 세간을 강탈하지 못하리니 결박한 후에야 그 집을 강탈하리라"(막 3:27)라고 하시면서 하나님 나라는 악하고 강한 세상 권세를 결박할 때 임한다고 이야기하고 계신 것이다.

오늘 우리 안에 악하고 강한 결박해야만 할 권세는 무엇일까? 첫째가 세상의 강한 권세들이다. 주식과 부동산 난방비 등으로 경제를 망하게 하는 실체들, 젊은이가 퇴직금 50억을 받아도 법적으로 문제가 되지 않고 기회가 되면 전쟁을 꿈꾸는, 이 시대의 강한 자들의 동맹체를 묶고 결박해야 한다.

성서에는 이 강한 자를 결박하기보다는 닮으려는 우리의 모습을 바리새와 헤롯의 누룩이라고 하였다. 이들이 지금 역으로 예수님을 바알세불이라고 음모하는데, 본문의 예루살렘에서 내려온 서기관들이 바로 그들이다. 우리는 바로 이 지역의 바리새인과 중앙 예루살렘에서 내려온 서기관들의 누룩을 성령의 지혜로 간파하고 이런 힘센 자들의 권세를 결박해야 한다.

두 번째로 본문에서 예수님을 미쳤다고 하는 예수님의 가족처럼 우리 주변에 가족과 같이 가까운 자인 강한 자들을 결박해야 한다. 그들이 예수의 가족과 제자들이고 우리 자신이다. 오늘날의 가족들이란 하루 종일 나와 가족에만 올인해서 가족 이기주의에 매몰되어 있다. 이러한 가족 이기주의로 어떻게 밖에 나가 이웃이라는 낯선 존재를 사랑할 수 있겠는가? 우리의 자기애와 가족 이기주의가 결국은 부동산 영끌족과 주식 투자와 투기로 모든 힘을 모으게 했다. 이제 부동산 하락이 이런 한국 사회를 무너뜨리고 있고 가족과 공동체를 해체시키고 있기에 이 가족이기주의라는 강한 권세를 결박하여야 한다.

셋째로 우리 안에 고립된 '나'라는 동굴 안에 있는 나르시시즘을 결박해야 한다. 이 시대의 서울 청년들 13만 명이 고립되어 자기 방 밖으로 나오질 못하고 있고 나 홀로 가족이 400만 명이라 한다. 가스 교통비 물가 오르는 것보다 더 무서운 맘몬은 우리의 일상생활을 지배하는 자기애라는 나르시시즘이다. 자기애에 중독되면 예수를 따르기보다 배척하고 늘 자기라는 동굴로 도망가기 때문이다.

더구나 나르시시즘이라는 자기애가 각자도생의 신념과 만나 우리 교회와 공동체에 들어오기 시작하면 교회 자체가 동굴화되고 바리새와 헤롯의 누룩을 흠모하는 세상 권세가 공동체를 지배하기 시작한다. 세상 권세가 교회에 침투하고 권세를 잡기 시작하면 이들은 예수님의 하나님 나라운동을 바알세불의 힘으로 하는 것이라 비난하며 하나님 나라운동을 배척하고 신앙 공동체를 붕괴시킨다.

그래서 초대교회는 아나니아와 삽비라 사건을 통해 이 자기애라는 나르시시즘이 어떻게 공동체를 무너뜨리는지 경고하며, 아나니아와 삽비라 부부에게 심한 벌을 내린 것이다.

우리 믿는 자들은 우리 안에 강한 동굴 자아들이 추구하는 것이 예수님의 하나님 나라 공동체운동을 붕괴시키는 맘몬의 권세임을 깨달아야 한다. 그러므로 우리는 이 고립된 동굴 안에 갇힌 자기애를 결박하고, 동굴을 박차고 예수님의 공동체 앞으로 힘차게 나가야 할 것이다.

6. 변화산, 수난 경고 십자가 행진

(막 9:5-13)[19]

변화산에서 만난 모세와 엘리야는 누구인가?

엘리야	모세	예수님
바알 선지자들과 싸우다가 이세벨에서 쫓겨 로뎀나무 아래에서 탈진하였을 때, 하나님이 먹이시고 칠천 명을 예비하셨다.	십계명을 받으러 시내산에 올라갔을 때, 백성들이 금송아지 우상을 섬기고 하나님을 배반하여 두 번째 율법판을 가지고 시내산에 올랐다.	하나님 나라 운동은 모세와 엘리야처럼 고난을 당하지만 하나님이 다시 살리실 것이라는 믿음으로 십자가 결단을 하신다.

베드로의 천막 세 개를 짓자 ⇒ 산밑으로 내려와 예수의 수난경고와 십자가로 변화

예수님께서 변화산에 계실 때 산 아래에서는 어떤 귀신 들린 아이를 그 아비가 제자들에게 데려와서 고쳐 달라고 하며 "저가 간질로 심히 고생하여 자주 불에도 넘어지며 물에도 넘어지는지라"(마 17:15)라고 이야기하나, 제자들이 그 병을 고치지 못하고 있었다. 산 아래 상황을 전혀 알지 못하는 채 산 위에서 베드로는 모세와 엘리야가 주님과 함께 천막을 치고 이곳에 있는 것이 좋겠다고 하고 있다.

제자들의 능력 없음과 실패의 이유

가라사대 엘리야가 과연 먼저 와서 회복하거니와 어찌 인자에 대하여 기록하기를 많은 고난을 받고 멸시를 당하리라 하였느냐(막 9:12).

본문의 변화산과 그 아래 거품을 물고 다니는 아이의 치유 사건에서 예수님은 한 번 더 방향을 틀어 수난의 현장 아래로 내려가신다. 이제 제자들도 더 높은 자리에 연연하지 않고 내려가 고난의 십자가를 지기 위한 기도가 필요하다.

갈릴리의 기적 치유 축제만으로 이 세상 권력자가 득실거리는 지금의 위기를 극복하기는 부족하다. 이제 우리도 십자가를 이해해야 하고 우리 몫의 십자가를 질 때다. 기적, 우리가 다시 십자가를 지는 훈련을 해야만 부활할 수 있고, 이러한 변화와 치유를 위해 기도가 필요하다는 것이 바로 변화산 사건이다.

변화산 이야기를 통해 십자가 이야기에 깊이 들어가 보기 위해 해방 신학자 김근수 선생님의 "억압하는 사람들과 싸우는 예수"라는 칼럼을 함께 읽어보면서 예수님의 갈릴리에서 예루살렘으로의 방향 전환의 이유를 알아보자.

갈릴래아 예수는 한 마디로 억압받은 사람들을 위로했다. 예수의 갈릴래아 활동 시절, 두 주인공은 억압받은 사람들과 예수였다. 예수는 질병, 가난, 차별, 정치적 억압에 시달리는 사람들을 행동, 말씀, 대화, 식사를 통해 위로했다. 그런데, 억압받은 사람들은 예수 행동과 말씀에 감사하고 감동했지만, 결국 예수를 떠나고 말았다. 억압받은 사람들은 자신들을 위로하고 사랑을 베풀었던 예수를 왜 버렸을까. 예수는 이 질문을 심각하게 고뇌했고, 드디어 해답을 찾았다. 예수는 억압받은 사람들을 위로했지만, 억압하는 사람들과 싸우지 않았다. 억압받은 사람들은 이런 갈릴래아 예수에게 실망했던 것이다. 예수는 자신에게 모자란 점을 깨달았고 곧 생각과 행동을 바꾸었다. 예수는 억압하는 사람들의 고난을 함께 나누지 않았고 그들과 함께 싸우지 않았다. 예수님의 수난 경고와 변화산 체험은 민중들의 고난에 동참하고 싸우고 수난당할 것을 결단한 것이다. 그래서 예수는 억압받은 사람들이 많이 살던 갈릴래아를 떠나, 억압하는 사람들이 주로 살던 예루살렘으로 십자가 행진을 시작하고 있는 것이다. 예루살렘 예수는 한 마디로 억압하는 사람들과 싸웠다. 예수의 예루살렘 활동 시절 두 주인공은 억압하는 사람들과 예수였다. 예루살렘 예수는 억압하는 사람들과 자주 말다툼했고, 예루살렘 성전에서 항쟁을 벌였다. 억압하는 사람들은 곧 유다교 지배층과 로마 군대였다. 이스라엘을 점령했던 로마 군대와 결탁했던 유다교 지배층은 예수를 체포하여 로마 군대에 넘겼다. 사회 질서를 어지럽혔다는 이유로 로마 군대는 예수에게 사형 판결을 내렸고, 정치범에게만 해당되는 십자가 처형을 집행했다.[20]

현 한국 사회에 긴급한 생명과 돌봄의 위기의 문제를 제기함으로써 생명 문명 순례운동의 출발점에 선 우리가 가장 먼저 시작할 수 있는 출발점을 제안하고자 한다.

먼저 이태원 참사, 우크라이나전쟁, 튀르키예–시리아 지진 재해구호 등 재난 상황에 대해 생명 문명적 대처가 절실하다. 또한 이 시대의 청년과 중년들은 영끌 부동산 투기와 빚투 주식 투자에 몰입하다가 부동산이 폭락하며 길을 잃어버리고 있다. 이제 최후의 공유지인 지역 공동체가 붕괴하자 각자도생이라는 고립과 동굴들이 창궐하며 방안

숨은 은둔형 외톨이 청년이 서울에만 13만 명이 있다는 소식을 뉴스를
통해 듣고 있다.

지금 한국 사회의 부동산과 아파트와 주식이 가족과 공동체를 해체시
키고 있다. 공동체가 붕괴된 오늘 이 시대의 청년들이 고립되어 있을
뿐 아니라 나 홀로 가족도 400만이라 하는 이 위기의 시대에 총회적
생명 문명 순례[21]의 시작점인 지금의 시점에서 마을 단위로 어르신과
청년을 포괄하는 3~5가구의 돌봄 주거 공동체와 생명 돌봄마을 공동체
목회가 긴급히 요청됨을 알린다.

이를 위해 한국교회는 어르신 청년 포함하여 공동 주거를 구상하고,
교회와 지역사회가 협동하여 반찬과 문화와 의료를 제공하는 생명 돌봄
마을과 돌봄 주거 프로그램을 마련해야 할 것이다. 이러한 돌봄마을
통해 마을 곳곳에서 청년들과 신중년들을 생명 돌보미로 양육하여 생명
돌봄마을의 부흥을 꾀하며 평신도들을 마을 선교사로 제자 삼아야 할
것이다.

사순절 기간 예루살렘 성전 안의 4가지 움직임

- 예수님의 수난경고, 예루살렘 입성과 십자가 행진
- 제자들의 배반, 부인, 도망
- 예수님의 십자가 행렬에 지나가다가 얼떨결에 십자가를 지는 구레네 사람
- 예수가 하나님의 아들임을 알아보는 백부장과 시신을 거두는 아리마데 요셉, 무덤까지 따르는 세 여인

=> 힘은 없지만 예수의 마지막 십자가길에 동참, 협력, 연대한 사람들
   작은 연대와 협력하는 이들이 있기에 부활의 아침이 가능함

7. 우리는 어찌하여 능히 그 귀신을
쫓아내지 못하였나이까

(막 9:28)

오늘 본문의 가이샤랴 빌립보에서 베드로의 신앙고백은 마가복음의 전체 흐름의 전환점이다. 예수님은 갈릴리와 데카폴리스 사역 전체를 마무리하고 이제 곧 예루살렘을 향하여 여정을 떠나 그곳에서 맞이할 십자가를 향하여 나아간다.

바로 그때 열두 제자 중에 베드로와 요한과 야고보가 동참한다. 예수님과 그 일행이 변화산에서 영광중에 변모된 모습을 보고 황홀경에 베드로는 자신도 알지 못하는 말을 한다. "여기가 좋사오니"로 대변되는 변화산 신드롬에 빠진다. 이 여기가 좋사오니 신드롬은 사역을 해야 할 현실을 무시하고 은혜와 영광의 자리만을 추구하는 전형적인 이기적 욕망을 반영한다.

이처럼 제자들은 예수님이 어떤 운명을 맞이하고 계신가에 대해서는 알려고 하지 않고 자신들에게 주어진 소명과 사명이 무엇인지를 잊어버린다. 또 지금 산 아래에는 어떤 일이 일어나고 있는지 헤아리지 못한다. 이처럼 베드로 일행이 영광에 취해 있을 때 변화산 아래에서 간질에 걸린 어린아이가 거품을 물고 쓰러지고 있었다. 변화산 아래 마을에서 생명을 죽이는 권세의 모양을 오늘 본문은 너무 잘 묘사하고 있다.

이에 데리고 오니 귀신이 예수를 보고 곧 그 아이로 심히 경련을 일으키게 하는지라 저가 땅에 엎드러져 굴며 거품을 흘리더라. 예수께서 그 아버지에게 물으시되 언제부터 이렇게 되었느냐 하시니 이르되 어릴 때부터니이다. 귀신이 저를 죽이려고 불과 물에 자주 던졌나이다. 그러나 무엇을 하실 수 있거든 우리를 불쌍히 여기사 도와 주옵소서(막 9:20-22).

"우리는 어찌하여 능히 그 귀신을 쫓아내지 못하였나이까" vs 이런 류의 일을 하려면 기도가 아니면 안 된다.

이러한 상황 가운데 귀신 들린 아이를 치유하지 못한 제자들에게 "이르시되 기도 외에 다른 것으로는 이런 유가 나갈 수 없느니라 하시니라"(막 9:29) 하는 예수님의 말씀을 한번 새겨 보겠다. 오늘 우리의 기도는 무엇인 문제인가? 바리새인와 헤롯은 기도하지 않는가? 오히려 그들이 거리에서 기도하고, 금식하며 열심히 기도하지 않는가? 그러면 예수님이 제자들에게 가르치려는 것은 어떤 기도인가? 회당 안과 외식하는 바리새인의 기도와는 다른 새로운 기도를 요청하고 계신 것은 아닌가?

회당과 바리새인들 사이에서만 통하는 위선적이고 인습적인 기도가 아니라, 변화산에 올라가 이곳에 천막을 짓고 여기가 좋사오니 하는 제자들의 기도가 아니라 지금 귀신 들리고 물과 불에 마구 뛰어드는 사람들을 살리고 구하고 변화시키는 새로운 기도여야 하는 것이다. 다시 말해 변화산 아래 마귀가 들끓는 회당과 성전과 교회 바깥에서도 통용되는 기도를 하지 않는 한, 우리는 그 귀신을 쫓아내지 못할 것이다.

이번 선거에서 검찰 언론 무당의 수구 기득권 카르텔 세력을 적극적으로 지지한 한국교회는 주술 무당과 같은 차원의 종교로 경멸과 외면을 당하고 있다. 오늘의 상황은 수구 극우 세력들의 카르텔과 플랫폼들이 선거에 이긴 후 검찰 공화국이 되어 다시 예수를 십자가에 매다는 사순절의 형국이다. 이번 선거는 완전히 기울어진 언론 사법 종교 플랫폼운동장

속에서 치러짐으로써 4.7프로라는 딱 신천지 교인 수인 30만 표로 졌다
고 한다.

우리는 이번 선거를 통해 180석이나 되는 국회 의석을 몰아 주었음에
도 검·언 카르텔이 편 먹고 신천지 같은 사이비 종교 세력을 동원하며
정권을 가져가는 대의 민주주의 체제의 무력함을 본다. 오늘 한국 기독교
는 변화산에서 "여기가 좋사오니" 하고 모든 힘을 세상의 마귀와 귀신에
게 맡기고, 산 밑에 사람들은 거품을 물고 구르며 불과 물에 뛰어드는
상황에 맡기고, 회당과 성전의 신앙인과 같이 자신들만 알아듣는 위선적
기도를 하는 것이 아니라 저 거품 물고 구르고 물불에 뛰어드는 사람들을
살리는 새로운 기도를 하며 새 세상을 위해 저 산 아래 도시와 마을로
뛰어들어야 하는 것이다.

사순절과 대선 후 지금 이 싸움은 공중 권세를 이룬 수구 기득권
카르텔과 '시민, 마을공동체 플랫폼'과의 영적 싸움이다. 미래는 플랫폼
vs 플랫폼의 싸움이라고 한다. 언론, 검찰, 재벌, 우파 종교 지도자,
주술사 등이 모두 연합된 수구 플랫폼과 '촛불 시민사회와 마을 플랫폼'과
의 대결 양상인 것이다.

이제 우리는 예수님이 가르쳐 주신 새로운 류의 기도를 다시 시작해
야 한다. 예수님의 마당(플랫폼)과 에클레시아를 다시 세워야 한다. 예수
님을 따르는 초대교회는 당시의 교회를 기존 성전이나 제단, 회당과는
다른 에클레시아로 선포하였다. 이는 예수님의 하나님 나라가 유대 종교
에 갇혀 있는 것을 원하지 않으셨기 때문이다. 교회가 유대교와 같은
단순한 종교를 넘어 열방에 흩어져 세상을 담아낼 새로운 부대, 새로운
플랫폼과 마당이 되길 원하셨던 것이다.

왜 제자들의 기도가 힘이 없었는가? 공동체와 마당을 이루지 못한

기복적 개인 기도 수준을 넘어서질 못했기 때문이다. 코로나와 선거 이후 교회는 본격적인 마을의 마당(플랫폼)이 되어야 한다. 마을의 마당을 이루지 못하는 자기애적 나르시시즘에 빠진 기복신앙은 영향력이 없다는 것이다.

지금 우리의 마을과 지역사회는 기득권 카르텔에 둘러싸여 있고, 시민의식과 돌봄공동체 의식이 아닌 신천지와 수구 극우 종교와 같은 온갖 무당과 주술에 포로가 되어 있다. 그러므로 예수님이 제자들에게 명령한 것처럼 마을로 들어가 포용적이고 통합적인 돌봄 사회와 마을에 대한 시민의식과 주민 의식을 형성해야 한다. 예수님 시대의 성전과 회당의 카르텔과 같은 오늘 검찰과 언론과 수구적 종교 카르텔을 넘어서 예수님의 갈릴리 가버나움 마을의 마당과 플랫폼을 다시 세워야 할 때가 코로나 국면과 선거 이후, 바로 지금이다. 이제는 마을 자치를 통하여 이 사회에 진정한 민(民)이 주인되는 직접민주주의 마을 자치 시대를 위해 온 힘을 쏟아부어야 할 때가 온 것이다.[22]

8. 왜 부자 청년은 거절당하고, 바디매오는 제자가 되었는가?

(막 10:17-22)[23]

　　당시 유대교는 율법을 잘 지키기만 하면 모범생이고 훌륭한 사람이 되었는데, 이 청년이 바로 당대 유대교의 모범생이고 거기다가 부자였다. 그야말로 유대 사회의 기준으로는 모든 법을 잘 지키고 부자까지 된 완벽한 모범생이니, 그 부자 청년은 제가 모든 율법을 다 지켰다고 나 같은 사람은 당연히 구원받아야 하지 않느냐는 투로 예수님께 묻는다.

　　그런데 예수님은 한 가지 부족한 것이 있다고 말씀하신다. 그리고 가진 것을 다 팔아 가난한 사람에게 나눠주라고 하신다. 그런 뒤에 나를 따르라고 말씀하신다. 이에 청년은 실망하고 떠난다. 이 부자 청년은 진정 예수님이 누구인지를 모르는 사람이었다.

　　예수님은 누구신가? 예수님은 공생애 기간 내내 서기관과 바리새파가 규정해 놓은 규례와 정결례를 의도적으로 끊임없이 위반한 사람이다. 예수님 당시 세세하게 규정해 놓은 규례와 정결례를 위반하면 부정한 사람이 되고 그와 접촉한 사람도 부정해진다. 때문에 규례와 정결례를 지키는 일은 중요하고 민감한 문제가 되었다. 규례와 정결례 내용을 결정하는 서기관과 바리새인들은 거룩함과 의의 상징이 되었고 새로운 종교 권력으로 변질되어 버렸다.

　　예수님 당시 이런 행태는 절정에 달했고, 예수님은 공생애 기간 내내 서기관과 바리새파가 규정해 놓은 규례와 정결례를 의도적으로, 끊임없이 위반한다. 그렇다면 왜 예수님은 이처럼 정결례를 비판하셨을까?

예를 들어 보겠다. 외출했다가 들어오면 손을 반드시 씻어야 한다. 피 묻은 음식을 먹거나 만져서는 절대 안 된다. 따라서 월경 중의 여인은 가족을 피해 있어야 한다. 피부병, 혈관 질환, 문둥병, 소경, 앉은뱅이, 신체장애가 있는 사람은 무조건 부정한 사람이어서 접촉해서는 안 되고, 그들은 다른 사람들이 다가오면 자신들과 접촉하지 않도록 멀리서 "부정하다, 부정하다"라고 외쳐야 한다. 예수께서 제자들에게 바리새인과 서기관보다 더 의로워야 한다고 말씀하신 이유는 서기관과 바리새파의 의가 '껍데기 의'였기 때문이다.

왜 부자 청년과 바리새는 실패하는가? 우리가 성서를 읽고 신앙을 가지면서 가장 큰 윤리적 변화는 밖에 보이는 것 중심으로 도덕과 윤리의 잣대를 대지 않는다는 것이다. 믿음의 조상 야곱은 겉으로 보면 장자권을 탈취한 속이는 자요 야비한 자이지만, 그는 믿음의 조상 중 한 사람이 된다. 이는 성서는 겉으로 외식하는 위치나 지위보다 생존과 생명을 더 중히 여긴다는 것이다. 이러한 생명적 기준을 가지지 못한 바리새인들은 늘 사람의 다양한 피부색과 외모와 체취와 냄새, 하품 재채기 등 생리적 현상들을 지저분하고 더럽다고 여기고 이러한 것을 잘 지키느냐 못 지키느냐에 생명을 건다. 이것이 예수님이 세리와 죄인과 어울린다고 시비를 걸고, 안식일 날 제자들이 밀 이삭을 먹는다고 시비를 걸며, 결국은 안식일을 지키는 39개의 세칙을 만들어 사람을 배제하고 차별하는 바리새인의 심리인 것이다.

4.19전 후 소시민주의를 비판한 김수영 시인의 〈어느 날 고궁(古宮)을 나오면서〉라는 시를 보면 화자는 "50원짜리 갈비가 기름 덩어리만 나왔다고 분개하고… 설렁탕집 돼지 같은 주인년한테 욕을 하고… 20원을 받으러 세 번씩 네 번씩 찾아오는 야경꾼들만 증오하고 있는가"라고

이야기한다.

소시민은 항상 작은 일에 분개한다. 주차를 잘못했다고 시비를 걸고, 요즘 아이들이 버릇없다고 투덜대고, 직장 상사가, 아랫사람이 나를 불편하게 한다고 미워한다. 남의 자식이 공부를 더 잘하는 것이 배 아프고, 돈이 더 많은 것에 불쾌감을 가진다. 작은 일에만 분개하다가 나이가 들고 세상에서 한 걸음 떨어지는 노년기를 맞는다.

부자 청년의 소시민 의식이 제자의 길을 어떻게 방해하는지를 영화 〈기생충〉을 보면 더 자세히 나타난다. 주인집 사람이 그 집 운전사를 보면서 그들에게 지하철과 반지하 냄새가 난다고 한다. 이처럼 소시민 바리새인들은 늘 사람의 외모와 체취와 냄새로 사람을 구분하고 차별한다. 이러한 바리새인에 대해 예수님은 "무엇이든지 사람 밖에서 사람 안으로 들어가는 것으로서 그 사람을 더럽히는 것은 아무것도 없다. 사람에게서 나오는 것이 그 사람을 더럽힌다"(막 7:15-16)라고 말씀하신다.

오늘 부자 청년의 소시민 의식은 청년이 예수님께로 나가는 생명의 길을 방해한다. 부자들의 소시민성은 그 까탈스러운 취향으로 성서의 복음의 진리를 자잘한 계층의 취향과 도덕으로 전락시킨다. 자잘한 율법적 교양적 잣대를 들이대며 시비하고, 차별하고, 편 가르고, 혐오해서 결국 생명의 흐름을 자르고 생명의 역동성을 막고 생명을 죽이는 바리새인와 같은 사람들이 오늘 우리 가운데도 너무나 많다. 이러한 바리새적 소시민성이 결국 모든 율법을 다 지켰지만, 그 율법 지킴은 결국 생명을 살리는 길이 아니라 죽이는 길이라 부자 청년이 예수님의 제자가 되는 그 길을 막은 것이다.

왜 부자 청년은 실패하는가? 우리는 하혈병 걸린 여인과 부자 청년을 비교하면 부자 청년이 누구인지, 왜 예수를 따르는 데 실패하는가를 볼 수 있다. 유대교의 이른바 성결법전(Holiness Code)에 의하면, 여성이 생리 중인 것을 불결한 상태라고 전제하고 있다. 그 여성이 앉았던 자리, 입었던 옷, 그녀의 몸과 닿았던 것이 모두 불결하다고 한다.

하혈병 여인의 모습은 오늘날로 보면 마치 코로나에 감염되었을 법한 불결한 외양의 사람이 거리를 함부로 돌아다니는 것과 비슷하다. 이 성결법전의 율법에 의하면 하혈병 걸린 여인이 예수께 도달하는 동안 많은 사람과 접촉할 수밖에 없었고, 그 많은 사람과 예수를 종교적 차원에서 보면 오염시킨 것이다. 이것은 유대 율법 차원에서 본다면, 율법에 대한 절대적인 도전이었다.

하혈병 걸린 여인이 예수님의 옷자락만 만져도 나을 수 있다는 신념으로 예수에게로 접근하는 이 사건은 당시 율법적 윤리의 시각에서 보면 새치기요 일종의 폭력이요 불법이었기에 "누가 내 몸에 손을 대었느냐?"는 예수님의 질문에 그녀는 공포와 두려움을 느낀 것이다.

그런데 이 여인의 피가 마르는 치유는 (그녀가 그의 옷을) 만졌다는 마지막 동사에 이르러서야 클라이맥스에 도달한다.[24] 다시 말해 접촉과 만짐이야말로 기적의 시작이며 치유의 결정체라는 것이다. 예수님의 치유 기적 이야기 중 절대다수는 신체적 접촉(만짐)을 통해서 발생한다. 그 만짐은 예수님 편에서 병자를 만지는 것이었다. 그런데 이 하혈병 본문은 이 기적이 여인으로부터 시작된 것이고, 예수님이 이 여인을 고치려면 신체적 접촉을 해야 하고 만짐을 허락해야 하는데, 그것을 허락하면 예수님은 정결례를 어기는 범법자의 상황에 부닥치게 된다는 것이다.[25]

경계선을 넘어서는(boundary breaker)
예수님은 십자가를 질 수밖에 없다

경계를 넘어보지 못한 사람은
인간을 이해할 수 없다

여기서 예수님은 당시 일반 종교 지도자들과 전혀 다른 자세를 취한
다. 모든 종교 지도자는 수많은 율법을 만들어 경계선 만드는 사람
(boundary maker)이 되어 담벼락을 지키는 역할을 하여 회당 밖 병자들
을 하나님의 저주를 받은 자로 정죄하고 공동체 밖으로 추방한다. 부자
청년이 율법을 다 지켰다는 것이 이 경계선 만들기에 충실한 것이고,
모든 경건한 신앙의 출발점은 부자 청년처럼 경계선을 만들고 사람이
다가오는 것을 밀어내고 경계선을 만드는 데 충실하게 된다는 것을
암시하는 것이다. 그래서 우리가 무엇을 소유하고 갖기 시작하면 경계선
지킴이들이 되기 쉬운 것이다.

마가복음에 기록된 예수님은 경계선을 깨는 사람(boundary breaker)
으로서 경계선을 부수고 넘고 가로지르고 횡단하는 사람이었다. 이것이
예수님 신앙의 가장 큰 특징이다. 예수님이 경계를 부수어 타인과 접촉을

시도하는 그 순간 바로 예수님의 치유가 시작되고 동시에 예수님의 수난이 시작되는 것이다.

영어에서 고난이라는 말, compassion은 우리말로 자비, 사랑, 긍휼, 동정, 불쌍히 여김 등으로 번역된다. 예수님은 이 여인을 고치기 위해 여인의 만짐을 허락하다가 이 만짐과 접촉을 받아들임으로써 정결법을 어기고 수난에 이르고 이 하혈병 걸린 여인을 고치고 유대 율법의 낡은 구조악을 고친다는 것이다.

이처럼 하혈병 여인의 개인의 질병 치료는 안식일, 율법, 성전이라는 유대 사회구조에 정면으로 저항하면서 시작된다. 결론적으로 십자가를 지면서 거기서 신음하는 이들의 고통을 치유하기는 십자가의 치유(죄사함)의 능력은 이처럼 만짐과 접촉으로 인한 정결례를 위반하며 함께 비를 맞는 이 고난, 즉 십자가로부터 시작된다는 것이다.

부자 청년은 거절당하고, 바디매오는 제자가 된 이유

바디매오가 예수에게 다가간 모습을 50절은 "제 옷을 벗어 던지고"라고 그린다. 비렁뱅이는 아무것도 가진 것이 없는 자이다. 가진 것이 있다면 누더기 같은 옷 한 벌뿐인데 그가 그것을 벗어던지면서까지 예수를 따랐다. 즉, 그는 모든 것을 버리고 따른 것이다. 여기서 바디매오는 '따르다'와 '모든 것을 버리다'가 결합하여 예수님의 십자가를 만지고 접촉하고 붙드는 데 성공한 것이다.

부자 청년은 결국 십자가를 만지고 접촉하고 붙드는 수난에 동참하는 데 실패했지만, 거지 소경 바디매오는 십자가의 수난에 동참하는 데 성공했다. 우리는 여기서 영적으로 눈을 뜨려면 십자가와 접촉하고,

붙들고, 예수를 따라나설 때 비로소 바디매오의 영적인 눈이 열렸다는 사실을 분명히 깨달아야 할 것이다. 십자가를 지는 사람만이 영적인 눈이 열려 예수님의 길을 찾을 수 있는 것이다. 예수께서 그에게 말씀하셨다. "가라 네 믿음이 너를 구원하였느니라 하시니 저가 곧 보게 되어 예수를 길에서 좇으니라"(막 10:52).

마무리 기도

그러므로 여러분, 이제 우리는 성숙한 신앙은 서로에게 너무 많은 율법과 옵션을 요구하지 않도록 합시다. 우리가 타인과 만나고 접촉할 때 까다롭고 신경증적인 조건과 옵션을 폐기하고, 타인에게 멍에를 지게 하지 않고 오직 은혜와 덕으로 모든 사람을 대하고 여건이 허락하는 대로 남의 짐도 함께 지는 우리가 됩시다.

어떠한 교양과 율법과 어떠한 외면보다 중요한 것이 바로 생명입니다. 모든 바리새적 외식을 벗어버리고, 오직 가난한 자 소외된 자 약한 자의 생명과 배고픔에 집중하고 오직 말씀과 생명과 돌봄에 집중하는 사순절과 부활의 아침이 되길 예수님의 이름으로 간절히 기도드립니다.

9. 예수님의 무화과나무 저주와 성전 정화

(막 11:12-21)[26]

왜 애꿎은 무화과나무를 저주하셨는가?

이것은 성전의 불임에 대한 저주이다. 마가복음의 본문 위치를 보면 예수님의 성전 정화 사건(막 11:15-19)은 예수님의 무화과나무 저주 (12-14절) 후 그 뒤에 무화과나무가 말라 죽는 죽음(20-22절) 사이에 샌드위치식으로 끼어 있다.[27] 즉, '무화과나무 저주/ 성전 저주와 정화/ 무화과나무 죽음'의 형식으로 되어 있다는 것이다. 이 사건의 의미는 모든 당대 유대인을 억압하는 핵심적 공간이 바로 유대 성전인 것을 알고 예수님은 먼저 무화과나무를 저주하고, 그 후 성전 정화를 하고, 다음에 무화과나무의 죽음을 선포하신 것이다.

예수님이 저주하고자 한 것은 '열매 없는' 종교 제도와 그 제도를 관할한 본부로서의 성전이라는 유대교 플랫폼이었다. 예수님은 이 율법

과 안식일을 담고 있는 제사의 공간인 성전을 바로 유대인들을 억압하고 구속하는 핵심적 공간(플랫폼)으로 보고 무화과나무 저주를 통해 그 공간의 저주와 정화를 암시하고 실행하신 것이다. 열매가 없는 무화과나무가 저주받아 뿌리째 말라죽은 것처럼 열매를 맺지 못하는 성전으로 상징된 유대교야말로 예수님이 생각할 때 불임이었으며 저주받아야 할 대상이었던 것이다.

"한국 민주주의는 어디에 서 있는가? — 20대 대선 결과를 보며"라는 주제로 열린 카이로스 포럼(한국기독교사회발전협의회 주최)에 다녀왔다.

한국정치평론가들은 이번 대선 패배의 최대 원인으로 부동산을 꼽고 있다고 한다. 서울 31만 표 차가 결국 두 후보 간 0.73%, 25만 표 차이를 만들어 냈다는 것이다. 집값이나 전셋값이 높을수록 비례하여 한 후보의 지지도가 높고, 반대로 낮을수록 다른 후보의 지지도가 높다. 실제로 후보자는 서울 중심부와 강남 3구에서 참패한다. 교회는 과연 이 문제에 대한 해법을 제시할 수 있을까? 부동산 욕망을 거스르는 신앙과 대안을 만들 수 있을까? 그 욕망의 방향을 공동체를 세우는 방향으로 돌릴 수 있을까? 2030은 왜 보수화되었는가?

한국교회의 정치적 성향은 일반 국민과 같다. 그러나 소위 교회의 지도자, 즉 목사, 장로들이 일반 국민보다 보수적이고, 교회를 오래 다니고 신앙이 좋다고 할수록 보수적이라는 권혁률 기자의 평가가 있었다. 이번 광주에서도 어느 지역은 특정 정당에 40%의 몰표가 나왔는데 이유는 부동산의 영향과 그 지역의 초대형 교회의 영향이라는 이야기가 나왔다. 한국교회가 신앙이 좋을수록 오래 다닐수록 교회가 클수록 한국 사회에 오히려 부정적이라면, 한국교회의 신앙을 전면적으로 재편하고 재교육해야 할 시점인 것이다.

가정-교회-마을연구소 대선 번개 토론회 요약

대선 후 한국교회는 교회 내적 차원으로 공부하고 질문하는 그리스도인을 키워내어야 하는데, 이를 위해 기독교 가치를 담은 성경 공부 교재를 만들어야 하고 기독교 가치를 공공가치로 살아내는 대안 공동체를 형성하며 이러한 공공적 가치를 교회를 넘어 마을 단위에서 실천하기 위해 시민 차원의 의식을 각성하는 시민교육을 위해 마을대학 실행하고, 바닥에서 직접민주주의를 실천하는 마을 자치를 지향하여야 한다. 이제 마을교회는 개교회를 넘어 지역과 교회가 함께하여 마을 단위에서 민주주의를 실현하며 공적 가치를 살아가는 마당(플랫폼)을 만들어가며, 이것을 전국적으로 연대하여 국가적 차원에서 영향력을 나타내는 역량을 기르는 마을 플랫폼 교회로 전환되어야 한다.[28]

결론적으로 우리 교회는 이제 이 예수님처럼 율법 중심 건물 중심화되는 교회를 정화해 나가야 한다. 그때 우리는 성전주의자 율법주의자 건물주의자로부터 예수님처럼 고난당하고 수난당할 것이다. 그리고 십자가에 매달리지만 결국 그 무화과나무는 죽고, 성전은 무너지고, 사흘 만에 건물이나 율법이나 제도가 아니라 예수님의 몸으로 우리는 부활할 것이다.

마무리 기도

주님, 앞으로 우리나라의 정치와 교회도 단기간의 선거의 이기고 짐을 넘어서서 시민교육을 위해 마을대학을 실행하고, 바닥에서 직접 민주주의를 실천하는 마을 자치 공화국을 지향하길 원합니다. 이제 우리 마을교회들은 마을 단위에서 민주주의를 실현하며 공적 가치를 살아가는 마당 플랫폼을 만들어 나가길 원합니다. 이제 직접민주주의 마을 자치와 마을대학이라는 새로운 서사와 가치와 담론으로, 전국적으로 읍면동 단위에서 마을 마당(플랫폼)교회로 새로운 전환의 움직임이 일어나길 원하오니 우리와 함께하시고 우리를 도우소서.

10. 옥합을 깨는 마리아의 자비의 정치학과
포도원 일꾼의 은혜의 경제학

유대교의 거룩의 정치학(회당)
VS 예수님의 자비와 환대의 정치학

- 로마의 지배, 특별히 세금정책으로 인해 신앙차원에서 나온 생존전략이 당대 유대인들의 인습적 지혜였다.

- 로마의 세금을 거절하면서 율법을 지켜 거룩한 백성이 될 것인가

- 자신의 죽음을 앞에 두고 유대교의 성전과 회당 (거룩한 공간)에 대항하여 시몬의 가정집에서 회당 밖 사람들을 위한 자비와 환대의 정치학

예수께서 베다니 문둥이 시몬의 집에서 식사하실 때에 한 여자가 매우 값진 향유 곧 순전한 나드 한 옥합을 가지고 와서 그 옥합을 깨뜨리고 예수의 머리에 부으니(막 14:3).

이 본문은 베다니 문둥병자의 집에서 일어났다는 것이 중요하다. 이 집은 얼마 전 마르다와 마리아의 갈등이 있었던 곳이다. 마르다가 왜 나만 봉사하느냐, 마리아에게도 봉사 좀 하라고 하는 불평이었다. 이번에는 비싼 옥합을 들고 와 깨고 예수의 머리에 붓는 여인(마리아)에 대해 바리새인과 제자들의 항의와 불평이다. 특히 유다는 그 향유가 얼마나 비싼 줄 아느냐고 비판한 것이다. 예수님의 답은 한결같다. 마르

다에 대해 "마리아는 좋은 몫을 선택했다"라고 하시고 제자와 바리새인에 대해 "너희 중 아무도 내가 곧 죽을 것을 알지 못하는데 그 여인만이 그 장례를 미리 준비하는 것"이라고 마리아를 두둔하신다.

마커스 보그라는 신학자는 유대 사회(종교사회)는 종교적인 정결의 에토스를 강화해 깨끗함/더러움, 신성/세속, 유대인/이방인, 의인/죄인, 남자/여자, 신체 온전한 사람/장애인 등의 이원적 분리를 정당화하는 신앙을 가지고 있었는데, 로마가 지배하면서 성전과 회당을 거룩의 공간으로 구별하면서 성전과 회당중심으로 율법을 지키지 못하는 사람들을 차별하고, 거룩한 성전과 회당에서 몰아내며, 당대 시민들을 파탄으로 몰아가는 소위 거룩(정결)의 정치학을 추구하고 있었다고 한다.[29]

	죄 많은 여인	예수	바리새인
율법	못 지킴		잘지킴
	죄 많음		죄 없음
향유	가지고 몸, 행동 있음		행위 없음
용서	많음		없음
은혜	많음		없음

이렇듯 깨끗함과 더러움, 의인과 죄인이라는 양극 논리를 지닌 '거룩의 정치학'이 지배 이데올로기(인습적 지혜)가 되어 서민들을 파탄으로 몰아가며 거룩의 이름으로 자비(서민)를 몰아내고 있을 때, 성전과 회당에 대비되는 예수님의 '자비의 정치학'을 드러낸 공간이 본문의 베다니

문둥병자 시몬의 집이었다.

　오늘 예수님은 "복음이 전파되는 곳마다 이 여인의 행위가 전파되리라"(막 14:9)라고 말씀하신다. 바리새인이나 제자 중 한 사람도 예수님이 무엇을 고민하고 무엇을 준비하는지 모르는 상황에서 오직 마리아만이 예수님의 죽음과 장례를 알아차리고, 향유를 깨고 예수님 앞으로 나오는 그 행동의 참 의미를 드러내는 것이다.

　너는 내게 입맞추지 아니하였으되 저는 내가 들어올 때로부터 내 발에 입맞추기를 그치지 아니하였으며, 너는 내 머리에 감람유도 붓지 아니하였으되 저는 향유를 내 발에 부었느니라. 이러므로 내가 네게 말하노니 저의 많은 죄가 사하여졌도다. 이는 저의 사랑함이 많음이라 사함을 받은 일이 적은 자는 적게 사랑하느니라(눅 7:45-47).

　다시 말해 지금 마리아가 향유 병을 들고나와 예수님 머리에 붓는 이 행위야말로 장례를 준비하는 행위인 동시에 예수님이 평생 추구한 예루살렘 성전의 거룩의 정치학과 대비되는 '자비의 정치학'이다. 마리아는 사랑과 자비로 예수님의 장례를 준비하고 있는데, 그녀의 이 사랑과 자비의 정치학이 세상을 구원할 것이라는 말씀이다.

포도원 일꾼의 은혜의 경제학

　베다니의 마리아가 예수님의 자비의 정치학을 보인 이야기라면, 포도원 일꾼 비유는 예수님의 '은혜의 경제학'을 잘 드러낸 이야기이다. 예수의 여러 천국(하나님의 나라) 비유가 가운데 "천국은 마치 품꾼을

얻어 포도원에 들여보내려고 이른 아침에 나간 집 주인과 같다"(마 20장)
는 놀라운 비유가 있다. 이 비유는 일자리가 필요한 모든 가난한 사람에게
일자리를 주라는 가르침이다. 오후 늦게까지 일자리를 얻지 못해 빈손으
로 돌아가야 할 가장(家長)과 그를 기다리는 가족을 우선 배려하고, 가난
의 문제를 해결하기 위해 실업자를 최소화하고 일자리 창출을 우선하라
는 교훈이다. 노동 시간과 관계없이 최저 생계비를 주라는 혁명적인
교훈도 포함되어 있다.

탕자와 포도원 일꾼 비유

큰형(모범생)	탕자(작은 아들)
모범을 보임	탕진
아버지의 비환대	아버지의 환대
아버지에게 화냄	은혜를 느끼고 회개

- 포도원 일꾼의 은혜와 환대의 경제학
- 먼저 온 자(불평) / 나중에 도착한 자(은혜 경험)
  = 처음 온 자와 나중 온 자 모두에게 한 데나리온씩 주는 기본 임금
- '은혜와 환대'의 경제학 실현

포도원 주인은 12시간, 9시간, 6시간, 3시간, 1시간 일한 사람들에게
차별 없이 한 데나리온을 주었다. 당시로서는 파격적인 임금 지급 방식이
다. 이 비유에서는 천국, 즉 하나님의 나라가 포도원 주인의 사정과

같다고 하였다. 일하고 싶은 모든 사람에게 일자리를 주고, 일한 시간과 상관없이 최저 생계비를 주는 것이 하나님 나라의 경제 질서라는 것이다.[30]

먼저 온 자(불평) / 나중 도착한 자(은혜 경험)
─ 처음 온 자와 나중 온 자 모두에게

늦게 참여한 포도원 일꾼도, 마리아처럼 예수님의 발치에 앉은 사람도, 향유를 깨는 사람도, 한때 아버지의 재산을 탕진한 탕자도 예수의 자비와 은혜의 마당에는 기회가 있고 자유롭게 참여할 수 있다. 이들이 참여할수록 그 마당은 더 넓혀진다. 거룩의 정치학은 포도원 농부의 비유처럼 누가 먼저 왔느냐로 사람을 가르고 예수의 마당을 좁힌다. 마르다, 마리아 이야기처럼 누가 더 봉사했느냐, 탕자의 비유처럼 누가 더 모범이냐로 마당을 좁힌다.

그러나 예수님은 '자비와 은혜의 범례'에 따라 새롭게 해석했다. 예수님은 유대 전통의 기반에서 제공되는 관습적인 신앙과 지혜의 틀 안에서 그것들을 바라보던 낡은 전통적 관점과 달리 보셨던 것이다. 예수님의 자비와 은혜의 정치학에는 누가 더 먼저 왔느냐, 누가 더 모범적이냐, 누가 더 봉사를 많이 했느냐는 유치한 율법적 잣대가 들어설 공간이 없다. 아버지의 재산을 탕진한 탕자도, 늦게 참여한 포도원 농부도, 마리아처럼 예수의 발치에 앉은 사람도, 향유를 깨는 사람도 예수의 자비와 은혜의 마당에는 기회가 있고 자유롭게 함께 참여할 수 있다. 이것이 세상을 창조하신 하나님의 은혜와 자비와 주권이다.

이것은 가족, 부, 명예, 행복 등 종교를 통해 특권과 안전을 보장받기를 원했던 당대 신앙인들에게 인습적인 지혜의 세계에서 벗어나 하나님의 은혜와 자비의 관계로 돌아옴으로써 삶의 지향점을 바꾸라는 초대였다. 예수님은 당시 경건한 종교인들의 성전과 회당 중심의 거룩의 정치학에 대해 오늘 마을 문둥병자 시몬의 집에서 자비의 정치학을 주장하신 것이다.

마무리 기도

예수님이 주목한 것은 거룩의 신앙에서 벗어난 땅의 사람들, 세리와 창녀와 죄인이었습니다. 예수님은 유대 전통의 기반에서 제공되는 관습적인 신앙과 지혜의 틀 안에서 사람을 보는 낡은 잣대를 버리고 자비와 환대라는 새로운 신앙을 가지고 사람들과 만나셨습니다. 예수님의 발치에서 이러한 자비와 환대의 말씀을 즐겨 들은 마리아만이 오늘 향유병을 깨고 예수님의 머리에 향유를 부어 아무도 알지 못하는 죽으러 가시는 예수님을 예비하고 있습니다.

이제 우리의 신앙도 우리의 가정과 교회의 행복과 안전과 특권을 보장받기 원하는 낡은 신앙을 넘어설 뿐 아니라 우리만이 거룩하고 경건하다고 뽐내며 율법의 잣대로 세리 죄인 창녀, 늦게 도착한 일꾼 탕자 등을 정죄하지 않고, 예수님의 자비와 환대의 신앙으로 받아들이는 성령의 공동체로 허락하소서.

11. 성문 밖 십자가에서 완성되는
예수님의 하나님 나라

(막 15:24-32)[31]

1. 십자가형은 로마제국과 유대 종교 권력이 공모한 정치형이다

고난주간은 주님이 예루살렘에서 한 주간 수난과 고난과 십자가에 매달린 사건이다. 이 기간을 지내면서 우리가 풀어야 할 몇 가지 오해와 기억해야 할 사실이 있다. 첫 번째가 예수님의 십자가 사건을 나의 죄를 대속하기 위한, 개인 구원을 위한 사건으로만 축소하는 오해이다.

1) 사영리, 삼박자구원, EXPLO 74 대회

사영리와 삼박자축복 교리는 EXPLO 74대회를 시발로 오늘날까지 한국교회 밑바탕에 깔려 있는 정신이 된다. 당시 교회의 흐름은 EXPLO 74로 잘 알려진 CCC(한국대학생선교회)운동과 삼박자의 조용기 목사의 순복음운동과 민중신학을 바탕으로 한 기독교 사회참여운동이었다.

사영리란 성경 66권에 나타난 구원의 원리를 네 가지로 축약시켜 놓은 것이다. 첫째, 하나님은 사랑이시다. 둘째, 사람은 죄로 인해 멸망하고 영원한 형벌에 놓여 있다. 셋째, 우리 죄를 대신 짊어지신 예수 그리스도 때문에 구원의 길이 열렸다. 넷째, 예수 그리스도를 영접하고 하나님의 자녀가 된다.

사영리가 만들어진 것은 1958년 미국 CCC 수련회에 강사로 초빙된 세일즈맨으로 거부(巨富)가 된 사람이 만든 전도 제시 방안이다. 성공적인 세일즈맨이 되는 지름길은 반복해서 사용할 수 있는 짧고 알기 쉬운, 그러나 눈에 띄는 선전 문구를 사용해야 한다. 고객에게 똑같은 내용의 말을 하고 그것을 잘 전할수록 성공적인 세일즈맨이 될 수 있다는 복음 세일즈 이론과 여기에 감명을 받은 CCC 빌 브라이트 총재가 만든 것이 바로 사영리 전도라는 것이다.

2) 사영리, 번영 신학 vs 4.3, 전태일, 세월호, 성문 밖 마을교회

1980년대 대학 캠퍼스에 앉아 있으면 CCC와 같은 대학 선교회와 UBF 같은 대학생 성서 읽기 단체가 와서 전도한다. 이들이 전도하는 내용을 보면 주로 사영리로 하는 전도이다. 74년 빌리 그래함 전도대회 이후 활동하는 청년 선교단체 분들의 사영리 전도를 듣고 있노라면 이들의 복음 이해는 당시 광주에서 양민들이 학살당하고, 젊은이들이 거리에서 최루탄을 맞고 감옥에 가고 죽어 나가는 삶과 사회적 현실과는 너무나도 동떨어진 것이었다. 어떻게 이러한 신앙이 가능하였는가?

이러한 사영리 신앙은 시대와 사회와 공동체에 대한 아무런 고민과 반성 없이 오로지 개인의 구원에 몰두해 있다. 한국교회가 이러한 사영리의 개인 구원과 예수님 믿고 성공하고 부자 되는 번영 신학에 몰두한 결과, 오늘 한국교회는 소금의 맛을 다 잃어버린 소금처럼 되어 길바닥에 내동댕이쳐지게 된 것이다. 이제 우리 기독교는 십자가 고난의 깊이를 이해하면서 바른 십자가 신앙과 신학을 정립해야 할 줄로 믿는다.

2. 우선 십자가 고난의 깊이를 이해해야 한다

첫째로 우리는 제자들의 이탈, 배반, 부인, 도망 등으로 인한 예수님

의 심리적 고통을 기억할 필요가 있다. 두 번째는 "예수에게 자색 옷을 입히고 가시 면류관을 엮어 씌우고 하여 가로되 유대인의 왕이여 평안할지어다" 하고, "갈대로 그의 머리를 치며 침을 뱉으며 꿇어 절하더라" 하는 로마 병장에 의한 조롱과 모욕과 멸시를 통한 고난을 알 필요가 있다.

그리고 세 번째는 로마의 채찍과 십자가의 고통을 분명히 기억해야 할 것이다. 로마의 십자가형에 앞서 반드시 채찍형을 하는 것은 아닌데, 예수님은 십자가형 앞에 채찍형을 먼저 받으신다. 로마가 채찍형으로 쓴 채찍은 여러 개의 가죽을 묶은 것으로, 가죽 끝에 뼛조각과 납 조각을 박아 채찍이 몸을 휘감으면 실핏줄이 터지고 나중에 동맥이 파열되고 살점이 다 떨어진다고 한다. 채찍형 이후에 있는 십자가형은 몸의 무게를 손과 발에 박은 못으로 지탱하게 하여 손과 발이 찢기고 한나절 같은 장시간 처절한 고통 속에 죽어 가는 처형 방법이었다.[32]

그래서 예수님의 무덤가에 찾아간 여인들은 심히 놀라 떨며 무덤에서 도망하고 무서워하여 아무에게 아무 말도 하지 못하였던(막 16:8) 것이다. 이처럼 마가복음의 끝은 심한 공포감으로 무덤가에서 끝나고 있다.

3. 우리는 바른 십자가 신앙과 신학을 정립하기 위해 성문 밖의 의미를 알아야 한다

히브리서 저자는 십자가 사건의 의미를 구약의 속죄 제사 전통에 비추어 해석하고 있다. 구약 유대교의 전통에서 인간의 죄를 대신하여 짐승의 피를 속죄 제물로 드리듯이 예수님 역시 당신의 피로 백성들의 죄를 하사여 주려고 십자가의 고난을 당했다는 해석이다. 히브리서 저자의 해석은 이러한 대속적 십자가를 포함하면서도 넘어선다.

히브리서에서는 예수님의 십자가에서의 죽음을 유대교의 성전 중심의 동물 희생 제사의 대속적 죽음을 포함하면서도 대속적 십자가의 의미를 혁파하고 단 한 번에 십자가 제물과 부활로 대속적 동물 희생 제사를 넘어서는데, 그것이 바로 성문 밖 예수의 십자가이다.

세상은 성문 밖의 세계를 이해하지 못한다. 그동안 성문 안의 세계에서 열심히 하나님의 말씀을 지켜 행하며 하나님의 죄사함을 받고, 복을 기대하고, 영원한 천국을 소망하고 있을 뿐이다. 히브리서 저자는 이 성문 안의 세계가 하나님께 얼마나 가증한 곳인지 보고 있다. 성문 안은 예수님을 배척하고 죽인 세력이 있는 곳이고 모인 곳이다.

히브리서 13장 13절을 보면 우리도 그의 치욕을 짊어지고 성문 밖으로 나가자고 한다. 예수님이 이 세상에 오셨을 때 예루살렘 성전은 권력을 강화하고, 부를 축적하는 데 집중하고, 사명을 망각하고 있었다. 그 결과 성전은 타락하였고 로마에 의해 70년에 무너지고 말았다.

4. 성숙한 신앙인은 유아적 대속론(개인 구원)의 한계를 딛고 성문 밖으로 나가 십자가를 지기 시작해야 한다

기독교 역사가 보여주는 분명한 증거는 교회가 교회 테두리에서 벗어나지 않고 교회 안에서 안주하며 자신들만을 위한 종교가 될 때 힘을 잃고 타락하지만, 교회가 성전 밖으로 선교의 발걸음을 옮길 때 성장할 뿐 아니라 새로운 역사를 만들어 갔다.

이제 우리는 "우리도 그분께 나아가서 그분이 겪으신 치욕을 함께 겪읍시다"(히 13:13)라는 말씀처럼 대속적 십자가를 넘어 우리의 삶을 부단히 성문 밖으로 채찍질해 나가며 예수님의 십자가를 몸의 실천을 통해서 체험하는 성문 밖 신앙으로 나가야 하겠다.

그러므로 이제 성숙한 신앙인은 유아적 대속론(개인 구원)의 한계를 딛고 성문 밖으로 나가 성문 밖의 십자가를 지기 시작해야 한다. 특별히 코로나 이후, 기후변화 이후의 새로운 예수 신앙의 방향은 여전히 사영리 '창조-타락-속죄-믿음' 수준의 개인 구원적 기복신앙이나 율법적 몽학 선생과 같은 유아적 내세 신앙을 넘어서야 한다.

그래서 히브리서는 예수님의 단 한 번의 대속과 함께 구약의 동물 희생 제사가 폐지됨과 동시에 성전의 휘장이 찢겨나가며 성문 안과 밖의 구분이 사라지고 성문 밖으로 나가 성문 밖에서 십자가를 지는 성문 밖 신앙을 이야기하고 있다. 이러한 성문 밖 신앙이야 말로 지금 코로나 이후 우리의 신앙이 나가야 할 길을 제시하고 있다.

5. 성문 밖 십자가의 부활의 희망은 무엇인가?

만약 우리가 아직도 개인의 대속적 영혼 구원과 마음의 평화 혹은 교회 성장을 위한 성공과 번영의 신학만을 가르치고 우리의 신앙이 그러한 신앙에 고립되어 있다면, 이는 지금 사회와 공동체와 인류가 당면하고 있는 위기를 은폐하고 우리의 정신을 마비 시키는 아편의 기능을 수행하고 있는 것이다.

오늘 성문 안의 세계에서는 십자가의 삶이 불가능하다. 오직 자기 행복과 자기 이름을 내세운 종교적 행위만이 넘쳐 날 뿐이다. 이제 우리가 예수님처럼 성문 밖으로 나가 세상의 모욕과 조롱을 당하고 고난 당하며 십자가에 매달릴 때 성문 안 신앙과 성문 밖 신앙이 마치 알곡과 가라지처럼 갈라질 것이다. 그러기에 이제 우리가 성문 밖에서 십자가에 매달릴 때 우리는 성문 안의 세계를 기웃거리지 말아야 한다.

'성문 안'은 종교적 만족을 누릴 수는 있지만, 그리스도의 생명이 없는 곳이다. '성문 밖'은 그리스도가 미움을 받고 죽임을 당하는 곳이다. 오늘 우리에게는 성문 밖의 생명과 부활의 신앙 체험이 필요하다. 우리는 더 이상 나 자신만 위한 삶을 살아서는 안 된다. 우리는 우리를 위하여 치욕을 짊어지고 성문 밖으로 나가신 그리스도를 위하여 살아(고후 5:15) 죽은 것 같지만 다시 사는 부활의 신앙을 체험할 때이다. 그리하면 그리스도께서 죽임을 당하신 성문 밖의 세계의 부활의 영광을 보게 될 것이고, 십자가 이후 부활의 새로운 새벽에 참여할 수 있을 것이다.

마무리 기도

주님, 지금 우리의 일상은 사실 재난과 파국 가운데 탄식의 연속입니다. 그러나 오늘 우리 새롬 공동체는 이 파국 속에서 탄식함을 통해 우리의 재난과 파국의 상황을 기억하고 해석하여 그 탄식을 공동체적 찬양으로 바꾸는 메시아적 구원의 시간을 경험하길 원합니다.
주님, 우리의 탄식과 찬양과 기도를 통한 기억의 힘만이 바로 우리의 현재의 매 순간 삶을 살아갈 수 있도록 만든다는 믿음으로, 오늘도 주님 앞에 나와 신령과 진정으로 예배드리기를 원합니다.
주님, 재난과 환난과 절망 가운데 우리가 혼자 있지 않고, 하나님과 예수님과 교우들과 이웃과 함께하며, 주님과 함께 공동체의 기억을 불러내며, 함께 드리는 이 예배야말로 구원의 날을 가까이 앞당기는 예배의 시작이고, 구원의 시작이 될 줄 믿습니다.

6장

다시 갈릴리에서
부활의 생명망을 짜라

"서로 돌봄의 그물망이 희망이 된다"

1. 공포의 동굴을 깨고 무덤에서 일어서는
나사로의 부활 신앙[1]
(요 11:17-27)

베다니는 예루살렘 동쪽에 있는 성전 앞 감람산 남동쪽 기슭에 자리한 곳으로, 안식일에도 하루 정도면 갈 수 있는(3km) 거리의 조그마한 마을이다. 문둥이 나사로와 동생 마르다와 마리아가 함께 살던 동네였으며, 슬픔의 집 가난한 자들의 집이라는 그 지명처럼 가난과 질병과 어두움으로 고통받으며 화려한 예루살렘으로부터도 버림받은 희망 없는 그런 동네였다. 오늘 주인공 나사로, 마르다, 마리아가 살던 베다니는 당시 문둥병자와 전염병 걸린 사람 등 소외된 사람들이 살던 곳이었다.

지금 베다니 마을은 죽음의 기운과 냄새와 권세가 그들을 지배하는, 시체와 같은 좌절과 절망의 마을이었다. 우리는 나사로의 부활 이야기에서 죽음의 권세하에 붕대로 묶여 돌로 입구가 가로막혀진 채로 묻힌 나사로를 보아야 하고, 예수님이 일으킨 부활 사건은 바로 이 죽음의 권세에 묶인 나사로를 일으킨 부활 사건으로 보고 말씀을 읽어 나가야 한다.

베다니에서 주님을 사랑하던 사람인 나사로가 죽었다고 예수님께 전갈이 온다. 그러나 이상하게도 예수님은 자신이 사랑하던 나사로가 죽었다는 전갈을 받고도 당장 달려가지 않고 나흘이나 지체한 후 베다니로 간다.

예수께서 가라사대 나는 부활이요 생명이니 나를 믿는 자는 죽어도 살겠고

무릇 살아서 나를 믿는 자는 영원히 죽지 아니하리니 이것을 네가 믿느냐(요 11:25-26).

예수님이 베다니에 도착하자 마르다는 "당신이 일찍 왔으면 오라버니가 죽지 않았을 것"(요 11:21)이라고 섭섭함을 표현하고, 나사로 주변 사람들은 그가 죽었고 다시는 살아날 수 없다고 난리를 치면서 "예수님이 왜 이리 늦게 나타나셨느냐"라고 한다. 그때 예수님은 무엇이라 하시는가? 그가 잠든 것뿐이고 내가 깨우러 갈 것이고, "이 병은 죽을 병이 아니라 하나님의 영광을 드러내려고"(요 11:4) 하나님이 일으킨 사건이라고 한다.

그러자 24절에서 마르다가 "마지막 날 부활에는 다시 살 줄을 내가 아나이다"라며 부활 신앙을 고백한다. 이에 대해 25절부터 예수님은 다시 이렇게 말씀하신다. "나는 부활이요 생명이니 나를 믿는 자는 죽어도 살겠고, 무릇 살아서 나를 믿는 자는 영원히 죽지 아니하리니 이것을 네가 믿느냐."

예수님은 부활을 먼 미래에 일어날 것으로 말하는 유대적 신앙을 넘어 부활이 지금 여기서 일어난다는 현재적 부활을 말씀하고 계신 것이다. 당대 유대인들의 부활 이해는 단순히 육체적 생명이 끊긴 이후의 부활만으로 알고 있었다. 부활은 죽음 다음의 먼 미래의 이야기였던 것이다. 그러나 예수님은 부활을 먼 미래에 일어날 것으로 말하는 유대적 신앙을 넘어 죽은 나사로가 다시 살아나는 부활이 지금 여기서 일어난다는 현재적 부활을 말씀하고 계신다. 그러기에 나사로는 지금 죽은 것이 아니라 잠자고 있는 것이다. 이 병은 죽을병이 아니라 하나님의 영광을 위함이요, 하나님의 아들로 이를 인하여 영광을 얻게 하려 함이라고 말씀하신 것이다. 동굴 밖 하나님 나라를 경험하지 못한 사람은 하나님의 복을 경험하지 못한다. 그러나 동굴 밖 새로운 세상을 경험한 이들은 죽은 나사로가 지금 여기서 다시 일어난다는 현재적 부활을 경험할 수 있는 줄로 믿는다.

마가복음의 부활 이야기에도 흰옷 입은 한 청년이 예수께서 여기(동굴속) 계시지 않고 한다. 당시 나사로와 마르다 마리아의 삶은 동굴 속에 갇혀 있는 삶이었다. 오늘 나사로는 동굴에 갇혀서 붕대로 칭칭 감겨있다.

그동안 코로나 재난 상황에서 우리가 사는 세상도 서로 만나고 접촉하는 것이 두렵고 무서운 상황이 되어 모든 사람이 좌절과 절망으로 괴로워하고 있었다.

> 이 말씀을 하시고 큰 소리로 나사로야 나오라 부르시니 죽은 자가 수족을 베로 동인채로 나오는데 그 얼굴은 수건에 싸였더라. 예수께서 가라사대 풀어 놓아 다니게 하라 하시니라(요 11:43-44).

오늘 본문의 마지막 장면에서 예수님이 큰 소리로 "나사로야 나오라" 하고 부르신다. 그리고 수족을 베로 동이고 얼굴이 수건에 싸인 채로 나온 나사로를 풀어주어 그를 자유롭게 다니게 하라고 하신다. 오늘 부활의 아침 우리는 부활 사건이란 단순히 죽은 다음의 문제가 아니라 지금 여기를 지옥으로 만들고 있는 죽음의 권세에 맞서 생명과 부활의 권세와 능력으로 일어나는 일임을 분명 깨달아야 한다. 그리고 예수님이 큰 소리로 "나사로야 나오너라" 하신 것처럼 아직도 각자의 동굴에 안전하고 안일하게 머물고 싶어 하는 우리에게 우리의 이름을 부르며 무덤에서 나와 자유롭게 다니라고 부르시는 주님의 그 부활의 음성을 듣고 우리 각자의 무덤에서 일어설 때이다.

마무리 기도

새롬 교우 여러분, 약대동 어르신 여러분, 지금이야말로 하나님의 부활의 능력을 경험하며 그 부활에 동참할 때임을 고백할 수 있는 은총의 시간입니다. 그동안 코로나19로 움츠렸던 우리의 삶이 바야흐로 새로운 생명의 봄을 맞이하고 있습니다. 우리 사이를 가로막았던 모든 마스크가 벗겨졌습니다. 이러한 때야말로 우리는 공포와 불안 두려움으로 더 이상 무덤 속에 묻혀서 우리 집이나 교회당 안으로 폐쇄된 것이 아니라, 오늘 예수님이 "나사로야 나오라" 할 때 무덤을 깨고 우리 약대동 마을 전체로 나서 하나님의 영광을 드러낸다면, 약대동 마을 전체는 부활의 공간과 생명의 마당이 되어 멋진 하나님 나라의 역사가 일어날 것입니다.

공포의 누룩에서 벗어나 새로운 마음을 먹고, 새 용기로 한 발짝씩 앞으로 나아갈 때, 우리는 부활의 승리를 맛보며 약대동의 부활의 아침을 맞이할 수 있음을 기도드립니다.

2. 부활한 예수, 이제 갈릴리에서 다시 만나자
(막 16:1-8)²

부활절 아침이다. 원래 마가복음은 16장 8절에서 끝난다고 한다. 여자들이 심히 놀라 떨며 나와 무덤에서 도망하고 "무서워하여 아무에게 아무 말도 하지 못하더라"라고 심한 공포감으로 무덤가에서 끝난다는 것이다. 우리는 이 공포의 마무리를 통해 십자가의 공포와 두려움의 깊이를 우선 알 필요가 있다. 예수님이 받은 고난이 어느 정도이었기에 마가의 끝이 여인들의 심한 공포로 끝난 것인가?

이번 고난주간 새벽기도회에 가장 감동적으로 읽었던 구절은 바로 사두개파와 부활 논쟁을 벌인 후 하신 마가복음 12장 27절의 말씀이다. 사두개파는 예수님께 이스라엘에서는 형이 죽으면 그 아내를 동생이 취하게 되는데, 한 여자가 남편이 죽자 차례로 남편의 여섯 동생과 결혼한 특이한 사례를 들면서 결국 7형제가 다 죽고 이들 모두의 아내인 이 여자도 죽었는데 부활하게 되면 이 여자는 누구의 아내가 될 것이냐고 비꼬아 물었다. 예수께서는 한마디로 "너희가 크게 오해하였도다. 하나님은 죽은 자의 하나님이 아니요 산 자의 하나님이시라"(막 12:27)라고 대답하신다.

부활을 자꾸 죽은 자들이나 죽은 다음의 세계에 대해 이야기하면서 쓸데없는 논쟁을 하고 있다는 것이다. 부활은 죽은 다음의 시체나 무덤이나 다음 세계에 대해 이야기하는 것이 아니라 살아있는 자들에 대한 이야기라고 대답하신 것이다. 영적인 눈을 뜬다는 것은 바디매오 이야기처럼 죽음 다음의 저세상 이야기를 안다는 것이 아니라, 고난의 십자가를 질 수 있는 깨달음이 있는 것을 의미하는 것처럼 하나님은 죽은 자의 하나님이 아니라 산자의 하나님이라는 것이다.

그 이야기 후 여자들이 무덤에 들어갔을 때 그들은 빈 무덤을 발견한다. 여기서 빈 무덤의 의미는 예수님의 시체를 무덤에서 발견할 수 없다는 것이다. 예수님은 무덤에 있지 않아 무덤은 비었다는 것이다. 예수님은 시체로 있지 않는다. 그러면 어디에 있는가? 마가복음의 예수 부활에 대한 가장 위대한 메시지는 "나는 너희보다 먼저 갈릴리에 갈 것이다. 너희들은 부활한 나를 갈릴리에서 나를 만날 것이다"(막 16:7)라는 말씀이다. "나를 무덤에서, 죽음에서 찾지 말라. 부활한 나를 만나려면, 갈릴리마을의 현장으로 오라. 그곳에 내가 먼저 가 있으리라."

이제 예수의 십자가의 수난 속에서 그리고 이 빈 무덤의 공포로 두려워 떨며 16장 8절에서 무덤에서 도망하고 무서워하여 아무에게 아무 말도 하지 못하였던 이 여인들의 두려움을 바꿀 유일한 희망은 흰옷을 입은 청년이 전해 준 갈릴리마을에서 부활한 예수를 만날 수 있다는 부활의 희망뿐이다.

예수께서 너희보다 먼저 갈릴리로 가시나니 전에 너희에게 말씀하신 대로 너희가 거기서 뵈오리라 하라(막 16:7).

가자, 갈릴리마을로. 부활한 예수는 갈릴리마을에 있다. 그러면 갈릴리란 어떤 곳이며 예수님은 갈릴리마을에서 어떻게 부활하고 계신다는 것인가? 우리가 약대동 마을에서 수없이 함께 공부한 예수님은 약대동 마을에서 갈릴리마을에서처럼 "악령을 쫓아내고 사람을 치유하고 밥상을 펴신 그 예수님으로 다시 살아나신다는 것"이다.

① 건물에서 나와 마을의 집과 집을 연결하면서 베드로의 장모의 집에서 장모를 고쳤을 때 온마을의 장모의 집 앞마당에 모였던 그 일로 부활하라는 것이다. ② 중풍 병자의 집에 많은 사람이 모였을 때 그의 친구들이 서로 협력하여 친구를 둘러업는, 그 협동의 행위로 부활하라는 것이다. ③ 알패오의 아들 레위의 집에서처럼 죄인들과 밥상 공동체로 부활하라는 것이다. ④ 안식일 "무거운 짐진자들이 바로 안식일의 주인"이라고 선포하면서 손이 마르고 위축된 사람들을 치유하는 일로 부활하라는 것이다.

새롬교회 교우 여러분, 오늘 예수님이 나를 갈릴리마을에서 다시 만나리라고 하신 것처럼 우리도 약대동 마을에서 이러한 구체적인 마을 활동으로 부활한 예수님을 만나 뵙는 여러분이 되시길 주님의 이름으로 기도드립니다.

3. 다시 갈릴리마을에서
부활의 생명망을 짜자[3]

마을로 내려오신 예수, 마을에서 만난 예수, 그 예수가 마을에서 쫓겨나 데카폴리스라는 이방 마을을 여행하고 예루살렘의 오르는 길에서부터 제자들의 예수의 길에 대한 몰이해가 본격적으로 드러나기 시작한다. 그리고 예수님은 드디어 예루살렘에 입성하셔서 갖은 모욕과 멸시를 당하시는데, 이때부터 본격적인 제자들의 배반, 부인 그리고 도망이 시작된다.

제일 먼저 부름 받은 베드로가 제일 먼저 실족하고, 가장 높이 세움 받은 제자들이 가장 깊은 나락으로 추락하기 시작한다. 예수의 하나님 나라 여행길은 결국 이렇게 끝나버리는 것 같다. 이처럼 겉으로 보기에 예수운동의 처음부터 마지막까지 함께 한 제자들이 하나둘 예수님을 배반하고, 부인하고, 팔아넘기고, 도망함으로 예수님의 하나님 나라운동은 처참히 무너지는 것 같은 비극적 상황에 도달하는 것이다. 그러면 이것으로 예수님의 하나님 나라운동은 이렇게 끝나고 마는 것인가?

그러나 이러한 제자들의 배반, 부인, 도망은 사실 예수님의 하나님 나라운동이 새로운 국면으로 가기 위해 기존의 모든 것을 해체하는 과정에 해당한다. 예수님의 심판과 죽음 이후에 예수님의 하나님 나라운동이 철저히 새롭게 시작되기 위해 예수운동은 낡은 모든 것을 버리고 해체한 후에 새롭게 시작되기 위한 준비 작업을 하고 있는 것이다.[4]

마가복음은 예루살렘에서 제자들이 배반, 부인, 저주, 도망을 반복하기 시작할 때부터 새로운 인물의 등장을 암시하기 시작한다. 바로 예수의 머리에 기름을 부은 마리아와 같이 예상치 못한 인물들이다. 그리고 오늘 예루살렘의 한복판에서 예수님의 처형 직전에 예수께서 갈릴리에 계실 때 예수를 따랐고, 예수를 섬기며 예수와 함께 예루살렘을 향하여 길을 걸었던 여성들이 등장하기 시작한다.5

이 여성들은 그동안 숨겨지고 감추어졌던 그룹인데, 남성 제자들의 배반과 부인 그리고 도망이라는 실패 이후에 본격적으로 등장하면서 쫓음과 섬김과 예수의 길을 함께 걸음과 같은 제자도를 분명히 드러내기 시작한다. 이처럼 남성 제자들이 실패할 때 여성 제자직이 완성되기 시작하는 것이다.

이제 우리의 이야기는 예수님이 예루살렘으로 오르시면서 갈릴리마을 축제의 이야기가 수난의 이야기로 바뀐다. 제자들은 도망가기 시작하고, 대중들을 십자가에 달린 예수님을 조롱 멸시하기 시작하고, 지배자들은 예수님을 고발, 재판 그리고 유대의 왕이라는 팻말과 함께 십자가에 높이 매다는 장면까지 이르렀다.

이러한 예루살렘의 하나님 나라 가는 십자가 길의 모든 이야기가 끝난 후 예수길을 따르는 마지막 남은 자들인 여성 제자들은 빈 무덤 가운데 흰옷을 입은 한 청년으로부터 "다시 갈릴리에서 나를 만날 것"이라는 부활의 메시지를 듣는다. 무덤가에서 두려움과 공포에 사로잡힌 마지막 남은 여성 제자들이 들은 부활의 메시지는 무엇을 의미하는 것인가? 왜 예수님은 무덤가에서 불안과 공포에 떠는 여성 제자들에게 다시 갈릴리에서 만나자고 하셨을까?

2천 년 전 크리스마스의 주인공인 예수도 '헬조선' 못지않은 '헬 이스라엘'에 태어나셨다. 민중은 로마제국의 폭정에 시달렸고, 부패하고 무능한 유대 종교 지도자들의 착취에 시달렸다. 유대 민중은 정치적,

경제적, 사회적으로 불안했고 절망에 빠져 있었다. 구세주 메시아를 기다리는 것밖에 희망이 없었다. 초대교회의 이러한 종말론적 신앙은 지금 세상을 지배하는 악한 것을 어떻게 심판하고 새로운 세상을 만들 것인가 하는 고민이었다.

초대교회의 신앙은 우리로 희망을 잃지 않고 새 하늘과 새 땅을 기대하고 준비하라고 명한다. 이를 위해 우리는 로마나 제국 집권자의 이야기가 아닌 새로운 예수 그리스도로부터, 아래로부터, 민(民)으로부터 오는 새로운 시대의 새로운 그림과 새로운 시나리오, 즉 예수님의 하나님나라운동을 포기하지 않고 늘 상상하고 꿈꾸고 실현할 필요가 있다.

그러면 이 세상 권세나 예수님 당시의 세상 권세였던 로마제국의 그림이나 시나리오란 무엇이었는가?

우리는 하루 24시간, 일주일 내내 많은 일을 하는 사회 속에서 무언가를 얻고 행하고 소유하려 한다. 이러한 상품 소비 시스템은 우리가 더 많이 원하고, 더 많이 소유하고, 더 많이 사용하고, 더 많이 먹고 마시기를 요구한다. 이러한 극심한 경쟁은 쉼 없이 이어지며, 더 나아가 한국 사회는 장시간 노동 이후에도 또 스펙을 쌓지 않으면 죽을 것 같은 '사람을 녹초로 만드는 무거운 짐을 진', '피로, 불안, 조울을 넘어선 탈진 사회'로 가고 있다.[6]

한국 사회와 교회는 아직도 산업화 시대의 속도와 성장, 경쟁의 세계관에 매여 있다. 속도와 경쟁, 성장의 세계관은 무한경쟁, 승자 독식의 세상을 가져왔다. 경쟁과 독식의 세계는 필연적으로 모든 문제를 개인이 해결해야 하는 불안 증폭, 피곤, 허기의 사회로 만들어 가고 있다. 이러한 사회적 분위기 속에서 오늘 우리 젊은이들뿐만 아니라 교회와 마을이 생명의 잉태와 출산의 희망을 잃었고 심리적으로 절망한 상태다.

한국 사회가 치열한 경쟁과 심화하는 양극화로 대표되는 사회적 흐름을 만들어 낸 결과, 사람들은 '가족 피로증', '공동체 기피증'을 느끼기 시작하고 있다. 이러한 흐름이 결국 결혼 기피와 저출산, 3포, 5포로 연결되어 헬조선 사회를 만들고 있고, 교회에는 가나안 교인과 탈교회의 현상을 가져오고 있다.

최근 한국의 저출생 상황은 280조라는 예산을 투자하였는데도 출산율이 0.75로 세계 최저를 기록하고 있다. 이는 돈으로 출산율을 높이지 못한다는 것을 의미한다. 근본 원인은 우리 사회가 생명을 잉태 출산 양육할 수 있는 사회적 자궁이 닫혔다는 것이다. 사회적 자궁이 닫힌 상황에서 아무리 돈을 퍼부어도 출산율이 높아질 수 없는 것이다.

이는 교회에도 적용되어야 할 이야기이다. 교회 자체가 지역사회와 마을에서 생명과 돌봄의 품(자궁)이 되지 못한다면, 코로나 이후에는 재난의 여파로 '공동체 피로증, 공동체 기피증'이라는 각자도생과 자기 애의 늪에 깊이 빠져 탈교회 현상은 더욱 심해질 것이다.

그러면 예수 그리스도로부터 오는 하나님 나라의 새로운 그림과 시나리오는 무엇인가? 부활한 예수님은 제자들보다 먼저 간 갈릴리마을에서 무엇을 다시 시작하자는 것일까? 가서 맘몬이 지배하는 불안 증폭 피곤 탈진한 지옥 같은 갈릴리마을에서 다시 지역과 마을의 십자가를 지고 생명을 살리며, 부활의 생명망을 짜며, 부활의 춤을 추자고 하시는 것이 아닌가?

이러한 의미에서 예수님의 생명 사역을 다시 한번 조명해 보자. 예수님은 "수고하고 짐 진 자들아 다 내게로 오라"는 말씀으로 세상에 품(생명을 품는 자궁)을 제공한 복음이요 사랑 그 자체셨다. 예수님은 가장 밑바닥에서 수난받는 자, 세상이 버린 자들에게 자신의 몸을 내어주는 돌봄으로 새 생명 공동체인 교회 공동체가 잉태, 출산되었다는 사실을 우리에게 온몸으로 보여 주셨다. 이후 바울 신학에서 '그리스도 안에서'라는 초대 교회 공동체 신학의 핵심도7 바로 예수 공동체인 교회가 세상에 예수 그리스도의 품을 제공할 때 그리스도 공동체라는 생명이 잉태되고 탄생하고 양육됨을 고백한 공동체의 신앙이었다.

그러면 우리는 어떻게 생명의 품을 만들어 생명을 품고 잉태할 수 있을까? 오늘 저출생, 탈교회 시대에 어떻게 그리스도 공동체의 품으로 세상을 품어 생명을 잉태, 출산, 양육할 수 있을까?

영어의 care는 '보살핌, 관심, 걱정, 슬픔, 애통, 곤경'을 의미한다. 생명체의 요구와 취약함을 전적으로 돌본다는 것, 그래서 생명의 연약함과 직면하는 것은 어렵고 지치는 일이 될 수밖에 없기에 개인이 아니라 사회 전체가 생존의 근본 요구로 이를 떠안아야 한다. 그래서 코로나 재난 이후에는 우리 사회와 교회와 마을이 이 돌봄을 한 가정이나 개인에게 미루지 않고 사회와 공동체 전체가 이를 떠안을 때만 지구와 우리 교회와 마을과 도시를 생명 공동체로 되살릴 수 있다는 것이다.

이처럼 이 시대에 지역과 마을 단위로 여성과 가정을 넘은 마을과 지역사회에 기초한 일종의 사회적 자궁이 필요하다. 문화인류학자 조한혜정 교수는 "본래 인간은 자궁에서 있다가, 환대해 주는 가족과 마을이라는 사회적 자궁으로 나오는 존재였는데 이제 그 자궁이 사라진 거"라고 이야기한다. 그러므로 우리가 저출생 문제를 풀려면 우리 사회에 새롭게 생명을 잉태하고 품을 지역과 마을 단위의 사회적 자궁이 필요하고, 그 사회적 자궁이 바로 '돌봄마을과 돌봄교회'가 되어야 하는 것이다. 그래서 우리는 우리 사회의 사회적 돌봄이 과연 어디서부터 시작되어야 하는지 그 출발점을 성찰하지 않을 수 없다.

산업 근대화의 과정은 품을 없애는 과정이었다. 산업혁명은 대가족 제도를 붕괴시켜 핵가족으로 변모시켰다. 핵가족은 대가족에서 해방되어 인간 개인에게 자유를 주었지만, 그 개인의 자유는 집(HOUSE)은 있지만 가정(HOME)이 없는 자유였다. 남, 여, 자녀 모두가 생산 현장에 나서야 했고, 피곤해서 집에 돌아오면 쉬고 싶은 사람만 있지 돌보는 사람이 존재하지 않는 동거인들의 하숙집과 같은 가정이 해체된 상황이 도래한 것이다. 가정은 하루 종일 시달린 몸을 쉬는 장소나 쉴 수 있는 품이 없는 까닭에 가족 구성원 누구도 쉬려는 사람뿐이고, 쉴 수 있는 품을 제공하는 성원이 없어서 가정이 해체되는 것이다.

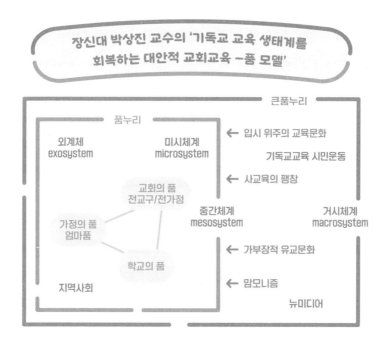

장신대 박상진 교수는 "기독교 교육 생태계를 회복하는 대안적 교회 교육 — 품 모델"이라는 논문에서 "품은 본래 한 사람의 가슴을 의미하는 것이지만 보다 공동체의 개념으로 확장되기도 한다"라고 하면서 가정의 품, 교회의 품, 학교의 품으로 확장한다. 그리하여 주일학교로 자폐된 기독교 교육의 영역을 기독교 교육 시민운동까지를 포함한 기독교 교육 생태계로서의 품 모델을 그림으로 제안하는데, 박상진 교수의 품 이야기가 마을의 품으로서의 돌봄마을의 가능성을 상상하게 한다.[8]

그러므로 교회 교육의 품 모델이 위기에 직면한 한국교회의 교회 교육과 기독교 교육에 한 줄기 빛이 될 수 있듯이, 저출생 시대에 마을과 교회가 연결된 '지역사회의 품'이 생명을 잉태 출산 양육할 수 있는 사회적 품이 되는 생명적 상상력이 가능하리라고 믿는다. 그러기에 오늘 우리 사회를 지배하고 있는 자기애적 각자도생의 생태계에서는 이 생명의 품이 생기지 않는다는 점을 주목하며 한국 사회의 저출생의 근본 원인을 사회적 품의 붕괴로 요약하고 그 대안 역시 사회적 자궁의 부활을 꿈꾸는 돌봄마을과 돌봄교회에서 출발해야 한다고 믿는다.

이제 한국교회의 교회와 목회자와 교인들은 지역과 마을의 생명망을 짜고, 생명을 살리는 돌봄교회를 세우고, 생명망 목회를 시작하는 중요한 시대가 도래하고 있음을 고백할 때이다. 지역을 살리는 생명 돌봄교회와 목회의 첫 번째 단계는 지역의 학습 문화 돌봄 생태계를 생명의 돌봄망으로 잇는 것이다. 돌봄교회의 두 번째 단계는 교회 안의 신앙적 생태계와 교회 밖 마을 생태계를 지역 돌봄 심방의 개념으로 묶어 교인들만 심방하는 것이 아니라 지역사회와 마을을 심방하여 생명을 살리고 돌보는 것이다. 세 번째로 이제 마을 돌봄교회들은 건물 중심으로 모이는 교회를 넘어 마을 곳곳으로 움직이고 이동하는 돌봄 캠프가 되어 마을 곳곳을 생태적-건강적-문화적-영적 돌봄공동체(커뮤니티 돌봄센터)로 변화시킬 뿐만 아니라 마을공동체 단위로 질병 예방과 치료를 준비하는 돌봄마을 공동체를 준비해야 할 때다. 이처럼 코로나 이후 마을목회는 돌봄마을을 향해 가고 있다. 오늘 사회와 마을 곳곳에서 생명이 붕괴되는 이러한 긴급한 상황 속에서 본격적인 마을 생명 돌봄 목회를 위한 세 가지 사역을 제안해 본다.

첫째, 마을 단위로 돌봄교회와 돌봄마을을 세워 교회와 마을이 서로 협력하여 주거, 의료, 음식, 에너지가 순환하는 마을 순환경제와 사회적 연대경제의 시스템을 구축해야 한다. 둘째, 돌봄마을과 돌봄교회가 서로 주거, 의료, 음식, 문화를 지속적으로 나누기 위해 도시와 마을 단위로 마을목회 훈련 프로그램이 절실하다. 그리고 이러한 생명돌봄마을의 부흥과 생명 돌봄의 일꾼의 탄생을 위해 마을 단위로 시민, 청년, 신중년, 평신도용 돌봄 영성 훈련 프로그램과 어르신과 청년을 포괄하는 돌봄 주거 공동체 건설과 이와 함께 하는 생명 돌봄마을목회가 긴급히 요청된다.

결론적으로 코로나 이후 저성장, 저출생, 탈종교 시대의 대안은 물질이 풍요로운 시대를 넘어 생명과 돌봄이 풍요로운 교회와 마을을 요청하고 있다. 저성장, 저출생, 탈종교의 근본 대안으로 지역과 마을 곳곳에 돌봄교회와 돌봄마을이라는 생명의 품(사회적 자궁)을 형성하여 생명 잉태와 출산과 양육의 상상력을 높일 때인 것이다.[9]

이제 우리는 새로운 믿음의 상상력으로 예수님의 부활의 음성을 듣고 부활의 생명을 전하며 침몰하는 지역과 마을에 부활의 생명망을 짜면서 다시 마을에서 만나자는 생명 돌봄 예수 신앙으로 부활하는 우리가 되어야 할 줄로 믿는다.

4. 엠마오로 도망치던 제자들,
부활한 예수를 만나 돌이키다

(눅 24:13-26)[10]

마침 그 날에 그들 가운데 두 사람이 예루살렘에서 한 삼십 리 떨어져 있는 엠마오라는 마을로 가고 있었다(눅 24:13, 새번역).

예수를 따르던 이들은 두려움에 떨며 예루살렘을 떠나 엠마오라는 시골로 도망을 간다. 그들이 따르던 예수는 힘없이 무참하게 죽었다. 고문을 당하고 온갖 능욕과 모멸을 받으며 십자가형에 처했다. 제자들은 공포에 사로잡혔으며 베드로는 세 번이나 예수를 부인했다. 예수가 십자가에서 죽임을 당한 뒤 제자들과 그를 따르던 이들은 끝도 모를 깊은 절망에 빠졌다. 예수를 따르던 이들에게 예수님의 죽음은 참담한 실패였다. 그리고 베드로 등 몇몇 수제자를 제외한 대다수의 제자는 목숨을 보전코자 예루살렘을 떠났다.

엠마오로 가는 두 제자도 그런 부류 중 하나였을 것이다. 그들이 엠마오로 내려가는 길 내내 부활한 예수님이 그들과 동행하시면서 서로 주고받는 이야기가 무엇이냐 하고 묻자 그 한 사람인 글로바라 하는 자가 대답한다. "당신이 예루살렘에 머물러 있었으면서, 이 며칠 동안 거기에서 일어난 일을 혼자만 모른단 말입니까?"(눅 24:18)

그 후 날이 이미 기울어 제자들이 예수님께 강권하여 우리와 함께 유하자고 한다. 그런데 그들과 함께 음식 잡수실 때 떡을 가지사 축사하시고 떼어 그들에게 주시니 그들의 눈이 밝아져 예수님을(30-31절) 알아보게 된다.

　그들이 서로 길에서 "우리에게 말씀하시고 우리에게 성경을 풀어
주실 때 우리 속에서 마음이 뜨겁지 아니하더냐"(32절) 하는 말씀처럼
제자들은 예수님이 길에서 성경을 풀어 주시고 또 빵을 떼실 때 부활하신
예수님을 알아보는, 엠마오 도상에서 부활한 예수님을 만나는 부활 사건
을 경험하게 된다.

　이 대목에서 지난 사순절 새벽기도회 때 정성화 집사님의 '새벽기도
회 말씀 나눔 이야기'와 부활절 맞이 교회 청소하던 날, 교회 앞마당
화단에 꽃을 심으며, 부활의 희망을 이야기한 김정섭 집사님의 '부활절
대표 기도문'을 잠시 나누고 가자.

　"새벽기도회 때마다 느끼는 것이지만 아침 일찍 일어나기까지는 쉽지 않지만
말씀을 같이 나누다 보면 말씀으로 살아가는 하루하루에 감사함을 느끼게
됩니다. 교우 여러분 주님 안에서 강건하세요"(정성화 집사, 사순절 2021 고난
주간 새벽기도회).

　"주님. 긴긴 코로나 시기의 터널을 벗어나 이제 교우들을 만날 날을 손꼽아

기다립니다. 그동안 대화도 끊겼고, 마음도 멀어졌고, 신앙도 약해졌습니다. 그러나 교회는 그대로 있고, 코로나 시기를 잘 지켜온 교인들이 있습니다. 오늘 교회에 모여 바닥을 청소하고, 화단에 꽃을 심으며, 부활의 희망을 이야기하기를 원합니다. 우리의 지친 마음을 서로 위로하고 부활의 아침을 기다리는 새롬 교인들 되게 하여 주시옵소서"(김정섭 집사, 2022 부활절 대표 기도).

부활절 아침, 우리도 엠마오로 가는 제자들처럼 코로나 재난으로 공포에 떨며 예수님을 배반하고, 부인하고, 도망가는 길 위에 있는지 모릅니다. 우리에게 아직도 코로나로 인한 공포와 두려움과 실망과 좌절이 있지만, 엠마오로 도망가는 제자들처럼 우리도 그 도망길에서 부활하신 주님이 우리에게 성경을 풀이하여 주실 때 우리 마음이 속에서 뜨거움이 있고 또 빵을 떼실 때 비로소 우리도 부활하신 예수님을 알아보길 기도드립니다. 때를 얻든 얻지 못하든, 어떠한 고난과 재난의 상황에서도, 우리 주님이 사망 권세를 이기고 다시 사셨다는, 그 부활의 소식을 힘차게 전하러 나가는 약대동의 새롬교회 교우 여러분들이 되시길 우리 예수님 이름으로 간절히 기도드립니다. 아멘.

마무리 기도

주님, 코로나 재난의 시기가 진행되는 동안 불평등과 양극화가 더욱 심화되었고, 2022 대선을 중심으로 언론 검찰 부동산 극우 대형 교회와 사이비 이단이 카르텔을 만들며 이러한 지배체제가 공고히 되어가면서 우리는 오늘 엠마오로 도망가는 제자들처럼 절망과 좌절에 빠져 있었습니다.

주님, 코로나 기간 동안 대화도 끊겼고 마음도 멀어지고 믿음도 약해져 갔지만 우리는 그 과정에서도 엠마오 가는 길 내내 우리에게 말씀을 주시고 떡을 떼어 주시는 부활한 주님을 만날 수 있었습니다.

주님, 부활의 아침 엠마오로 도망가는 길에 오히려 부활하신 예수님을 만나 뵙고, 돌봄마을과 생명망 목회로 부활을 기대하고 있사오니, 우리 약대동 새롬교회가 부활의 마을공동체로 다시 일어서게 하옵소서.

7장

생명과 돌봄이 풍요로운
교회와 마을(약대동의 미래)

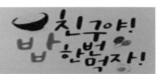

1. 2023 부활절부터 새롬교회 37주년까지

이번 부활절부터 37주년까지 교회를 청소하고 각 구역에서 음식을 준비하는 교우들 모습과 새롬 여성들 중심의 마을 탐방을 준비하는 모습, 새롬 남성들 중심으로 꿈터 옥상과 마당을 청소와 수리하는 모습을 보았습니다. 이를 약대동 마을에 임하는 성령의 움직임으로 고백하며 이 성령의 바람을 타고 약대동 새롬교회 37주년 "친구야 밥 한번 먹자"라는 주제로 마을의 마당이 되는 교회로 나아가고 있습니다.

37주년 이후 이제 마을 분들이 자연스럽게 세대공감과 교회 축제에 모이고 또 마을 어르신들은 교회 예배와 식사에 참여하시는 새로운 시기에 어떻게 약대동에 새로운 성령의 시대를 준비해야 할 것인가 하는 기도 제목을 가지고 새롬 37주년이 잘 준비되었습니다.

이번 새롬 37주년 기념 공동예배와 친구야 '밥 한번 먹자' 생일잔치는 무엇보다 새롬의 권사님들이 완전체로 모이고 새롬 남성들이 바비큐의 왕으로 아름답게 헌신한 멋진 잔치가 되었습니다. 새롬 생일 때마다 멋진 글을 올려주시는 정상훈 집사님은 "부천 새롬교회 37주년 고기를 구웠다. 마을 어르신들이 즐겁게 드셨다. 전도 여부와 상관없이 베풀어야 한다"라는 글을 남겨 주셨습니다. 1층에는 어르신들이 모이고, 지하 본당에서 교인들이 모여 37주년 기념 예배가 동시에 진행되었고, 비록 비가 와서 나가지는 못했지만 교회 앞마당에서 준비한 바비큐는 코로나 이후 마을의 마당교회의 가능성을 충분히 상상할 수 있는 시간이 되었습니다. 다음날 김현자 권사님이 "오늘은 8명의 어르신이 나오셔서 떡 만들기 하고 점심 드시고 가셨다"라고 보고하신 것처럼 37주년의 감동은 오늘도 지속되고 있습니다.

2. 약대동, 한 편의 마을 여행 드라마를 찍다
경기 마을주간, 약대동 꼽이마을 탐방 이야기(2023. 6. 8.)[1]

경기도 마을공동체지원센터(ggmaeul.or.kr)에서는 2023년 6월 8일부터 6월 10일까지 '2023 경기 마을 주간' 행사를 개최하였다. 마을공동체 활동의 사회적 가치를 확산하고 마을 활동이 지속 가능할 수 있도록 지원하는 방법을 모색한다는 목표 아래 공동체 활동을 더욱 활성화하기 위한 다양한 프로그램과 공연, 마을공동체 체험 행사 등으로 진행되었다.

"가자, 마을 가는 대로"라는 표어에 따라 행사 참여자들의 현장 방문 체험 행사도 있었는데, 이미 도시 마을목회의 선구적 역할을 해온 부천 새롬교회(이원돈 목사)의 약대동 마을을 탐방하면서 자연스럽게 한 편의 마을 여행 드라마가 연출되어 모든 참여자를 크게 고무시켰다. 이 약대동 마을 탐방 행사를 위해 약대동의 모든 일꾼이 총동원되어 장장 5시간 동안 약대동 마을 여행 드라마를 찍었다.

아래는 경기도 마을주간 행사의 일환으로 새롬교회가 섬기고 있는 약대동 마을에서 열린 탐방 행사의 생생한 현장 모습이다. 혹여 이런 좋은 행사를 놓친 것이 못내 아쉬운 분들도 있을 것 같다. 전국 곳곳에서 마을공동체를 꿈꾸는 우리 마을목회 일꾼들이 더 도약하려고 할 때나 아이디어가 고갈될 때나 새로운 힘이 필요할 때, 때때로 아무도 지나는 이 없는 마을목회 현장의 골목길들을 찾아 걸어보는 것도 추천한다.

그 모든 마을목회 현장들에서 이미 많은 이야기가 홀씨처럼 퍼져 나갔고 다시 새로운 씨앗을 품으려 때로 밤잠을 지새우는 현장에 가보기를 바란다. 설령 텅 빈 마을 고즈넉한 분위기라도 그곳에서 수많은 마을목회 이야기를 만들어내면서 마을공동체를 가꾸어가고 있는 분들의 마음을 느끼고 돌아오는 것만으로도 충분히 다시 시작할 수 있을 것이기 때문이다.

아래 사진 이외에 더욱 생생한 현장 곧 현재도 계속 발전하면서 샘솟는 마을목회 현장은 이곳에서 모두 볼 수 있다.[2]

시간	프로그램	장소	소요시간
10:30 ~ 10:50	마을소개 OT	약댓말 세대공감	20분
10:50 ~ 11:00	달나라토끼협동조합 설명	달토카페	10분
11:00 ~ 11:15	새롬지역아동센터 설명	새롬지역아동센터	15분
11:15 ~ 11:30	약대 신나는 가족도서관 설명	약대 신나는 가족도서관	15분
11:30 ~ 11:45	꼽이마을 꼽사리영화제 설명	꼽사리영화제 전시관	15분
11:45 ~ 12:40	점심식사	식당	55분
12:40 ~ 13:30	활동팀 해설의 시간 [청소년 심야식당&꼽사리 영화제 /어르신 돌봄/ 세대공감&문예학당]	약댓말 세대공감	50분
13:30 ~ 14:30	체험[화분에 식물심기]	약댓말 세대공감	60분

약대동 새롬 지역아동센터 가는 길

경기도 마을 여행팀 환영 인사말(약대동 문예학당 대표: 선이정)

약대동 마을소개(약대신나는가족도서관장:이원돈 목사)

새롬지역아동센터(김경희 원장)

약대 신나는 가족도서관 소개(오수정 사서)

꼼이마을 박물관 소개 / 약대동 마을 학교 소개 (약대동 마을 활동가: 이승훈 목사)

꼽이마을 박물관 탐방

약대동 돌봄 네트워크 소개 (새롬가정지원센타: 정소영 실무자)

약대동 세대공감(선이정 대표)

경기도 마을 그림 선생님과 함께 그린 약대동 마을

"경기도 마을 여행이 되다" 마지막 시간으로 경기도 마을 그리기 수업하시는 선생님이 오셔서 약대동 마을 그리기를 지도해 주셨습니다.

처음에는 모두 오랜만에 그림을 그리느라고 잘 못 그린다, 망쳤다 연발하였지만, 못 그린 그림도, 망쳤다고 한 그림도 모두가 함께 그린

경기도 마을 팀과 함께 만든 약대동 마을 지도

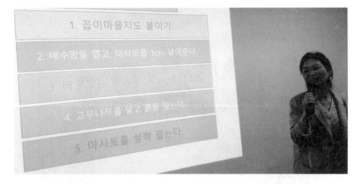

약대동 마을 지도 그리기(꼽이심야식당 이은주 대표)

약대동 마을 그림 안에서는 오히려 마을의 한 이야기로 지어짐을 보며 내가 이렇게 잘 그리나를 연발하는 마법과 같은 시간이었습니다. 모두 하나가 되어 약대동을 그리다 보니 약대동의 건물과 이야기와 인물이 살아나는 멋진 마을 이야기가 탄생하였고, 그림을 가지고 가는 뿌듯함도 있는 시간이었습니다.

2023 약대동 돌봄마을의 소식과 방향

1. 약대동 가족도서관과 새롬지역아동센터를 중심으로 한 마을기록 프로젝트

2. 약대동 문예학당 중심으로 환경과 건강 관련 프로그램

3. 약댓말 돌봄네크워크의 어르신 모임 '신바람 어르신 마을'

3. 37주년의 감동은 계속된다[3]
천국의 최종 목적지는 공동체와 함께하는 밥상이다(갈 2:11-16)

새롬 교우 여러분, 성령의 역사는 일시적인 현상이 아니라 지속 가능한 역사가 되어야 하므로 이제 우리의 기도 제목은 새롬교회 37주년의 감동을 어떻게 감동으로 이어 나갈 것인가가 되어야 합니다. 37주년 이후 새롬 교우님들과 각 구역에서는 37주년의 성령의 불이 꺼지지 않고 지속되도록 기도의 손길이 되어 주시길 바랍니다.

이제 마을 어르신들이 공부와 놀이도 즐기실 뿐만 아니라 교회에서 예배와 밥상도 함께 나누는 약대동 마을의 새롬교회 37주년이 시작되었습니다. 이에 우리 새롬교회는 초대교회 안디옥 교회가 역사적 예수운동과 신앙의 그리스도라는 초대교회의 정체성을 온전히 통합하여 그리스도인이라는 명칭을 얻었다는 복음의 말씀을 읽으며 그리스도인의 정체성을 완성한 안디옥 교회의 모범을 따라 예수님의 갈릴리마을 '생명살림운동'과 안디옥교회의 '신앙의 그리스도'를 한 몸으로 고백하고 안디옥 교회처럼 신실한 그리스도인들이라는 이름을 얻는 그리스도인이 되길 원하오니, 주여, 우리와 함께하여 주옵소서.

신나는 어르신 마을 모임이 잘 진행되고 있습니다. 늘 그렇듯 하느님의 일을 도울 많은 봉사자와 귀인들이 나타날 것이라고 믿습니다. 어르신들을 초대해서 많은 분이 함께 나눌 수 있는 점심 만찬이 되길 바랍니다(새롬 2구역 엄미선 구역장).

참석하는 어르신들 한분 한분이 주님의 부르심을 받은 그날까지 마을에서 사랑받으며, 관심과 돌봄 가운데 건강하고 행복한 삶을 살아갈 수 있도록 도우소서(김현자 권사).

마을에서 신나는 예수님의 역동적 선교 활동의 모습을 보여 드릴뿐 아니라, 이제 마을 어르신들이 교회 예배에 참여하시고 있는 이때, 우리도 분발하여 구역별로 대면 예배를 드리는 일에 열심을 내게 하옵소서.
새롬교회의 모든 성도가 예수님으로부터 오는 평안과 기쁨을 누리며, 신앙의 실천도 있는 모범을 보이길 예수님 이름으로 간절히 기도드립니다.

4. 약대동 새롬교회 코로나 극복기
가을 여행 예배라는 새로운 상상과 모험 속에서 드리는 기도

주님, 코로나 3년을 이겨내고 평화로운 일상을 맞이하게 하셨고 지난 3년 동안 각 가정에 어려운 일들이 있었으나 모두 넘어서게 하셨으니 이 아침 깊은 감사를 드립니다.

교회 건물이 큰 변화를 거쳐서 세대 공감을 이루게 하셨고 여러 공동체가 하나의 공감을 나누어 사용하면서 약대동 이야기를 이어가고 있습니다. 돌봄, 예술, 체육 활동 및 영화 제작까지 마을 공간으로 만들고 있습니다. 지금 새롬교회가 약대동 마을에 만든 마당에 어르신과 아이들, 마을 분들이 같이 어울리는 모습에서 진정한 자유를 만끽합니다. 우리 신앙이 마을을 향하고 있음을 고백하오니 약대동의 마당에서 우리 모두 더욱 성장하기를 기도드립니다(김정섭 집사).

왕진 심방을 시작합니다. 새롬교회가 그동안 지역 심방, 마을 심방의 이름으로 해 온 것들이 확장해서 마을 간호사와 건강 리더들과 함께 더 세세하게 살필 수 있게 되었음을 주님께 감사드립니다.

꼽이청소년심야식당을 이끄는 이승훈 목사님과 지역의 자원봉사자들, 우리 청소년과 그 가정에 함께하시고, 노래교실을 이끄는 이미선 선생님과 참여하는 어르신들, 한글 교실을 이끄는 공미란 선생님과 어르신들, 이것을 연결해 주는 김현자 권사님과 선이정 집사님, 가족도서관의 엄철용 전도사님과 오수정 선생님, 도서관을 이용하는 가족들, 새롬지역아동센터의 김경희 권사님, 박혜정 집사님, 선생님들과 아동, 가족들에게 축복하여 주시옵소서.

구역장님들과 구역회원들, 세세하게 서로를 살피고 지원하게 하시고 몸이 아프고 마음이 아픈 자, 남편을 병간호 중인 이○영 권사를 기억하시고 그 가정에 평안한 일상을 주옵소서. 우환을 딛고 예전의 일상으로 돌아가기를 원합니다. 주말마다 어머니를 돌보는 박○정 집사를 위로하여 주옵소서. 어머니의 삶이 평온하고 안전하도록 환경을 마련해 주시고 근심하는 가족에게 깊은 위로를 전하여 주옵소서(오세향 선생 기도문).

주님, 재난 때일수록 우리는 새 일을 행하실 하나님을 기대하길 원합니다. 바벨론 포로기라는 재난기 때 하나님은 예언자 예레미야를 통해 "너희가 거기에서 번성하고 줄어들지 아니하게 하라"(렘 29:5-7)고 말씀하셨습니다.

　이처럼 포로기 때 하나님은 우리의 생각과 전혀 다른 방향으로 인도하십니다. 믿음과 기도와 예언은 세상에 이미 주어진 것에서 나오지 않고 모든 것을 새롭게 하시는 하나님께 나온다는 믿음으로, 이제 우리의 기도는 세상이 가능한 것만 구하는 소심하고 나약한 기도를 넘어서 세상이 기대하지 않는 새로운 선물을 여호와께 기대하길 원합니다.

　오늘 코로나 재난을 딛고 여행 예배라는 새로운 상상과 모험 속에 하나님께로부터 오는 새로운 선물을 기대하며 기도하는 새롬교회와 함께하여 주시고 우리의 기도에 응답하소서.

5. 생명과 돌봄이 풍요로운 교회와 마을[4]

생명과 돌봄이 풍요로운 교회와 마을과 지구촌이 되려면

1. 사람과 사람 사이에는 돌봄이 풍요로워야 한다

2. 사람과 자연은 서로 공생하는 생태문화가 풍요로워야 한다

3. 교회와 마을과 지구촌이 생명이 풍요로운 생명망으로 짜여야 한다

내가 겐그레아 교회의 일군으로 있는 우리 자매 뵈뵈를 너희에게 천거하노니, 너희가 주 안에서 성도들의 합당한 예절로 그를 영접하고 무엇이든지 그에게 소용되는 바를 도와줄찌니 이는 그가 여러 사람과 나의 보호자가 되었음이니라(롬 16:1-2).

로마서 16장 2절은 로마교인 뵈뵈에 관한 딱 한 줄 말씀이지만 여기 어마어마한 정보가 담겨 있다. 사도행전에서 빌립보의 루디아가 자신의 집을 선교지로 내놓았다면, 로마서 16장의 뵈뵈는 수천 킬로를 여행하여 로마교회에 로마서를 전달했을 뿐 아니라 신학자들에 의하면 바울의 마지막 행선지인 스페인 선교에도 동행했을 가능성이 있다고 한다. 뵈뵈 집사에 대하여 우리가 알 수 있는 또 하나의 사실은 그녀가 사도 바울을 포함하여 많은 사람의 돌봄자, 보호자(patroness/protectress)가 되었다는 사실이다.

바울은 로마교회에 뵈뵈 집사를 추천하면서 합당한 예절로 그를 영접하라고 부탁하고 있다. 그가 소용되는 바를 무엇이든지 도우라고 말한다. 얼마를 도우라는 것이 아니고 그가 필요한 대로 도우라고 한다. 정신적으로 경제적으로 그가 필요한 것이면 무엇이든지 계속해서 도우라는 것이다. 그만큼 사도 바울이 자신 있게 추천할 수 있는 사람이었다. 우리는 이 짧은 문장에서 바울이 로마에 전하는 중요한 편지의 전달자를 왜 뵈뵈라는 겐그리아 작은 교회의 여 집사를 선택했는지 알 수 있다.

뵈뵈는 열린 눈과 마음을 가지고 있는 집사님이었다. 뵈뵈는 눈을 열고 도와주어야 할 사람이 누구인지 찾았고, 마음을 열고 섬겨야 할 사람이 누구인지 찾았다. 이처럼 뵈뵈 집사는 도우려는 마음으로 가득 차 있었고, 그래서 사도 바울의 보호자 역할을 감당했다.

뵈뵈의 돌봄의 은사가 바울이 자신의 편지를 로마에 보내는 그 중대한 일에 그녀를 선택한 기준이 되었다. 이 로마서의 마지막 장은 초대교회에서는 돌봄이 어떻게 취급되고 있는가를 볼 수 있다. 돌봄이 신앙과 공동체에 가장 중요한 리더쉽 기준이 되었다는 것이다.

우리는 2019년 코로나가 본격화되기 직전부터 새롬교회의 방향을 돌봄마을로 잡았는데, 코로나 이후 2023년부터는 재난의 극복을 위해 돌봄의 시대가 본격화될 것 같다. 이는 한국뿐만 아니라 전 세계적인 현상이다. 돌봄이 코로나 이후의 중심 주제이다. 마을목회와 선교를 위해서는 교회와 마을 간에 공유지로써 마을 마당을 더욱 확보해나가며 약대동의 돌봄 마당으로써 돌봄, 생태, 문화 선교를 더욱 확장해 나갈 때이다. 재난 회복기의 우리 신앙인들은 루디아와 뵈뵈와 브리스길라가 어떻게 공동체를 돌보는 자가 되었고, 공동체를 세워나갔는가를 깊이 살펴보아야 한다.

2023년 새해를 시작하면서 서로 돌봄의 그물망이 희망이 된다는 말씀이 마음에 크게 와닿는다. 코로나 이후 우리 한국교회 안에서도 신앙의 연대, 협력, 돌보는 공동체 정신보다는 자기의 성을 쌓고 각자도생의 자기애에 물들어 가는 모습을 보인다.

우리 약대동 새롬교회는 1986년 교회가 세워진 처음부터 지역사회와 함께하고 마을의 돌봄 마당이었는데, 우리도 코로나 재난 이후에는 우리 자신이 마을교회 공동체의 역사와 전통을 잊고 있지는 않은지 고민에 빠져 기도하지 않을 수 없는 상황에 부딪힐 때도 있었다.

촛불 이후, 코로나 이후, 지금의 위기와 혼란은 산업 문명 이후 새로운 문명의 이행기의 혼란이라는 것은 눈치챘지만, 이 과도기에 가장 중심이 되어야 할 화두는 돌봄이라는 것도 눈치를 챘지만 "아, 이 길이다" 하고 가슴 뛰게 하는 이야기를 만나지 못했다. 그러던 중 『기찻길 옆 공부방』 김중미 작가님의 "서로 돌봄의 그물망이 희망이 된다"라는 글을 읽고, 아직도 우리 가운데는 서로 돌봄의 그물망이 있고, 여기서부터 다시 시작할 수 있겠다는 희망의 새 출발점과 최전선을 찾았다. 그 이야기의 마지막 부분을 함께 읽고자 한다.

2002 우리 공동체의 세 식구가 진강산 공동체, 동네 책방 등과 공부방 아이들을 매개로 연결되어 있다. 농촌에서는 기후 위기에 대한 체감이 도시보다 크고 구체적이기에 앞으로 그 연결망을 통해 함께 고민하고 대안을 마련해 갈 생각이다. 마을공동체 활동가들의 화두는 '서로 돌봄'이었다. 바로 전날 갔던 구산동 도서관 마을도 도서관 1층의 의료협동조합은 여성들을 위한 병원이 되어

있었고, 마을 주민들을 위한 다양한 공간들이 몇 년 전보다 늘어나 있었다. 지금 우리가 해야 할 일은 서로가 서로를 살리는 연결망들이 끊어지지 않도록 더 단단히 잇고 뻗어나가는 일이다.[5]

6. 코로나 이후의 마을목회 선언[6]

오늘 2022년 9월 26일 우리가 '마을목회 선언'을 하는 이 시점에, 이제 마을교회운동은 탈성장, 탈종교 시대 마을의 공유지로서 그리고 마을의 돌봄 마당으로서 교회가 마을의 마당(플랫폼)이 되어 서로 돌봄의 그물망이 될 때 한국교회의 새로운 희망이 나온다는 것을 다시 한번 기억하며, 오늘 마을목회의 시대적 사명을 선포하려 한다. 이에 코로나 문명 전환기에 마을목회와 선교 그리고 돌봄마을을 꿈꾸는 우리 마을목회자들은 다음과 같이 코로나 이후의 마을목회의 방향을 선언하고자 한다.

1) 이제 우리는 날마다 우리 삶에서 우울, 불안, 고립, 분노, 중독을 일으키는 낡은 산업 물질문명의 '소아'에서 탈출하여 생태 문명이라는 '대아'로 넘어가는 그 길을 배울 수 있는 가장 좋은 길이 마을공동체임을 깨달으며, 우리가 사는 마을과 교회에서 생명, 생태 문명을 꽃피우며, 개인과 마을과 지구촌과 자연이 상호 공생하는 새로운 신앙으로 살기를 기도한다.

2) 산업 물질문명에서 생명 생태 문명으로의 전환기에 우리 스스로가 새로운 생태계가 되고 작은 마을이 되어 일주일에 4일, 하루 6시간의 일을 꿈꾸며, 나머지 시간에는 마을의 평생학습 생태계에서 함께 공부하고, 마을기업과 사회적기업을 창업하며, 유기농 생태 마을 축제를 기획하는 신나고 아름다운 교회와 마을의 꿈을 함께 키워나가길 기도한다.

3) 우리 마을교회들은 무한경쟁과 승자 독식이라는 가짜뉴스를 퇴치하고 협동, 소통, 돌봄, 공감, 공유라는 새 문명의 복된 소식을 전하는 새로운 마을의 마당과 미디어들이 되기를 원하며 이를 위해 기도하고 행동하길 원한다.

4) 우리 마을교회들은 건물 중심으로 모이는 교회를 넘어 마을 곳곳으로 움직이고 이동하는 돌봄 캠프가 되어, 지역과 마을을 심방하며, 생태적이고 건강하며 문화적이고 돌봄이 충만한 생명 공동체가 되어, 마을의 생명망을 짜는 마을의 마당이 되길 원하고 이를 위해 날마다 기도하면서 행동할 것이다.

5) 우리는 이제 돌봄이 없는 성장의 시대가 붕괴되는 것을 함께 목격하며, 탈성장 탈종교 시대에 전국 곳곳에서 마을의 교회들이 마을의 창의적 공유지를 회복하는 마을의 돌봄 마당(플랫폼)들이 되어 서로 돌봄의 그물망이 되는 그날을 꿈꾸며, 오늘 마을목회의 시대적 사명을 한 번 더 구체화하려 한다.

6) 우리는 이러한 마을목회를 구체화하기 위해 마을과 같은 작은 단위부터 협동과 자치의 생명 생태 공동체를 만드는 일부터 시작하며, 궁극적으로는 전국 240개의 시군구마다 마을목회 협동조합을 세워7 생명과 평화의 마을공동체를 세우는 상상력과 꿈을 가지고 기도하며 행동해 나갈 것이다.

마무리 기도

주님, 우리는 지역과 마을 단위로 아래로부터 불어오는 이 새로운 생명과 성령의 바람이 붕괴하여가는 산업 물질문명을 넘어, '마을목회와 돌봄마을'이라는 새로운 생명, 생태 문명의 길을 열어나갈 것임을 믿습니다. 지금 우리가 해야 할 일은 자기의 성을 쌓고 각자도생의 자기애에 물들어 가는 모습을 보이는 세상 풍조에 대항하여 오직 서로 돌봄의 그물망이 희망이 된다는 믿음으로 서로가 서로를 살리는 연결망들이 끊어지지 않도록 서로를 단단히 잇는 연대의 길로 나가야 할 때임을 믿습니다. 우리 마을교회가 하나님의 은혜로 끝내 그 길을 찾아 나설 줄로 믿으며, 함께 기도하며 행동하길 원하오니, 주여, 우리와 함께하시고 우리를 도우소서.

7. 마을목회 아시아 선교를 꿈꾸다[8]

내용: "마을목회와 사회적협동조합을 통한 돌봄" 세미나 강의안 개요

주제: 코로나 이후의 대안으로 마을의 생명 돌봄망을 짜는 돌봄교회와 돌봄마

   을 이야기

주최: 인도네시아 바탁교회(GBKP) 교단

강사: 이원돈 목사(부천 새롬교회)

코로나 재난 이후 이를 극복하기 위한 '생명과 돌봄'이라는 주제는 한국교회는 물론 아시아와 세계교회의 핵심적 주제가 될 것이다. 이러한 의미로 마을 단위에서 '마을 생명망 목회'가 주목되는 상황이다. 한국과 아시아 교회가 서로 교류 연대하여 코로나 이후 아시아 신학의 '마을목회와 생명망 선교'를 소개하고자 한다. 이를 목회 현장에 적용하기 위해

첫 번째로 한국교회의 마을목회 상황을 소개하고, 둘째로는 "마을목회와 생명망 선교"라는 주제에 대한 성서적 신학적 선교적 적용 가능성을 나누며, 마지막으로는 코로나 이후 아시아 교회가 나아갈 길을 함께 모색해 보는 것을 강의의 핵심적 내용으로 삼고 전개할 것이다.

하나님나라 플랫폼(마당)으로서 가버나움 예수마을 운동

회당 중심의 건물이 아니라 마을과 집을 연결한 선교 네트워크를 통한 하나님나라 운동 가버나움 마을에서 집과 집을 연결하여 퍼져나간다.

1. 마을목회의 성서적 기초로서 예수님의 갈릴리 가버나움 마을 사역
2. 마을목회의 첫 과정으로서 마을의 학습, 복지, 문화 생태계 만들기와 영적 돌봄망 짜기
3. 부천 약대동 마을목회와 마을 선교 이야기
4. 코로나 이후의 마을목회의 도전과 변화 이야기
5. 기후 위기 시대 생명과 돌봄이 풍요로운 돌봄교회와 마을을 위해

코로나 이후 대안의 세 기둥

| 기후 위기 | 생명 생태 | 돌봄 사회 (돌봄마을) |

코로나 이후 우리 지구과 마을이 지속 가능하려면 물질적 풍요를 넘어 생명이 풍요로운 공동체가 되어야 한다. 사람과 사람 사이에는 돌봄이 풍요로워야 하고, 사람과 자연은 서로 공생하는 생태 문화가 풍요로워야 하고, 생명이 풍요로운 돌봄망과 생명망으로 함께 짜나가는 교회와 마을과 지구촌이 되어야 한다. 이러한 마을 생명망을 짜기 위해 '기후 위기 시대의 돌봄 선교'라는 지구촌 생명 생태 시대를 여는 두 기둥을 살펴보고 두 기둥의 관계망을 통해 어떻게 마을의 돌봄 생명망을 짜나갈 수 있는지를 다룰 것이다.

① 코로나 이후 탈 성장 시대의 마을목회 전략
② 코로나 이후 마을목회를 위한 예배와 선교: 공간의 재구성- 교회와 마을이 만나는 공간을 플랫폼(마당)이라는 개념으로
③ 생명을 잉태하고 출산하고 양육하는 사회적 품(자궁)으로서의 마을
④ 돌봄 목회와 마을을 위한 마을 경제(주거, 의료, 음식, 에너지의 마을 순환경제)와 돌봄 영성
⑤ 코로나 이후의 풀뿌리 마을 에클레시아(교회)를 위한 마을목회의 선언

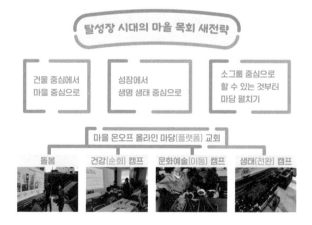

Lecture Note Overview for the Village Ministry Seminar at Indonesian Theological University[9]

Rev. Lee Won-don

(Saerom Church in Bucheon)

Topic: "Weaving the Life Care Network of Villages as an Alternative in the post-Coronavirus Era (post Covid-19): Story of Care Churches and Care Villages."

Following the devastating spread of the coronavirus, the theme of "life and care" will become a core theme not only for Korean churches but also for churches in Asia and around the world.In particular, in Korean churches, attention is being paid to"village life network ministry"that emphasizes"life and care" at the village level as a future direction and exit of Korean churches after Corona. In this present situation where Korean and Asian churches are exploring new paths following the Coronavirus, we would like to participate in the Indonesian Theological University seminar to introduce the "Village Ministry and Life Network Mission" as a post-Coronavirus Asian theology through exchange and solidarity between Korean and Asian churches, as well as explore its new possibilities. In order to apply the "Village Ministry and Life Network Mission" more specifically to the ministry site, we will first introduce the situation of village ministry of churches in Korea and secondly share thoughts on the applicability of the "Village Life Ministry" in the biblical, theological and missionary sense. Finally, we will explore together the new way forward for Asian churches in the post-Coronavirus era as the core theme of this lecture.

Following the Coronavirus, for the earth and villages to be sustainable, we should become a community where life is abundant and beyond material abundance.

Care should be abundant among people, and people and nature should have an abundance of ecological culture that co-exists with each other and lastly the church, villages and global villages should become those that weave together a care and life network with an abundant life.

To weave this kind of village life network, we will examine two pillars that open into the life ecological era of global villages called "Care Missionary in the Climate Crisis Era," and also how through this network relationship between the two pillars the care-life network can be weaved.

① Pastoral strategy for villages in the post-coronavirus era of de-growth

② Restructuring of the worship and mission space for rural ministries in the post-coronav1.rus era: In which the space the church and village meet is understood as a platform (yard) concept

③ The village as the social womb (mother's womb) that conceives, gives birth and nurtures life

④ Village economy (circular village economy of residential, medical, food, energy) and care spirituality for care ministries and villages spiritual care

⑤ Declaration for the Village Grassroots Ministry Ecclesia (Churches) in the post-coronavirus era.

Declaration for the Grassroots Village Ministry of Ecclesia (Churches) in the post-coronavirus era.

8. 새로운 선교의 길을 찾다
(CBS 광장)[10]

CBS 광장이 마련하고 있는 〈새로운 선교의 길을 찾다〉 시리즈. 오늘은 세 번째로 지역사회에서 주민들과 함께 호흡하는 마을교회의 사례를 부천 새롬교회 이원돈 목사님 모시고 살펴봅니다.

부천 새롬교회, 1986년 설립되어 올해로 37주년이 됐는데요, 교회 소개부터 해주세요.

부천 약대동에서 마을목회를 하는 이원돈 목사입니다. 코로나 이전에는 어린이집, 지역아동센터, 마을 도서관, 마을 학교 등으로, 마을의 학습 복지 문화 생태계 형성을 통해, 약대동 마을에 영적 돌봄망과 교회 공동체를 세우는 데 주력했다면, 코로나 이후에는 약대마을의 돌봄마당, 문화마당, 생태마당을 통해 마을의 마당 교회를 추구하는 교회입니다.

목사님은 많은 지역 가운데, 어떻게 해서 부천시 약대동에서 목회하실 생각을 하셨어요? (왜 부천 약대동인가? 80년대 당시 부천 약대동 상황과 새롬교회 개척 당시 지역의 경제적, 인구학적, 문화적 상황과 목회 배경)

원래 새롬교회는 1979년대 민주화운동으로 해직된 전북대 철학과 교수 출신인 남정길 목사님이 세우신 지식인 교회였습니다. 남 목사님은 교회를 세우시고 저희에게 신앙을 가르치신 후 사회가 민주화되어 다시 전북대로 복직하셨고, 당시 새롬교회의 청년들이 우리가 배운 예수 신앙을 실천하기 위해 서민 지역으로 내려가 다시 교회를 세우자고 했습니다.

서민 지역을 답사하던 중 당시 기독학생(kscf)지역사회개발단(학사단)이 기록한 약대동 빈민 지역 활동 보고서를 보았고, 부천 약대동에 찾아갔을 때 저는 첫눈에 이곳이 바로 부천의 갈릴리임을 깨달아 교회 이전 개척을 준비하게 되었습니다. 당시 약대동은 '마찌꼬바'라는 소기업과 서민들과 그 자녀들이 사는, 마누라 없이는 살아도 장화 없이는 못 산다고 하는 서민 지역이었습니다.

최근 한국교회에서도 선교적 교회, 마을목회 개념이 많은 관심을 끌고 있는데요, 목사님은 1980년대 후반, 교회 개척 초기부터 선교적 교회, 마을목회에 대한 비전을 품고 시작하신 거라고 볼 수 있겠네요? (갈릴리 선교의 꿈)

약대동 새롬교회의 역사를 세 단계로 나누어 보면 처음 10년을 우리는 '지역과 아동'의 시기라고 하는데, 이때가 어린이집 지역아동센터 도서관 등의 지역 선교의 기초가 세워진 시기였습니다.

다음은 2013년부터 '생명과 협동'의 시기로 '달토 협동조합 떡까페'와 '꼽사리 영화제'가 시작되고, 이것이 '꼽이심야식당'과 '꼽이마을학교'로 이어져 협동운동이 생명력을 나타내던 시기였습니다.

그 이후 2020년 코로나 재난기 가운데 돌봄마을운동이 시작되어 지금 코로나 이후에는 돌봄마을운동이 문화마당, 생태마당 등으로 생명과 돌봄의 생태망과 마을마당을 짜는 시기라고 볼 수 있겠습니다.

어렵게 생활하는 노동자들이 많은 지역이었다고 하는데요 부천에서는 처음으로 공부방을 열었다고 들었습니다. 이렇게 공부방을 시작하게 된 이유라면? (맞벌이 부부, 어려운 마을 주민들을 보듬기 위한 교회의 역할로 어린이 사역을 시작한 배경)

처음 약대동에 들어가서 10년은 지역과 부모님이 전부 일하러 나가서 지역의 방치된 어린이들과 사귀면서 알아가기 시작했습니다. 어린이집에서 종일 탁아를 시작하였고, 아이들이 초등학교 들어가면서 학원에 다니지 못하는 아이들 숙제 지도와 간식 및 식사를 제공하는 지역놀이방이 생겼습니다. 이것이 IMF 때에는 마을 급식소로 발전하고, 이어서 지역아동센터로 발전하여 지금에는 전국 마을에 지역아동센터가 없는 곳이 없을 정도로 한국 사회 최대의 복지 전달 체계가 되었습니다.

공부방은 현재 지역아동센터로 변모해서 여전히 운영 중인데요. 40년 가까이 운영되어 온 공부방(지역아동센터)을 통한 지역주민과의 연결, 어떤 의미가 있었다고 평가하세요?

약대동 아이들이 어린이집과 지역아동센터에서 쭉 자라다가 청소년이 되면 가족도서관과 연결되고 또 꿈이심야식당과 꿈사리 영화제에도 참가하고 있습니다. 작년에 '약대 신나는 가족도서관' 20주년에는 지역아동센터 친구들이 공동축하 공연도 하고, 올해는 약대동 도서관과 지역아동센터가 공동사업으로 '마을 기록 프로젝트'도 함께 하는 것을 보니 마음이 너무 뿌듯합니다. 몇 년 전 가을 마을 심방 때 교회 권사님과 지역아동센터 선생님들과 아동센터 가정 방문을 했는데, 부모님 한 분이 청소년 자녀를 교회 청소년부에 보내 주셔서, 이 아이들은 꿈이심야식당에서 또래 집단끼리 모여서 봉사도 하고 식사도 같이합니다.

IMF 경제 위기 시기를 거치면서 실직자가 늘고, 특히 경제적으로 어려운 가정이 해체되는 사례가 늘었고, 이때는 가족 공동체 사역을 하셨다구요? (교회가 아닌 주민센터에 마련된 '신나는 가족 도서관'과 가족 공동체 목회)

약대동의 IMF 재난기에 출발한 선교 프로그램 앞에는 전부 '가족'이라는 이름이 붙게 되었습니다. 그 이유는 IMF 시기에 서민 가정들이 붕괴하여 교회에서 아이들과 가족을 지원해야겠다는 생각으로 '새롬 가정지원센터'와 '약대 신나는 가족도서관'을 세우게 됩니다.

청소년들에게 식사를 제공하는 꼽이청소년심야식당도 운영하고 있다고 들었습니다. 이건 어떤 건가요? (꼽이청소년심야식당 운영 동기, 이용현황과 운영 방법 등)

꼽이심야식당은 주로 학교 밖 청소년들과 함께 식사하는 저녁 식사 모임입니다.

처음에는 약대동 지역의 세 교회(약대중앙, 약대감리, 새롬)가 에큐메니컬하게 연대하여 청소년 급식 선교 기관을 세워 부천 실내 체육관에서 하다가 코로나 이후 새롬교회 세대공감으로 공간을 이전하여 약대동 청소년 문화 사역의 거점 공간이 되어 가고 있습니다.

식당에서 일하는 분들이 교인들일 텐데요. 청소년들에게 밥을 주는 것뿐만 아니라 자연스럽게 대화도 이뤄지고, 그러면서 예수님을 알릴 수도 있겠다는 생각이 듭니다. 어떻습니까?

약대동 아이들이 교회가 운영하는 꼽이심야식당과 영화제와 마을 기록 프로젝트 등 교회 밖 선교 프로그램에서 참 잘 어울리고 있습니다. 이러한 교회와 마을의 접촉점과 경계선에서 청소년들과 교회가 만나는 마당이 형성되고, 그 마당에 교회의 절기 축제가 마을과 함께 참여하면서 자연스럽게 교회 문화와 마을 문화가 어우러져 가고 있습니다.

저는 우리 약대동 아이들에게 갈릴리마을에서 예수님이 펼치신 '예수님의 멋지고 신나는 생명 마을운동'을 소개하고 싶습니다. 최근 저녁에 꼽이청소년심야식당에 들렀다가 꼽이식당에 늘 참여하는 우리 지역아동센터 출신의 심야 식당 찐팬 청소년과 컵라면을 사러 같이 동네 슈퍼 가면서 이런저런 이야기를 나누었습니다. 우리 새롬 지역아동센터 출신

아이와 대화하면서 느낀 점은 이 친구가 새롬 지역아동센터에서 출발하여 꼽사리 영화제 그리고 꼽이심야식당과 신나는 가족도서관까지 약대동의 모든 이야기를 꿰뚫고 있는 약대동의 찐 이야기꾼이라는 것이었습니다. 이 친구야말로 어린 시절부터 약대동을 온몸으로 체험한 약대동 마을의 스타라는 생각이 들면서 멋지고 신나는 예수님의 마을운동 이야기가 이미 약대동 마을과 아이들에게 스며들고 있다는 자신감이 생겼습니다.

아직까지는 청소년들이 좋아하는 영화제나 심야식당, 청소년 마을학교 여행 등 주로 교회 밖에서 만나고 있지만, 부활절이나 추수감사절 성탄절과 같은 교회 절기 때는 교회 마당 안으로 들어와서 갈릴리마을의 생명 축제운동이었던 '예수 마을공동체'와 '약대동 마을 스타일'의 '공동체적 멋과 맛'을 약대동 마을과 교회를 통해 경험하고 맛보고 있습니다. 언젠가는 약대동 마을의 멋진 청년 예수들로 성장할 것이라는 기대하고 있습니다.

사회적기업, 협동조합에도 참여한다고 들었습니다. 이건 어떻게 참여하고 있나요? (현황 소개, 협동조합 활동의 의미)

약대동 마을의 역사에서 2012년 세계 협동조합의 해가 있던 다음 해인 2013년이 중요합니다. 이때 '꼽사리 영화제'와 '달토 협동조합 떡 카페'가 동시에 출발했습니다. 협동조합을 통해서는 많은 마을 일꾼이 탄생하였고, 영화제를 통해서는 마을 이야기, 즉 마을의 스토리 텔링의 중요성을 깨닫게 되었습니다. 영화제는 11회까지 지금도 지속되고 있지만 달토는 코로나 기간을 견디지 못하고 문을 닫게 되었습니다. 하지만 그때 달토 협동조합에서 '달송'이라는 마을 음악회를 하던 문화예술인들이 코로나 이후에는 '약대동 문예학당'으로 다시 모이셔서 지금은 약대동 마을의 중요한 문화 일꾼들로 마을 문화를 만들어 가고 계십니다. 올해 가을과 겨울 사이에 다시 '달송음악회'의 부활을 꿈꾸고 있습니다.

교회를 개척하고, 공부방을 하고, 여러 가지 활동을 할 때 처음부터 주민들의 마음이 열리지는 않았을 것 같습니다. 어려움도 많았을 것 같은데요?

약대동에서 10년이 지나 서로 사귀고 친해지고 그래서 마을 생활과 공동체 생활을 같이해보자고 제안하면, 많은 분이 "목사님, 저 다음 달에 이사해요", "내년 초에 이사해요" 하는 반응을 보이셨습니다. 가만히 생각해 보니 약대동 분들은 저와 꿈이 다른 것이었습니다. 저야 선교를 위해 서민 지역인 약대동을 일부러 찾아온 것이지만, 약대동 분들의 꿈은 초기에는 자녀교육의 필요성에 의해 공동체에 참가하나 경제적으로 자리를 잡으면 마을을 떠나는 것입니다. 서민 지역이니 어떤 분들은 상황이 더 어려워서 마을을 떠나는 분들도 있지만, 이곳에서 어린이집 지역아동센터, 도서관을 통해 아이들을 잘 키우고 좀 더 생활이 나아지면 더 좋은 곳으로 이사하는 것이 당연한 욕망이라고 이해가 되었습니다.

그래서 교회도 마을에 뿌리를 내리려면 단순히 교회와 가정만 바꾸어서는 안 되고 마을 자체를 살만한 마을로 바꾸어 나가야겠다고 하면서 약대동 마을 만들기를 시작한 것입니다. 지금도 떠나고 들어오는 일은 반복되고 있습니다. 이 지역이 개발되니 이 서민 지역에서도 살기 어려워 떠나는 분도 계시고, 마을이 필요할 때는 마을에 있지만 다른 필요가 생기면 가차 없이 떠나기도 합니다. 욕망에 흔들리지 않는 신앙적 가치와 믿음이 필요한 이유가 바로 여기에 있습니다.

선교적 교회로서, 마을목회를 하신 지 37년이 흘렀습니다. 약대동 인근에서 교회를 바라보는 시선도 많이 바뀌었을 것 같은데요. 지역주민들의 반응, 교회에 대한 이야기는 어떤가요?

코로나를 겪으면서 깨달은 건 코로나 기간 중 떠나는 분들도 있지만, 지키는 분들도 계시고, 심지어 새로 들어오시는 분들도 계신다는 것입니다. 그리고 남은 분들은 더 단단해진 부분도 있습니다. 코로나를 지나면서 중요해진 부분은 마을에 교회와 마을을 잇는 마당이 생겨 이제는 마을 잔치를 주로 이 마당에서 치릅니다. 처음에는 교우들이 마을 분들을 초청해서 식사를 많이 했습니다. 이번 부활절에도 어르신 야유회를 준비하며 처음에는 식사만 같이하고 야유회를 가려고 했는데, 어르신들이 아예 부활절 예배부터 참여하셔서 이제 한 달에 한 번은 함께 예배드리고 식사도 하는 새로운 마당이 생겼습니다.

코로나기에 함께 마을 마당을 만들어 밥상도 나누고 노래교실, 한글교실, 건강교실 등 돌봄 마당이 만들어 낸 소통의 힘이 어르신들이 예배에도 참여하게 하는 이러한 마을 전도를 가능하게 했다고 생각합니다.

요즘 마을목회에 대한 관심이 높아지고 있는데요. 교회가 마을의 중심이 아니라 일원이 되어야 한다는 지적이 있습니다. 지역에 접근하는 교회의 시각에 대해 동의하시는지?

이번 대전 NCC 마을목회 세미나에 강의차 내려갔는데, 주제가 "마을을 살리는 교회, 교회를 살리는 마을"이었습니다. 팬데믹 이후 한국교회는 교인 수와 재정이 약 30% 감소하는 추세입니다. 이때 교회와 지역 마을과 새로운 상호돌봄 상생의 네트워크가 되어서 교회는 마을을 살리고 마을은 교회를 살리는 것이 코로나 이후 교회와 마을 생존의 중요한 요소가 되고 있습니다. 그래서 코로나 이후 마을교회는 교회 건물을 넘어서 마을을 살리는 플랫폼과 마당이 되어야 한다고 생각합니다. 교회가 마을을 살릴 때 역으로 마을이 교회를 살리는 시대가 올 수도 있다고 생각하고, 이것이 코로나 이후 마을목회의 대안이라고 보고 있습니다.

최근 여러 조사를 보면 한국교회에 대한 국민의 신뢰도가 갈수록 낮아지는 것을 볼 수 있습니다. 교회 성장도 정체되고 있거나 하향 추세구요. 목사님은 현재 상황을 어떻게 보시는지, 또 이렇게 된 이유는 뭐라고 보시는지 궁금합니다.

예전엔 교회와 기독교의 이름이 긍정적으로 작용했는데 이젠 교회나 기독교란 이름만 들어도 부정적으로 반응합니다. 코로나로 인해 많이 어려워진 이 시기에 마을목회는 거의 유일한 돌파구라는 생각이 든다(조성돈 교수)는 뉴스들을 심심치 않게 볼 수 있습니다. 추락하고 있는 교회 이미지가 복음 전파의 길까지 막고 있는 요즘, 지역사회를 섬기는 마을목회가 교회에 대한 부정적 인식을 바꾸고 위기를 타개할 돌파구가 될 수 있을지 주목된다는 것입니다.

코로나 이후 기후 돌봄과 마을 돌봄은 생명 생태 시대를 여는 두 기둥입니다. 이를 위해 교회는 마을과 함께 생명 돌봄센터가 되어 주거, 먹거리, 의료, 일자리, 에너지가 순환되는 마을의 마당, 즉 플랫폼이 되어 기후를 돌보고 마을을 돌보는 생명과 돌봄이 풍성한 마을의 마당이 되지 않으면 이 추락세를 막을 길이 없을 것 같습니다.

그렇다면 한국교회의 새로운 선교의 길, 어떤 길로 가야 한다고 보세요? (이 시대 교회는 무엇이고, 어떤 길로 가야 하는가?)

지금 한국 사회의 부동산과 아파트와 주식이 가족과 공동체를 해체하고 있습니다.

오늘 이 시대의 청년과 중년은 영끌 부동산 투기와 빚투 주식 투자에 몰입하다가 부동산이 폭락하며 길을 잃어버리고 있습니다. 공동체가 붕괴된 오늘 이 시대의 청년들은 고립되어 있을 뿐 아니라 나 홀로 세대도 400만이라 하는 이 생명 돌봄의 위기의 시대에 280조를 퍼부었는데도 출생률이 0.75입니다.

문화인류학자 조한혜정 교수는 본래 인간은 자궁에서 있다가 환대해주는 가족과 마을이라는 '사회적 자궁'으로 나오는 존재였는데, 이제 그 자궁이 사라진 거라고 이야기합니다. 그러니까 우리가 저출생의 문제를 풀려면 우리 사회에 새롭게 생명을 잉태하고 품을 지역과 마을 단위의 사회적 자궁이 필요하고, 그 사회적 자궁이 바로 '돌봄마을과 돌봄교회'가 되어야 하는 것입니다.

이러한 긴급한 상황 속에서 본격적인 마을 생명 돌봄 목회를 위해서는 우리 마을을 학습 문화 돌봄 생태계를 생명의 돌봄망으로 잇는 것입니다. 코로나 이후 저성장, 저출생, 탈종교 시대의 대안은 물질이 풍요로운 시대를 넘어 생명과 돌봄이 풍요로운 교회와 마을을 요청하고 있습니다. 저성장, 저출생, 탈종교의 근본 대안으로 지역과 마을 곳곳에 '돌봄 교회와 돌봄마을'이라는 생명의 품(사회적 자궁)을 형성하여 생명 잉태와 출산과 양육의 상상력을 높일 때입니다.

최근, 탈성장주의, 작은 교회를 지향하자는 목소리들이 나오고 있습니다. 그런데 이것은 전도를 많이 해서 예수님을 알리고 교회를 성장시키자는 기존의 기독교 가치관과 모순되는 것이 아니냐는 주장도 나오고 있는데요 성장과 성숙의 균형, 어떻게 잡아가야 할까요? (작지만 가치 있는 마을교회의 강점과 가능성)

가나안 성도와 탈성장의 등장 이유는 산업 물질문명의 대량생산, 대량소비, 대량 폐기 사회의 붕괴와 연결되어 있습니다. 다시 말해 산업화의 대량생산, 소비, 폐기가 인간과 자연을 극한적으로 수탈하여 인간과 자연의 붕괴 지경에 이르렀을 때 등장한 것이 바로 코로나 재난입니다. 이 코로나 재난 중에 우리는 세계 최대의 자살 공화국이 되었고, 280조라는 예산을 퍼붓고도 출산율 0.75를 높이지 못하고 있다는 것은 무엇을 의미합니까? 우리가 생산, 소비, 폐기에 피곤, 소진, 탈진되어 그 어떠한 방법으로도 가족과 공동체의 피로감과 공동체 회피증을 극복할 수 없는 지경이 되어 가나안 성도와 탈공동체, 탈교회 현상에 이른 것입니다.

그러기에 해법은 다시 교회로 사람을 끌어모으고 생산력을 높이자는 교회 성장 운동이나 경제 성장 운동식의 물질의 생산력을 높이는 산업 물질문명 방식이 아니라, 생명을 풍요롭게 하고 돌봄을 풍요롭게 하는 생명 생태적 방식으로 접근해야 한다는 것입니다. 그래서 제가 생각해본 기후 위기와 돌봄 위기의 시대에 교회와 마을이 나갈 길은 다음과 같습니다.

코로나 이후 우리 지구와 마을과 교회가 지속 가능하게 하려면 물질적 풍요를 넘어 생명과 돌봄이 풍요로운 교회와 마을이 되어야 한다.
1. 사람과 사람 사이에는 돌봄이 풍요로워야 하고,

2. 사람과 자연은 서로 공생하는 생태 문화가 풍요로워야 하고,

3. 교회와 마을은 지역과 마을과 지구촌을 생명이 풍요로운 돌봄망과 생태망
과 생명망으로 짜는, 아름다운 교회와 마을과 지구촌으로 만들기 위해 기도
하고 행동할 때이다. 샬롬.

셋째 마당

마을과 사회적 연대경제

●

임종한

머리글

오늘 우리 사회가 심상치 않다. 빚투, 영끌에 이어 400만 나 홀로 가족과 13만 청년 히키코모리(은둔형 외톨이), 세계 최고의 자살률에 이어 이제 130만 청년 다중 은행 채무가 사회적 문제로 등장했다. 그뿐만 아니라 살인 예고와 무차별 폭행 등 곳곳에서 불특정 다수를 공격하는 소식들이 들려온다. 상부상조의 문화가 갈수록 사라지고, 그야말로 각자도생의 삶을 살고 있다.

우리보다 앞서 버블경제 붕괴 이후 장기 불황이 닥친 일본은 심화한 빈부 격차, 히키코모리, 고독사가 심각한 사회 구조적 문제로 떠올랐다. 이러한 구조적 문제는 불특정 다수에 대한 범죄가 증가하는 결과를 낳았다. 경제적 양극화 극복, 공동체의 건강성 회복 등으로 사회 구조적인 문제를 해결해야 한다.

산업화를 겪으며 한국 사회는 눈부신 경제 성장으로 물질적인 측면에서 큰 성과를 이루었다. 하지만 현재 한국은 빠르게 늙어가고 있으며, 불평등과 차별이 점차 확대되어 가고 있다. 사람들은 여전히 삶에 불안을 느끼고 치열한 경쟁 속에 삶의 질은 나아지지 않는다고 생각한다. 상당수는 우울증을 경험하고 자살에 대해 생각하거나 자살 시도의 경험을 가진 사람이 많고, 실제로 세계에서 가장 높은 자살률을 보인다.

특별히 경제적 양극화는 개인만이 아니라 지역사회 단위로 영향을 미친다. 산업화의 과정 중에 우리는 사람과 사람 사이 관계망(일명 사회적 자본)을 잃고 공동체는 해체되고 있다. 도시에서는 1인 1가구, 홀로 사는 사람이 늘고 있다. 가난한 동네일수록 지역사회 공동체가 해체되거나 관계망이 약해진 것이 일반적이다. 빈 마을의 자리에 저출산, 급속한 고령화와 고독사 증가, 건강 불평등, 소득 불평등, 기후변화의 위기, 에너지 고갈의 위기가 찾아들고 있다.

일례로 가난한 동네일수록 병을 키워 응급실로 내원하거나 중증으로 입원하게 되는 사례가 많다. 결국 평소 건강 관리를 하기 힘든 소득이 낮은 계층, 사회경제적인 취약 그룹에서 중증질환으로 인한 응급실 내원과 사망률이 높다. 이런 가난한 동네에서 지역주민들의 건강을 지키려면 흡연, 지나친 음주, 건강하지 못한 식습관 등 생활 습관 개선 활동을 우선해야 한다. 어려운 여건에 처할수록 서로를 돌보는 건강한 관계망을 구축하는 것이 무엇보다 중요하다.

"한국 사회는 모두가 강남 아파트와 서울대를 열망하는 사회다." 우리나라의 실상은 경쟁에서 승리한 소수의 엘리트가 권력과 부를 독점하는 엘리트 제국, 스카이캐슬의 나라에 가깝다. 전 국민이 무한 경쟁을 벌이고 1퍼센트도 되지 않는 개천의 용이 되기 위해 99퍼센트가 넘는 사람들이 피폐한 삶에 허덕이며 분노 지수만 높아지고 있다.

민주주의의 진보가 시민적 서로 주체성의 형성에 존립하는 것이라면, 민주주의의 위기는 이 자기 형성의 좌절과 실패에 다름 아니다. 타자의 비판이 한갓 타자의 부정에 머물러 적극적 자기 형성으로 나아가지 못했다는 것이야말로 현재 한국 민주주의의 위기의 본질인 것이다.[1] 독재 권력 타도가 추동했던 한국 민주주의는 타자의 부정에만 머물며 '국가 형성'에 실패했다. 정치 민주주의를 넘어 경제 공공성의 확립과 타인의 고통에 대한 자기희생적 응답만이 퇴행하고 있는 한국 민주주의를 살리는 길이다. 이때 경제 공공성을 확립하는 것과 공동체를 살리는 것은 결국 같은 이야기이다. 한국 사회는 경제발전에 매달리느라 이웃과의 관계도 잊고 가족을 포함한 공동체도 해체의 위기에 처해 있다. 이것이 삶의 질 저하, 사회 전체의 위기로 치닫는 현실이다.

우리는 사람 사이에 관계망을 잊어버리고 공동체의 해체, 나아가 자연과의 상생의 관계가 단절됨에 따른 혹독한 대가를 치르고 있다. 그러면 공동체를 어떻게 회복할 것인가? 사람과 사람의 관계 회복에는 사람과 사람의 사이를 이해하는 사고의 전환이 필요하다. 이웃과 친구를 경쟁자로 인식하는 한 관계는 회복되기 어렵다. 이웃과 나를 하나로 인식하고 나아가 조물주 신과 연결된다는 인식의 전환이 필수적이다. 이웃과의 관계에는 신과의 관계가 전제된다.[2] 그래서 이번 마당에서는 한국 사회가 잊어버린 공동체, 신과 나와의 관계성, 영성에 대해서 이야기하려고 한다.

세계보건기구에 따르면 심혈관질환은 전 세계 사망원인 1위를 차지하고 있으며, 우리나라에서는 암에 이어 사망원인 2위를 차지하고 있을 정도로 높다. 심혈관질환은 뇌와 심장에 혈액을 공급하는 혈관에 이상이 생긴 상태를 총칭하는 것으로 높은 사망률을 기록하는 질환 중 하나이다. 이러한 질환은 특정 유전적 요인으로 발생하는 경우도 있지만 대부분은 건강하지 못한 생활 및 식습관으로 인해 발생하는 경우가 대부분이다.

일반적으로 심혈관질환하면 고지혈증(콜레스테롤, 중성지방 과다), 고혈압, 고혈당, 흡연 등이 중요 위험인자다. 그런데 이 위험인자에서는 차이가 없음에도 심혈관질환 사망률은 지역마다 큰 차이가 난다. 왜 그럴까? 이른바 로제토 효과이다.

미국 펜실베이니아 로제토 마을은 미국 건너온 이탈리아 이민자들이 모여 살던 지역이다. 주민들은 본래 살던 지역 이탈리아 남부지역 로제토 발포토레에서 따와 새로운 마을도 로제토 마을이라고 이름을 붙였다.

1960년대 마을 주민들을 진료하던 의사들은 신기한 현상을 발견했다. 당시 로제트에서는 유달리 심장병으로 사망하는 비율이 낮았다. 로제토 마을에서 1.6km 떨어진 같은 이민자 마을인 방고(bango)는 같은 식수원을 쓰고 같은 병원을 이용한다. 조건이 비슷한 방고와 비교할 때도 로제토 지역주민들의 심장병 사망률은 방고의 절반도 되지 않았다. "왜 로제토에 심장병 발생이 낮은 것인가?" 질문하게 되었고, 연구자들은 원인은 온전히 이해하지 못한 상태로 1964년 미국의사협회지(JAMA)에 로제토 마을의 심장병 사망률에 대한 논문을 냈다.

　로제토 마을의 심장병을 다룬 이 논문으로 로제토 마을의 낮은 심장병 사망률과 관련한 논쟁이 이어졌다. 로제토 마을에 대한 연구 결과를 반박하는 여러 논문도 발표되었는데, 근거가 없다는 내용이었다. 공동체의 사회심리적인 요인이 심장병 발병에 영향을 줄 수 있는 주장은 처음에는 받아들여지지 않았지만, 브룬과 울프 박사는 1964년 논문을 낸 후 30여 년에 걸친 지속적인 연구를 통해 공동체의 사회심리적인 요인들이 심장병의 발병에 관여한다는 것을 규명해 냈다. 사회적인 인자가 심장병을 유발할 수 있다는 생각을 처음으로 대중화한 것이다.

　그러면 로제토 마을은 다른 지역과 무엇이 달랐던 것일까? 로제토 마을에는 니스코 신부라는 훌륭한 지도자가 있었다. 니스코 신부는 여러 사람과의 노력으로 로제토 주민들이 상부상조하는 마을 고유의 문화를 만들어 갔다. 마을 사람 중 누군가가 죽으면 이전에 있었던 갈등은 뒤로하고 죽음을 함께 애도하도록 했다. 부모가 사망하면 그 집 아이들을 공동체가 함께 돌보는 무언의 약속을 지켜나갔다. 가족을 잃은 사람들은 식량과 돈을 받을 수 있었고, 가족들이 경제적으로 파산했을 때 그 가족들을 돕는 것이 공동체가 해야 할 역할이라고 여겼다.

니스코 신부는 채석장에서 근로자들이 극단적인 저임금으로 고통을 당하자 직접 노조위원장이 되어 근로자들의 임금인상 파업을 주도하기까지 했다. 니스코 신부의 헌신적인 노력과 로제토 마을 공동체의 노력으로 로제토 마을 주민들은 심장병 사망률이 현저하게 낮을 정도로 편안한 삶을 영위할 수 있었다. 결국 심혈관질환의 예방과 관리에도 공동체의 역할, 개인의 지역사회 관계망이 매우 중요하다는 것을 로제토 마을을 통해 알게 되었다. 질병의 사망률을 낮추는데도 공동체의 상부상조가 중요한 역할을 한다는 것을 알 수 있다.

의료복지사회적협동조합(의료사협) 공동체에서는 공동체 문화가 건강에 영향을 끼친다는 대표적인 사례로 로제토 마을 이야기를 자주한다. 의료사협 조합원들은 건강 관리에 독특한 건강 문화를 가지고 있다. 주치의를 두고 예방을 강조해서 가능하면 응급실 내원이나 종합병원에서의 중증 질환으로 인한 입원 혹은 수술을 줄이려 하는 것이다. 94년 창립된 첫 의료사협인 안성의료사협에서는 조합원을 대상으로 국내에서는 처음으로 주치의제를 시작했으며, 94년 이후 초창기부터 커뮤니티케어(통합돌봄) 서비스를 제공하고 있다. 물론 장기요양보험과 같은 제도적인 뒷받침이 없었고 재정적인 지원이 없는 상태에서 조합스스로 시작한 것이기에 안성의료사협의 통합돌봄서비스는 완전하지 않고 체계적이지도 못했다. 그러나 불량한 주거환경으로 건강에 위협을 받는 이들에게 집 고치기 사업을 시행하는 등 지역 자원을 활용하여 지역사회에 있는 건강의 위험 요인을 제거하고, 주치의 의료 서비스와 더불어 사회복지 서비스도 연계해 제공하는 등 우리 사회 통합돌봄의 시작이라고 할 만한 중요한 일들을 해왔다.

그러면 우리 사회에서 공동체의 상부상조 활동은 어떠한가? 대표적인 공동체 조직인 협동조합에서조차도 상부 상호 활동은 법적으로 허용되지 않고(사회적협동조합에서만 제한적으로 허용), 한국에서는 공제조합 설립도 가능하지 않다. 사회적인 약자들이 서로 협력하여 살아가는 것이 현실적으로 가능하지 않게 제도가 가로막고 있다. 기업의 기업할 권리는 법적으로 권리가 보장되지만, 공동체가 힘을 모아 살아갈 방도는 여러 형태로 제약이 심하다. 이 기울어진운동장을 해결하는 것이 건강 불평등, 사회의 불평등을 완화하는 데 꼭 필요하다.

안성의료사협 조합원과 지역주민들의 지역 공동체 활동이 있었기에 그 지역에서의 만성질환의 발병, 악화로 인한 입원, 사망을 줄일 수 있었다.[3] 의료사협에서 경험하는 이 같은 로제토 효과를 각 지역사회로 확대해 가야 한다. 우리나라는 세계에서 유래를 찾아볼 수 없을 정도의 급속한 고령화와 만성질환의 증가로 2050년에는 건강보험 재정이 바닥날 수 있다. 이 위기를 슬기롭게 극복하게 하는 것은 건강한 공동체이다. 우리 사회에도 로제토 효과가 필요하다.

객관적 세계의 역사를 나 자신의 역사라고 고백하는 것은 이성이 아니라 믿음과 영성의 일이다. 그러므로 이성의 힘은 언제나 믿음과 영성에 근거한다. 세계가 나 아닌 타자일 때, 그것은 인식과 형성의 대상이다. 그러나 세계가 나 자신과 하나일 때, 세계는 단순한 인식과 형성의 대상이 아니라 내가 아끼고 돌보고 책임져야 할 사랑의 대상이다. 이 사랑이야말로 죽음을 무릅쓰고 악에 맞서는 희생과 용기 그리고 헌신의 근원이다. 그리하여 믿음과 영성은 고통받는 세계에 대한 사랑으로 나타나고 현실의 악에 저항하고 새로운 세계를 개방하려는 실천으로 이어진다. 그 실천이 공동체운동이다. 그런데 믿음과 영성이 종교를 통해 구체적 내용을 얻게 되는 한에서 공동체운동은 종교적 믿음과 결합하게 된다. 이 점에서 보자면 동학혁명 그리고 3.1운동, 이후에 전개된 협동운동의 역사가 종교적 열정과 결합한 것은 결코 우연이 아니다. 협동조합 100년사를 살펴보면 협동조합 100년사는 더불어 살아가고자 하는 영성에 기반한 공동체 정신, 생명운동의 역사임을 쉽게 알 수 있다. 이 역사의 현장에서 일하시는 하나님을 만나고, 우리에게 향한 하나님의 은총을 경험하게 된다.

이러한 높은 수준의 영성과 시민의식이 한국 사회를 건강한 선진사회로 발전하게 하는 원동력의 하나이다. 시민들이 만든 공동체 경제, 사회연대경제(Social Solidarity Economy)가 있어야 국가와 시장도 공정하고 정의로울 수 있다. 하지만 안타깝게도 우리 사회가 이제껏 이 영성에 기반한 공동체의 중요성을 간과해 왔기에 지금 한국 사회의 민주주의 퇴보를 경험하고 있다.

한국 사회가 각자도생, 승자독식의 사회로 나아가지 않기 위해서는 공공성이 담보된 새로운 경제가 육성되어야 한다. 지속 가능한 사회를 위해 UN 총회에서는 사회연대경제를 결의했다. 한국 사회가 직면한 급격한 고령화와 불평등의 심화에 따른 사회의 해체와 공동화의 위기에 대해 우리 사회의 지속 가능성을 위해서는 경제를 공공성 기반으로 재구성하고, 사회가 필요로 하는 주거복지, 요양, 돌봄, 의료, 일자리 등을 제공하기 위한 새로운 경제 기반으로 사회 연대경제를 육성해 나가야 한다.

결론은 주민 자치의 강화, 돌봄마을과 선교적 교회 그리고 사회적 연대경제 실질화이다. 근원 치유를 위해서는 우리 사회에 만연한 권력과 부의 집중 현상을 해소해야 한다. 이를 위해서는 전환 돌봄마을과 사회적 연대경제로 중앙에 집중된 부와 권력을 3,500개 읍면동 마을에 분산시키는 것이 필요하다. 전환적 돌봄마을과 선교적 교회 그리고 사회적 연대경제로, 서로가 함께 평화롭게 사는 마을공동체를 만들어 갈 수 있게 된다면 무한 경쟁과 각자도생의 압박으로 붕괴된 인간성이 회복될 것이고 우리는 참으로 인간다운 삶을 누릴 수 있을 것이다.

우리나라에는 3,500개의 읍면동 마을이라는 풀뿌리 단위가 있다. 중앙에 집중된 권력과 부를 3,500개 읍면동 마을로 고루 분산하면 된다. 주민 모두가 권력과 부를 고르게 누릴 수 있게 된다면 무한 경쟁의 폐해도 사라질 것이고 파괴된 인간성도 회복될 것이다.

권력과 부를 읍면동 마을 단위로 골고루 분산시키는 방법이 있을까? 이는 「주민자치법」의 제정을 통해 주민자치를 실질화하면 가능하다. 첫째, 법 인격과 자치권을 가진 읍면동 주민자치회의 제도화, 둘째, 주민의 공동자산인 읍면동 마을 기금의 제도화,4 셋째 돌봄마을과 사회적 연대경제의 활성화이다.

이제 세 번째 마당에서는 협동조합의 100년 역사를 통해서 또 우리 사회에서 협동조합을 통한 공동체 회복 경험을 통해 예수 사역인 마을목회가 어떻게 사회연대경제로 나아가야 하는지를 다룰 것이다. 역사의 현장에서 이루어지는 치열한 운동사를 통해 하나님이 역사에 개입하셔서 이루어 가시는 구원의 손길을 여러분도 만나게 되길 기원한다.

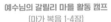

어떻게 해야 권력과 부를 읍면동 마을 단위로
골고루 분산시킬 수 있을까?

결론은 주민 자치의 강화로서, 돌봄 마을과 교회, 사회적 연대 경제 활성화!

예수님의 갈릴리 마을 활동 캠프
(마가복음 1-4장)

마을 목회와 사회적 연대 경제

갈릴리 마을 밥상 캠프
: 세리와 죄인을 부르러 왔다.
알패오의 아들 레위의 집
앞마당에서 밥상공동체
"바리새인의 서기관들이 예수께서 죄
인과 세리들과 함께 잡수시는 것을 보
고 그 제자들에게 이르되 어찌하여 세
리와 죄인들과 함께 먹는가"(막 2:16)

가나의 축제 캠프
가나의 혼인잔치/오병이어
"말하되 사람마다 먼저 좋은 포도주
를 내고 취한 후에 낮은 것을 내거늘
그대는 지금까지 좋은 포도주를 두었
도다 하니라"(요한 2:10)

예수 마을 공화국 = 가르침 치유 기적
(갈릴리 계약공동체=마을 공유지 회복)

갈릴리 마을 치유캠프
"온 동네가 그 집의 문 앞에 모이는"(막
1:33)
"회당에서 나와 곧 야고보와 요한과
함께 시몬과 안드레의 집에 들어가시
니"(막 1:29)
"마을과 도시를 돌며 산과 들에서 가
르치시며 모든 악한 것과 아픈 것을
고치시니라"(마 9:35)

갈릴리 마을 교육(가르침)과 신교(전도) 캠프
"이제 다른 마을로 가자"(막 1:38)
"새벽 오히려 미명에 예수께서 일어나 나가 한적한 곳으
로 가사 거기서 기도하시더니 이르되 우리가 다른 가
까운 마을들로 가자 거기서도 전도하리니 내가 이룰 위
하여 왔노라 하시고"(막 1:35-38)
"예수께서 다시 바닷가에서 가르치시니 큰 무리가 모여
들거늘"(막 4:1): 씨 뿌리는 비유

1 장
마을목회와 사회연대경제

1. 한국 지역사회의 현실

그동안 한강의 기적으로 불릴 정도의 고도성장을 누리던 한국 경제가 점점 성장의 동력을 잃고 저성장으로 가고 있다. 또한 저출산, 고령화로 인한 사회 부담이 가중되고 있다.

우리나라는 지난 2000년 7월, 65세 이상 노인 인구가 전체 인구의 7%를 넘어 '고령화'에 진입했고, 2025년이면 65세 이상 인구가 전체 인구의 20%를 웃도는 초고령사회에 진입하게 된다. 이처럼 우리 사회는 세계에서도 유례가 없는 빠른 고령화가 진행되고 있다. 특별히 고령인구의 증가는 다가올 사회에 생산력의 저하와 삶의 질 저하, 보건의료 비용의 급증을 가져와 우리 사회에 큰 부담을 작용할 것임이 틀림없다.

최근 보육, 돌봄, 의료복지 문제가 우리 사회의 핵심 정책 과제로 등장하고 있다. 그러한 배경에는 다음의 두 가지 요인을 들 수 있다.

먼저 1997년의 외환위기가 가져온 우리나라 경제 사회 구조의 질적인 변화이다. IMF 관리 체제를 거치면서 기업의 구조조정이 가속화되어 좋은 일자리는 줄어들고 실업자와 비정규직이 양산되었다. 또한 저출산 고령화 사회로의 이행이 빠르게 진행되고 있으며, 성장 일변도의 경제 구조도 한계를 나타내어 이에 따른 여러 가지 부작용이 대두되었다. 이 결과 보육, 돌봄, 의료복지 문제에 대한 욕구가 늘면서 중요한 국가 사회적인 정책 의제로 등장하게 된 것이다.

전통적 가족 구조의 해체 후 가족이 맡았던 보육을 여성이 전담하게 되면서 여성은 일과 가정을 양립해야 하는 매우 어려운 처지에 놓여 있다. 전국적으로 4만여 곳에 달하는 어린이집에 대한 지도와 감독도 미흡하다. 보육에 필요한 비용의 사회적 책임 확대가 필요하며, 안심하고 아이를 맡길 수 있는 보육 시설이 절실하다.

우리 보육의 목표는 한결같이 '공보육 강화'지만, 현실은 '믿고 맡길만 한 어린이집'의 부재로 목표의 성취에 대한 신뢰가 높지 못하다. 아이 키우기 너무 힘든 사회, 국·공립 어린이집은 전국 5.2%로 전체 이용 아동의 10%에 불과해 부모의 선호에 대비하여 확대 속도가 느리다. 정부의 재정 지원 확대로 무상 보육이 시행되어 OECD 권고 GDP 대비 1% 근접하지만, 공보육 인프라가 절대 부족하고 영리 민간 어린이집을 지원하는 상황이다.

빠르게 진행되는 인구 고령화 추세는 사회 전반에 큰 부담을 안겨주고 있다. 급속한 고령화에 따른 생산 연령의 감소, 건강 취약 계층의 증가에 따라 의료 돌봄 비용 등의 사회적 부담이 증가하고 있다. 2025년에는 65세 이상 노인 인구가 전체 인구의 20%를 돌파하고, 2050년에는 65세 이상 노인 인구가 전체 인구의 35.9%에 이를 것으로 전망된다. OECD 자료에 따르면 우리나라가 OECD 국가 중 지난 10년간 65세 이상 고령층의 자살 1위를 차지하고 있다. 고령층을 위한 의료복지,

고용 대책이 제대로 준비되지 않은 채 취약층들은 자살이라는 극단적인 선택을 하고 있다. 보건복지부 자료에 따르면 2035년에 독거노인 숫자는 현재의 3배가량인 340만 명에 이를 것으로 예상된다. 현재 40~50대 중장년 중 220만 명 정도가 향후 10~20년 사이에 독거노인 층으로 대거 흡수된다는 뜻이다. 이들 상당수는 이혼, 사별 등으로 이미 혼자 살고 있다. 전문가들은 이들을 '잠재적 고독사군'으로 분류한다. 홀로 죽음을 맞게 될 수백만 명의 '고독사 예비군'이 존재하고 있다는 얘기다.

국내 지역사회에 일차 의료 기능이 약화하여 고령화, 사회 양극화에 따른 건강 불평등 증가에 적절한 대비를 못 하고 있다. 국민건강영양조사원 자료를 분석한 결과 2050년 고혈압·당뇨 환자는 1,849만 명으로 2010년~2011년(1,073만 명)보다 두 배 가까이 늘어날 것으로 전망된다. 특히 30세 이상 고혈압·당뇨 환자 비율은 같은 기간 34%에서 49.1%로 급속히 증가한다. 국내 의료 체계를 평가한 OECD 보고서에는 회피할 수 있는 당뇨 급성 합병증 입원율, 회피할 수 있는 고혈압 입원율 등 만성질환 관리지표에서 낮은 평가 등급을 받았다. 이러한 상황에서 의료비 상승률은 OECD 1위를 차지하고 있다.

노인 인구, 만성질환자 증가로 의료비는 가파른 상승을 보여주고 있다. 우리나라 65세 이상 고령자의 1인당 진료비는 479만 원(통계청, 2021)으로 매년 늘고 있고, 전체 인구와 비교할 때 2.9배 많은 수준이다. 우리나라의 의료비 증가 속도는 OECD 국가 중 가장 빠른데, 의료비가 전체 GDP에서 차지하는 비중이 OECD 국가의 평균치인 9.5%에 근접해 있으며, 2022년에 우리나라 의료비는 국내 GDP의 9.7%로 OECD 평균치마저 추월해 골든 크로스가 이미 일어났다.

일차 의료 약화는 지금의 저효율 고비용 구조를 초래한 주요인이다.

동네의원 영세화로 질병의 사전 예방체계는 부실화되었으며, 한국 환자 당 연간 외래 진료 횟수 17회, OECD 평균은 7.4회로 저수가와 과다 의료빈도 서비스로 환자 불신은 증대되어가고 있다. 환자의 상급병원 쏠림으로 의료비 부담은 지속적으로 상승하고 있다.

의료 정보가 부족한 환자들이 의료기관을 전전하며 과잉, 과소, 중복 진료가 발생하고, 의료사고/약화사고도 증가하고 있다(예 : 갑상선암 과잉 진단, 무릎 인공관절 및 척추 수술 증가). 의료 서비스 격차로 지역별, 소득별 기대/건강수명 차이가 벌어지는 등 건강 불평등 역시 심화하고 있다.

송파구 세 모녀 사건에서도 보듯이 상병 급여 제공 등 의료 안전망이 부실하여 취약 계층은 작은 질병 발생 사고로도 생계의 위협에 직면하고 있다. 또한 고령화에 대한 대비가 부족하며, 만성질환 증가 등의 변화에 효율적으로 대처하지 못하고 있는 것이 현재 국내 의료 체계에 대한 객관적인 평가여서 국내 의료복지 체계를 미래지향적으로 변화시켜 나가기 위한 성찰과 비전 제시가 필요한 시점이다.

돌봄서비스는 인간의 삶 전반에 걸친 문제다. 생애주기가 의존이 필요한 어린이 단계에서 독립적인 성인의 단계, 다시 의존 관계를 필요로 하는 노인 단계로 구성된다고 볼 때, 생애 과정 전 주기는 타인의 돌봄이 필요하다. 이는 가정 내 여성의 역할에서 사회화된 서비스로 전환되어 왔다. 한국 상황에서 돌봄서비스는 공공 부문과 민간 부문을 통해 제공되 는 노인 요양서비스, 간병서비스, 아동방문보육서비스, 장애인활동보 조서비스, 산후조리서비스, 가사서비스 전체를 포괄한다.

돌봄은 인간 삶의 기본 욕구이며 생활하는 공동체의 상호 관계 속에 서 제공되어야 한다. 이러한 돌봄공동체는 상호관계망을 형성할 수 있는 지역이라는 공간적, 지리적 위치의 근접성, 특정 가치, 즉 돌봄에 대한 가치를 공유하는 가치 공유, 사적 가족이 아닌 공동체 내에서 돌봄을 제공하는 주민들 또는 조직들의 상호작용을 위한 네트워크, 다양한 주민과 조직의 자발적 참여, 돌봄 문제를 해결하기 위해 서로가 가진 자원을 나누는 등의 특징을 가지고 있다.

하지만 현재의 돌봄서비스는 상호 간의 연계가 부족하고 각각의 서비스가 분절적으로 시행되어 '지역 공동체' 안에서 포괄적으로 수행되지 못하고 있다. 특히 분절된 서비스가 아닌 생애주기별 연계 돌봄서비스에 대한 요구는 확대되고 있으나, 연계된 복합 돌봄서비스는 아직 제대로 시도되지 못한 상황이다. 또한 정부 재정 확대와 민간 공급 기관의 사업수행이라는 경직된 발전 경로로 인해 자발적 돌봄공동체가 발전하지 못하고 있으며, 영세 민간 업체들에 의해 질적으로 저하된 돌봄서비스가 주를 이루고 있다.

2007년 사회적기업 육성법 제정, 2010년 마을기업 육성사업 시작, 2012년 협동조합기본법 제정 등을 계기로 자발적 돌봄서비스에 관한 관심이 높아지고 다양한 사업이 시도되고 있으나 자생력을 가진 돌봄공동체의 성장 사례는 매우 미미한 실정이다.

기후변화에 관한 정부 간 협의체(IPCC)는 세계기상기구(WMO)와 유엔환경계획(UNEP)에 의해 1988년 설립된 국제기구이다. IPCC는 1990년 첫 평가보고서를 발표한 이후 1995년(2차), 2001년(3차), 2007년(4차), 2014년(5차)에 이어 2021년(6차)에 보고서를 발표하였다.

제6차 IPCC 평가보고서(AR6)는 기후변화의 현황을 평가하고, 피해를 완화(mitigation)하고, 변화에 적응(adaptation)하는 대책을 제시하고 있다. 지난 수년 동안 200명 이상의 과학자가 참여해 작성한 보고서에는 최근 200년 동안 전례가 없던 속도로 지표 온도 상승이 발생했고, 대부분의 기온 상승은 인류의 탄소 배출에 의한 것으로 분석하였다. 인류 활동이 1750년 이후 온실가스 증가와 지구온난화에 미친 영향은 명백하며, 2011년 5차 보고서 이후에도 이산화탄소, 메탄, 이산화질소 농도가 계속해서 증가해오고 있다.

IPCC 보고서는 향후 다양한 시나리오에 따른 기온 상승 전망을 제시하였다. 향후 온실가스 배출량이 증가해 2100년(SSP3-7.0) 혹은 2050년 (SSP5-8.5) 이산화탄소 배출량이 현재의 두 배에 이르는 시나리오와 2050년까지 현재의 이산화탄소 배출량을 유지하는 시나리오(SSP2-4.5), 탄소 배출이 줄어들어 2050년(SSP1-1.9)이나 2050년 이후(SSP1-2.6) 탄소 중립을 달성하는 시나리오의 결과를 전망하였다.

지금과 같은 속도로 온실가스 배출량이 증가한다면 2100년 지구 평균 농도는 4.6도(한반도 4.7도), 현재의 온실가스 배출량이 유지된다고 하면 2100년 지구 평균 농도는 2.5도(한반도는 2.9도) 증가할 것으로 전망하였다. 앞으로 우리 생활에서 일상적으로 경험하는 가뭄과 산불, 잦은 태풍과 침수 등 기상재난이 더 심각한 수준으로 발전될 것임이 틀림없다. 2050년까지 탄소 중립이 달성되지 않으면, 우리 미래 세대와 자녀들에게 미래가 없어지는 암울한 상황이다.

기후변화가 인류의 보건을 위협하고 있다. 온난화는 점진적이지만 폭우와 홍수, 가뭄, 폭염 등의 극단적인 기후 이상 현상은 갑작스러울 뿐 아니라 심각한 수준에 이르고 있다. 이러한 추세가 공기와 물, 식량, 주거, 질병이 없는 생활 등과 같은 건강의 가장 근본적 결정 요인들에게 영향을 줄 수 있다. 코로나19와 같은 글로벌 유행병의 확산은 야생동물의 서식지 파괴로 인해 변종 바이러스의 출현으로 발생했을 가능성이 높다. 변종 바이러스의 출현과 확산은 환경파괴와 밀접히 연관된 것으로 보아야 한다.

이미 인류의 삶은 기후에 민감한 질병의 영향을 받고 있으며, 이러한 질병으로 인해 수백만 명의 사람들이 목숨을 잃고 있다. 영양 부족으로 매년 350만 명의 사람들이 사망하고 있으며, 설사병으로 180만 명, 말라리아로는 거의 100만 명에 달하는 사람들이 목숨을 잃었다.

세계보건기구(WHO)는 기후변화가 건강에 미친 주요 영향을 다섯 가지로 정리했다.

첫째는 식량 위기로 인한 기근이다. 기후변화에 극히 민감한 농업 부문에서 기온의 증가와 더욱 잦은 가뭄과 홍수로 인해 식량 안보가 위협에 처하게 되고, 그에 따라 영양실조가 증가하게 된다는 것이다. 현재 영양실조 사망자는 연간 350만 명으로 추산된다.

둘째는 극단적인 기후 재난으로 인한 인명 피해이다. 동시에 홍수로 인해 상하수도 시설이 훼손되었을 때 콜레라와 같은 질병들이 발병하게 된다. 2005년 허리케인 카트리나로 인해 1,800명 이상이 숨지고, 수천 명의 이재민이 발생했으며, 피해 지역의 보건 시설들이 완전히 파괴되었다. 방글라데시에서는 홍수로 오염된 물이 콜레라를 유발했다.

셋째로 물 부족이나 폭우로 인한 물의 과잉 모두 오염된 물과 음식을 통해 확산하는 설사성 질병을 증가시킨다. WHO에 따르면, 설사성 질병으로 인한 사망자는 연간 약 180만 명에 이르며, 설사성 질병은 아동 사망 원인 중 2위를 차지하고 있다.

넷째로 도시의 폭염이다. 심장 및 호흡기 질환을 지닌 노인층을 중심으로 직접적으로 질병률 및 사망률을 증가시키는 원인이다. 2003년 여름 유럽을 강타했던 폭염으로 인해 예상보다 훨씬 많은 7만 명이 숨졌다. 폭염 이외에도 기온의 증가는 지표면의 오존을 증가시키고 꽃가루 발생 시기를 앞당김으로써 천식을 유발하고 있다.

다섯째로 기온 및 강우 패턴의 변화는 질병을 매개로 하는 동물 분포의 변화를 가져올 것이다. 질병 가운데는 말라리아와 댕기열이 현재가장 큰 위험 요소로 평가된다. 동아프리카 고원 지대의 경우 지난 30년 간 기온이 지속해서 증가하면서 모기의 수가 대폭 늘어났고, 그 결과 말라리아의 확산이 이뤄졌다.

이외에도 해수면 상승이나 빙하가 녹아내림으로 인해 직접적으로 생명을 잃는 경우도 발생하게 된다. 이 중에서 가장 예측하기 힘든 것이 생태계의 변화에 따른 피해이다. 2020년 양서파충류의 멸종은 농업과 인간의 질병에 어떤 영향을 미칠 것인가?

한반도에서도 이미 기후변화로 인한 건강 피해를 경험하고 있다. 전국 아열대 기후 예측에 의하면 남과 북은 이미 기후변화 현상으로 인한 기상 이변을 여러 차례 겪고 있다. 남한이 기상 이변으로 인해 입는 피해에 비해 북한의 피해는 더욱 심각한데, 이것은 북한의 자연재해 예측 시스템과 자연재해 방지를 위한 사회기반시설이 취약하기 때문이다. 북한은 무분별한 산림 벌채와 농경지 황폐화로 거의 해마다 폭우로 인한 홍수 피해를 입고 있는데, 지구온난화가 가속될수록 북한의 자연재 해는 더욱 심각해지게 된다.

도시 폭염은 노인층과 도시거주자들 사이에서 사망률을 증가시킨 다. 우리나라에서도 여름 폭염으로 한낮에 밭일하던 노인과 공사장 인부 가 사망하는 사례가 속출했다. 기후변화에 따라 전염성 질환이 증가하고 있다. 기후변화는 모기를 매개로 하는 질병이 확산하도록 하고 있다. 모기가 알에서 번데기를 거치는 기간은 15도에서 15.5일이 소요되지만, 기온이 20도 이상에서는 9.5일로 단축된다. 기온이 높아질수록 모기가 성충이 되는 비율이 증가하고 발육 기간이 단축되어 개체수가 증가하므로 더 많은 사람이 전염될 수 있다.

기후변화로 인한 해수 온도의 상승도 질병 변화와 관련이 있다. 해수 온도의 증가는 비브리오균의 증식을 높이므로 관련 질병의 가능성이 커진다. 우리나라에서도 1980년대까지는 말라리아나 세균성 이질이 감소하다가 최근에 다시 급증하고 있다.

중국, 몽골의 사막화와 더불어 황사의 발생이 늘고 있으며, 이에 따라 국내 황사의 피해가 늘고 있다. 황사 발생 시에는 천식, 뇌졸중의 발병위험이 큰 것으로 분석되었다.

기후변화는 전 세계적인 현상이지만, 그 결과는 전 세계에 동일하게 나타나지 않을 것이라고 한다. 다시 말해 기후변화는 개발도상국에 막대한 영향을 미치고 있으며 이미 제어하기 힘든 상황까지 이르렀다.

기후변화가 인류 보건에 미치는 문제점을 해결하기 위해서 세계보건기구(WHO)는 기후변화로 인한 인류의 건강 문제, 특히 개발도상국의 여성이나 아동과 같은 위험에 쉽게 노출된 사람들을 위해 가장 효과적인 해결책에 대한 연구와 평가를 조정 및 지원하고 있다. 또한 회원국들에 국민을 보호하기 위해 보건 체계를 적절하게 변경할 것을 권하고 있다.

기후변화 적응 방안에는 예방, 초기 대응, 효율적 사후 처리가 있다. 예방 조치로 폭염이나 기상재해와 같은 자연재해에 관한 조기 경보 시스템과 기후변화에 취약한 계층을 대상으로 한 사전 예방 정책을 펼쳐야 한다. 기후변화와 연관된 질병들에 대해 사전에 연구하고, 변화가 발생하면 바로 대처할 수 있어야 한다. 기후변화를 근본적으로 예방하기 위해 에너지 생산 및 사용 방식, 산업 구조, 생활 양식 등을 바꾸어야 한다. 우리나라 석탄 발전 비중은 40%대로 온실가스 배출량이 세계

10위권이다. 미세먼지 농도가 OECD 국가 중 최상위이고, 재생에너지 발전 기준은 2019년 기준으로 5.2%에 불과해 환경 선진국과 현격한 차이를 보인다. 글로벌 리더 국가로 발돋움하려면 반복되는 글로벌 유행병과 기후변화와 같은 위기 상황에서 우리나라가 해결의 대안을 보여주어야 한다.

2. 지속 가능한 사회를 향한 불가피한 선택이 된 사회연대경제

사회연대경제는 양극화 해소, 일자리 창출 등 공동이익과 사회적 가치의 실현을 위해 사회적경제 조직이 상호 협력과 사회 연대를 바탕으로 사업체를 통해 수행하는 모든 경제적 활동이라고 정의된다. 자본주의 시장경제에서 드러나는 문제를 해결하고 일자리, 주거, 육아, 교육, 복지, 의료 등 인간 생애와 관련된 영역에서 경쟁과 이윤을 넘어 상생과 나눔의 삶의 방식을 실현하려고 한다. 사회연대경제 조직에는 사회적기업, 협동조합, 마을기업, 자활기업, 사단법인, 재단, 농어촌 공동체회사 등이 있다.

사회연대경제는 지역 재생, 공동체 복원으로 주민 삶의 질 향상에 기여한다. 경제 위기에 탄력적이며 안정적인 일자리 창출 및 유지가 가능해 지역경제 운용에 유리하며, 사람 중심의 사회연대경제 조직은 의료, 복지 서비스 제공에 탁월한 기능을 보유하고 있다. 선진국에서는 사회적경제(유럽) 혹은 비영리센터(미국) 등의 접근을 통해 이러한 사회 문제의 해결에 노력을 기울인 지 오래되었고, 최근에는 공공-사회적경제-민관 협력(public-social-private partnership)을 통하여 문제 해결을 시도하여 성공하는 사례가 늘고 있다.

그러므로 정부의 사회연대경제의 육성 방향은 사회연대경제 조직의 자율성을 기반으로 하는 정부 지원을 확대하는 방향으로 가야 한다. 시민사회가 스스로 지역사회의 욕구를 찾아내고 문제 해결을 할 수 있는 역량을 갖추는 것이 우선이다.

사회연대경제를 위한 생태계를 조성하는 것이 무엇보다 중요하다. 사회연대경제 조직은 개별 조직의 지원보다 지역 내 사회연대경제 조직의 밀도를 높였을 때 지속 가능성이 커진다. 따라서 지역에 대한 종합적인 접근과 업종별 협의회 강화를 통한 내부 지원 체계 조직화가 중요하다. 협동조합을 통한 경제적 민주화, 사회적 약자를 위한 돌봄 사역 등 여러 나라의 선례를 살펴볼 수 있다. 대표적으로 2008년 국제 금융위기와 유럽 재정위기 속에서도 유럽연합(EU)의 25만 개 협동조합은 540만 개의 일자리를 만듦으로 충분히 자기 생명력을 입증했다.

2022년 제110차 국제노동기구(ILO) 총회에서는 양질의 일자리와 사회 및 연대경제에 관한 6차 보고서에 근거하여 양질의 일자리와 사회연대경제 대한 전반적인 논의를 하고, 다음 양질의 일자리와 사회연대경제에 관한 결의안(2022년 6월 10일)을 채택하였다.

1. 다음 결론을 채택한다.
2. 국제노동사무국 이사회가 결론을 적절히 고려하고 국제노동 사무국이 그 결과를 실행하도록 안내하도록 요청한다. 그리고
3. 다음과 같이 요청한다: (a) 이사회가 346차 회의(2022년 11월)에서 고려할 수 있도록 결론을 내리기 위해 양질의 일자리와 사회 및 연대경제에 대한

전략 및 행동 계획을 개발한다. (b) 관련 국제 및 지역 기구에 결론을 전달한다. (c) 향후 프로그램 및 예산안을 준비하고 예산외 자원을 동원할 때 결론을 고려한다.

2022년 OECD에서도 사회연대경제와 사회혁신에 대한 권고안을 채택하였다(OECD Recommendation on the Social and Solidarity Economy and Social Innovation). 권고안의 배경과 내용은 아래와 같다.

2022년 6월 10일 지역고용·경제개발위원회(OECD)의 제안에 따라 장관급 OECD 이사회에서 사회연대경제 및 사회혁신에 대한 권고안을 채택했다. 이 권고는 새로운 비즈니스 모델을 개척하고, 필수 서비스를 제공하고, 더 공정하고 친환경적인 디지털 전환에 기여하고, 청소년을 참여시키고, 커뮤니티를 구축할 수 있는 사회적경제의 잠재력을 촉진한다.
그것은 실천의 다양성과 다양한 국가 상황 및 다양한 수준의 사회연대경제 발전에 적용할 수 있는 정책 도구의 필요성을 인식한다. 사회연대경제는 일반적으로 협회, 협동조합, 재단, 상호 사회 및 사회적기업과 같은 조직으로 구성된다. 이 권고는 COVID-19와 같은 시급한 문제를 해결하거나 우크라이나 난민을 지원하고 장기적인 회복력을 구축하는 데 있어서 사회연대경제의 두드러진 역할을 시의적절하게 제시한다.

그러면 이 권고안의 이익은 무엇인가?
현재 다른 분야가 없는 분야에서 국제적으로 합의된 프레임워크를 제공한다. 사회연대경제를 시스템 변화를 주도할 수 있는 변혁의 힘으로 활용하게 한다. 또한 사회연대경제와 그 영향에 대한 인식과 가시성을 높인다.

사회연대경제와 사회 혁신 생태계가 어떻게 더 나은 성과를 낼 수 있는지 이해하고 이와 관련하여 정책을 채택하게 한다. 신뢰할 수 있는 사회연대경제 데이터 수집 및 생산, 확대, 사회연대경제의 영향을 측정한다.

2023년 올해 UN 총회에서는 민주주의와 사회정의를 촉진하는 데 있어 사회연대경제의 역할을 인정하면서 UN 결의안을 채택하고 다음과 같이 밝혔다.

1. 회원국이 국가적 상황, 계획 및 우선순위를 고려하여 사회연대경제를 지속 가능한 경제 및 사회 발전을 위한 가능한 모델로 지원하고 강화하기 위한 국가, 지방 및 지역 전략, 정책 및 프로그램을 촉진하고 이행하도록 장려한다. 특히 적절한 경우 사회연대경제를 위한 구체적인 법적 프레임워크를 개발하고, 가능한 경우 국가통계 편찬에서 사회연대경제의 기여를 가시화하고, 재정 및 공공 조달 인센티브를 제공하고, 사회 및 교육 커리큘럼, 역량 구축 및 연구 이니셔티브에 사회연대경제를 적용하고 사회연대경제 주체가 금융 서비스 및 자금에 쉽게 접근할 수 있도록 하는 등 기업가 정신 및 비즈니스 지원을 강화하고 정책 결정 과정에서 사회연대경제 주체의 참여를 장려한다.

2. UN 국가 팀을 포함하여 UN 개발 시스템의 관련 기관이 계획 및 프로그래밍 도구, 특히 UN 지속 가능한 개발 협력 프레임워크의 일부로 사회연대경제를 충분히 고려하여 다음을 제공하도록 권장한다. 지속 가능한 개발 목표를 달성하기 위한 도구로서 사회연대경제를 개발하기 위한 일관되고 가능한 정책 조치 및 프레임워크를 식별, 공식화, 구현 및 평가하기 위해 국가의

요청에 따라 국가를 지원한다. 사회연대경제에 관한 UN 기관 간 태스크포스의 작업을 인정한다.

3. 개발의 모든 단계에 적용되는 기존 및 신규 금융 수단 및 메커니즘을 포함하여 다자간, 국제 및 지역 금융 기관 및 개발은행이 사회연대경제를 지원하도록 장려한다.

4. 사무총장이 기존 자원 내에서 사회연대경제에 관한 UN 기관 간 태스크포스와 협력하여 현재 결의안의 이행에 관한 보고서를 준비할 것을 요청한다. 지속 가능한 개발을 위한 2030 의제 달성과 포용적이고 일자리가 풍부하며 회복력 있고 지속 가능한 회복을 위해 연대경제를 강화하고, 제79차 회의의 잠정 의제에 '지속 가능한 발전'이라는 항목하에 '지속 가능한 발전을 위한 사회연대경제 촉진'이라는 하위 항목을 포함하기로 했다.

각 나라에서 UN 결의안 채택을 계기로 사회연대경제 지원의 법 제도가 마련되고 있다. UN 결의안에서는 사회연대경제가 사회적 금융의 자원을 받을 수 있게 하고, 공공 조달에 참여 등 공공 분야 지원을 마련하고, 통계 작성, 지원책 마련, 정부 정책에 참여 등이 권고되고 있다.

여러 나라에서는 지속 가능한 사회 구축을 위해 사회연대경제 육성에 힘을 쏟고 있는데, 우리나라는 사회적경제 기본법 등 관련 법이 몇 년째 계류 중이다. 시민들의 삶의 질은 떨어지고 국가 경쟁력 지표도 곤두박질 중인 시점에 시민들이 정신 차리지 않으면 이 나라가 어디로 갈지 모르겠다.

2022년 ILO, OECD가 사회연대경제(Social Solidarity Economy) 결의안을 채택한 후, 2023년에는 UN이 사회연대경제 결의안을 만장일치로 의결했다. 기후 위기, 경제 불평등 심화, 신냉전으로 인한 국지전쟁과 세계전쟁 위험의 고조로 평화와 새로운 사회에 대한 갈망이 어느 때보다 높다. 대안경제에 대한 희망을 불어넣고 있는 것이 바로 장 칼뱅의 희년경제[1]이다. 칼뱅은 자본주의적 요소와 사회주의적 요소의 장점을 최대한 살린 경제, 즉 희년경제를 주창하고 있다. 칼뱅의 경제 사상은 "각자 그의 능력에 따라 일하고 각자의 필요에 따라 분배받는다"로 요약할 수 있다. 사회연대경제를 기반으로 '개인은 만인을 위해 만인은 개인을 위한 경제'를 만들어 가야 한다.

2013년 1월 1일, 가톨릭신문에 기고한 이용훈 주교(수원교구장)의 글 일부이다. 이용훈 주교는 자본주의 위기 속에 시민들의 협동과 연대로 만들어진 사회적경제는 하나님 나라로 나아가는 디딤돌의 하나라고 인식했다.

모든 그리스도인은 신앙의 성숙을 통해 그리스도의 완덕(完德)에 도달하도록 부름을 받고 있습니다. 우리가 현세에서 체험할 수 있는 모든 아름다움도 결국은 그리스도의 완전하심을 향해 가고 있는 것입니다. 일찍이 인류가 경험해보지 못했던 사회적경제는 빛과 소금의 역할을 하며 세상을 주님의 아름다움으로 채워나가고 있습니다. 사회적협동조합이 경제 시스템 안에서 모범적으로 뿌리내리고 있는 모습들을 살펴보면 협동조합 안에 자리한 그리스도의 정신을 어렵지 않게 발견할 수 있을 것입니다. 유럽에서도 협동조합 활동이 매우 역동적인 모습으로 손꼽히는 이탈리아는 '협동조합의 나라'라고 불릴 정도로 협동조합이 아름답게 뿌리내리고 있습니다.

이탈리아 에밀리아-로마냐 지방은 제조업을 비롯해 서비스업 등 거의 모든 업종에 걸쳐 협동조합과 중소기업의 네트워크로 성공한 지역이라고 할 수 있다. 세계적으로도 공정과 나눔을 강조하는 민주주의 정신이 기업의 철학과 기능에 스며들어 있으며, 협동조합의 원리가 시장 경제를 지배하는 사회라는 평가를 받고 있다. 이 때문에 세계적인 경제 위기 속에서 이탈리아도 10% 안팎의 높은 실업률을 보이고 있지만, 협동조합 천국이라고 불리는 이 지역은 해고가 없는 협동조합 중심의 지역경제 특징을 잘 살려냄으로써 약 3~4%대의 실업률을 유지하고, 유럽에서 제일 잘사는 5대 도시 중 하나로 꼽히며, 행복지수가 높은 도시가 되었다. 이는 하나님의 정신을 인식하고 전개하는 협동조합이 공동선이라는 사회적 목표를 향해 가고 있는 모범적인 사례라고 하겠다.

재벌 중심의 성장제일주의가 이끈 승자독식 체제로 인해 현재 우리 사회는 심각한 양극화의 병폐 속에 있다. 이에 대해 경제민주화에 대한 요구와 함께 '협동조합'이 새로운 대안으로 떠오르고 있다. 우리 사회에서 민간의 사회적경제 활동은 역사성을 가지며 다양하고 자발적인 형태로 나타났다. 비공식 부문에서 형성되기 시작한 사회적경제 영역이 공식 부문으로 흡수·제도화되는 과정에서 양적성장과 함께 정부의 관리 대상이 되었다. 1950년대~1990년대 1차 시기에 농협, 신협, 소비자 생협 등이 제도화되었고, 2000년대~현재에 이르는 2차 시기에는 국민 기초생활보장법, 사회적기업육성법, 협동조합기본법 등으로 사회적기업, 자활기업, 협동조합과 사회적협동조합이 제도화되었다. 이러한 상황 속에 사람과 노동의 가치, 협력과 연대의 가치를 추구하고자 민간 주체들은 끊임없이 지역, 주민, 노동, 시민운동 등 다양한 영역에서 사회적경제를 확대하고 실현해왔다.

2차 시기의 특징은 외환위기 이후 국가와 시장의 실패에 대한 보완적 관점 속에서 사회적경제가 새로운 사회문제 해결을 위한 수단으로 부각되고 있다는 점이다. 우리 사회가 직면하고 있는 고용 없는 성장과 취약한 사회보장제도로 인해 사회적경제에 대해 일자리 창출과 사회서비스 확대라는 정부의 정책 목표와 성과만을 강조하는 결과를 낳고 있다. 이에 사회적경제를 단순히 고용 창출 사업으로 축소하거나 사회복지 전달 시스템으로 규정함으로써 다양하고 자율적인 사회적경제를 정책적, 제도적으로 규제하고 사회적경제의 발전을 왜곡시키고 있다는 문제의식이 대두하고 있다.

국가와 시장이라는 조직 원리로 한 번씩 온 사회가 뿌리까지 재구조화되는 극심한 사회 변동 속에서 아직 대한민국에서 한 번도 전면적으로 제기되지 않은 가치가 있다. 바로 '인간 발전'이라는 가치이다. 최근 십몇 년간 '경제 성장'과 '경쟁력 강화'라는 시장 중심의 사회 발전 전략이 생명 경시, 공동체 약화를 가져와 우리 사회의 균형된 발전 전략을 보여주지 못했다는 평가를 받고 있다. '사회'와 '경제'에 대한 폴라니의 새로운 이해에 근거하여 '인간 발전의 영역'으로서의 사회적경제의 개념을 이야기할 수 있을 것이다.

협동조합은 공동의 경제, 사회, 문화적 필요와 욕구를 충족하기 위해 자발적으로 모인 사람들이 만드는 공동 소유와 민주적 운영 기반의 기업 모델이다. 우리나라에서도 협동조합기본법이 2012년 12월부터 시행되면서 협동조합 붐이 일고 있다. 금융업을 제외한 모든 업종에서 5인 이상이면 협동조합 설립이 가능할 정도로 제도적 제약이 없어졌기 때문이다. 협동조합 기본법 시행 12년 후 전국에서 2만 4백여 개의 협동조합, 4,600여 개의 사회적협동조합이 등록됐다.[2]

협동조합은 지역 기반의 맞춤형 복지, 교육, 안전을 책임지는 사회서비스 제공 기관이 될 수 있다. 이탈리아에서는 사회적 가치를 추구하는

사회적협동조합이 노인, 아동. 노숙인 같은 취약 계층에 돌봄, 교육, 여가, 주택 등 사회서비스를 제공하고 있다. 그리고 협동조합은 지역 기반의 공동체 문화를 만든다. 유럽에서도 협동조합은 경제적으로 취약한 도시의 시민들이 지역 내의 상호 연대를 통해 성장시켰다. 협동조합은 여러 사회의 계층과 세대들을 포괄하는 사회통합 수단으로도 활용할 수 있다.

국내 도시에서 처음 창립된 인천평화의료협동조합 의료진과 직원들, 1996년

민간 공급, 기부, 자선에 의존하는 시장 모델의 경우 민간에서의 서비스 모델을 질 관리 체계(Quality Assurance System)로 관리하기에는 한계가 있고 유복한 상류계층이 이용하는 일부 시설을 제외하곤 서비스의 질, 접근성, 비용에 있어 많은 문제점을 보인다. 국내에선 민간 공급 시설에 기부, 자선 활동을 기대하기 어려운 열악한 상태이다.

이에 비하여 덴마크, 스웨덴 등 공적 사업계획으로 민관이 협력하여 보육, 돌봄, 의료복지 체계를 만들어 온 북유럽국가에서는 높은 수준의 사회서비스를 유지하고 있다. 이들 나라의 잘 갖추어진 사회서비스는 여성들의 사회 진출, 고령자의 고용 의료복지에도 긍정적인 영향을 미쳐 높은 수준의 사회 생산성을 갖춘 선진국 도약의 기반이 되었다. 국내에서는 이에 대하여 사회서비스의 제공 수준이 낮아 사회 발전에 걸림돌로 작용하고 있다. 보육, 돌봄, 의료복지 분야에서 공공기반이 취약한 국내

여건에선 사회적경제와 지자체, 중앙정부가 협력하여 사회적경제 모델을 발전시키는 것이 최선의 대안이다. 사회적경제 모델은 '공익적 서비스 제공+질 좋은 일자리 창출+시장에 대한 합리적 규제/대안'이라는 세 마리 토끼를 잡을 수 있는 대안이다.

고령화와 불평등의 심화에 따른 우리 사회의 위기, 기후 재앙에 따른 생명의 총체적 위기를 어떻게 극복할 수 있을 것인가? 이제라도 다시 본질인 '생명'으로 돌아가야 한다. 그리스도인들은 통전적 영성을 통해 생명을 회복하며 하나님 나라를 건설해 가야 한다. 이것이 신앙의 가치이다. 인간의 교만으로 무너진 하나님의 창조 질서를 회복하는 일에 관심을 가져야 하며, 인간의 욕심을 비워 하나님과 깊은 사랑의 연합을 이루어야 한다. 삶 속에서 예수의 사랑을 실천하여 빛과 소금의 사명을 감당해야 한다.

세계는 우리에게 현 질서만이 세계 경제를 유지할 수 있는 효과적인 체계라고 말한다. 그러나 그보다 나은 길이 있고, 이는 가능할 뿐만 아니라 이미 여기에 있다. 협동 조직은 이미 많은 사람을 경쟁 위주의 경제에서 해방시키기 시작했고, 사랑과 정의를 가르친 예수의 교훈에 걸맞은 사회를 만들 수 있는 씨앗을 담고 있다.3

오늘날 경제적인 문제에서 오는 증상들은 세계적인 선교 사역에 영감과 정당성을 부여하는데, 협동은 그 문제의 뿌리를 건드린다.4 가난한 사람들에게 무분별한 원조는 종종 지역경제를 붕괴하고 경제적인 무질서를 낳는다. 반면 협동조합은 이런 지역경제의 재건에 꼭 필요한 독립성을 부여하고 그들에게 세계 경제와의 공정한 연계성을 제공하기도 한다.

사회적경제가 이제 성장하는 초기에 머물러 있는 한국에선 상상하기 어려운 일이지만, 사회적경제가 발달한 국가나 지역에서는 새로운 혁신적 변화를 이루어내고 있다. 사회적경제와 협동조합이 사회서비스 분야의 대안으로 두드러지고 있지만, 사회서비스 분야의 사회적경제가 성공적으로 뿌리내리기 위해선 해결해야 할 과제가 많다.

우선 사회서비스 협동조합 외부의 법 제도 개선 과제로 정부 정책에서 사회적경제가 주류화(main streaming)되어야 한다. 정부 모든 관련 부처의 정책에 사회연대경제 분야를 결합시켜 나가도록 해야 한다. 둘째, 각종 복지제도와 사회적경제의 결합이 이루어져 복지의 최종 전달은 지역 공동체에서 이루어지도록 해야 한다. 마지막으로 사회서비스 협동조합 내부의 과제로 사회적경제 주체 하나하나가 '생물'같이 살아있어야 하고, 다양한 사회적경제 주체가 만들어져 상호작용을 할 수 있어야 하고, 상호 협력을 통해 더 높은 사회서비스를 제공하는 등 창발적인 성과를 만들어 낼 수 있어야 한다.

역사 속에서 협동조합운동은 기독교 정신을 바탕으로 전개됐으며, 공동체 자본주의는 자본주의 체제에 대한 성경적, 시대적 대안으로 경제 정의를 지향하고 있다. 협동운동은 왜곡된 자본주의로 인해 피폐화된 현대인들에게 민주적인 협동을 통해 공동체를 제공해 줄 수 있도록 한다. 이러한 협동조합에 대한 성경적인 의미 부여로 창조 질서의 회복과 생명 가치의 보존, 초대교회 공동체의 나눔과 섬김의 실천, 온전한 인간 회복을 이루어 가는 희년 사상 등을 들 수 있다.

자본 중심이 아닌, 사람 중심으로 운영되는 협동조합 정신은 경쟁적인 인간관계를 극복하고 상호 존중, 공존을 도모하는 데 유용한 도구가 될 수 있을 것이며, 공동체성이 붕괴하고 있는 이때 협동조합운동은 새로운 공동체적 마을을 만들어 나가는 일이다. 이러한 사회를 향한 교회의 역할이 중요하다. 협동운동이 가야 할 목표와 사회적 가치를 분명히 해야 하며, 이러한운동이 우리 사회에 깊이 뿌리를 내리도록 돌보아야 할 책임이 교회에 있다.

협동조합은 사회적 약자와의 연대와 돌봄이라는 기독교의 본질적인 가치를 담고 있다. 협동조합에서 사회에 형상화된 예수 그리스도의 정신을 살펴볼 수 있다. 2022년 6월 18일에 창립된 희년상생사회적경제네트워크(2023년 '희년상생사회연대경제네트워크'로 개칭)[5]는 한국 사회에 희년상생 정신의 구현을 목표로 하고 있다. 사회적경제 기반의 새 사회운동으로 풀뿌리 민주주의를 지향하고 있다.

1994년 우리나라 최초의 의료협동조합인 안성의료생협, 1996년도 도시지역 첫 의료협동조합인 인천평화의료생협은 국내 의료협동조합을 태동시킨 주역들이다. 의료협동조합은 민간 의료 분야에 공익 성격의 지역 보건사업을 접목시켜 지역 보건사업에 획기적인 전기를 구축하게 하였다. 치료 중심의 진료 사업뿐인 지역 보건의료계에 공중보건과 예방사업, 주민 참여의 중요성을 부각시켰고, 치료의학과 예방보건사업을 연계 발전시키는 귀중한 활동을 전개해왔다.

협동조합기본법이 제정된 후 의료생협은 공공성이 강화된 의료복지 사회적협동조합(의료사협)으로 모두 전환되었다. 의료사협은 급속한 고령화와 건강 불평등의 심화 속에 조합원 수가 가장 빠르게 성장하는 사회적협동조합이다.

이러한 의료사협의 활동의 이면에는 기독청년의료인회 회원들의 남다른 수고와 헌신이 배어 있다. 기독청년의료인회라는 작은 선교공동체가 의료 분야에 공공성을 강화해 나가는 과정은 제자 공동체가 세상에서 어떤 역할을 해야 하는가를 보여주는 아주 좋은 사례이다.

대안적 의료공동체 기독청년의료인회 회원들, 1997년

3. 맺음말: 사회연대경제 기반 위에 선 마을목회

인류사회는 2050년 탄소 중립에 대한 중대한 과제를 안고 있다. 하나님이 창조하신 세계가 망가지는 것을 이대로 수수방관할 수 없다.

2025년 우리 사회는 초고령사회 진입을 앞두고 있는데, 급격한 고령화(65세 이상 인구 비율 2020년 15% → 2025년 20% 초과)로 돌봄 수요가 빠르게 증가하고 있다. 2019년은 2018년에 비해 11.2% 증가했으며, 거동불편 노인, 신체장애인, 정신질환 장애인, 불순응 만성질환자, 치매 환자 등이 총 585만 명에 달한다. 이전 정부도 2019년부터 커뮤니티케어(통합돌봄)를 중요 정책 과제로 삼아 2020년, 2021년 16개 지자체에서 선도사업에 참여했고, 올해는 장애인, 노인, 정신장애인 모두를 포괄하는 융합

사업을 추진하고 있다. 65개 지자체는 자체 예산으로 지역사회 통합돌봄 사업을 추진해오고 있다. 그만큼 지역사회의 요구가 많고 지자체가 관심이 많은 것이 사실이다. 하지만 중앙정부의 지원을 받든 자체 예산으로 추진되든, 이미 통합돌봄사업을 진행하는 지자체는 전체 지자체 중 1/3에 불과하다. 사실 지역사회 통합돌봄사업이 필요한 다수의 지자체는 지자체장이나 해당 공무원들이 통합돌봄에 대한 기본 이해가 부족하거나 지역사회 통합돌봄에 쓰일 기본적인 인프라나 자원이 열악한 곳이 더 많다.

농촌의 인구감소 지역, 도시에 저소득층 밀집 지역의 경우 지역사회 통합돌봄의 요구가 높음에도 불구하고 이들 취약 지역에 대하여 지역사회 통합돌봄에 대한 구체적인 대책이 없다.

한국교회의 약점은 예배와 삶의 분리이다. 그리스도인들이 생활하는 자리에서 하나님의 은혜를 드러내는 역할, 사회에서 빛과 소금의 역할을 잃어가면서 한국교회의 위상은 나날이 추락하고 있다. 마을목회는 목회의 영역에서 마을공동체의 돌봄과 섬김 영역을 중시하는 것이다. 사회적인 요구가 높아 사회연대경제에서 가장 빠르게 성장하는 협동조합이 햇빛발전협동조합과 의료복지사회적협동조합이다.

마을목회협동조합에 요청되는 역할은 영적 심방, 목회자의 이중직 지원, 지역사회 서비스 육성 및 조직―지역아동센터, 공부방, 생애 말기 돌봄, 들어주기 서비스, 독거노인 돌봄망, 무연고사―, 마을에서의 작은 장례, 버킷(생애 소원) 봉사, 장애인 활동 지원, 건강 취약 그룹의 건강 리더, 취약 그룹에 대한 먹거리 지원 등 다양하다. 마을목회협동조합은 교회와 사회적경제를 연결하는 다리이다. 영적 돌봄뿐만 아니라 목회영역을 마을의 공공 기능, 교육, 돌봄, 의료, 환경 지킴으로 확대해야 한다.

한국의료복지사회적협동조합 전환 창립총회, 2013년

마을목회협동조합은 여러 협동조합과 협력하고 참여해서 마을공동체의 돌봄과 섬김에 적극 참여해야 한다.

협동조합에서는 사람이 자본을 통제한다. 협동조합은 또한 노동권을 존중한다. 노동자 협동조합에서는 노동자들이 스스로 경영에서 완전한 자유를 만끽한다. 자유를 사랑하는 사람이라면 협동조합을 선택할 수밖에 없다. 영리적인 소자본에 고용된 돌봄 노동자들은 열악한 노동환경으로 인해 어려움을 겪고 있지만, 협동조합은 노동자 스스로 출자하고 중요한 의사결정을 1인 1표의 방식으로 한다. 자본의 통제와 착취에서 벗어난 자유를 느끼게 된다. 그래서 존 스튜어트 밀과 같은 대가도 협동조합이 미래의 지배적인 경영 형태가 될 것이라고 예언했다. 존 스튜어트 밀은 이렇게 말했다.

(협동조합 등) 결사체 형태(the forms of associations)는 인류가 계속 발전한다면 결국 세상을 지배할 것임에 틀림없다. 노동자 자신의 결사체가 평등과

자본의 집단적 소유를 기초로, 스스로 선출하고 또한 바꿀 수 있는 경영자와 함께 자신의 일을 수행하는 형태이다.[6]

한국의 협동조합은 일제 강점, 전쟁 등으로 오랫동안 암흑기를 보냈지만, 그 후 자발적으로 시작된 소비자협동조합, 신협협동조합으로 협동운동을 다시금 발전시켜 2012년 협동조합기본법 제정 이후 발전의 기틀을 마련해 나아가고 있다.

코로나19 이후 약대동에서 보는 통합돌봄마을

코로나 재난을 경험한 이후의 한국교회는 지역아동센터를 비롯해 마을 도서관, 마을 협동조합, 어르신 쉼터 등과 같은 그동안의 지역사회 선교의 역량과 교회의 목회적 영적 기능인 구역과 심방과 중보기도와 같은 요소를 결합해 지역주민들과 시민사회를 생명망으로 연결하여 지역의 생명망을 짜야 한다. 즉, 교회 안의 신앙적 생태계와 교회 밖 마을 생태계를 지역 심방의 개념으로 묶어 영적 돌봄망을 짜며 개인과 가족을 넘어서 지역과 사회를 위해 기도하고 돌보는 사회적 기도 훈련과 사회적 심방을 강화해야 한다.

코로나 재난 이후 우리 스스로가 마을 단위에서 서로 돌보는 공동체와 마을을 만들지 못한다면 우리는 재난의 여파로 붕괴될 수도 있을 것이다. 코로나 이후 우리는 돌봄마을로 서로 도우며 살아야 한다. 이러한 상황에서 정부는 고령화의 심화와 가족 기능의 약화와 사회적 약자의 삶의 질의 문제의 향상을 위해 2025년까지 지역사회 통합돌봄의 실행 기반을 구축한다는 계획을 하고 있다.[7]

이처럼 코로나 재난 상황 속에서 극심한 경제적 위기와 심리적으로 고립, 불안, 피곤 가운데 있는 사람들을 돌보는 문제는 더 이상 개인적 차원의 문제가 아니라 사회적 정치적 차원의 문제가 되고 있다. 코로나 이후 돌봄 문제는 사적 영역 또는 가족 윤리나 개인 관계에 국한되지 않고 공적, 국가적 영역으로 확장될 수밖에 없는 문제가 되고 있다는 것이다.8 코로나 이후 한국의 교회는 교인 수의 20%, 재정의 20%가 감소한다고 예상한다. 교회의 생존이 지역과의 새로운 상호 돌봄적 연대와 상생의 네트워크를 어떻게 형성해야 하느냐가 관건이 되는 상황이다. 지역과 마을 돌봄의 실천이 교회의 가장 중요한 복지적 실천의 과제로 다가오고 있고, 한국교회의 사회적 복지 선교의 새로운 출구는 교회와 지역사회와 마을이 서로 돌보는 돌봄의 연대와 동맹체가 되는 길이 될 것이다.

KBS 다큐온 프로그램인 "감염병 시대, 사회적 의료를 말하다"에서 지역사회 통합돌봄을 취재했다. 코로나 이후 어르신들을 병원이라는 시설로 오라고 하는 것이 아니라 어르신들이 사시는 마을과 가정으로 왕진하며 치유하는 방문 치료의 모습을 보여주었다.

이 프로그램은 코로나 이후 우리 자신이 사는 집과 마을에서 치유 받는 것이 불가능한가를 질문을 하면서 코로나 이후 앞으로 병원이라는 시설 중심이 아니라 우리가 사는 마을이 스스로가 서로 돌보고 치유하는 커뮤니티케어, 즉 마을공동체 돌봄 치유 시대가 도래하고 있음을 암시하고 있다.9 커뮤니티케어라는 통합돌봄 복지의 내용을 보면 어르신들이 시설에서 치료받는 것이 아니라 살던 집에서 돌봄을 받고, 코로나와 같은 재난 가운데서도 교회 공동체와 마을의 건강 문화 생태 리더들과 동네에 함께 살면서 질병 예방과 치료를 준비하며 돌봄마을을 준비하자는 것이다. 오늘날 코로나 이후 한국의 마을교회들이 나아갈 길이 바로 이것이다. 이제 코로나 이후 한국교회는 건물 중심의 모이는 교회를 넘어 마을 곳곳으로 움직이고 이동하면서 마을의 돌봄 캠프가 되어 마을의 생태적, 건강적, 문화적, 영적 돌봄공동체(커뮤니티센터)로 변해야 할 때이다.10

부천에서의 마을목회와 사회연대경제 경험을 이야기하자면, 1986년 부천의 약대동을 시작으로 처음에 4~5개의 지역아동센터가 2, 30여 개 그리고 60여 개로 확장되었다. 2000년 이후의 시기에는 부천의 시민사회를 중심으로 마을마다 작은 도서관운동이 일어나 13개의 작은 마을 도서관이 형성되고, 작은 마을교회와 마을도서관 그리고 마을의 지역아동센터의 네트워크 필요성이 대두되었다.

이러한 상황 속에서 부천의 지역사회와 시민사회는 마을 단위로 작은 도서관, 지역아동센터, 작은 교회들이 평생 학습이라는 고리로 연결될 가능성을 보게 되었다. 마침내 지역 교회와 마을도서관과 지역아동센터가 연결되면서 마을과 도시를 잇는 평생 학습 공동체와 아름다운 마을 만들기의 꿈으로 이어지고 있다.

부천시에서도 의료협동조합과 돌봄공동체를 결합하는 형태를 시도하기도 하고, 교회가 참여하면서 기존의 지역아동센터를 사회적협동조합의 형태로 확장해나가고, 의료 이외에도 지역 내 문제를 해결하는 다양한 형태의 사회적기업이나 사단법인들이 등장하고 있다.

새롬교회는 1986년부터 부천시에서 어린이집, 작은 도서관운동, 어르신 돌봄, 부천시에서의 생태문화운동을 이끌어온 선구자적인 교회이다. 2021년에는 1986년 부천의 최초의 종일 탁아 시설로 35년간 약대동 마을의 어린이 복지 및 선교 기관으로 역할을 감당한 새롬 어린이

집을 폐원하고 새롬교회는 마을생태문화 돌봄센터로 전환하였다. 이제는 새롬교회 1층에서 마을 공동 부엌과 어르신 건강 카페를, 2층은 마을 문화와 교육 공간으로, 옥상 전체는 마을 생태 치유 텃밭으로 운영되고 있다. 새롬교회와 약대교회 등 지역 교회가 연합하여 청소년 돌봄을 위한 꿈이식당을 매주 운영해 오고 있다.

'청개구리 청소년 심야 식당' 이정아 대표는 남편인 선한목자교회 김명현(49) 담임목사와 함께 2003년 부천 송내동에 교회를 개척하면서 지역의 맞벌이 가정이나 결손가정 아이들을 돌보기 시작하다 가출 청소년들에게까지 관심이 미쳤다. "학교 밖 청소년이 22만 명이에요. 가정이 품어주지 못했고, 학교에는 이미 뜻을 잃었죠. 그런데 사회가 제공할 수 있는 건 소년원과 중독 치료 시설뿐이에요. 그럼 이 아이들은 누가 돌보죠?"

부천 선한목자교회 부설 물푸레나무 청소년 공동체 이정아(45) 대표가 봉사자들과 함께 운영하는 '청개구리 청소년 심야 식당'이 청소년 돌봄을 시작한 이유이다.[11]

약대동은 부천시에서 독거노인 등 취약 계층이 많이 거주하는 지역이다. 이 지역에 새롬교회, 약대중앙교회, 약대교회는 예장통합, 예장합동, 감리교로 교단이 서로 다르지만, 여러 교회가 협력하여 청소년 돌봄, 어르신 돌봄 등 지역 선교의 새 모델을 보여주고 있다.

평신도들이 돌봄을 담당할 사단법인을 설립해 활발하게 활동하고 있다. 온전한 기쁨은 2007년부터 시작된 부천테크노파크 기독신우회를 모태로 하여 2014년에 지역사회의 빛과 소금됨을 목적으로 설립된 사단법인이다. 기독교 복음 전파, 복지, 장학 사업, 청년 및 시니어 창업지원 사업을 목적 사업으로 하는 '온전한기쁨'은 2015년부터 지역 내 약대중앙교회, 삼정종합사회복지관, 약대동복지협의체와 협력하여 취약 계층 환경 개선 사업(도배, 장판, 정리수납, 방역, 방충망, 방풍, 연탄 나눔)과 무료 합동결혼식(연 2쌍)을 수행하였고, 2018년도에는 약대동 교회 연합, 삼정종합사회복지관과 연합하여 '부천마을장례단'을 설립하고 올해까지 8호 마을 장례를 집례하였다.

2020년에는 코로나 사회적 거리두기, 비대면의 일상화로 인한 안전 사각지대 문제 보완을 위해 '온전한기쁨'에서 모집한 자원봉사자와 삼정종합사회복지관에서 발굴한 대상자를 1대1로 매칭하여 친구가 되어주는 '안전돌봄네트워크' 프로그램을 4년째 성공적으로 수행하였다.

2015년부터 시작된 창업 센터를 통해 2022년까지 75개 1인기업이 '창업보육'을 졸업하였고, 2022년부터는 영락누리나래선교단과 협력하여 기업 후원을 네팔과 필리핀, 태국 선교지로 확대 후원하였고, 국내에서는 영락온누리약국체인과 협력하여 약품을 후원받아 미얀마, 파키스탄, 캄보디아 선교지와 국내 다문화 공동체 교회에 전달하였다.

약대교회는 '알파코스', '중보기도학교', '엠마오가는 길'을 통해 영성 훈련에 힘을 쓰며, 결혼예비자학교, 아버지학교, 어머니학교, 부부행복학교, 부모 역할 훈련, 부부 대화 훈련을 통해 가정을 살리고, 60가장 홀몸 노인 자매결연, 은빛대학(노인학교), 장학 사업, 청소년오케스트라, 꿈이식당 지원 등으로 지역 공동체를 살리는 돌봄과 문화 활동을 펼치고 있다. 약대교회는 약대돌봄센터를 만들어 지역 취약 그룹에 대해서 먹거리 돌봄, 상담 및 정서 지원, 주거복지 사업 등 통합돌봄사업을 수행하고 있다. 또한 교인들이 필리핀, 태국, 남아공, 키르키스탄 등 6개국 170여 어린이들과 1:1로 영적 입양을 통해 어린이 학업과 생활 지원을 직접 하고 있다.

특별히 청소년들을 위한 돌봄 활동인 '꿈이식당'은 세 교회가 서로 협력하여 진행하는 청소년 돌봄 활동이다.

사단법인 '온전한기쁨'의 지역 돌봄 활동

교회와 지역 공동체와의 상호 결합이 활발하게 이루어지고 있는 곳이 바로 부천시이다. 지역 교회들이 마을목회 협동조합을 구성해서 교회의 연합과 지역 내에서의 사회적경제를 위한 모델이 만들어지고 있다. 더욱이 중대형 교회들이 작은 지역 교회를 지원하면서 교회 간 연대의 새로운 모습도 나타나고 있다. 이러한 흐름은 과거의 개교회주의를 극복하고 선교와 복지 그리고 돌봄의 교회론에 근거해서 개교회의 영적인 에너지가 성도의 삶을 실질적으로 바꾸어 나가고 지역사회에도 선한 영향을 주는 한국판 세이비어교회 모델이라고 평가할 수 있다. 한국에서도 조만간 다수의 성공적인 모델들이 나타나지 않을까 싶다.

이러한 시대적 변화에 부응하기 위해서 사회적경제를 추구하는 여러 기관과 교회들이 희년과 상생 사회적경제 네트워크가 각 지역에서 구축되고 있다. 각 지역의 의료협동조합과 지역아동센터, 돌봄협동조합, 사회적기업, 마을목회 협동조합 등 다양한 형태의 그룹들이 지역마다 돌봄의 생태계를 만들고 교회가 동참하여 지역사회에 헌신하도록 하였다. 전국에서 처음으로 사회연대경제에 관심을 가진 교회들이 마을목회 협동조합을 조직하여 교회와 지역사회 협력의 새로운 모델을 제시하고 있다.

더 이상 개교회 간에 경쟁이 아니라 지역 교회들이 서로 협력해서 새로운 지향점을 찾고, 사회연대경제가 공동체 경제로 우리 사회에 안착하도록 힘을 모으고 있다. 이 흐름이 민주화 이후 한국 사회를 한 단계 도약시킬 중요한 시민사회적인 의미가 있다고 생각한다. 대한민국의 독립과 민주화의 중심에 있던 교회가 이제 확장되고 성숙한 민주주의를 만들어내는 데 이바지할 수 있도록 '마을목회와 사회연대경제'의 새 흐름을 만들어가고 있다.

건강걷기 대회에 앞서 참가자들이 건강체조로 몸풀기를 하고 있다.

외부지원 없이 주민들이 주도
참여·관심도 높은 '마을행사'

평화의료생협, 제3회 우리마을 걷기대회

인천평화의료생활협동조합(이사장 송병수)이 마련한 '우리마을 걷기대회'가 1일 오후 2시 부평구 부개동과 부천 상동 호수공원 일대에서 열렸다. 올해로 3번째 맞고 있는 우리마을 걷기대회는 인천평화의료생협이 생활습관 개선운동을 통해 건강습관을 알리고, 이를 통해 마음을 돌아보는 계기로 삼기위한 것. 이날도 인선동, 부개동 주민을 중심으로 걷기모임, 체조교실 등에 참여하는 조합원 및 지역주민들이 가족단위로 1200여명이 참여했다.

우리마을 걷기대회는 외부지원 없이 주민 스스로 만들고 있는 마을 단위 행사다. 행사기획에서 참여와 홍보에 이르기까지 주민 직접 참여를 통해 진행되기 때문에 주민들의 관심도 높다.

걷기전 혈압과 혈당 등 건강을 체크하며, 걷기대회 과정에서

각종 게임을 부가하여 걷는 즐거움을 더했다. 또 조별 단위로 친밀해 유대감을 강화하고 지루함을 없앤 것도 특징이다. 이날 게임은 단체로 공뛰기기, 콩 워밍강하기, 가면을 엮고만들기로 진행됐다. 1시간30분 가량 걷기대회가 끝나고 '아나바다 최망장터'에서 물봄교환 및 경매 행사도 갖고 음식도 나눴다.

지난 96년 11월 부평구 부개1동 평화의원에서 창립한 인천평화의료생활협동조합은 지역주민이 의료인과 함께 낸 출자금으로 병원을 운영한다. 병원경영에서 주민 건강문제, 마을 건강사업에 이르기 까지 조합 주민들이 직접 참여에 필요한 의료서비스와 건강관리 프로그램 등 복지와 의료를 결합한 다양한 공동체사업을 벌이고 있다. 조합원은 96년 168명으로 시작해 현재 1천530여명에 달한다.

송정훈기자 sweetcandy@i-today.co.kr

인천평화의료생협 제3회 마을건강
걷기대회, 1999년

유럽에서 교회가 나이트클럽, 레스토랑, 호텔, 이슬람사원으로 팔려나가고 있다. 물질적인 탐욕과 욕망이 사람들의 마음을 미혹하고 생태계 파괴와 더불어 공동체의 해체와 불평등 구조의 심화로 이어지면 교회는 더 이상 그 사회에 설 땅이 없다. 한국교회도 "창조 세계를 지키고 가난한 이웃을 돌보라"는 시대적인 소명을 잊어버리고 제 역할을 못한다면 유럽 교회의 전철을 밟지 않는다고 단언할 수 없다. 이제는 교회가 마을 속에서 마을공동체를 통하여 이웃을 돌보고 세상을 섬기는 일을 해야 한다.

아시아, 아프리카, 남미에서 새롭게 신앙 공동체가 성장하고 있다. 한국교회는 지난 역사의 전철을 밟지 않도록 깨어서 기도하고 하나님 나라를 간구해야 한다. 서구 교회는 이제 생명을 다해가고 있지만, 한국교회가 '마을목회와 사회연대경제'를 기반으로 한 선교 공동체로 새로운 선교 역사를 열어가야 한다.

2015년 장애인건강권과 의료접근권 보장법률 제정 당시,
장애인단체와 함께 입법을 촉구하는 시민 행사 장면

2 장

협동조합을 통한 공동체 회복 활동
성과와 전망
― 고령화와 건강불평등 위기를 극복하기 위한 제안

1. 산업화 이후 급속한 고령화로 건강에 대한 요구 증가

사회 모든 이가 인간의 존엄을 지킬 수 있고, 서로를 존중하고, 공동체로 서로의 삶을 지지하고, 그 사회의 물질 자원이 사회 전반에 적절히 배분되고 사용되어 삶의 존엄성이 지켜질 수 있을 때, 그 사회는 살 만한 사회라고 할 수 있다. 대한민국은 한국 전쟁이 끝난 1953년만 하더라도 세계에서 가장 가난한 나라였지만, 이후 경제 개발을 통해 급속한 경제 성장을 이루었으며, 세계에서 경제 규모와 국가 경제력에서 10~13위에 이를 정도로 성장하였다. 우리나라 국민의 건강은 소득수준의 증가, 교육 수준의 향상, 보건의료 자원의 확충에 힘입어 짧은 기간 동안 평균 수명, 영아 사망률 등의 지수로 볼 때 크게 향상되었다. 특별히 기대수명의 증가는 두드러져 2030년에는 기대수명이 세계 최초로 90세가 넘게 이르렀다(대한민국 여성 기대수명 90.8세).[1] 반도체와 전자, 자동차,

철강, 석유화학 등 중요 산업 분야에서 모두 세계 5위권 안에 들어 이들 분야에서 세계적인 국가로서의 위상을 가지고 있다.

인구 5천만 이상, 1인당 국민소득 3만 불을 넘어 선진국 대열에 근접해 있지만, 아직 국민의 삶의 질은 그다지 향상되지 못하였다. OECD 등에서 발표하는 삶의 질 지표, 행복 지표에서 대한민국은 아직도 중하위권이다.

경제 규모는 커져 있지만, 소득의 불평등 구조는 오히려 깊어지고 있다. 소득 상위 10% 해당하는 그룹이 전체 소득의 50% 이상을 차지하고 있다. 주식, 부동산으로 인한 수익에서는 이런 불평등 구조는 더욱 심각하다. 상위 10%가 전체 부동산의 90% 이상을 소유하고 있다. 교육의 불평등 구조도 심화하고 있다. 건강의 불평등 구조도 역시 악화 일로를 보인다.

특별히 인간의 기본적인 권리인 건강권은 사회적으로 보장되어야 하는 권리에 속하나 우리나라 국민의 건강 수준과 삶의 질 수준은 선진국에 비해 미흡한 상태이며 국민의 요구를 충족시키지 못하고 있다.

만성질환이 증가하고 있음에도 현행 보건의료 체계에서는 치료 위주의 공급 구조로 되어 있어, 새로운 보건의료 수요에 적절한 대응이 이루어지지 않는다. 의사 인력이 증가하고 있으나 단과 전문의가 양산되고 도시 지역에 자원이 집중되는 불균형 현상이 지속되고 있다. 특히 의사의 경우 주치의 역할을 할 수 있는 인력이 20%에 불과해 의료 체계의 계속성을 위한 인력 운용상의 문제점이 나타나고 있다.

또한 3차 의료기관 등 대형병원으로의 환자 집중 현상이 여전하고, 의료기관 간에 기능 및 역할이 미분화되어 국민의 의료 기간 이용상 불편 가중 및 불필요한 의료비의 상승 현상이 지속되어 OECD 국가

중 의료비 상승률이 8.7%로 지난 10년간 1위를 차지해오고 있다. 지난 수십 년간 한국에서 의료에 대한 공적 부담이 증가하였으나 OECD 72.5%에 여전히 못 미치고 있다. 비교적 높은 개인 부담은 실질적인 본인 부담으로 이어지고 있다.

우리나라는 지난 2000년 7월, 65세 이상 노인 인구가 전체 인구의 7%를 넘어 '고령화'에 진입했다. 또한 2017년 노인 인구가 14%를 넘어 '고령사회'에 진입했다. 일본은 고령화사회에서 고령사회로의 진입이 24년 소요된 한편, 우리나라는 고령화사회에서 고령사회로의 진전이 단 17년 만에 이루어지는 전 세계에서도 유래를 찾아보기 힘든 빠른 고령화가 진행되고 있다. 평균수명은 탄생 시를 기준으로 하여 평균적으로 생존하는 수명 즉, 0세 기준 평균여명이다. 평균여명은 그 인구 집단의 건강이나 복지를 포함한 삶의 질의 수준을 나타내는 종합적인 지표로 널리 활용되고 있다. 예를 들어 국제기관인 UNDP(유엔개발계획)에서는 매년 「인간개발보고서」를 발간하면서 인간 개발의 수준을 국제 비교하여 순위를 발표하고 있는데, 그 순위를 매김에 있어서 크게 고려되는 것이 평균수명이다.

1960년에서 2000년까지의 40년간 OECD 회원국들의 평균수명이 어느 정도 늘었는지를 비교해 보면 대부분의 서방 선진국의 경우 10년 이상 늘지 않았으나, 한국은 동기간 중의 평균수명의 상승 폭이 가장 높은 국가로 23.1년이나 높아졌다. 우리 사회는 고령 인구의 급증, 출산율의 감소 등으로 급격한 인구 구조의 변화를 겪고 있다. 특별히 고령 인구의 증가는 다가올 사회에 보건의료 비용의 급증을 가져와 우리 사회에 큰 부담을 작용할 것임이 틀림없다. 사회적으로 이를 감당할 수 있는 체계와 자원을 충분히 준비해 두지 않으면 사회 전체에 생산력의 저하와 삶의 질 저하라는 큰 질곡으로 작용할 가능성도 안고 있다.

국민 의료비 지출의 증가는 대한민국에서 매우 두드러진 현상이다. 의료비 증가 중에서도 노인 의료비의 증가는 전체 의료비 증가를 가져다주는 큰 원인이기도 하다. 현재 65세 이상 노인의 1인당 의료비는 2020년 459만 원, 2030년에는 760만 원에 달할 것으로 예상된다. 노인 의료비는 1990년에는 10.8%에 불과하였으나 2000년 17.4%, 2002년에는 19.3%, 2017년에는 40.9%로 상승하였다. 그리고 그동안 노인 의료비는 꾸준히 증가해 2020년에는 36조 6천억 원에 이르렀다. 특히 치매나 신체장애로 인하여 치료 및 간호를 필요로 하는 노인 수가 2003년 83만 명에서 2020년에는 159만 명으로 증가했고, 동 기간 중에 노인 의료비는 4배가 되어 8조 3,000억 원에 이르렀다.

국내에서는 급속히 진행되는 고령화로 취약한 고령층이 급증하고 있으며, 사회 양극화의 진행과 더불어 지역 및 계층 간의 건강 불평등 역시 증가하고 있다. 소득수준의 향상과 생활 조건의 개선으로 앞으로도 건강 수준이 향상될 것은 명확하다. 그러나 사회경제적 양극화, 특히 소득과 교육, 고용의 불평등이 심화하는 것과 계층 간의 의료 이용과 건강 수준의 차이가 벌어질 것으로 보인다.[2]

현재 의료 체계의 근간인 일차 의료는 취약해진 상태이고, 질병 예방 및 관리 능력의 상실, 비효율적인 구조로 사회적인 부담은 증가하고 있다. 사회의 급변하는 환경 속에서 시민들의 건강과 의료복지에 대한 요구는 높아지고 있지만, 일차 의료기관의 질은 낮고 왜곡되어있다. 의료기관의 경영 여건은 악화되면서도 소비자들의 의료비 부담은 늘어가고 있다. 한국의 보건의료가 위기에 봉착해 있다는 것은 여러 형태로 감지되고 있는데, 이러한 고비용 저효율의 의료 구조,[3] 의료 왜곡의 심각한 문제가 아직 인식되지 못하고 있다. 이러한 현실 속에서 지역주민들의 신뢰를 기반으로 지역주민과 의료인이 함께 세운 의료기관이 바로 의료생활협동조합(의료협동조합)이다. 지역주민의 건강을 지키는 데 지역주민과 의료인이 머리를 맞대고 지역에서 필요한 진료 사업의 내용을 정해서 이루어진다는 점에서 지역주민을 위한 서비스 개발, 의료기관의 투명한 운영과 의료 질 관리의 획기적인 발전 모델이라고 할 수 있다.

2. 대한민국의 미래를 위해 필요한 의료 개혁

2019년 노벨 경제학상을 받은 미국 매사추세츠공대(MIT) 아브히지트 바네르지 교수(59)와 에스테르 뒤플로 교수(48)는 코로나19 이후 한국 사회에 대해서 다음과 같이 조언하였다.

수익이나 생산만이 아니라 사람들의 후생을 존중하는 사회 구축 방안에 대한 지도력을 확보할 수 있는 엄청난 기회다. 단기적으로 '포스트 코로나' 시대에 사회를 건강하게 하는 새로운 규칙을 터득하는 데 집중해야 한다. 미국의 위기가 악화된 것은 기업들이 이익 극대화와 기업 가치 분배에만 지나치게 몰두하고 노동자와 사회 구성원 보호에 충분한 관심을 쏟지 않았던 측면도 있다. 한국은 더 나은 균형을 찾는 방법을 세계에 보여줄 준비가 돼 있다.[4]

코로나19 이후 세계는 시민들의 안전과 건강을 더욱 중시해야 하는 사회체계를 구축하도록 요청하고 있다.

아직도 많은 사람(특히 개업 전문의)은 우리나라 현실에서 이루어지고

있는 의원급 의료기관의 치료 중심 진료 활동(일차 진료)을 일차 의료와
혼동하고 있다. 증상이나 상병을 가지고 동네의원을 찾아오는 환자를
치료하는 일차 진료는 일차 의료와 개념적으로 다른 것이다. 지금 우리나
라 의료 제도가 필요로 하는 것은 현재와 같이 파편적으로 치료 서비스를
제공하는 일차 진료가 아니라 제대로 된 포괄적인 일차 의료 체계이다.
일차 의료는 단순한 일차 진료(primary medical care)만을 의미하는 것이
아니고 개인, 가족과 지역사회를 위하여 건강증진, 예방, 치료 및 재활
등의 서비스가 통합된 기능으로서, 제도적으로 주민이 보건의료 체계에
처음 접하는 관문(first contact care)이며 기술적으로는 예방과 치료가
통합된 포괄적 보건의료(comprehensive health care)를 의미한다.[5]

일차 의료 강화를 통해서 점차 심각해지는 건강 불평등, 건강의 양극
화 문제, 건강증진과 예방적인 개입을 통한 의료 체계의 효율성 제고가
비로소 가능해진다. 그래서 일차 의료는 그 나라 의료 서비스의 질,
비용, 접근도를 좌우한다. 선진국에서 각 나라의 특성이 체계 형태, 재정
조달, 일차 의료 제공 형태, 세부 전공 전문의 비율, 전문가 수입, 비용
분담 등 9개의 보건의료 특성과 첫 방문, 연속성, 포괄성, 조정 능력,
가족-중심, 지역사회 중심 등 6개의 의료 관행의 특성에 따라 0에서
2점의 점수가 매겨졌다. 각 국가는 일차 의료의 견실함에 따라 3개의
그룹으로 나누어져 점수가 높을수록 일차 의료가 강했다.[6] 일차 의료가
강한 나라일수록 의료 비용이 적게 들며, 출생기 저체중 비율, 영아
사망률의 저하 등 건강 지표가 좋게 나타났다.[7]

여러 증거로 살펴보면 미국은 수십 년의 일차 의료 쇠퇴의 결과로
국민의 건강 수준이 다른 선진국에 비해 뒤처져 있다. 오바마 정부도
의료 개혁을 국가의 중요 개혁 과제로 삼았었다.[8] 쿠바의 보건의료 체계

는 개발도상국의 경제 여건 속에서도 선진화된 건강 수준을 보여준다는 점에서 주목받고 있다.[9]

우리나라는 다른 나라에 비해 일차 의료 점수가 매우 낮으며,[10] GDP 대비 보건의료 비용 지출 비용은 9.7%로(2022년 기준), OECD 평균치인 9.5%를 이미 상회하고 있다. 일차 의료가 제 역할을 못 하는 가운데 의료 효율성은 급격히 저하되고 있으며 의료 비용은 가파르게 증가하고 있다. 민간 주도의 현 의료 체계는 일부 종합병원으로 인해 상업화, 고급화 방향으로 치닫고 있으며, 일차 의료 등에서 의료의 질 저하, 의료 형평성의 문제가 점차 심각하게 제기되고 있다.[11]

그러므로 이러한 상황에서 국민이 받는 의료 서비스 수준을 선진국 수준으로 향상하려면 국가의 책임을 강화해 공공 재정 지출의 확대를 통한 의료 서비스 향상이 불가피하다고 하겠다.

의료 개혁에 있어 핵심적인 것은 의료 체계의 근간인 일차 의료의 역할과 기능을 강화하는 것이다. 그러므로 향후의 보건의료 개혁 방향으로는 첫째, 의료기관에서 제공되는 의료 서비스가 치료에 국한되지 않고 질병 예방, 치료, 재활 등으로 포괄적이어야 한다. 둘째, 병원급 의료기관과 동네의원은 현재와 같이 환자를 더 유치하기 위해 경쟁하는 관계가 아니라 서로 협력하는 관계가 되도록 해야 한다. 셋째, 의사 인력의 교육과 양성 과정이 전면적으로 개혁될 필요가 있다. 넷째, 공급되는 의료 서비스의 질적 수준이 보장되어야 한다. 다섯째, 민간 소유의 병원 중 공공영역을 수행하는 비영리법인에 대해서는 국가와 사회가 지원할 수 있어야 한다. 여섯째, 민간 병원을 중심으로 벌어지고 있는 무분별한 경쟁을 관리해 민간의료기관 중 공공성을 갖춘 의료시설이 더욱 확충되어야 한다.

3. 의료복지사회적협동조합 등 민간에서 공익적 의료기관의 태동과 발전

대한민국의 위기를 어떻게 극복할 수 있을 것인가? 이제라도 다시 본질인 '생명'으로 돌아가야 한다. 그리스도인들은 통전적 영성을 통해 생명을 회복하며 하나님 나라를 건설해가야 한다. 이것이 신앙의 가치이다. 인간의 교만으로 무너진 하나님의 창조 질서를 회복하는 일에 관심을 가져야 하며 인간의 욕심을 비워 하나님과 깊은 사랑의 연합을 이루어야 한다. 삶 속에서 예수의 사랑을 실천하여 빛과 소금의 사명을 감당해야 한다.

한국 사회가 여러 가지 중첩된 어려움을 겪고 있지만, 우리 사회에 내재한 협동 DNA는 역사적으로 어려운 고비에서 보듯 우리 사회가 재도약하게 하는 밑거름이 될 것이다. 『정의란 무엇인가』의 저자인 마이클 샌델은 코로나19에 한국이 적절한 대응을 한 데에는 한국 사회의 공동체 결속과 타인의 배려와 같은 높은 시민의식이 큰 역할을 했다고 언급한 바 있다.12

기독청년의료인회는 상업화된 의료 체계가 시민들의 건강권을 침탈하는 현실들을 보며 의료협동조합을 통해서 시민들의 참여로 대안적인 공동체를 건설하도록 하는 일에 가장 먼저 나섰다.13 의료협동조합이 본격적으로 태동하기 시작한 1994년 이전 의료협동조합의 원조라면 청십자의료협동조합을 꼽을 수 있다. 1968년 결성된 청십자의료조합은 이후 우리나라 최초의 민간의료보험조합인 청십자민간의료조합을 탄생시켰으며, 청십자병원을 설립하였다. 우리나라에서 가난한 이들의 의료접근성을 높이고 의료의 공공성을 높이기 위한 시도로 장기려, 함석헌, 채규철, 전영창 등이 주도하였다.14 함석헌은 청십자조합의 1호조합원이었다. 민중신학의 원조 격인 함석헌이 청신자의료조합의 첫 번째 조합원이라니, 민중신학과 의료협동조합이 자연스레 역사적으로 함께하게 된 것이다. 『장기려 우리 곁을 살다 간 성자』라는 책에서는 장기려를 한 번도 보지 못한 젊은 의사들이 돈벌이가 아닌 인간의 몸을 중심에 두는 의술을 펴기 위해 장기려를 본받아 제2, 제3의 청십자조합 인 '의료생협'15을 만들고 나가고 있다고 기술하고 있다.

　1994년 농촌지역 의료협동조합을 대표하는 우리나라 최초의 의료 협동조합인 안성의료생협, 1996년도 도시지역 의료협동조합의 대표적 인 의료생활협동조합(이후 의료생협)인 인천평화의료생협은 국내 의료 생협을 태동시킨 주역들이다. 의료생협은 민간 의료 분야에 공익 성격의 지역 보건사업을 접목해 지역 보건사업에 획기적인 전기를 구축하게 하였다. 치료 중심의 진료 사업뿐인 지역보건의료계에 공중보건과 예방 사업, 주민 참여의 중요성을 부각했고, 치료의학과 예방보건사업을 연 계 발전시키는 귀중한 활동을 전개해왔다. 협동조합기본법이 제정된 후 의료생협은 공공성이 강화된 의료복지사회적협동조합(의료사협)으 로 모두 전환되었다. 의료사협은 2023년 기준으로 총 28개로 전체 조합 원이 6만 세대이고, 조합원출자액이 300억 원, 운영 중인 의료기관과 복지 시설은 현재 90여 개에 이른다. 의료사협은 급속한 고령화와 건강 불평등의 심화 속에 조합원 수가 가장 빠르게 성장하는 사회적협동조합이다.

　이러한 의료사협의 활동 이면에는 기독청년의료인회 회원들의 남다 른 수고와 헌신이 배어 있다. 직접 의료진으로 참여한 회원도 있고, 이사로서 또 전문가로서 자문과 자원 활동을 해오신 회원도 있고, 출자로 기부로 활동을 성원한 회원도 있다. 지역 공동체를 섬기고 치유의 사역에 동참하는 것이 가장 기독교적이고 또 신앙의 본질에 다가서는 일이기에 기독청년의료인들의 참여가 이어져 오고 있다. 민중신학자인 김용복 박사는 과학기술이 지배 이데올로기로 작용해온 것에 지속적으로 비판해왔으며, 과학기술인들이 지배 이데올로기에 지배당하지 않고, 시민들을 섬기는 일, 하나님 나라의 축제의 향연에 참여하도록 요청하였다.16 기독청년의료인회는 의료인 신앙 공동체로서, 과학기술인으로서 이러한 요청에 응답해 의료협동조합운동을 만들고 사회의 요구에 적극 응답하였다.

왜 의료협동조합인가?

의료협동조합이란 지역주민들이 각자의 건강, 의료, 생활과 관련된 문제를 이웃과 함께 해결하기 위해 만든 모임으로 협동조합의 원칙을 따르는 조직이다. 의료기관을 포함한 건강과 관련한 시설을 설립, 운영하며 그 기관에서 일하는 의료전문가와 협력하여 건강과 관련된 문제를 해결하기 위해 노력하는 주민자치 조직이다.

의료협동조합의 특성을 살펴보면 첫째, 건강한 사람이 다수를 차지하는 주민단체다. 둘째, 예방보건사업과 이것을 보장하는 제도 확충을 중요시한다. 셋째, 주민의 민주적 참여를 보장하는 의료기관을 가지고 있다. 넷째, 조합원이 주인으로서 일할 수 있는 구조를 만들기 위해 다양한 소모임, 반모임을 구성한다. 다섯째, 환자를 찾아가는 의료기관이다.

성낙진의 연구(2007)에 의하면 생협의원, 개인의원, 대학병원, 보건소 등에서 일차 의료 기능을 평가해보았을 때 평생 건강 관리 척도, 지역사회 기반 척도, 일차 의료 접근성 척도, 전화 상담과 왕진에 의한 접근성 척도에서는 생협의원의 점수가 제일 높았으며, 생협의원에서 일차 의료기능을 잘 수행하고 있음을 보고하였다.[17]

의료협동조합에서는 의료 분야의 시민참여가 의료 개혁의 핵심적인 요소로 보고 지역 단위별로 시민들의 참여를 조직화하고, 투명한 운영구조와 더불어 사회의 요구에 맞게 주치의제도, 지역 보건사업 등 일차 의료를 강화하기 위한 여러 노력을 기울여 왔다. 이러한 노력은 향후 의료 개혁의 중요한 동력이 될 것이다. 현재의 보고가 완전하지는 않지만, 보건과 사회 부조를 위한 300개 이상의 의료협동조합이 존재한다.[18]

의료협동조합은 3가지 형태로 나뉘는데, 소비자 생협, 의료 제공자의 생협, 주체가 협동한 형태의 의료협동조합이다. 유럽에는 의료 제공자 생협이, 한국, 일본을 포함한 아시아 지역 국가들에서는 소비자 중심의 의료협동조합이 주류를 형성하고 있다. 세계의 많은 의료협동조합에서 조합원들은 오직 출자자와 이용자로만 남으려고 한다. 한국과 일본의 의료협동조합이 협동조합의 가치를 명백하게 발전시켜가는 협동체로 부각되고 있다.

우리나라 협동조합의 발달사와 기독교 사회운동은 밀접하게 연관되어 있다. 그 효시가 되는 것이 1920년대 일제 식민지 시절 기독교계가 농촌 사회와 농민의 재건을 위한 중심적운동으로 농촌협동조합운동을 펼친 것이다.

1928년 이후에는 YMCA를 중심으로 한 기독교 농촌협동조합운동이 본격적으로 전개됐다. 1929년 장로교 총회 농촌부에서는 공동구매와 공동판매까지 포함된 중앙신용조합이 설립됐다. 이 밖에도 감리교회는 1928년 10월 농촌사업위원회를 구성하고 농촌사업부를 설치해 농촌운동을 전개했고, YWCA도 농촌부를 설립했다.

이러한 협동조합운동은 1930년대 중반 이후 기독교계가 대내외적으로 어려움에 부닥치게 되면서 심각한 동요 현상이 일어났다. 안으로는 장로교회 내 보수적 인사들이 농촌운동의 참여가 교회의 본분이 아니라는 비판으로 농촌부 폐지를 촉구했다. 밖으로는 농촌협동조합운동을 반일운동으로 본 일제의 대대적인 탄압이 시작됐다.

이후 농촌협동운동을 전개하던 대부분 인사들은 체포, 투옥으로 농촌협동운동은 더 이상의 발전을 이루지 못하게 됐다. 그때 이후 오늘날 기독교계에서 협동조합이라는 이름이 거세된 후 기독교는 지역사회와 동떨어진 섬처럼 지역 공동체로서의 정체성을 잃고, 양적 성장에 매몰된 기형적인 모습을 보이게 된다.

1920~30년대 식민지 조선의 각종 사회단체와 지식인들은 농촌 사회와 농민들의 재건과 구제를 주장했고, 이 과정에서 중심적 대안운동으로 농촌협동조합운동이 대두했다. 당시 기독교는 농촌 사회가 가진 문제를 개인의 문제로 보지 않고 식민 지배가 가진 구조적 문제로 인식했으며 구체적 대안으로 협동조합운동을 제시한 것이다.

이러한 기독교 농촌협동조합운동은 식민지 민족 현실을 직시하며 복음주의 실천론으로서 '기독교사회주의', '사회복음주의'와 같은 진보적인 사회사상을 적극 수용한 것과도 깊은 관련이 있다. 초대교회 공동체 전통을 모델로 사회주의 자체보다는 기독교 본래의 사회적 약자를 품는 사회적 실천으로 전개되었다.

부산에서 1968년 5월 13일 장기려 박사 등에 의해 청십자의료보험 조합이 초량동 복음의원에서 창립되었다. 1980년 들어 상호부조적 의료협동조합 제도의 필요를 느낀 시민들의 자발적인 참여로 매년 지부 1개씩을 늘려 모두 5개의 지부를 설치했다. 기독의사회의 참여로 청십자의료협동조합은 지속적인 발전을 이루다가 1989년 7월 1일 정부 주도의 도시 지역 의료보험이 시작되자 청심자의료협동조합은 6월 30일 자진 해산하였다. 1960년대 이후 군사정권이 추진한 경제정책에 의해 농촌에서 쫓겨난 농민들, 재개발로 강제 철거당한 철거민들에게 아팠을 때 지원을 받을 수 있는 의료보험은 절박한 요구였다. 서울의대 가톨릭학생회 학생들과 몇몇 종교인들에 의해 자원봉사로 이루어지던 주말 진료소에 지역주민들의 참여로 1976년 난곡희망의료협동조합이 설립되기도 했다.

1980년대 군사독재에 대항한 기독교, 천주교의 민주화운동은 보건의료 분야 학생들에게도 영향을 미쳤다. 한국의료협동조합의 태동에는 기독청년의료인회라는 평신도 사회선교단체가 큰 역할을 했다.

연세대, 서울대, 가톨릭대, 이대 기독학생회를 거쳐 사회에 진출한 기독교 의료인들은 사회적 약자의 건강권을 지켜주는 일을 기독교 사회운동의 중요 과제로 삼았고, 건강권을 박탈당한 소외 받은 이들과 협동하여 건강권을 되찾는 사회운동을 의료협동조합을 결성해서 추진해왔다. 최초의 의료협동조합인 안성의료협동조합, 최초 도시형의 의료협동조합인 인천평화의료협동조합은 기독청년의료인회가 기획하고 지역에서 지역주민들과 만나면서 태동 된 의료협동조합이다.

한국 의료협동조합의 설립은 1994년 안성의료협동조합을 시작으로 인천평화(1996년), 안산(2000년), 원주(2002년), 서울(2002년), 대전민들레(2002년), 전주(2003년), 함께걸음(2005년), 용인해바라기(2007년), 성남(2008년), 수원새날(2009년), 시흥희망(2009년), 순천(2011년), 살림(2012년), 행복한마을(2012년), 건강한(2013년), 마포(2013년), 느티나무(2014년), 홍성우리마을(2016년), 부천(2017년), 화성(2019), 익산(2019), 성북(2019), 정다운(2020), 광주(2021), 대구(2022), 경남산청(2022), 위드(2022), 부산돌봄(2023), 상주(2023) 등으로 이어져 한국에서도 의료협동조합활동이 본격화하고 있다.[19] 안성의료협동조합은 안성농민회와 연대기독학생회의 오랜 지역 활동의 성과 속에 탄생한 우리나라 최초의 의료협동조합인 반면, 인천평화의료협동조합은 기독청년의료인회에서 평화의원을 먼저 만들어 지역 기반을 만든 후 지역주민들과 함께 의료협동조합을 세웠다. 안산의료협동조합은 안산 시민의 모임, 동의학민방연구회 등에서 의료협동조합을 만든 사례이고, 원주의료협동조합은 원주지역 신협과 생협 등 지역협동조합이 힘을 합해 원주의료협동조합을 설립했다. 대전의료협동조합은 한밭렛츠라고 하는 지역 품앗이 공동체와 대전 인의협(인도주의실천의사협의회)을 통해 태동되었고, 전주, 의료협동조합은 전주보건의료인운동과 지역 공동체운동이 기반이 되었다. 함께걸음의료협동조합은 장애우연구소 회원들이 지역에서 장애우들을 위한 의료복지 네트워크를 꿈꾸며 만든 협동조합이다. 용인해바라기의료협동조합은 장애아동 부모 모임에서, 성남과 수원새날의료협동조합은 지역 시민단체와 생협 조합원의 힘으로 창립되었다. 만들어진 의료협동조합 하나하나가 조합원들의 땀과 피로 만들어졌으며 또한 참여하는 의료인들의 헌신적인 노력이 있었기에 한국에서도 의료협동조합이 뿌리를 내리고 성장할 수 있었다. 현재까지 만들어진 의료협동조합의 설립 주체들을 보면, 지역에서 오랫동안 활동을 해온 농민과 지역주민 공동체, 보건의료인운동, 협동조합운동 등으로 여러 형태의 지역사회운동이 의료협동조합을 통해서 지역 내 의료복지기관의 경영 주체로 성장하고 있음을 알 수 있다.

우리 사회에 의료복지의 요구가 높아지면서 안성, 인천평화, 안산, 원주, 서울, 대전, 전주, 함께걸음, 용인해바라기, 성남, 수원새날, 시흥희망, 순천, 살림, 행복한마을, 건강한, 마포, 느티나무, 홍성우리마을, 부천 등을 통해 축적된 의료협동조합의 경험이 다양한 시민, 지역사회운동체로 확산해 지역사회 내에 새로운 보건의료 및 복지의 네트워크를 구축하고 있는 것으로 파악된다. 소비자생활협동으로 출발한 의료협동조합은 소위 사무장병원으로 상업적인 이익을 목표로 한 의료협동조합이 2012년 이후 급격히 증가하면서 기존의 주민 참여형 의료협동조합은 순천의료생협을 제외하곤 의료복지사회적협동조합(의료사협)으로 모두 전환되었다. 이 글에서 언급하는 의료협동조합은 모두 주민참여형 의료사협을 가리킨다.

의료협동조합과 기독교적 정체성

안성의료협동조합 창립 당시 기독청년의료인회 의료협동조합 토론회(1994년)

의료생협을 처음 시작한 곳이 안성이고, 그다음에 인천평화의료생협이 시작되었는데, 두 의료협동조합 모두 기독청년의료인회 내부에서 육성되는 과정을 거쳤다. 대부분 참여자가 의과대학 기독학생회에서 활동하던 분들이었다. 따라서 기획 과정이나 초기 자금을 조성하는 데 기독청년의료인들이 주도하고 실제로 많은 기여가 있었다. 인천평화의료생협이 시작되기 전에 나는 가정의학 수련의 과정을 마치고 나서 학교에 펠로우로 남든지 아니면 지역사회로 갈지에 대해 고민하고 있었다. 가정의학을 공부하면서 주치의 중심의 의료 체계의 중요성을 알게 되었고, 이것을 지역사회에서 구현하고 싶은 마음에 주임 교수님께 면담을 신청해서 내 생각을 말씀드렸다. 하지만 교수님께서 주치의 모델이 한국에서는 현실적인 이유로 구현되기 어렵다고 말씀하시면서 포기하라고 하셨다. 주임 교수님으로부터 한국에서 주치의 모델을 만들기가 어렵다는 이야기를 듣고 또 대학에서도 내가 더 이상 남을 이유는 없다는 생각이 들었다.

그 길로 바로 주임교수님께 인사를 드리고 나왔는데, 기독청년의료인회에서 '주치의 역할을 수행하는 지역의원'의 취지를 공감해 주시고 동료와 후배들이 기금을 모아 주었다. 그때가 1989년도였다. 40명 정도가 6천 7백만 원을 모금했는데, 지금으로는 4억 원 상당의 큰돈이었다. 이런 과정을 거쳤기에 기독교 정신에 근거해서 지역사회를 돌보는 의료기관이라는 정체성을 가질 수 있었고, 나 역시 개인이 개업하는 개업의 모델이 아니라 운영위원회를 조직해서 투명한 운영 체계를 갖추는 것이 필요하다고 생각했다. 4년 정도 열심히 활동한 결과 지역에서 좋은 평판을 얻을 수 있었다. 직접 왕진도 가고, 의료비가 없는 분들은 받지 않고 치료하거나 후원금으로 보조하면서 운영했기 때문이었다.

그러다가 1990년 초 지역사회에 기반을 둔 사회활동이 과연 얼마나 사회의 변화에 영향을 줄 수 있을지 의구심과 패배 의식이 사회운동 전반에 퍼졌다. 그러면서 중간에 포기하시는 분들도 나타나고 또 당시 근무 환경 자체가 다른 곳과 비교하면 힘든 조건이었기 때문에 가족들의 반대와 포기에 대한 권유도 상당히 있었다. 후원금도 점차 고갈되어가는 상황에서 가난한 지역이기 때문에 돌볼 이웃은 줄어들기는커녕 늘기만 했다. 과연 이 일을 계속 이어갈 수 있을지 정말 고민이 많이 되었고 기도를 정말 많이 했다. 그런데 하나님께서 내려놓는 것에 대해서 아무런 기도 응답을 주지 않으셨다.

그러던 중 안성농민의원에서 일본 의료협동조합을 방문해 보자고 제안해 주었다. 하나님의 응답이 내가 예상하지 못한 방향에서 온 것이다. 일본은 협동조합을 통해 지역주민이 참여하는 의료 모델을 40년 정도 운영해 오고 있었는데, 의료기관의 규모도 크고, 이러한 모델을 운영하기 위한 주민 훈련도 잘 이루어져 있었다. 마지막 날에 일본 협동조합연합회 회관을 방문했는데, 일본 협동조합의 아버지라고 하는 가가와 도요히코(賀川豊彦) 목사님의 동상이 있었다. 이분의 동상을 보는데, 마음에 그리스도께서 베드로에게 부활 이후 하셨던 "내 양을 먹이라"는 말씀이 떠올랐다. 인천평화의원을 그만둘지에 대해 기도했는데 그 응답으로 "지역주민들을 돌보라"는 말씀을 주신 것이다. 이 방문을 통해서 기독교 신앙과 의료인으로서의 내 정체성이 의료협동조합운동에서 하나로 결합할 수 있는 것을 알게 되면서 사명도 더욱 선명하게 인식하게 되었다.

이후 협동조합에 대해 더 공부하고 인천평화의료협동조합으로 발전시켜서 28년 정도 이어오고 있다. 여러 어려움이 있었지만, 나의 신앙과 공동체에 대한 인식, 사람들을 세우기 위한 교육, 의료적 돌봄이 중요하다는 생각이 동력이 되었던 것 같다. 기독교 신앙을 사회에 공적으로 구현하려는 신앙 실천이었다고 생각한다. 처음에는 협동조합의 기반이 미미했기 때문에 많은 어려움이 있었지만, 어느 정도 기반도 구축하면서 지금은 기독교적으로 이런 실천을 확장하는 방법에 대해서 많이 고민하고 있다. 특히 사회적경제를 통해서 사람들을 돌보는 모델에 관심을 두고 있다. 이미 독일이나 이탈리아 교회의 사회적경제에 관해 많은 사례와 축적된 지식을 갖추고 있다.

그리스도 신앙의 바탕 위에 의료 공공성에 대한 인식이 확고해진 계기

특별한 계기나 인물의 영향보다 나는 군에서 성경을 읽을 때, 사람을 회복시키고 자유롭게 하는 것이 중요한 주제라는 것을 알게 되었다. 이러한 회복과 자유가 개인 차원에서는 치유로 나타나지만, 사회적 차원에서는 사회의 약자들이 자신의 권리를 회복하는 것으로 나타날 수 있다고 생각했다.

무엇보다도 성경에서 만난 예수님은 직접 그런 활동을 하시다가 결국은 기득권층에 의해 고난받으신 것이라는 점을 생각할 때, 예수께서 가르치신 핵심은 가난하고 힘없는 사람들이 하나님 나라의 주인이라는 점이 성경을 읽을수록 분명해졌다. 이후 기독학생회 활동을 하면서 민중신학자이자 에큐메니컬운동을 활발하게 진행하셨던 김용복 박사님을 신앙의 좋은 선생님으로 만나게 되었다. 어머니의 신앙처럼 당시 한국교회 안의 뜨거운 영적 체험을 통한 에너지를 사회적으로 어떻게 연결해야 하는가가 나의 문제의식이었다.

그것이 단지 개교회의 부흥으로 이어져야 하는가 혹은 삶 속에서 그리스도를 만남으로 사회 전체가 회복되어야 하는가에 대한 고민이 있었고, 결론적으로는 한국 사회에서 개개인의 자유를 확대해 가는 것이 당시에는 민주화로 연결되었고, 민주화는 사회적 약자들의 권익을 회복시키는 과정과도 직결되는 문제로 인식되었다. 특히 주류 사회의 엘리트적인 접근이 과연 종으로 섬기시는 예수님을 모델로 볼 때 옳은 방향인가에 대한 고민, 결국 크리스천의 정체성을 갖는다면 섬김의 지도력이 필요하다는 생각이 중요한 동기가 되었다.

나의 신앙 정체성을 형성하는 데는 늘 기도하는 모습을 보여주신 어머니의 영향이 컸다. 내가 성경에서 가장 좋아하는 구절이 산상수훈(마태복음 5-7장)이다. 가난하고 소외된 이웃들이 하나님을 차지하고 그분의 위로를 받아서 가난하고 힘없는 자들이 자연스럽게 주인이 되어야 한다. 결국 섬겨야 할 이웃들이 바로 애통해하는 사람들이지 않은가?

코로나19의 교훈

지난 3년간의 코로나19 팬데믹은 현대 역사상 가장 큰 팬데믹으로 그동안 안전하다고 생각해 왔던 기존의 생각들을 송두리째 바꾸어 놓았다. 사람들을 만나는 일상생활조차도 영위하기 힘든 기간은 많은 사람에게 상실감과 무력감을 가져다주었다. 다행히 코로나19가 전체 인구 집단에 미치는 영향이 감소하면서 풍토병의 하나로 전환되어가고 있어 올 겨울에는 일상을 회복할 수 있으리라는 전망을 보이고 있다.

2019년 12월 첫 확진자 발생 이후 세계적으로 6억 7,700여만 명이 감염돼 680여만 명이 사망했다. 우리나라에서도 2023년 4월을 기준으로 확진자 3,100만여 명과 사망자 3만4,400여 명이 나왔다. 처음에는 두려움 속에 강제로 격리해야 했다. 사랑하는 가족이 병원에 입원해도 세상을 떠날 때까지 얼굴을 볼 수 없는 힘든 시간을 보냈다. 2002년 중증급성호흡기증후군(SARS), 2009년 신종플루, 2015년 중동호흡기증후군(MERS)에 이어 2019년 코로나19까지 신종 감염병은 4~7년 간격을 두고 발생했고 발생 간격도 점차 짧아지고 있다.

코로나19 대유행 위기 상황이 심화하면서 국제사회 및 각국의 보건의료 자원 투입과 관련 활동이 코로나19의 유행 대응과 전파 차단에 집중되었고, 만성질환 예방관리 및 건강증진을 위한 자원 투입과 활동이 상대적으로 저조하거나 실질적으로 중단된 상황이다.[20] 따라서 만성질환 관리 대상의 경우 코로나19 유행 이후 만성질환 예방관리사업과 관련 서비스에 대한 접근성이 급격히 떨어지거나 실질적 사업의 중단으로 관련 혜택과 지원을 받지 못하는 어려운 상황에 부닥치게 되었다고 할 수 있다. 건강증진 프로그램과 관련 활동들도 코로나19 확산 대응과 비대면 독려 상황에서 우선순위에서 멀어져 잠정적 중단 또는 적극적 사업 수행과 참여 유도를 진행하지 못하고 있다. 세계보건기구에서도 코로나19 대유행 이후 만성질환 예방 관리 체계가 무너지고 있음을 시사하는 122개국 대상의 조사 자료를 제시하고 지금의 위기를 '보이지 않는 유행병'(invisible epidemics)이라고 경고하고 있다. 조사 대상 국가 중 75%의 국가에서 만성질환의 예방, 치료, 관리의 영역이 전면 혹은 부분적으로 붕괴했다고 응답하였으며, 관련 주요 질환은 고혈압, 당뇨병, 암, 심혈관질환 등으로 코로나19 감염의 확산이 심각해질수록 그 붕괴의 수준이 심각해짐을 시사한다. 이에 대응하려는 방안으로 만성질환 예방관리를 위한 필수 보건의료 서비스 제공의 지속성을 담보하는 지역사회 실천 가이드라인을 마련하고, 나아가 디지털 보건의료 서비스 기반으로 만성질환 예방, 검진, 진단, 치료 등이 해당 환자의 재활 지원과 함께 공공보건의료의 필수 영역으로 포함되어 추진되어야 한다는 전략

이 제시되었다(WHO, 2020).[21]

코로나19와 같은 감염병 위기는 이후에도 반복될 것으로 전망되는 바, 감염병 유행과 확산에 대한 대처 노력과 함께 지속 가능하고 성과 지향적인 지역사회 중심 건강 관리 모형의 구축 필요성이 더욱 시급하다고 본다.

인구 집단의 고령화 및 질환 관리 비용의 효과성을 고려한 일차 예방의 중요성이 증대하고 있다. 1, 2, 3차 예방에 있어 가장 효과적이면서 개인의 건강 위해 질환 발생이나 사망으로 인한 고통을 최소화할 방법은 1차 예방이며, 실제 국가와 지역사회의 질환 발생과 사망으로 인한 질병 부담을 최소화하고 불필요할 수 있는 의료 이용을 최소화할 방안 역시 1차 예방적 측면에서 건강 위해 요인에 대한 중재를 철저히 수행하고 관리하는 것이다.

인구 집단의 고령화와 노년기 생존 기간의 증가, 노년기 주요 건강 문제인 만성질환 예방 중요성 부각, 건강한 노년에 대한 기대와 요구, 팽배한 최근의 보건의료 환경 변화를 고려할 때, 청·장년기부터의 건강 위해 요인에 대한 체계적인 관리를 통하여 만성질환의 발생 최소화 및 조기 발견을 가능하게 함은 물론, 만성질환 발생 시에도 적정 관리를 가능하게 하고 긍정적 예후를 만들어 낼 수 있는 예방 중심의 질환 관리가 필요하며, 이에 부응할 수 있는 보건의료 전달 체계 구축과 관련 건강 관리 모형 및 보건의료 서비스 개발은 필수적이다.

예방 중심의 질환 관리를 위한 중점 중재 영역에 대한 고려가 필요하다. 흡연, 음주, 비만, 신체활동 부족, 불건강한 식습관 등은 당뇨병, 고혈압, 심뇌혈관질환, 암과 같은 만성질환의 공통된 위험 요인이며, 주요 만성질환의 공통 위험 요인 중재를 위한 노력은 국가 단위의 중장기

계획 수립에 근거하여 지역사회 단위에서 해당 인구 집단의 특성 및 미충족 요구에 따라 지속적, 안정적으로 예방 및 중재를 위한 모형 및 프로그램 개발이 필요한 영역이다.

대한민국에서도 2020년 대비 2021년 255개 시-군-구 간 비교에서 지역 격차가 악화된 지표는 연간 체중조절 시도율, 우울감 경험률, 고혈압 진단 경험률(30세 이상), 고혈압 진단 경험자(30세 이상)이었으며, 대도시와 수도권에 의료기관, 의료인 등의 자원이 집중되어 지역 간 의료 공급-이용 불균형 문제가 지속해서 발생하고 있다.

교통이 발달하고 국제간의 이동이 빈발한 현재 상황에서 유행병이 얼마나 빠르게 확산하고 그 피해가 커지는지를 여지없이 보여주었다. 각국은 자국의 의료 시스템이 다른 국가보다 더 우수해서가 아니라 다른 국가보다 더 잘 보호할 수 있다는 이유로 개별 의료 시스템이 붕괴되지 않도록 보호하려고 노력해왔다. 위기 대응에 미숙하고 탄력성이 떨어지는 공공의료 시스템을 갖춘 국가들은 강력한 이동 제한을 통해 확산을 장기화시키는 한편, 종종 더디게 도착하는 다른 국가의 지원을 기다리는 것 외에는 선택의 여지가 없었다. 팬데믹은 바이러스와의 전쟁이라고 불렸을지 모르지만, 실제로는 이제 형성되고 있던 세계 공동체의 대응과 역량의 한계를 실시간으로 시험하는 전 세계적인 인도주의적 재난이었다. 이 전 세계적인 재난에 의료 체계의 미흡과 백신 공급 역량의 한계로 특별히 개발도상국에서의 피해가 컸다. 특별히 예방 백신의 공급은 몇몇 나라에 의해 독점되다시피 했다. 국가를 넘어 지역, 글로벌 의료 시스템이 초기부터 효과적인 대응 시스템을 구축했더라면 그 피해를 훨씬 줄였을 수도 있다고 본다.

2020~2023년에 코로나19는 1918년 이후 심각한 건강 위기를 가져

왔다. 스페인독감은 역사적, 구조적 뿌리가 깊으며 사회와 경제의 모든 분야에 영향을 미쳤다. 팬데믹은 말하자면 우리 사회의 구조적 결함을 점검하는 도약점 또는 발판이라는 것이다. 코로나19는 이제 독감 수준으로 약화되어 2019년 이후 거의 4년간에 걸친 팬데믹은 올해 거의 마무리될 것으로 보이지만, 사회적인 약자의 건강과 안전에 대한 대비 체계가 제대로 갖추어지지 않으면 다시금 글로벌 유행병이 반복해서 올 가능성이 높기에 코로나19를 새로운 사회로 나아가는 전기로 삼아야 한다는 것이다. 좁은 울타리에 갇혀 사는 닭 등 가축류에서 언제든 조류독감 등이 발생할 가능성이 높듯, 인간 사회도 마찬가지로 생물학적, 사회적 약자들이 건강을 유지하기조차 어려운 조건 내에서 살아가도록 강요되고 있기에 이 같은 구조는 더 이상 지속 가능하지 않다고 보아야 한다.

의료협동조합을 통한 건강사회로의 전망 및 향후 과제

고령사회로의 진입, 어린이와 노약자에게 집중되는 건강 피해, 늘어나는 의료복지요구 등을 고려할 때, 의료복지 분야는 협동운동이 절실히 필요한 분야이다. 향후 한국의 미래는 건강한 풀뿌리 민주주의가 정착하는 데 있다. 의료협동조합은 의료인과 지역주민들이 자발적인 참여를 기반으로 시민들의 건강할 권리를 확대해온 귀한 전통을 이룩해 나가고 있으며, 이는 우리 사회 민주화의 진전과 선진 의료복지 체계 구축에 큰 밑거름이 되고 있다. 의료인과 시민들이 만든 이러한 공익적인 의료복지 체계가 뿌리를 내릴 수 있느냐 하는 것은 궁극적으로는 시민사회의 발전과 그 역량에 달려 있다.

현 고비용 저효율의 의료 체계는 시민들의 건강에 대한 요구를 수용하지 못할 뿐만 아니라 고령화에 따른 의료비 증가 때문에 의료 비용은 지속적으로 상승할 것이다. 이러한 의료비 상승, 의료 이용의 양극화는 현 의료 체계를 개혁하지 않을 수 없게 만드는 동력으로 작용할 것이다.

건강에 대한 사회적인 요구를 잘 조직해 간다면 국가의 책임성을 강화해 의료보장의 수준을 높이려는 시도는 시민들의 지지를 받아 성공할 가능성이 높다.

시민들의 참여 아래 새롭게 만들어지는 보건의료 조직으로 의료협동조합은 분명 기존의 민간, 공공 부분과 구별되어 제3부분으로서의 자리를 차지하고 있다. 현시점에서 우리 사회에 제3부분으로서 의료협동조합에 요구되는 과제는 다음의 5가지로 요약될 수 있다.

첫째, 시민 참여가 중시되는 보건의료 체계 구축

보건의료 문제를 해결함에 있어 시민들의 참여를 중시하고, 이러한 자원을 활용하는 의료 모델을 개발하는 일이다. 병원에서 의료 서비스의 질 향상(quality assurance)에 시민들의 평가와 참여는 이제 필수적이고 여겨진다. 일차 의료부문에서 지속적으로 포괄적인 의료 서비스를 제공하는 의료 체계가 비용 절감과 의료 서비스의 질 향상에 기여한다는 것이 널리 인정되고 있다. 우리나라에서도 지역의료 시범사업, 주치의제, 최근에는 커뮤니티케어(통합돌봄) 등의 시도를 하고 있지만, 이것을 추진할 의료 조직, 주민의 참여가 확보되지 못하여 성공적인 결실을 맺지 못하고 있다. 하지만 이는 한 나라의 의료 체계 근간을 이루는 일차 의료 모델, 지역예방보건사업 모델을 만드는 일로 의료 개혁에 있어 핵심 과제이기도 하다. 의료협동조합은 지역주민의 협동과 자치를 중시하고 그 자체가 주치의제도, 시민 참여의 지역보건의료사업을 할 수 있는 구조를 가지고 있기 때문에 의료협동조합이 우리나라에서 일차 의료 강화, 지역 보건사업의 활성화를 추진하는 데 상당한 역할을 할 것으로 기대가 된다.

지역사회에서의 정신질환자들을 위한 정신 보건 서비스, 장애인들을 위한 재활 서비스, 지역사회에서의 영세 사업장 건강 관리를 위한 지역 산업 보건 서비스를 제공하는 등 치료 중심의 대형종합병원에서 수용하기 힘든 예방과 재활 중심의 의료 서비스를 개발하여 지역사회 의료 서비스의 질을 높여 가는 것도 의료협동조합의 과제의 하나이다.

둘째, 지역사회에 예방보건관리체계 구축

과거 건강의 문제가 단순히 영양 부족이라든가 경제적 어려움으로 병원을 이용하지 못했던 것에서 기인한 것에 비하여 오늘의 건강 문제는 산업화 과정에서 파생된 여러 유해 물질에 노출될 가능성이 높아진 것과 고령 인구의 증가에 따라 만성질환 증가가 두드러지게 나타남에 따라 질병 예방과 예방체계의 구축이 우리 사회의 중요한 현안으로 대두하고 있다. 노인 의료비의 급증으로 의료보험 재정이 불안정하게 되는 것을 막기 위해 가장 효과적인 것은 각종 만성질환의 합병증 발생을 줄일 수 있게 만성질환의 여러 위험인자 등을 사전에 줄여 주는 것이 가장 비용 효과적이라고 보고 하고 있다. 또한 유해 물질에 대한 안전 관리 체계를 구축하려는 노력을 적극적으로 벌이지 않는다면 우리 사회 도 유해화학물질의 위협으로부터 결코 안전하지 않다. 만약 유해 물질의 피해가 발생한다면, 공단 인근 열악한 주거환경의 서민들, 영세사업장 근로자, 여성, 어린이 등 사회경제적, 생물학적인 약자들이 우선적인 피해 대상이 될 가능성이 높다. 이것은 기존의 사회경제적인 불평등 구조 속에서 사회적인 약자에게 오염되지 않는 환경에서 살 권리마저 빼앗는다는 것을 의미한다. 의료협동조합은 지역사회 내에서 지역주민들의 건강을 추적 모니터링을 시행하여 지역주민들의 건강에 위협할 원인을 사전에 찾아 제거하고 또 지역주민들에게 건강한 생활 습관에 대한 교육을 꾸준하게 진행함으로써 지역사회가 과도한 질병 부담을 지지 않도록 하는 예방 관리 체계를 구축해 가야 할 것이다.

안성의료사협 조합원 교육, "아이 몸에 독이 쌓이고 있다"(2016년)

셋째, 고령사회에 대비한 의료-복지 체계 구축

그 유래를 찾아보기 힘든 빠른 고령화도 우리 사회가 넘어야 할 큰 산이다. 이미 우리 사회가 고령화사회에 진입해있으면서도 노인들을 위한 사회복지 및 의료 안전망이 제대로 안 갖추어진 것이 중요 사회 이슈로 드러나고 있다. 의료협동조합에서 가정간호센터, 주간 보호 서비스 운영 등 지역사회 노인들을 위한 활동을 전개하면서 이들 시설 간의 네트워크를 구축하여 노인들을 위한 사회 의료복지 안전망 개발에 힘을 쏟아야 한다. 일본 의료생협이 개호보험 도입에 적극적인 노력을 한 것처럼, 우리 사회에서도 의료협동조합이 개호보험 도입, 노인들을 위한 재활 및 치료시설 구축, 자원봉사 체계 구축 등 커뮤니티케어 정착에 적극적인 노력을 기울이도록 해야 한다.

넷째, 고비용 저효율의 의료 구조의 개혁

현재의 의료 체계가 고비용 저효율의 의료 구조로 되어 있고, 의료 왜곡의 심각한 문제를 지니고 있어 이를 개혁하려는 노력이 사회적으로 일어나지 않는 한 의료협동조합 역시 이 구조 안에서 어려움을 겪을 수밖에 없다. 의료 체계가 건강해질 수 있도록 여러 시민, 의료인단체와 힘을 모아야 한다. 우선 낭비적인 의료 구조를 없애기 위해선 의료의 본격적인 구조와 연관되어 진료비 지불 제도를 개혁해야 할 것이다. 지금과 같은 행위별 진료비제를 유지하는 한 불필요한 의료 서비스 제공을 적절히 통제할 다른 방도가 없다. 일차 의료에서는 환자 중심 의료 등 지불 제도 개편을 해야 하고, 입원에서는 대안들(DRG 등)이 개발 적용할 수 있도록 요구해야 할 것이다. 보건의료 체계를 정비하는 것도 시급한 과제이다.

보건의료기관과 복지기관이 분리되어 효율적인 통합 서비스를 제공 하지 못하고 있는 것이 문제이다. 지역사회 내에서 재활 서비스, 노인 수발 서비스를 필요로 하는 지역주민들이 통합된 적절한 서비스를 받을 수 있도록 노인수발보험의 도입, 의료복지 연계 체계 구축을 위해 의료복 지 체계의 개혁 작업에 의료협동조합이 여러 시민, 의료인단체와 더불어 적극 참여해야 한다.

기존 공공의료 부문의 경직성과 비효율성을 감시하고 공공의료 부문의료 개혁을 촉진하도록 하는 역할이다. 공공의료 부문은 세금으로 운영되는 병원이고 당연히 시민들을 위한 의료 서비스를 제공해야 함에도 공공부문은 마치 개혁의 사각지대인 양 방치되어있다. 공공의료 부문이 개혁될 수 있도록 공공의료 개혁모임을 구성하고, 시민들의 목소리를 지방자치단체와 중앙 정부에 알리는 역할을 해야 한다. 시민단체가 이 부문에 관심을 가지도록 연계하고 또 전문성의 뒷받침을 하는 것이 의료협동조합의 역할로 중요하다.

다섯째, 건강한 마을 만들기

일상생활을 같이 하는 가까운 사람들이 힘을 합쳐서 생활의 재검토와 재정립, 건강한 동네 만들기에 참여하는 것이 중요하다. 건강한 마을 만들기, 깨끗한 삶터 만들기의 형태로 여러 시민, 지역주민단체와의 연대를 통하여 건강한 동네를 만들기 위한 구체적인 활동을 전개할 수 있다. 각 지역에서 의료협동조합들이 이러한 활동을 전개하고 있는 만큼, 환경, 건강, 교통, 복지. 문화 문제 등 구체적인 현안에 대하여 주민자치와 협동의 원칙 속에서 지역의 현안을 해결하기 위한 구체적인 대안을 마련해나가고 있다. 가령 인근 환경오염시설로 인해 천식 등 어린이 건강 피해 발생의 구체적인 현안이 발생했다고 하자. 이럴 때는 조합원들을 중심으로 관련 조사위원회 구성, 전문가의 자문을 통한 구체적인 분석 자료 수집, 지역주민들의 의견 수렴, 구체적인 해결 방안 도출, 지역주민들의 조직화와 실천 역량 구축 및 해결 등으로 주민자치에 의한 힘으로 지역 현안을 하나하나 해결하는 경험 등을 축적해 나가야 한다.

4. 맺음말

대기업 중심의 성장제일주의로 인해 현재 우리 사회는 심각한 양극화의 병폐 속에 있다. 우리 사회에 몰아치는 '경제민주화'의 바람도 이같은 맥락에서다. 경제민주화에 대한 요구와 함께 '협동조합'이 새로운 대안으로 떠오르고 있다. 대표적으로 2008년 국제 금융 위기와 유럽 재정 위기 속에서도 유럽연합(EU)의 25만 개 협동조합은 540만 개의 일자리를 만듦으로써 충분히 자체의 생명력을 입증했다.

2012년 12월부터 발효된 〈협동조합기본법〉을 통해 우리나라에서도 5명만 모이면 금융업을 제외한 모든 분야에서 법인 자격을 지닌 협동조합을 주식회사처럼 자유롭게 설립할 수 있게 됐다. 그러나 주식회사와 다른 점이 있다면 영리 추구뿐만이 아닌 공동사업의 발전을 목표로 한다는 것이다. 모든 조합원은 1인 1표의 의결권을 가지며 기업의 대표를 선출하고 경영을 감독한다. 특별히 사회적협동조합에서는 배당금도 없다.

협동조합은 농민이나 중·소 상공업자, 일반 소비 대중이 상부상조의 정신으로 경제 이익을 추구하기 위해 구매, 생산, 판매, 소비 등의 일부 또는 전부를 협동으로 영위하는 조직 단체를 말한다. 이러한 협동조합의 발상은 보편적인 인간의 권리와 평등을 강조한 기독교 정신과도 맥락을 같이한다. 특히 자본 중심이 아닌 사람 중심으로 운영되는 협동조합 정신은 경쟁적인 인간관계를 극복하고 상호존중, 공존을 도모하는 데 유용한 도구가 될 수 있을 것이다. 공동체성이 붕괴되고 있는 이때, 협동조합운동은 새로운 공동체적 마을을 만들어 나가는 일이고 이를 위한 신앙 공동체의 역할이 중요하다. 사회적기업이나 협동조합이 정부의 주도로 신속히 도입되는 것은 긍정적이나 역량이 부족한 상황에서 초기에는 많은 시행착오를 겪을 수 있다. 이러한 일에 많은 시민이 관심을 가지고 참여해야 한다.

삶과 괴리된 대형 교회는 향후 사회에서 교회(신앙 공동체)의 참모습일 수 없다. 교회는 사회를 섬기고 변화하는 역할을 수행해야 하는데, 일부 교회는 세상과 담을 쌓고 그들만의 세계에 빠져 있는 듯하다. 세상은 빠르게 변하고 엄청난 지식을 쌓아 가는데, 자기 울타리에 갇혀 있다면 이성적, 합리적인 사고를 하는 그룹과 젊은 세대의 버림을 받게 될 것이다. 서구의 경험을 보아도 교회가 사회를 섬기는 자기 역할을 상실하면 시민의 외면을 받게 된다. 이는 순식간에 일어날 수 있으며, 교회는 텅텅 비고 관광지가 될 것이다. 하나님의 나라는 교회와 동일시되어선 안 된다. 교회가 자기 정체성을 잃으면 사회에서 설 자리가 없어진다.

교회는 다가오는 하나님의 나라를 선취하는 공동체로서 그 사회에서 하나님의 사랑과 정의를 드러내는 공동체여야 한다. 세상 속에서 하나님의 정의를 드러내는 공동체로써 협동조합은 넓게 보아 기독교 공동체의 특성을 가지고 있다. 교회라고 명시하진 않았어도 하나님의 정의와 선하심을 드러내는 데 열심인 개인들과 그 공동체에 의해 기독교의 보편주의와 평등의 가치가 살아 움직인다면, 이 역시 하나님 나라가 실현되어 가는 모습일 것이다. 신 없이 신 앞에, 세속 사회에서 하나님은 다양한 방식으로 개입하시고 하나님의 정의를 드러내신다.

기독청년의료인회에 의해 우리 사회에 뿌리를 내린 의료협동조합운동은 기독교의 사회참여 방식과 지향, 그 정체성을 잘 드러낸 운동이라고 평가할 수 있다. 기독청년의료회 활동에 영감을 받아 신앙 공동체가 사회 각 영역에서 민주주의의 확대, 건강권을 포함한 제반 인권 보장, 전쟁 종식과 평화 정착 등 사회 선교를 통한 성령의 열매를 맺어가기를 기대한다.

3 장
한국협동조합운동 100년,
생명운동의 역사였다

1. 시작하는 말

협동운동은 국가 권력으로부터 자율성을 추구하며, 근본적이고 점진적인 사회 개혁을 추구하는 비전을 갖고 있다. 협동조합은 협동, 자립, 연대를 지향하는 '사회연대경제'의 하나의 오래된 현실태이다. 한국의 협동조합운동은 100년의 역사에서 세 차례의 큰 시련이 있었다. 일제의 탄압이 첫 번째 시련이고, 분단과 전쟁이 두 번째 시련이며, 독재 정부의 협동조합운동 관여와 개입이 세 번째 시련이다. 하지만 한국의 협동조합운동은 100년의 역사에서 여러 차례 시련을 겪어왔음에도 이를 딛고 생명운동으로 이 사회에 새로운 대안을 만들어가고 있다.

사회연대경제는 사회적경제, 연대경제 또는 제3 섹터를 포괄하는 용어로 사단법인, 협동조합, 공제회, 재단, 또 사회적기업, 자활 기업 그리고 사회연대경제의 가치와 원칙을 따르는 기타 주체들이 포함된다.

최근 주요 국제기구(ILO, OECD, UNTFSSE 등)에서 사회적경제 대신 사회연대경제라는 용어를 사용하는 빈도가 증가하고 있다.[1]

한국에서 사회적경제를 대표하는 조직은 한국사회적경제연대회의이다. '협동조합기본법' 제정을 위해 시민사회단체들로 구성된 '협동조합기본법제정연대회의'와 사회적기업육성법의 올바른 제정을 위해 구성되어 활동한 '한국사회적경제연대회의'가 통합하여 2012년 발족했다. 사회적 책임을 다하는 협동조합, 사회적기업, 자활 등 사회적경제 영역에서 활동하는 제 단체들이 연대하고 협력하는 네트워크 조직으로서 한국의 사회적경제운동의 활성화와 지속 가능한 발전을 위해 활동하고 있다. 함께하는 조직들은 한국지역자활센터협회, 한국사회적기업중앙협의회, 아이쿱소비자활동연합회, 한살림연합회, 한국의료복지 사회적협동조합연합회, 일하는사람들을 위한 협동조합연합회 등 23개의 부문·업종 연합 조직(협의회)과 전북협동사회연대회의, 충북사회적경제협의회, 제주사회적경제네트워크 등 20개 지역 연합 조직을 포함해 총 63개 단체가 가입되어 있다.

현재 국내에서 한국사회적경제연대회의는 협동조합, 사회적기업, 자활기업, 사회적경제지원센터 등이 포함되어 있지만, 사단법인, 공제회, 재단 등 비영리조직의 다양한 주체의 참여가 이루어지고 있지 못하다. 훨씬 다양한 주체가 참여해야 하고, 조직 간에 유기적인 결합이 이루어져야 한다. 사회연대경제가 지금의 시장경제가 지닌 문제점, 생태계 위기 원인 제공, 공동체 해체, 사회 양극화의 문제점을 보완하는 것을 넘어 새로운 사회의 비전을 제시하려면, 내부의 성찰과 끊임없는 혁신이 이루어져야 할 것이다.

이 글에서는 사회연대경제의 오래된 현실태인 협동조합운동의 역사

를 살펴보고, 그것의 지향하는 바와 향후 실현 가능성 등을 살펴보고자
한다.

2. 협동조합의 태동 시기

우리 역사에서 거국적인 민족운동인 3.1운동을 경험하면서 역사의
주체로서 등장하게 된 민중은 스스로 경제적인 자립을 추구하면서 곳곳
에서 소비조합을 만들기 시작하였다. 1919년은 민중이 근대적인 주체
로서 등장하는 시기이면서 동시에 자립을 위해 협동조합을 세우는 조직
활동을 시작한 시점이라는 점에서, 한국에서 민간협동조합운동의 원년
에 해당한다.

1920년에 소비조합운동은 일본 제국주의 침탈 속에서 신음하던
일반 대중이 자조적인 활동이면서 자립적인 성격을 지녀 일제에 대항하
는 경제적인 민족운동의 성격을 지니기도 했다. 이들 소비조합운동은
소비조합을 통해 소비자들을 결집하고 이들을 민족적 생산자층과 연결
하여 민족 경제를 직접 이루고자 하였다. 물산장려운동의 성격을 띤
이들운동은 하지만 1924년부터 상당수가 경영난을 이기지 못하고 문을
닫고 사실상 휴지기에 들어가게 된다. 자생적이고 산발적인 소비조합운
동이 퇴조하고 이어 등장한 것이 19020년 중반부터 1930년 초반 사이에
더욱 조직적인 형태로 일어난 기독교와 천도교 등 종교계 협동운동이다.

1919년 이후 협동운동은 기독교, 천도교, 협동조합운동사 3가지
흐름으로 추진되었다.

기독교계에서 본격적으로 이론과 체계를 갖추고 협동조합운동을

추진하게 된 것은 1925년 조선 YMCA연합회가 농촌사업에 착수하면서부터이다. 감리교-YMCA측에서는 소농민들이 협동조합을 통해 고리대금의 압박과 상인 자본의 착취에서 벗어나 독립 자영농으로 자립하는 근대적인 관점을 가졌다. 반면 장로교 측 농촌운동가들은 '예수촌' 건설을 천명하였으며, 가가와 도요히꼬의 기독교사회주의를 수용하여 자본주의의 경제 논리를 넘어서는 협동조합운동을 펼쳤다. 러시아혁명과 같은 사회주의 혁명에 대해서는 비판적이었으며, 오히려 이에 대항하면서 기독교계 농촌 선교에 기여하였다.[2] 협동운동사는 종교 조직이 아닌 일본 유학생들의 자발적인 결사로 출범하여 자본주의의 문제를 비판적으로 제기하면서 새로운 사회를 갈망하는 사회운동으로서 협동조합운동을 추진하였다. 그러나 해방 이후 냉전이 심화하는 가운데 이 단체의 대표적인 지식인이었던 전진한이 '자유협동주의'를 제창하면서 반공전선의 최선두에 서게 된다.

일제하의 협동운동은 기독교, 천도교, 협동조합운동의 세 계열을 중심으로 진행되었다. 그러나 빠트릴 수 없는 또 다른 협동조합운동의 흐름이 사회주의운동 계열 협동운동이다. 일제하 사회주의자들도 농민과 노동자 등 근로 대중의 이익을 옹호하고, 이들에게 사회주의 이념을 전파하기 위해서 협동조합이 필요함을 인지하였다.

협동조합운동은 자율성을 추구하며, 근본적이고 점진적인 사회개혁을 추구해온 것인데, 냉전으로 이데올로기의 갈등이 심했던 우리 역사의 경험을 비추어 보면, 협동조합의 이상은 피워보지도 못하고 꺾였다고 하겠다. 이런 역사적인 경험으로 국가와 체계로부터 협동조합이 일정 정도 거리를 둘 필요성이 더욱 분명해졌다고 할 수 있다.

1930년대에 들어서서 조선총독부는 민족운동을 강력하게 탄압하였으며, 민중의 자율적인 협동조합운동을 억압하고 해체했다. 반면, 계와 두레 같은 전통적인 협동 관행은 오히려 장려하면서 이를 노동력 동원에 악용하였다.

3. 해방 이후 협동조합의 재건 시기

시련은 여기서 끝나지 않았다. 1945년에 일제의 지배에서 자유를 얻은 한인들은 경제 혼란 속에서 민생을 확보하기 위해 그리고 새로운 사회경제를 건설하고자 협동조합운동을 부흥시켰다. 그러나 협동조합 운동은 남북 분단 속에 치열해지는 좌우 대립의 파고를 넘지 못하였다. 좌우 대립이 극심했던 시절, 민의 자율성을 바탕으로 한 협동조합운동은 좌우 진영에서 용납되지 않았다.

홍성에서 시작된 유기농, 소비자생활협동조합운동

그 속에서 협동조합운동은 1950년대 후반부터 일부 선각자들에 의해 새롭게 재출발하게 되었다.

1958년 충청남도 홍성군 홍동면에 풀무학교가 설립되었다. 월남한 기독교인 이찬갑이 무교회 집회를 통해 홍동면의 유지인 주옥로를 알고 의기투합하면서 '위대한 평민'을 길러내는 작은 학교를 농촌에 세운 것이다. 이찬갑은 짧지 않은 준비기간을 거쳐 1958년 홍성 홍동면에서 주옥로와 함께 풀무학교와 풀무공동체를 시작했다. 이찬갑의 구상을 홍순명이 구체화한 '풀무생활협동조합'은 학교가 하나의 마을이었고, 생활의 공동체였다. 홍순명의 『더불어 사는 평민을 기르는 풀무학교 이야기』에서 그는 "미래에는 학교가 마을이 되고 마을이 학교가 되어야 한다고 믿습니다"라고 했다.

요컨대 무교회주의 공동체의 이상(理想)은 '학교이면서 교회이고, 동시에 자급자족하는 마을'이다. 무교회주의의 이상을 놓고 판단했을 때 공동체 규모는 본질적으로 소형화, 소수화될 수밖에 없는 것으로 보인다. 풀무공동체가 설립될 수 있었던 것도 생활 협동이 가능한 정도의 소규모 지역에 기반을 두고 무교회 신앙을 공유할 수 있었기 때문이다. 또한 소규모 집단에 기반을 둠에 따라 무교회주의에서 가장 강조하는 '자발적' 정신의 각성이 어느 정도 가능했다.

풀무학교에서 협동조합의 꿈을 배우고 교내의 작은 구판장을 통해 소비조합의 경험을 쌓은 이 학교의 졸업생들은 풀무신용협동조합 등을 세우게 된다. 오늘날 한국협동조합운동에서 하나의 모델이 된 홍동협동조합운동의 출발이었다.

일제강점기 한국 민족 지성사에서 평안도 정주 오산학교가 가지는 명성은 무척이나 커서 재론이 새삼스러울 정도다. 일제강점기 오산학교 졸업생은 대부분 해방 후 월남해 주로 교육계, 기독교계, 의료계의 주요 인물이 됐다. 해방 이전 오산에서 이미 이찬갑은 오산학교를 중심으로 협동조합을 생활 단위로 하는 오산공동체를 만들고자 했으나, 그가 구상하던 지역 공동체의 시도는 전후 안정이 찾아온 1950년대 중반에야 이뤄졌다.

'한살림'의 태동 거점이 된 곳은 원주이다. 독실한 가톨릭 신자였던 장일순 선생은 문명사적인 통찰과 동학 등을 비롯한 동서양 사상의 고찰을 통해 근대 산업 문명에 기반을 둔 자본주의와 사회주의 양자를 넘어서서 인간과 자연이 공생하는 '생명평화공동체'를 대안적 사회상으로 삼았다. 한국협동조합운동의 거점이었던 홍성과 원주에서 볼 때, 한국의 협동조합운동은 생명운동과 매우 긴밀하게 결합해 있다고 할 수 있다.

가톨릭계에서 시작된 신용협동조합운동

한국에서는 1907년 금융조합이 설립되어 신협과 비슷한 업무를 했지만 1956년 농업은행의 설립으로 해산되었다. 1960년 5월 캐나다에서 안티고니쉬운동(Antigonish Movement)을 학습한 메리 가브리엘라(Mary Gabriella Mulherin, 1900~1993) 수녀가 메리놀병원에서 메리놀병원과 성분도병원, 가톨릭 구제회의 임직원들을 주축으로 최초의 신협인 성가신용협동조합을 창립하였고, 같은 해 6월 서울에서는 장대익(1923~2008) 신부가 '협동경제연구회'를 중심으로 결성된 가톨릭 중앙신용협동조합을 발족하면서 시작되었다.

한국신용협동조합(이하 '한국신협')이 2023년 창립 63주년을 맞았다. 이윤의 실현보다는 사람을 중심으로 나눔과 상생의 가치를 표방하는 신협은 애당초 가톨릭교회로부터 시작됐다.

우리나라 근대적 협동조합의 역사는 길지 않다. 특히 그 발전 과정은 관 주도형과 민간 주도형으로 나눠 살펴볼 수 있다. 2023년은 민간 주도형 협동조합인 신용협동조합의 씨가 뿌려진 지 63주년을 맞는 해다.

신협운동이 태동하던 1950~60년대는 일본의 식민지 통치와 분단, 한국전쟁 등으로 경제적 자립 기반이 조성되지 못한 채 경제적으로 허덕이던 때였다. 게다가 전근대적인 사회 질서와 산업 구조로 인해 국민 대다수는 '보릿고개'로 일컬어지는 만성적 빈곤에서 헤어나지 못했다. 서민들이 은행에서 대출 등의 경제적 지원을 받는 것은 상상도 안 되는 시기였기에 고리채로 고통을 겪었다. 이러한 사회 및 경제 상황 속에서 어려운 사람들끼리 십시일반의 정신을 바탕으로 신협운동의 움직임이 시작되었다.

1960년대 초 자발적인 민간 주도형 신협운동이 시작된 것은 1960년 5월 부산 중구 대청동 소재 메리놀수녀회병원의 메리 가브리엘라 수녀의 지도로 시작된 '성가신용협동조합'으로 본다. 그해 6월에는 서울에서 장대익 신부가 이끌던 '협동조합연구회' 소속 회원들을 중심으로 시작된 '가톨릭 중앙신용협동조합'이 설립됐다.

가브리엘라 수녀와 장 신부는 각각 캐나다에서 신협운동의 이론과 실제, 빈곤 추방운동인 '안티고니쉬운동'을 연구하고 돌아온 바 있다. 두 사람은 서구 여러 나라의 선례를 바탕으로 한국인들도 가난을 극복하기 위해서 자조, 자립, 협동의 정신을 구현할 필요성을 느꼈다. 이를 위해 가브리엘라 수녀는 경상남북도, 장 신부는 서울과 경기 지역을 중심으로 신협운동 조직을 확산했다.

애당초 민간 주도의 한국 신협운동은 교회로부터 시작됐다. 당시 한국민들은 절대 빈곤뿐만 아니라 정치적으로는 독재 상황, 경제적으로는 극심한 불평등의 절망적 상황에 직면해 있었다. 복음화가 곧 인간 존엄성, 정의와 인권의 수호와 연결된다는 교회의 가르침을 바탕으로, 교회가 신협운동에 지대한 관심을 갖게 된 것은 비록 전 교회적 차원의 정책 결정과 추진은 아니었다고 하더라도 자연스러운 것이었다.

당시 신협운동에 관심을 갖고 실질적으로 신협운동을 추동하고 이끈 교회 내 선각자들은 신협운동을 하느님의 뜻을 실천하는 교회의 소명이라고 여겼다. 당시 유일한 교회 언론이었던 「가톨릭시보」(현 「가톨릭신문」) 는 이렇게 보도했다.

> 신협은 가난한 사람들끼리 모여 서로 도움으로써 가난을 추방하고 믿음과 사랑의 기반을 다지는 조직이다. 따라서 사랑으로 가난한 이웃들과 동고동락 하며 현실사회를 직시하고 참여하는 신협은 사랑의 계명을 행동으로 실천으로 조직하는 것이라는 강한 신념을 갖고 있었다. 많은 교회 지도자들은 정신적, 물질적으로 고무하고 지원을 아끼지 않았으며 이와 같은 신협운동은 점차 범 가톨릭적 관심사가 되었다.

교회는 분명히 신협운동을 복음적 가치인 사랑의 계명을 구현하는 사회적 행동의 하나로 간주했다. 한국의 신협운동은 '잘 살기 위한 경제 운동', '사회를 밝힐 교육운동', '더불어 사는 윤리운동' 등 세 가지를 과제로 삼는다. 이 세 가지는 서로 긴밀히 연결된 것으로 교회가 신협운동에 관심을 갖고 지원하는 이유다. 이는 곧 교회의 가르침과 상통하는 것이 아닐 수 없다. 신협의 발전 역사를 보면, 교회가 협동조합의 정신을 사회로 전한 결정적인 역할을 했으며, 이는 곧 교회의 가르침이 신협의 기본 정신과 다르지 않다는 것을 보여 준다.

가톨릭교회를 중심으로 신협운동이 태동된 이래, 1972년 신협법이 제정됐고, 이듬해에는 277개 조합을 회원으로 하는 연합회가 공식 출범했다. 신협은 신협운동의 활성화를 위해 다양한 관련 서적들을 출판하고, 연수원을 설립해 교육 사업에 매진했으며, 생협 등 새로운 형태의 협동조합운동의 확산에 크게 기여했다.

하지만 시간이 지나가면서 위기 상황이 도래하기 시작했다. 신협운동의 외형적 확장이 지속되고 1980년대에 들어서 경영이 안정화되면서 사상적인 위기가 나타났다. 조합원들이 크게 늘어나면서 신협운동의 정신에 대한 투철한 의식이 퇴색하고, 신협 자체가 은행들과 경쟁하면서 이른바 '경영주의'에 빠진다.

IMF라는 초유의 사태 속에서 방만한 대출 등의 요인으로 인해 수백 개의 신협이 해산 또는 청산되면서 1997년 말 1,666개였던 신협은 2002년 말 1,233개로 줄어들었다. 조합원이 줄고 출자금도 감소했다. 협동조합의 정체성을 잃어버린 신협은 협동조합으로서의 성장 가능성도 차단됐고, 그 기능은 점점 마비됐다. 결국 자본주의 기업과 같은 형태로 조직이 굳어버려, 더 이상 대안으로서의 역할을 수행하기 어려웠다.

이런 상황 속에서 신협운동은 초심에 대해 성찰해야 했고, 쇄신과 개혁을 지향하고, 그런 와중에도 새로운 형태의 협동조합, 즉 생협과 의료협동조합, 에너지협동조합을 포함한 지역 운동들과 연결되면서 창조적인 성장을 할 계기를 마련해 나아가고 있다.

오늘날 전 세계를 압도하는 신자유주의 경제 체제 속에서, 교회는 인간을 소외시키고 성장과 경쟁을 지상과제로 하는 비인간적인 경제를 지양한다. 교회는 인간이 경제의 주체임을 분명히 밝히고 자본이 아니라 인간을 살리는 경제가 돼야 한다고 가르친다.

신협운동은 이러한 시대적 요청의 대안이 될 수 있으며, 협동조합 안에서 인간을 위해 봉사하는 경제 정책의 가능성을 발견할 수 있다는 것이 교회의 가르침이다. 교회의 사회 교리 원리들, 곧 인간 존엄성의 원리, 공동선의 원리, 재화의 보편적 목적, 보조성의 원리, 연대성의 원리가 실현되는 장이 곧 협동조합이라고 할 수 있다.

생태계의 위기 속에 태동된 에너지협동조합, 대도약의 시기에 서다

세계 곳곳에 산불, 홍수, 태풍, 사막화 등 갈수록 심각해지는 기후
변화, 후쿠시마원자력발전소 사고와 밀양 송전탑 등 부정의한 에너지
공급 방식을 인식한 시민들이 에너지 전환 의지를 가지고 에너지 생산과
배분 방식을 바꾸고자 에너지협동조합을 만들고 있다.

2011년 후쿠시마핵발전소 사고, 2012년 12월 협동조합법 개정을
계기로 2013년 1월부터 환경 단체나 에너지 활동가들이 전국에서 에너
지협동조합을 만들기 시작하였다. 2012년 안산시민햇빛발전협동조합
이 창립되었고, 2013년 5월 안산시 호수동 중앙도서관 옥상에 안산시민
햇빛발전협동조합이 제1호 발전소가 만들어졌다. 2013년에 8곳에 햇
빛발전협동조합이 만들어졌으며, 현재까지 120개 햇빛발전협동조합
이 창립되었다.

협동조합 등이 지역주민들을 만나며 태양광발전소의 잇점을 알려온
노력을 시작으로 태양광 발전이 흔한 전력 공급 발전원이 된 것이다.
지역 내 전환마을이 지속 가능하고 자립 가능하도록 협동조합을 설립해
지역 자원을 담아내는 역할을 수행하고 있다. 환경 단체 활동가와 회원,
생협, 의료협동조합 조합원들, 생태계 위기 속에 창조 질서 보존이라는
자각을 가진 가톨릭, 기독교계 선교적 공동체들이 에너지협동조합에
적극 참여하고 있다.

그간의 활동을 통해 에너지협동조합 성장 발전 가능성은 충분히
입증되고 있다. 연간 매출 60억 원이 넘고 사회적 가치 측정에서 탁월한
성적을 받은 안산시민햇빛발전협동조합, 설립 후 1년만에 1메가 발전소
를 올리고, 3.2메가 발전소 부지를 추가 발굴한 빛고을시민햇빛발전사

회적협동조합, 지난해 9월 26일 발표한 '2040 탄소중립선언'과 교구 내 본당 신자들을 대상으로 한 생태교육조합(이사장: 김대건 신부)의 꾸준한 홍보 등을 통해 1년 새 조합원과 출자금이 3배 넘게 증가, 폭발적으로 성장하고 있는 불휘햇빛발전협동조합, 경기 지역 협동조합이 공동으로 서수원 및 월암IC와 경기도 산하 기관의 공공부지를 태양광발전소로 설치하려는 경기시민발전협동조합협의회, 2017년 라오스 산골 마을 태양광 설치, 2018년 라오스 수해 지역 햇빛랜턴 보내기, 2019년 사단법인 일촌공동체 에너지 취약 계층 겨울 난방비 선납 지원, 2021년에는 해외 에너지 취약 계층에게 인도 〈달리트 유기농 협동조합 교육센터의 태양광 패널 설치사업〉 그리고 갑자기 찾아온 집중호우로 폭우 피해를 입은 한살림 생산자들에게 지원금을 전달한 한살림햇빛발전협동조합 등의 사례가 있다.

이처럼 지역 자산으로 태양광발전소를 설치하고, 조합 활동을 통해 지속적이고 안정적인 이익공유 모델로 전국적으로 확대되고 있다. 시민발전이종협동조합연합회는 7대 종단 평신도협의체인 한국사회평화협의회는 3년째 에너지 빈곤 가구를 위한 지원사업을 진행해오고 있다.

에너지경제연구원의 「재생에너지 공급 확대를 위한 중장기 발전단가 전망 시스템 구축 및 운영 4차 중간보고서」(2023)가 제시한 시나리오를 보면, 2023년 태양광 균등화 발전 비용(LCOE)은 킬로와트시(kWh)당 142원에서 2030년 98원으로 31% 하락하는 것으로 나타났다. 2036년에는 가격 경쟁력이 더 높아져 올해 대비 37.3% 하락한 89원/kWh로 추산됐다. 엘시오이는 발전 설비의 전 수명 주기에 걸친 모든 비용을 수치화한 것으로 에너지원 간 가격을 비교할 때 유용하다. 시간이 지날수록 태양광 가격 경쟁력이 높아지는 이유는 발전 비용 중 가장 많은 비중을 차지하는 설비 비용이 줄어드는 것으로 전망되기 때문이다.

에너지경제연구원이 이번 분석에 활용한 블룸버그 뉴에너지파이낸스(BNEF)의 「한국 재생에너지원별 설비 비용 전망 결과」를 보면, 2023년 1MW(메가와트) 규모 태양광의 설비 비용은 143만 4천 원/kW이다. 이 비용이 2030년이면 78만 1천 원/kW(45.5% 감소), 2036년에는 69만 9천 원/kW(54.0% 감소)로 절반 가까이 떨어지는 것으로 추산됐다.

2021년 비엔이에프는 한국의 재생에너지 설비 비용이 전 세계 평균보다 빠르게 하락해 2027년이면 한국 재생에너지 엘시오이가 화석에너지와 같아질 것으로 분석하기도 했다.

연합회는 태양과바람에너지협동조합 등 10여 년 동안 협동조합이 쌓은 노하우를 바탕으로 매년 시민참여 에너지협동조합 30여 개를 창업 지원하고 있다. 2022년에는 시민 발전소에서 생산한 REC를 카카오에게 공급해 카카오가 시민과 함께 RE100을 달성하는 성과를 만들어 내었다.

지역 내 전환마을이 지속 가능하고 자립 가능하도록 협동조합을 설립해 지역 자원을 담아내는 역할을 수행하고 있다. 에너지협동조합은 이제 마을에 황금알을 낳는 거위와 같은 귀한 존재가 되고 있다.

2030년 1,000개의 협동조합과 300만 조합원, 3GW 발전소 설치를 목표로 각 조합이 배우고 익힌 지식들로 협동조합 사업을 통해 검증하고 협동조합 간 협력 사업을 통해 전문 인력 양성 등 에너지 생태계를 활성화하는 사업을 확대하고 있다. 특히 제도 개선 활동과 공동부지 발굴, 태양광공제보험 마련, 신협융자 연계, 자립 지원 기금 조성, 공동모니터링 구축 등 협동조합 지원 체계를 만들고 있다.

현재 에너지협동조합들이 처해 있는 환경은 결코 녹록지 않다. 조합원 확대의 한계, 조합원 참여 및 관리의 어려움, 부족한 재정으로 사무국 운영의 어려움, 이사회 운영의 어려움, 태양광 사업지 확보의 어려움, 사업자금 확보의 어려움 등이 있다.

현 정부의 햇빛발전 등 재생에너지 지원 정책이 국제적인 흐름과는 동떨어진 방향으로 나아가고 있어, 국내에서 태양광발전이 어려운 상황이지만, 시민들이 햇빛발전협동조합을 통해 똘똘 뭉친다면 한국에서도 재생에너지 시대가 곧 도래할 것으로 기대한다.

대한민국에서 협동조합 중 가장 빠르게 성장하고 있는 햇빛발전협동조합은 이러한 시민들의 바람과 의지가 담겨있는 것이다.

가난한 지역 민중교회에서 시작된 지역돌봄과 교육운동

1970년대 중·후반 활동하였던 수도권특수지역선교위원회는 1968년 연세대 도시문제연구소의 빈민선교 실무자 훈련으로 시작되어 1971년 9월 수도권도시선교위원회를 창립, 활동을 본격화하여 신설동, 광주대단지 등 20여 곳의 빈민 지역에서 선교 활동을 했다.

1973년 한국특수지역선교위원회는 '광주대단지사건'으로 드러난 성남 지역 도시빈민 문제에 관심을 가지고, 성남 지역 민중 선교를 위해 이해학 전도사를 파송하여 교회 설립을 준비하였다. 당시 실업과 빈곤 문제는 심각한 수준에 이른 상태였다. 수도권특수지역선교위원회 주민교회에서는 직업상담실, 실업자대책위원회 구성에 적극적으로 나서서 성남 주민들의 취업 알선과 취로사업 참가를 위한 노력을 하는 한편, 주민교회와 성남 지역주민과의 연대의식을 강화, 확대하다가 1990년 10월 7일 '주민생활협동조합'을 결성하는 결실을 맺었다.

빈민선교와 생태운동의 '대부'로 꼽히는 허병섭 목사는 1970년대 초부터 '수도권특수지역선교위원회'를 통해 빈민선교운동에 투신, 서울 월곡동 판자촌 등에서 빈민 인권 보호와 권익 향상을 위해 일했다. 1980년대 초에는 최초의 탁아방이라고 할 수 있는 '똘배의 집'을 세웠고, 하월곡동에서 함께 사역한 유미란 전도사의 산돌공부방에서 출발한 마을공부방운동은 2000년대 한국 지역 복지와 교육의 가장 중요한 전달 체계로 발전되는 '지역아동센터'의 모태가 된다.

1980~90년대 민중교회는 지역주민공동체가 성장하고 뿌리를 내리는 기반이 되어주었다. 민중교회를 통해 지역주민 사업으로 탁아소, 공부방, 의료 봉사, 주부교실 및 지역 연대사업을 펼쳐나가면서 지역주민공동체가 성장했다. 탁아소와 지역 공부방이 각 지역에서 만들어졌으며, 각 지역 민중교회 연합마다 지역 연대사업의 일환으로 탁아방 실무자 모임, 공부방 실무자 모임 등도 만들어지며, 당시에 전국 단위로 탁아입법대책위가 구성되기도 하였다. 1986년경에 민중교회에서 운영하는 공부방이 전국에 50~60여 개나 되었다.

공부방운동은 시작되자마자 폭발적 반응을 일으켰다. 특히 IMF 이후 2000년대 들어서며 전 사회적으로 복지에 관한 관심이 높아지기 시작하면서 이 작은 민중교회에서 시작된 공부방운동을 정부에서 지원하고, 이름도 지역아동센터로 바꾸어 전국에 4,000개가 되는 지역아동센터가 세워졌다. 지금은 전국 서민 지역에 공부방이 없는 곳이 없는 상황으로, 한국 사회의 가장 중요한 복지 전달 체계로 자리 잡았다. 그런데 이 공부방운동은 1980년대 도시의 서민과 공단 지역에 작은 교회가 개척되기 시작할 때 민중교회를 돕기 위해 함께 서민 지역에 들어간 기독 여성들에 의해 일어난 운동이었다.

부천 지역에서의 민중교회와 작은 교회의 경험은 우리 사회에서 이들 교회가 돌봄, 교육 분야의 사회연대경제가 성장하는 중요한 기반이 되었음을 분명하게 보여 주고 있다. 1980년 중반 부천 약대동을 시작으로 지역아동센터가 생겨나 마을마다 확산되었으며, 2000년 이후의 시기에는 부천의 시민사회를 중심으로 작은 도서관운동이 일어나 마을마다 작은 마을교회와 마을 도서관 그리고 마을의 지역아동센터의 네트워크가 구축되었다.

이러한 교회의 마을운동의 흐름은 그 후 여러 지역과 마을의 민중교회운동으로 이어지다가 최근 수유리 지역의 아름다운 마을공동체와 각 지역의 도시형/농촌형 마을교회들이 마을만들기와 연결되어 꽃을 피우기 시작하였다.

우선 아름다운 마을공동체는 기독교 신앙에 기반하고 있는 공동체이다. 한국 사회의 변혁, 통일, 대안적 기독 학생운동이라는 주제로 모였던 이들이 10년 이상 함께 삶을 공유하면서 그들 앞에 놓인 결혼, 임신, 출산, 육아라는 현실적인 주제들을 해결하기 위한 대안으로 '마을'을 일구기 시작했다. 청년들이 마주하는 현실적 문제들을 개인이 아닌 공동체로 함께 풀어보려는 데서 이들의 공동체운동이 시작되었다. 서울에서 시작된 공동체는 현재는 강원도 홍천에 자리 잡은 이들과 함께 '농도 상생 마을'을 꾸리고 있다. 도시에서 생태적 가치를 가지고 공동체를 꾸리는 것의 한계를 절감하고 공동체 일원 중 몇몇이 함께 귀촌하여 유기농으로 농사를 짓고 있다. 마을 밥상에서 함께 식사하고, 함께 아이를 키우고, 찻집이라는 문화 공간을 통해 공동체의 구성원들과 만나고 있다. 또 어린이집부터 초등학교 3학년까지 서울에서, 초등학교 4학년부터 중등학교는 홍천에서 대안학교를 운영하고 있다.

이와 더불어 최근 서울시와 경기도의 마을만들기가 활성화되면서 각 지역 차원에서 도시형 농촌형 마을교회들이 마을만들기와 연결되어 일어나기 시작하고 있다.

이러한 때 한국 사회와 교회의 생태계도 급변하여 지금 한국 사회에서는 마을만들기와 같은 지역과 마을을 기반으로 하는 새로운 사회 생태계가 등장하고 있고, 이에 기초한 새로운 마을교회에 대한 탐색이 시작되고 있다.

협동으로 새로운 장례 문화를 만들어가는 한겨레두레협동조합

급속한 산업화와 더불어 공동체가 거의 붕괴되면서 이전에 상호부조로 진행되어온 장례조차 상조회사가 대신하게 되었다. 초고령화 사회 진입을 코앞에 두고 있고, 치솟는 물가에 중형 자동차 한 대 구입 비용만 한 장례비는 점점 큰 부담이 되고 있다. 이로 인해서 장례의 양극화가 더욱 심화하고 있다. 생전에 차별과 불평등에 시달리다 외롭고 초라하게 세상을 떠나야 하는 것이다. '이를 근본적으로 해결할 수 있는 방법은 없는 것일까' 하고 대안을 모색하다가 2010년 1월 13일 '한겨레두레협동조합'(당시 명칭은 '한겨레두레공제조합')을 시작하였다.

한겨레두레협동조합은 공동으로 소유하고 민주적으로 운영하는 사업체를 통해 공통의 경제적·사회적·문화적 필요와 욕구를 충족시키고자 하는 사람들이 자발적으로 결성한 자율적인 조직이다. 협동조합은 조합원이 출자해 소유하는 결사체이자 이용자인 조합원의 이익을 극대화하기 위한 사업체이다. 그러나 협동조합운동은 자기 내부 결속과 이익만을 향하지 않고, 협동조합 간 상호연대를 통해 더 다양하고 큰 규모의 연대와 공동체를 결성해 나아가고자 하였다.

한겨레두레협동조합의 상포계는 '상조회사'(相助會社)에 대한 문제 의식을 반영한 단어이다. 이 단어에는 한겨레두레협동조합이 지향하는 정신과 가치가 압축적으로 담겨 있다. 극단적으로 이윤을 추구하는 상조 회사와는 완전히 다른 공동체 장례 문화를 만들겠다는 강력한 의지의 표현이다. 다음은 한겨레두레의 핵심 가치이다.

공동체 장례

공동체는 인류가 살아가는 원초적이고 미래적 방식이다. 사는 일도 그러니 당연히 죽는 일도 공동체여야 한다. 한겨레두레는 죽는 과정, 장례, 이후 상실 치유의 문제까지도 공동체로서 모델을 만들어왔다. 협동조합은 곧 공동체가 살아가는 경제적 방식이다. 예수 그리스도의 말씀을 따라 초대교회 제자들은 각각의 제자공동체를 이루며 살았다. 새로운 세계를 향한 지향을 가졌지만 힘이 약했던 신앙인 다수가 거대한 제국의 힘에 맞서 기독교의 가치를 지켜가는 유일한 방법이 공동체로 사는 것이었다. 또한 그들이 박해의 시기에 무덤(카타콤)에서 공동체를 지켜나갔던 것은 죽음이 부활이라는 목표점을 향해 나아가는 기독교의 출발점이라는 것을 상징한다.

출자금과 상포 곗돈

한겨레두레협동조합의 조합원이 되려면 1구좌(1만원) 이상의 출자 금을 납입해야 한다. 출자금은 조합의 종자돈이자 안정적 재정 운영을 위한 밑천이다. 조합원 자격을 가져야만 '채비 상포계'의 장례 서비스를 받을 수 있다. 장례 서비스를 받기 위해서는 출자금과 별도로 매월 상포 겟돈 3만 원을 납부해야 한다. 상포 겟돈 50%는 은행에 안전하게 적립하고, 26%는 상포계 조직 운영비로, 20%는 단위조합 운영비로, 4%는 연합회 회비로 쓰인다. 현재 지역에 기반한 9개 단위조합이 연합회를 구성하고 있다. 상포 겟돈은 300만 원(100회) 불입하면 정지를 요청할 수 있다.

조합원 장례일꾼

한겨레두레협동조합의 장례 일꾼(장례지도사, 접객관리사)는 모두 조합원이다. 소비자, 공급자, 후원자가 공존할 때 다중이해관계자 협동조합이라 부른다. 판매자가 조합원의 입장에서 소비자를 정성껏 장례를 돕는다. 훌륭한 장례 일꾼들의 품격 높은 서비스 덕에 지금껏 단 한 건의 클레임도 발생하지 않았다. 우리는 소비자와 공급자라는 적대적이고 이분법적인 거래 관계를 무너뜨린다. 공급자와 소비자가 같은 사람들이다. 그래서 공급과 소비가 서로를 위하는 일이 된다. 예수를 만난 세금 징수원 삭개오는 납세자가 곧 자신의 공동체 일원임을 깨닫고 정직하고 호혜적으로 일하겠다는 결심을 한 것처럼, 다중이해관계자 협동조합은 바로 그러한 회개의 지점을 사업 구조 안에 녹여낸다.

구분	상조회사	채비
법인 형태	주식회사	협동조합
소유	1인 오너 혹은 소수 주주	조합원
경영 상태	부실(납입금의 10% 미만 적립)	안정(납입금의 50% 이상 적립)
상품 구성 여부	고가의 패키지 상품 구성	불필요한 물품을 배제한 맞춤형
현장 관행	뒷돈과 리베이트 만연	직거래 공동구매로 투명한 운영
목적	이윤 추구	조합원의 경제적 혜택

2020년 10월 기준으로 한겨레두레협동조합은 전국 9개 단위조합 소속 조합원 3천 500여 명, 출자금 2억여 원, 상포 곗돈 20억여 원, 전체 장례 행사 1천 5백여 건 등이다. 막강한 자본력을 가진 '공룡들'이 운집해 치고받는 치열한 시장에서 한겨레두레협동조합은 자기 원칙과 정체성을 유지하며 성장하고 있다. 80여 개 선불제 상조회사(선불식 할부 거래업체) 중 협동조합이 운영하는 곳은 한겨레두레협동조합이 유일하다.

한겨레두레협동조합은 상조 시장을 정화(淨化)하고 투명하고 정직한 장례 문화를 만드는 데 크게 기여하고 있다. 과장 광고와 불법적인 다단계 영업, 결합상품 끼워팔기 같은 눈속임 마케팅이 여전히 판치고 있지만 상당 부분 개선되고 있다.

한겨레두레협동조합은 장례를 공적 영역으로 확장하고 있다. 우리는 인간의 삶에서 필수적인 의례인 장례와 혼례의 영역은 돈벌이 대상이 될 수 없다고 믿는다. 그래서 지방정부의 조례 개정이나 신설을 통해 저소득층과 무연고자에 대한 장례 지원 시스템을 구축하였고, 독거노인들에 대한 '웰다잉 교육'도 확산하고 있다. 장례식장에서 일회용품 사용이나 음식물 쓰레기 줄이기 운동을 펼치고 있고, '기억 노트'나 '메모리얼 포스트'의 개발과 교육을 통해 추모와 애도 중심의 장례 문화를 형성하기 위해 힘쓰고 있다.

장례 환경이 급변하고 있다. 한겨레두레협동조합은 '작은 장례'를 대안으로 제시하고 '채비'라는 브랜드를 만들었다. 서울시 중구 충무로에 추모식 전용 공간인 '공간 채비'를 마련해 실행하고 있다. 이미 30여 건의 채비 추모식 장례를 잘 치렀다. 병원 전문 장례식장이나 대형 상조회사가 주도하는 비즈니스화된 장례가 아니라, 고인과 유족 당사자가 중심이 되어 치른다. 고인에 관한 기억을 재구성하고 아름다운 기억 속에서 아름다운 이별을 진행한다. 조문객을 대접하는 일도 근조화의 개수나 근조 리본에 적힌 유명인 따위에 신경 쓸 필요 없다. 오로지 사랑하는 이만 기억하고 슬퍼하며, 추억하는 것으로 스스로를 치유해 나가는 장례 현장이 채비추모식 장례이다.

'장례는 그저 업체를 따를 수밖에 없지'라고 자포자기하던 유족에게 '아니다. 살아온 방식대로, 믿어 온 방식대로 치를 수 있는 여러 선택지가 있다'라고 '채비'는 이야기하고 있다.

앞으로 한겨레두레협동조합은 지역 돌봄(Community Care) 시스템과 연계해 '임종 돌봄'의 역할을 더 넓히려고 한다. 최근에 의료복지사회적협동조합, 호스피스 등 생애 말기 돌봄공동체들과 손을 잡고 살아온 여정과 관계가 죽는 사건까지 이어질 수 있는 '돌봄 모델'을 만들고자 한다. 이를 위해서 상호공제 같은 더 포괄적인 연대경제로 나아가고자 한다. '채비'(한겨레두레협동조합)는 선한 이웃들과 아름다운 작별을 만들기 위해 노력하고 있다.

의료의 공공성을 세우기 위한 의료협동조합운동
— 기독의료인들이 시작

풀무학교 교사였던 채규철 선생님이 덴마크 유학 이후 덴마크 협동운동을 소개하자 6.25전쟁으로 피난민이 모여있던 부산 지역에서 장기려 박사가 이를 받아 청십자민간의료보험조합을 창립하였다. 이것이 현 의료협동조합의 원조라고 할 수 있다. 청십자의료조합의 1호 조합원은 무교회 성서모임을 이끌던 함석헌 옹이었다. 청십자민간의료보험운동이 1989년까지 지속되다가 전국의료보험조합이 실시되자 의료보험조

안성의료협동조합 한국의료협동조합 발상지 표석(2014. 4. 24.)

합의 설립이라는 목표가 달성되었다고 판단해 1989년에 해산하였다. 그러나 의료보험의 전국적 실시 이후에도 의료기관이 없어 제대로 의료 서비스를 받지 못하는 사각지대가 많아지자 1994년 안성의료협동조합 이 창립되어 모든 사람이 건강한 사회, 건강권이 보장되는 사회를 목표로 활동을 시작하였다.

　　1996년 인천광역시의 달동네로 유명하던 부평구 부개 일신동에서 인천평화의료협동조합이 창립되었다. 도시에서 설립된 첫 번째 의료협 동조합이다. 안성의료사협, 인천평화의료사협도 모두 그리스도 의료인 공동체인 기독청년의료인회의 전적인 지원을 받아 설립되었다. 의료의 특성상 매우 전문영역이라 의료 전문인력의 지원이 없는 한 시민들이 독자적으로 의료 분야에 진출하는 것은 거의 불가능하다. 이러한 상황에 서 시민들이 의료 돌봄 분야를 이해하고 "시민들을 위한 시민들에 의한 시민들의 병원"을 만든다는 것은 그 당시 의료인의 문화 풍토에서는 거의 불가능한 것이었다. 그러나 시민들이 건강 공동체를 만들어 시민들을 돌보는 일을 하도록 길을 닦고 만든 이들이 바로 기독청년 의료인들이었다. 바로 이들 기독청년 의료인들을 통해 의료 전문 지식이 의료인들만이 접근할 수 있는 독점적인 영역을 넘어 의료의 공공성이 만들어지도록 기반을 만들어주었다. 특별히 인천평화의원은 기독청년 의료인들이 직접 만든 의원인데, 이것을 협동조합으로 전환할 때 출자도 해주고, 기부도 해주어서 시민 자본으로 의료협동조합법인을 만들 수 있었다. 실로 기적과도 같은 일이었다.

현재 의료사협은 전국에 28개의 의료사협이 만들어져 있으며, 조합원이 6만 세대에 이르고 전국에서 교회와 마을공동체와 협력하여 지역 주민들의 건강을 돌보고 있다.3

한국의 의료보험 제도는 서구에서도 우수하다고 평가하는데, 그러면 왜 공공 의료가 중요한 것인가? 의료 체계는 크게 공급 체계와 재원 조달 체계로 구분할 수 있다. 이중 의료보험제도는 재원 조달 체계에 관한 것인데, 모든 국민이 참여하는 단일 보험으로 공적 보험으로 구성되어 있고, 보험자가 통합되어 있다 보니 미국처럼 민간 보험이 주도되는 시스템과 비교할 때 훨씬 개별 보험사의 이윤 추구를 예방하는 제도라는 점에서 우수하다. 하지만 재원 조달 체계는 잘 구성된 반면, 의료 공급 체계는 공급자 중심으로 구성되어 이윤 추구 방향으로 나갈 수 있다는 점이 문제였다. 유럽은 의료 공급 체계의 상당 부분이 국가 소유거나 국공립 형태가 일반적이기 때문에 의료의 이윤 추구가 제한적이다. 대부분 재원이 세금을 통해서 조달된다.

반면, 우리나라는 의료 공급에서 미국과 같은 사적 소유 중심의 체계로 되어 있다. 즉, 재원 조달은 잘 되어 있지만, 의료의 공급은 이윤 추구에 중점을 두기 때문에 환자의 건강을 최우선에 두기보다는 병원의 운영과 수익을 우선으로 고려하기 쉬운 환경이다. 일례를 들어, 일반적으로 일차 진료기관의 경우, 의사와 간호조무사만 있는 경우가 많다. 특히 간호조무사도 연차가 오래되면 급여가 오르기 때문에 신입이나 경력이 높지 않은 사람으로 자주 교체된다. 여기에 의료수가를 받는 데 필요한 방사선사나 임상치료사 정도가 병원에 있다. 즉, 돈 되는 것만 남기고 인건비를 최소화하는 구조이다. 심지어는 전문 인력인 간호사도 없는 의원이 많다. 이런 환경에서는 의사로서의 윤리적 책임을 벗어나지 않는 선에서 질병을 예방하는 것보다 수가가 높은 진료를 하는 것이 병원 유지에 적합한 선택으로 여겨질 수 있다. 즉, 예방이 아닌 치료 중심의 공급 체계가 만들어지게 되고, 치료 중심의 공급 체계는 이윤 중심 체계로 바뀔 가능성이 높다.

우리나라는 병원을 기업 자본이 소유하게 됨에 따라서 자본화된 고급 의료 서비스를 우수한 것으로 마케팅하여 전체적인 의료 시장은 더 수익 중심으로 변해가게 되었다. 더욱이 고령화 사회가 되면서 보험의 혜택을 보는 노령 인구는 늘고, 생산 연령층인 젊은 인구는 줄어들기 때문에 점점 건강보험의 재원이 고갈되어 간다. 결국 이런 환경에서 시민들의 의료비 부담이 늘어나면서 건강 불평등이 심화되고, 가난한 사람들은 점점 의료 혜택에서 소외될 가능성이 높아진다. 지금도 아파서 일을 쉴 때 기본소득을 보장해 주는 상병 급여 제도가 없어 대다수 저소득층은 아파도 일을 쉴 수가 없다. 결국 지금의 의료 시스템이 사회적 약자를 보호하는 방향으로 가지 못하고 병원의 이윤을 늘리고 건강보험의 재정을 갉아먹는 형태를 존치하다 보니 문제가 더욱 심각해지고 있다.

좀 더 확대해 보면, 이 구조는 단지 의료에만 국한되지 않고, 교육에서도 마찬가지로 영향을 미치고 있다. 그 결과 사교육과 같은 기형적 구조가 강화되는 것이다. 실제로 의과대학에는 가정 형편이 어려운 친구들이 입학하기 정말 어렵다. 대한민국이 더는 기회의 땅이 아니라, 교육의 기회도 막히고, 아플 때 치료받을 기회도 제한되는 불평등 사회가 되어 있다는 의미이다. 이런 사회적 불평등의 문제에 교회가 관심을 둬야 한다. 왜냐하면 어려움이 닥칠 때 더 큰 고통을 받는 것은 불평등한 구조에서 약자의 위치에 놓이는 사람들이기 때문이다. 약자에 대해 관심을 두고 그들과 연대하는 것은 예수 그리스도로부터 시작된 교회의 본질적인 사명이고 핵심 가치이다.

4. 협동조합은 우리 사회의 희망이 될 수 있나?

한국 협동조합운동의 큰 줄기였던, 생협, 신협, 의료협동조합은 모두 초기에 기독교, 가톨릭의 영향 속에 태동되었으며, 생명운동, 상호부조, 돌봄운동의 특성을 강하게 지니고 있다고 할 수 있다.

세계에서 최초로 근대적 협동조합이라는 영국의 로치데일 공정 선구자 조합이 세워진 해가 1844년이니, 지금으로 179년 전 일이다. 우리나라에서 협동조합이 세워진 것은 104년 전 일이다. 오랜 역사를 지녔지만 협동조합의 이상은 제대로 구현되지 못했으며, 특별히 이데올로기의 갈등이 첨예했던 한반도에선 더욱 협동조합의 설 자리가 많지 않았다. 하지만 전 세계적으로 기후 재난과 불평 구조의 심화 등 자본주의 병폐가 한계점에 달하고 있고, 이를 견제하던 사회주의도 붕괴, 고립되는 속에서 협동조합은 지속 가능한 사회의 대안의 하나로 주목받고 있다.

한국협동사회경제연대회의 상임대표로 협동조합주간행사 참여(2014년)

공공선에 대한 한국교회의 관심과 참여

최근에 교회 중심 선교의 틀을 깨기 위한 새로운 시도들이 많이 나타나고 있다. 민주화가 어느 정도 완성이 된 이후, 작은 지역 교회를 중심으로 지역아동센터나 어린이집 같은 돌봄의 필요를 교회가 채우기 위해 실천적인 노력을 많이 기울여왔다. 그러나 이런 지역 참여가 지닌 선교적 가치가 그동안 제대로 평가받지 못한 측면이 있다. 최근에 교회가 꾸준히 시도해 온 작은도서관운동이나 지역아동센터와 같은 지역사회 참여를 통해 사회복지와 선교를 연결하는 흐름이 나타나는 것은 고무적인 현상이다. 정부에서 사회적협동조합의 전환을 장려하고 견인하면서 새로운 전기가 마련되고 있다. 또한 농촌 교회가 속한 지역 공동체가 와해하면서 생존의 위기를 겪기도 했는데, 최근에 생산 공동체를 통한 사회적 농업을 새롭게 시도하면서 교회도 활기를 되찾는 사례도 있다.

어르신이나 장애인들이 생산 과정에 참여하면서 농사를 통한 치유와 돌봄을 동시에 추구할 수 있다. 사회적 농업을 통해서 지역 내 돌봄의 필요도 함께 해결하는 모델이다. 이미 네덜란드와 같은 나라는 농업협동조합에서 돌봄을 제공하고, 국가가 지원하는 구조가 잘 구축되어 있다.

협동조합은 불평등과 빈부 격차, 환경 파괴와 같은 자본주의 시장경제의 부작용을 극복하기 위한 대안으로 모색되었다. 우리나라에도 도입된 역사가 비교적 짧지 않다. 기본적으로는 금전적 이익보다 사회적 가치를 우위에 두기 때문에 '사람 중심의 경제'라고도 할 수 있다. 이탈리아의 볼로냐는 사회적경제가 도시 GDP의 45%에 이를 만큼 큰 규모를 이루고 있다. 이러한 기반을 만드는데 가톨릭교회가 중추적인 역할을 했다. 유럽도 사회적경제가 처음부터 있던 것이 아니다. 이 시스템을 만들어가는 데 있어서 교회의 디아코니아(사회적 섬김) 차원에서의 참여가 그 뿌리를 이루고 있다.

독일과 덴마크, 네덜란드에서 협동조합 활동을 하는 분들을 직접 만나보니, 그들의 협동조합 근간에 교회의 기여와 참여가 활발하게 있었다는 것을 알게 되었다. 개혁신학의 기초를 다진 칼뱅도 자본주의가 탐욕적인 형태로 발전하지 않도록, 부자가 빈자를 착취하지 않도록 끊임없이 경고했다. 한국도 칼뱅주의의 영향을 강하게 받는 기독교인데 아쉽게도 그런 강조점을 계승하지는 못한 것 같다.

한국 경제의 압축 성장 과정에서 '사람 중심'이기보다는 '이윤 중심'의 천민자본주의가 자리 잡게 되었고, 가난하고 소외된 이웃들의 삶은 더욱 척박해져 갔다. 경제 규모는 증가했지만 자본이 수익을 늘려가는 과정에서 인간의 기본적인 권리가 침해되고, 여러 제약이 사람들을 옭아매고 있다. 사람들의 삶이 근본적으로 나아지기 위해서는 교육과 의료를 포함하여 일상생활의 모습부터 바뀌어야 하는데, 그러기 위해서는 사람들의 생각이 바뀌어야 하고, 소비생활과 경제 참여의 방식이 바뀌어야 한다. 삶의 뿌리부터 바꾸기 위해서 경제에 대한 인식과 가치에 관한 공부를 하고 있고, 그 과정에서 한국 사회 안에서 이러한 변화의 중요성을 더욱 깊이 깨닫고 있다. 사실 교회의 사회적 참여에 대한 인식은 한국 선교 초기부터 강조된 부분인데, 한국교회의 발전과정에서 선교의 개념이 하나님의 선교라기보다는 교회의 선교로 협소하게 인식된 측면이 있다. 특히 지도자들의 신학적 인식이 협소해지면서 사람들의 일상의 삶이 교회로부터 분리되어 버리면서 교회가 기득권화되지 않았느냐는 반성을 해 본다. 그 결과로 교회의 세습이나 사유화 같은 현상이 지금 나타나는 것이다.

협동조합은 기독교 지도자들에게 하나님의 선교를 구체화하는 과정이며, 선교적 교회의 실천에 다름이 없다. 협동조합의 역사를 살펴보면 이러한 기독교 지도자들을 흔하게 발견할 수 있다. 신앙과 협동과 나눔의 삶은 구별하여 나눌 수 있는 것이 아니었다.

이제 우리나라에서도 다양한 주제를 갖고 사회적 농업 활동을 통한 돌봄공동체를 구축하려는 농가들이 나타나고 있다. 또한 도시에서도 의료협동조합과 돌봄공동체를 결합하는 형태를 시도하기도 하고, 교회가 참여하면서 기존의 지역아동센터를 사회적협동조합의 형태로 확장해나갔다. 또 의료 이외에도 지역 내 문제를 해결하는 다양한 형태의 사회적기업이나 사단법인들이 등장하고 있다. 이러한 교회와 지역 공동체의 상호 결합이 활발하게 이루어지고 있는 곳이 바로 부천시이다.

지역 교회들이 마을목회 협동조합을 구성해서 교회의 연합과 지역 내에서의 사회적경제를 만들어내기 위한 모델도 만들어지고 있다. 더욱이 중대형 교회들이 이런 작은 지역 교회를 지원하면서 교회 간 연대의 새로운 모습도 나타나고 있다. 이러한 흐름은 과거의 개교회주의를 극복하고, 선교와 복지 그리고 돌봄의 교회론에 근거해서 개교회의 영적인 에너지가 성도의 삶을 실질적으로 바꾸어 나가고, 지역사회에도 선한 영향을 주는 한국판 세이비어교회 모델이라고 평가할 수 있다. 한국에서도 조만간 다수의 성공적인 모델들이 나타나지 않을까 싶다.

이러한 시대적 변화에 부응하기 위해서 사회적경제를 추구하는 여러 기관과 교회들이 희년과 상생 사회적경제 네트워크가 각 지역에서 구축되고 있다. 각 지역의 의료협동조합과 지역아동센터, 돌봄협동조합, 사회적기업, 마을목회협동조합 등 다양한 형태의 그룹들이 지역마다 돌봄의 생태계를 만들고 교회가 동참하고 이바지할 수 있도록 돕기 위함이다. 더는 개교회 간에 경쟁하는 것이 아니라, 지역의 교회들이 서로 협력해서 새로운 지향점을 찾아 태동하고 있는 사회적경제가 우리 사회에 안착하도록 노력하고 있다. 이 흐름이 민주화 이후, 한국 사회를 한 단계 도약시킬 중요한 시민사회적인 의미가 있다고 생각한다. 대한민국의 독립과 민주화의 중심에 있던 교회가 이제 확장되고 성숙한 민주주의를 만들어내는 데 기여하도록 흐름을 만들어가고 있다고 생각한다.

1980~90년대 민중교회의 성과를 이어가지만, 사회주의 몰락 이후의 새 지평을 찾아야 한다. 관료화되고 비민주적인 형태의 사회주의는 이미 생명력을 다 했다. 우리 사회가 이런 극단주의에 휘둘릴 만큼 우리 국민이 어리석지 않다. 경제화의 측면에서 극단적으로 진행된 이윤 중심의 천민자본주의 역시 개발 독재나 인간 소외 등의 한계가 명확히 드러났다. 또한 민주화를 이루었지만 어떤 정치 권력이든 불평등 문제를 해결하기 어렵다는 점도 경험했다. 결국 극단적 형태의 이데올로기는 현재의 문제에 근본적인 대안을 제시하지는 못한다. 다가올 시대에는 사회가

사람 중심 생명 중심의 사회로 훨씬 더 민주화된 사회로 나가야 한다는 것은 이론의 여지가 없다. 사회가 이를 향해 가도록 교회가 움직여야 한다.

또한 기후 재난 속에서 시민의 책임지는 자세와 참여를 끌어내야 한다. 이러한 과제들은 지역 교회가 아닌 전 교회가 다루어야 할 주제들이다. 하나님의 선교적인 관점에서 삶 전체, 나아가 사회 전체가 하나님의 통치 안에서 질서를 회복시켜 나가는 꿈을 꾸어야 한다고 생각한다. 이를 위해서 교회가 기도하고 헌신해야 한다. 개교회를 넘어서는 공교회 차원의 사회적 섬김이 기독교의 본분 중 하나이다. 한국교회가 지난 시간 교회의 성장에 취해서 그것이 전부라는 착각에 빠진 나머지 이제 무엇을 해야 할지 길을 잃었다. 한국교회가 어디로 가야 할지를 모르고 있으니 젊은 세대들이 보기에는 교회가 무엇을 하는지 도무지 이해하기 어려운 모습으로 비추어지는 것 같다. 그 근본에는 물신성, 즉 돈을 섬기는 물신주의(mammonism)가 자리 잡고 있다. 교회의 지도자들이 하나님 선교의 방향을 살피지 못하고 '사회와 담을 쌓은 교회의 성장'이라는 왜곡된 방향을 잡아 온 것이다.

그러나 이 방향이 어떤 교리적이고 신학적인 정당성을 갖는가에 대한 공동체적 성찰이나 논의도 없을 뿐 아니라, 대화도 부족한 상태이기 때문에 젊은이들이 교회가 설득력이 없다고 보는 것이다. 사회와 공동체를 떠나서 교회가 존재하는 것은 불가능하다. 교회 내에 어른들의 목소리만 들리기 때문에, 어른들의 생각이 교회 안에서 지배적인 것은 당연하다. 지금의 문제를 교회 안에 갇혀서 보는 것은 기성세대의 접근 방법이다. 문제에 대해 교회 안에서 세대를 초월하는 대화를 해야 한다.

한살림 생산공동체 콩세알 활동사진

교회의 대사회 신뢰 추락

교회의 대사회 신뢰 추락에는 교회 지도자들의 책임이 크다. 평신도
들이 삶의 자리에서 하나님의 의를 나타내고, 사회적 약자를 도울 수
있도록 성도의 역할을 인식하고 기도하는 과정이 있어야 한다. 그런데

목회자들이 이런 부분을 제대로 강조하지 않고, 본도 보이지 못했다. 결과적으로는 공교회로서의 인식이 약하기 때문에 개교회 중심의 교회관을 갖게 되면서, 자기 교회의 성도 수가 늘어나 큰 규모를 이루는 것을 추구해온 결과라고 생각한다. 교회의 규모가 커질 때, 급여나 사회적 위상, 또는 능력을 인정받는 것과 같은 부분에서 목회자가 가장 혜택을 보게 되지만, 정작 평신도들은 어떻게 살아야 할 지에 대해서 주의 깊게 살피지 않았다.

이러한 인식이 단적으로 드러나는 것이 교회의 교육 프로그램이다.

주로 새 신자나 제자훈련과 같이 입문 과정에 초점이 맞추어져 있지, 이후 신앙인으로서의 소양과 인식을 지속해서 키워나가는 과정은 거의 없다. 그러다 보니 주일 성수와 십일조만 잘하면 모범적인 교회 생활이

된다. 삶 속에서 어떻게 예배를 드려야 하는가? 하나님의 선교에 어떻게 동참하는가? 이런 문제에 대한 설교도 거의 없고, 연구도 없었다. 목회자들의 고민이 드러나지 않는 것 같다. 이런 실천적인 문제에 대해서 진지하게 연구하고 전문가들의 의견도 들어야 하는데 그런 과정이 없는 것이다. 이점이 안타깝다. 또 교단의 영향도 있고, 미국의 기독교가 주는 영향도 있을 듯하다. 한국 선교 당시에 배양되었던 좋은 전통들이 지금 교회 안에서 찾아보기가 어렵게 되었다. 교회가 젊은 세대에게 어떤 비전을 줄 수 있는지가 잘 보이지 않는다는 점이 아쉽다.

교회의 공공성을 확대하기 위해 해야 할 일

교회마다 환경이 달라서 일괄해서 말할 수는 없지만, 목회자들에게 가장 중요한 것은 바로 좋은 설교를 준비하는 것이다. 교회의 규모와 관계없이 성도들이 살아가는 삶의 현장과 사회 현장에서의 이슈를 인식해서 설교나 교회 활동과 연계하는 것만으로도 큰 역할이라 생각한다. 설교 사역 외의 다른 일을 하는 것이 버거울 수 있고, 특히 목회의 규모가 큰 중대형 교회의 환경은 더욱 그러하겠다고 생각한다. 상대적으로 목회의 규모가 작은 지역 교회들은 협력해서 협동조합 등의 형태로 직접적인 돌봄과 경제활동에 참여하기 쉽다. 작은 교회들이 지역을 실질적으로 섬기는 일을 할 때 중대형 교회의 연합과 지원이 큰 힘이 된다. 이러한 협력을 통해 중대형 교회 성도들도 자신들이 구체적으로 어떻게 지역과 연계되는지를 이해할 수 있고, 힘을 보탤 수도 있다. 교회의 영적 훈련이 피상적으로 되지 않고, 현장과 밀착해서 이루어질 수 있다. 목회자가 이런 지도력을 세우는 것만으로도 굉장히 중요하다고 말하고 싶다. 지역

사회에 대한 섬김의 경험이 목회자의 목회 훈련에도 유익이 있다고 생각한다.

의사들을 훈련할 때 종합병원에서 전문적인 진료를 한다고 해도, 초기에는 지역사회에서 주치의 활동을 통해 다양한 경험을 쌓는 것을 권장하고 있다. 실제로 지역 현장에서의 경험과 이해가 중요하다는 인식이 있는 것이다. 이러한 관점을 교회에도 적용해 볼 수 있다. 중대형 교회의 목회자들이 지역의 작은 교회들과 연합하여 공동 사역을 한다면, 개교회주의를 극복하는 동시에 목회자들이 현장의 단독 목회부터 큰 규모의 협동 목회까지 다양한 경험을 할 수 있는 목회 모델이 나올 수 있지 않을까. 지금 보면 교회의 수평 이동 현상이 두드러지면서 큰 교회는 더욱 비대해지고, 작은 교회는 지역에서 살아남기 어려워지는 문제가 있는데, 이 문제가 결국은 교회 전체의 감소로 나타나기 때문에 깊이 고민해야 한다. 교단이 주도해서 이런 문제를 해결해 주면 좋지만, 교단이 그 역할을 하지 못한다면, 지역 중심으로라도 새로운 연합과 모델들이 나타나고 진보와 보수의 이념을 초월하는, 또 에큐메니칼 진영과 복음주의 진영을 초월하는 연합 모델을 만들어가면 좋겠다. 교회의 연합이 한국 사회가 지금의 보이는 분열의 사회를 극복하고 더 성숙한 사회로 가는 데 있어서 마중물의 역할을 할 수 있다고 생각한다.

또한 이러한 시도는 아시아와 세계 선교에도 큰 영향을 미칠 수 있다. 대한민국은 한국전쟁 이후 세계에서 가장 가난한 나라에서 경제화와 민주화를 동시에 이룬 나라로서, 많은 나라에 좋은 역할 모델로 영감을 주고 있다. 우리나라가 성숙하고 발전된 시민사회의 모델을 제시한다면, 동아시아는 물론 세계적으로도 큰 영향력과 지도력을 발휘할 수 있을 것이다. 인도네시아 교회는 아시아에서 기독교인의 수가 가장 많다

(2,800만 명). 교회가 지역사회에서 어떠한 역할을 해야 할지, 또 사회연대경제의 육성에 왜 교회가 관심을 기울여야 하는지 잘 이해하고 있다. 자본주의 사회에서 사회가 탐욕에 빠지지 않도록 경계를 게을리하지 않도록 하는 칼뱅, 루터, 웨슬리의 가르침도 잘 이해하고 있다.

최근 북스마트라를 방문하여 인도네시아에서의 사회연대경제 육성에 대한 협의를 했는데, 개신교 교단의 임원진의 자세가 매우 진지해서 아주 깊은 인상을 받았다. 인도네시아 교단(GBKP)은 '생명 농업, 의료 공공성 구축을 위한 의료협동조합' 등 한국의 협동조합 경험에 대해서 대단히 깊은 관심을 보였다. 한국교회보다 더 '사회연대경제'에 대해서 전향적인 입장을 가지고 있는 것이 놀라웠다.

또한 요즘 몽골에 큰 관심을 두고 자주 방문하고 있다. 몽골은 한국전쟁에서 발생한 북한의 전쟁고아를 받아서 길러주고 다시 북한으로 보내준 나라이다. 그러다 보니 북한과 남한 모두와 좋은 관계를 유지하는 특수한 나라이다. 몽골은 기후 위기 때문에 국토의 80~90%가 사막화되는 위기에 처해 있다. 이 문제를 돕기 위해서 한국의 많은 선교사와 교회들이 참여하고 있다. 16개 교단이 참여해서 방풍림 조림 사업과 유실수 조림을 통해 마을을 세우는 일을 하려고 하고 있다. 유목 문화가 강한 몽골은 농사에 대한 경험과 지식이 부족한데 한국 선교사들이 이런 부분을 돕고 있다. 또한 협동조합을 통해서 청년들의 창업을 지원하면서 좋은 선교적 모델을 만들어가고 있다. 특히 북한과도 교류가 많아서 북한에 대한 직간접적인 영향도 기대할 수 있다. 이런 모델들이 아시아 전역으로 확대될 가능성이 충분하다.

150년 전 한국의 기독교가 있게 했던 선교의 역사가 지금 한국 사회가 민주화되고 경제화되는 데 있어서 좋은 토양을 제공한 것처럼, 우리가 받은 하나님의 은혜가 아시아 지역에 확대되는데 할 수 있는 일이 분명히 있다. 그 과정에서 우리가 더 건강한 공동체를 만들고, 모두가 인간적인 삶을 살도록 인간의 존엄성이 지켜지는 기회의 땅을 만들어야 한다.

5. 한국교회, 희망이 있나

한국교회는 이 땅에 어떠한 희망을 줄 수 있나? 선교적 비전은 무엇인가? 그 선교적 비전은 민족의 앞날을 고민하면서 분투했던 김구, 안중근, 안창호 선생이나 어려운 이웃을 돕기 위해 헌신한 장기려 박사 등 기독교 신앙에 바탕을 두고 실천해 온 신앙 선배들의 삶에서 뚜렷하게 나타난다. 이제 하나님의 선교적 비전을 다시 되살려서 한국 사회를 변화시키고, 우리가 경험한 하나님의 은혜를 아시아 국가에도 전해야 한다.

반면에 목회가 너무 기술적(technical)으로만 인식되는 것 같아서 아쉽다. 교회를 효과적으로 성장시키고 유지하는데 주된 관심이 쏠리다 보니, 사회를 포함하는 하나님 나라에 대한 비전을 제시하지 못하고 교회에만 국한되는 협소한 관점에 머무르게 된다. 그러다 보니 하나님의 일에 헌신하려는 성도들의 마음을 열지도 못하고, 교회에 나오지 않는 사람들에게 하나님이 어떤 분이신지를 제대로 보여주지도 못하는 것은 아닌가 싶다. 요즘 교회가 사람들을 변화시키는 것이 아니라, 오히려 마음의 문을 닫게 하고 있지는 않은지 돌아보게 된다. 교회의 불미스러운 일들은 세상의 욕심이 교회 안에서 드러난 것이다. 그것을 아무리 신학적 용어로 포장해도 진정성이 없어서 청년들에게 실망감을 주는 것이다.

결국은 교회가 종교를 통해 사업화되는 모델로 가고 있는데, 이것이 일반 기업의 모습과 무엇이 다른지를 생각해 보아야 한다. 기업이란 결국 사적 이익을 공유하고 이해관계에 따라 배분하는 것인데, 교회가 기업과 다르다면 적어도 이웃들이 함께 살아가는 사회에 이바지하고, 하나님의 뜻을 따르는 비전을 제시해야 한다. 하나님의 뜻이 우리 사회에 임하면서 사람들이 변하고 사회의 뒤틀어진 것이 회복되는 경험이 있어야 하는데, 이런 부분이 교회를 통해서 보이지 않기 때문에 교회가 은혜의 통로가 되어야 함에도 오히려 통로를 막고 있는 것은 아닌지 돌아보게 된다.

우선 목회자들이 교인들에게 영향을 많이 주는 만큼, 지금의 모습에 대해서 큰 책임감을 느끼고 회개와 함께 교회 갱신의 노력을 기울이며 평신도 지도자들과 함께 이러한 노력에 동참해야 한다. 좋은 선교적 교회 모델들이 나오는 만큼 이를 확산시키는 데 한국교회가 마음을 모은다면, 기독교 신앙의 불모지에서 하나님의 은혜로 선교하는 나라로 성장한 한국교회가 다시 하나님의 은혜를 받게 되지 않을까 하는 믿음이 있다.

참고문헌

김은식.『장기려, 우리 곁에 살다 간 성자』. 서울: 봄나무, 2006.

앤드류 매클라우드/홍병룡 옮김.『협동조합 성경의 눈으로 보다』. 서울: 아바서원, 2013.

임종한.『주치의가 답이다 — 초고령화, 건강불평등 시대』. 서울: 스토리 플래너, 2020.

_____. "협동조합을 통한 공동체 회복 활동성과 전망." 김용복 박사 팔순 기념논문집 출판
위원회 편.『민중과 생명』. 서울: 동연, 2018.

_____.『의료복지 2026 주치의가 답이다 — 2026년 저출산, 초고령사회의 덫에 걸린 우리
사회에 묻는 '공존'의 해법』. 서울: 스토리 플래너, 2017.

_____.『참 좋은 의료공동체를 소개합니다 — 가장 인간적인 의료를 꿈꾸는 사람들의 진솔
한 이야기』. 서울: 스토리 플래너, 2015.

_____.『가장 인간적인 의료 — 우리 동네 주치의, 의료생협 이야기』. 서울: 스토리 플래너,
2011.

채수일.『기독교 신앙과 경제문제』. 한국신학연구소, 1993.

Urs Bumbacher ・ Markus Gmür ・ Hans Lichtsteiner. *NPO Management – A European
Approach*. The Fribourg Management Model for Nonprofit Organizations.

주치의 임종한의 블로그. https://blog.naver.com/ekeeper21

글쓴이 알림

오 세 향

이화여자대학교를 졸업 후 1990년 약대동으로 들어와 새롬어린이집. 새롬공부
방(현 지역아동센터)에서 어린이들과 지내다가 2000년 초입 미국 뉴욕의
Family Support center를 본 후 '새롬가정지원센터'를 설립, 지역의 가정을
지원하기 시작했다. 일본 가와사끼의 어린이인권조례와 같은 아동권리조례제정
운동을 한국에서 시작하였고, 이후 어르신보호와 권리운동을 위한 '은빛날개',
거리청소년과 함께하는 '꿈이청소년심야식당'을 설립하여 활동을 확대하였다.
마을주민들과 함께 부천 최초의 마을영화제 '꿈사리영화제'를 기획, 진행하여
마을문화의 새로운 지평을 열었고, 사회복지영역으로 전공을 바꾼 후 지역사회복
지에 관심을 가지고 마을공동체가 실질적으로 이루어지는 '마을복지' 활동에
집중하였다.

공동 저서로 『기독교 교육복지의 이론과 실천』, 『노인의 권리 워크북』, 『두루두루
역사 둘러보기』와 공역서로 『이야기치료의 이론과 실제』 등이 있다.

이 원 돈

중앙대 영문과를 졸업한후, 장로교 신학교 신대원 시절 "한국기독학생회총연
맹"(kscf) 간사로 일하면서, 당시 대학과 대학원에서 신학 공부를 하고 있던
신학생을 모아 "성서와 실천"신약과 구약편을 썼다. 1986년 부천의 서민지역
약대동으로 내려와 부천 새롬교회의 담임목사로서 약대동 신나는 가족도서관
관장, 부천 작은도서관협의회 회장 역임하고, 부천 ymca 시민포럼 운영위원장과
부천실업극복운동협의회 이사 역임하면서 약대동에서의 처음 15년 간의 마을교
회 이야기와 당시 부천 시민사회의 이야기를 마을과 지역사회의 "학습 복지 문화
생태계"라는 관점에서 기록한 『마을이 꿈을 꾸면 도시가 춤을 춘다』(2011년)라
는 책을 내면서 한국교회와 사회에 "마을교회와 목회"의 등장을 이야기 하기
시작하였다.

코로나 재난 전후의 기간 동안에는 부천의 약대동 마을의 교인들과 마을 분들과
함께 약대동 마을의 건강 문화 생태 리더들을 세우며, 교회와 마을이 마을의
마당(플랫폼)이 될 수 있다는 가능성을 발견하고, 『코로나19 문명전환기 생명망
목회와 돌봄마을』(2022)이라는 책을 쓰게 되었다.

코로나 재난 과정과 그 이후의 약 5~6년동안, 약대동 새롬교회의 말씀 나눔 과정에서 성서 말씀을 새롭게 읽으며, 교회를 넘어, 교회 밖 마을 사람들 사이에 계신 예수님을 다시 만나고, "돌봄교회와 돌봄마을"로 다시 시작하라'라는 음성을 듣고, 그것이 "마을에서 만난 예수"라는 글로 모아지는 과정에서 "돌봄 교회와 마을과 사회적 연대경제"가 어떻게 마을의 마당(플랫폼)이 되어 하나님 나라를 세울 수 있는지를 다시 한번 꿈꾸고 있다.

저서로는 『코로나19 문명 전환기의 생명망 목회와 돌봄마을』(나눔사), 『마을이 꿈을 꾸면 도시가 춤을 춘다』(동연) 등이 있고, 공동 저서로 『문명 전환기에선 교회의 변화』(동연), 『촛불 민주화 시대의 그리스도인』(동연), 『한국적 작은 교회론』(기독교서회), 『생명과 평화를 여는 그리스도인』(동연), 『성서와 실천』(민중사) 등이 있다.

임종한

사회적가치경영연구원 이사장, 인하대 의과대학 교수(가정의학, 직업환경의학 전문의, 보건학 박사), 부천 약대교회 장로.

1987년 연세대 의과대학을 졸업하고, 1990년 가정의학 수련을 마친 후, 기독청년의료인 회원들과 함께 인천에서 달동네가 모여있는 부개 일신동에 인천평화의원을 만들었으며, 지역주민들과 함께 인천평화의료협동조합을 창립하였다. 이후 한국의료복지사회적협동조합연합회 회장 등을 역임하면서 국내 의료협동조합운동에 주도적으로 참여해왔다. 또한 가습기살균제, 고엽제 등 환경피해자들의 건강권과 인권을 위한 환경정의운동에 힘을 기울여왔다.

현재 인하대 의과대학 교수, 한국의료복지사회적협동조합연합회회장, 희년상생사회연대경제네트워크 이사장, 전국협동조합협의회 공동대표로 협동조합 공동체와 더불어 지역사회, 일터를 건강하게 만드는 꿈을 꾸고 있다.

저서로는 『아이몸에 독이 쌓이고 있다』(예담), 대표 저작으로 『가장 인간적인 의료』(스토리 플래너), 『초고령화, 건강 불평등시대, 주치의가 답이다』(스토리 플래너), 『참 좋은 의료공동체를 소개합니다』(스토리 플래너) 그리고 공저로 『대한민국 의료혁명』(살림터), 『마을로 가는 사람들』(알트), 『민중과 생명』(동연), 『생명을 살리는 밥상』(동연) 외 다수 있다.

주(註)

둘째 마당 _ 마을에서 만난 예수 (이원돈)

1 요한복음에 의하면 어느 날 가버나움 변방에서 새로운 메시아운동의 방향을 찾던 젊은이 중에 안드레가 형제들에게 메시아를 찾았다고 이야기한다. 그리고 빌립이 예수를 만나서 안드레에게 우리가 메시아를 만났다고 전할 때, 안드레와 빌립의 감탄에 대해 나다나엘은 아주 시니컬한 반응을 한다. "갈릴리에서 무슨 선한 것이 나온다는 말인가?" 예수님은 당시 자신의 지역과 공동체에 대한 열등의식에 빠진 갈릴리 일대의 청년들에게 "하나님 나라가 가까이 왔다. 복음을 믿어라"라는 말씀을 외치셨고, 청년들이 "와서 보아라"라고 응답함으로써 당대 청년들에게 새로운 복음의 길을 제시하셨다.

2 예수님과 제자들의 선교는 단순히 개인이나 가정에 초점을 맞춘 것이 아니라 마을들에 초점을 맞춘 것이었다. 당시 조밀한 마을에서 각 가정의 방은 이웃집 방과 직접 연결되어 있어 누가 방문하면 곧 전체 마을이 알 수 있었다. 이처럼 예수님과 제자들의 선교는 단순히 개인이나 가정에 초점을 맞춘 것이 아니라 마을에 초점을 맞춘 것이었다. 리차드 호슬리, 『예수와 제국』(한국기독교연구소, 2004), 187-189.

3 강일상, 『마가복음의 기적이야기』(대한기독교서회, 2007), 74.

4 새롬교회 주일 말씀(2019. 1. 22).

5 마가의 입장에서 보면 회당은 더 이상 하나님 나라가 실현될 수 있는 장소가 아니다. 새 술이 새 부대를 필요로 하듯이 기존의 유대 공동체로는 하나님 나라를 담을 수가 없다. 그래서 회당을 벗어난 사람들에게 시몬과 안드레의 집은 새로운 활동거점으로 택해진다. 이제는 이 집이 새로운 공동체의 맹아로 싹트기 시작했음을 의미한다. 마가가 이 '집'을 회당에 대립되는 새로운 공동체의 모체로 생각하고 있었다는 것은 마가복음 곳곳에서 확인된다. 강일상, 『마가복음의 기적이야기』, 74.

6 "예수가 왜 계속 이동했는지를 해명해 줄 또 다른 이야기가 있다(막 1:35-38). 예수는 베드로의 집에 들어가 베드로의 장모를 치유했는데, 동네의 병든 사람들이 치유를 받기 위해 베드로의 문 앞에 모여들었다. 당시 지중해 연안의 사람들이라면, 이때 베드로의 집은 예수의 치유를 위한 중개소가 되어가고 있음을 알아챘을 것이다. 그러나 예수는 다음 날 아침 일찍 호젓한 곳에 나아가 기도했으며, 베드로가 예수를 쫓아 돌아가자고 했을 때, "가까운 여러 고을로 가자. 거기에서도 내가 말씀을 선포해야 하겠다. 나는 이 일을 하러 왔다"라고 대답했다." 정연복, "'역사적' 예수와 예수운동," 한국기독교연구소 편집위원(「당당뉴스」 2007년 12월 28일).

7 예수는 이처럼 평등주의적인 사회 경제적 관계를 통해 마을공동체의 구성원인 가족들이 경제적으로 또한 사회적으로 계속해서 존립할 수 있게 해주는 가르침들의 넉넉한 저장고를 이스라엘 계약 전통에서 찾았다.

8 리차드 A. 호슬리는 『갈릴리: 예수와 랍비들의 사회적 맥락』이라는 책에서 "과거 학계에서는 세포리스(Sepphoris)와 티베리아스(Tibe rias)에 존재하는 아고라, 극장, 목욕

탕 등의 헬레니즘적 유물을 근거로 주변에 위치한 갈릴리 역시 로마의 도시문화, 헬레니즘, 전통 농촌 문화가 뒤섞인 코스모폴리탄적인 도시였을 것으로 보았으나, 갈릴리를 코스모폴리탄적 지역으로 파악하는 학설과 반대로, 갈릴리가 '지역 특유의 전통을 고수하는 농촌이었을 것"이라고 본다. 그는 예수운동도 이와 같은 맥락에서 다시 살펴봐야 함을 강조한다. 예수는 그저 유랑을 하며 개인주의적인 道를 추구한 것이 아니라 팍스 로마나(Pax Romana)와 유대 분봉왕들의 학정 속에서 전통은 물론, 삶의 터전까지 잃어가는 농촌 공동체를 되살리려는운동의 중심인물이었을 것이라고 주장한다. 예수의 가르침을 초(超)전통화시키고, 개인주의적 신앙 체계를 양산하는 예수가 '건강한' 농촌 공동체를 만드는운동을 했을 것이라고 조심스럽게 결론짓는다. 예수는 제국의 로마화와 분봉왕 헤롯 가문의 도시화에 저항하여 농촌 갈릴리의 가족과 마을의 전통 (예를 들어 상부상조, 네 이웃을 사랑하라 같은 덕목)의 회복이었을 것이라고 추측한다. 이처럼 갈릴리 예수는 수많은 농민 중 하나, 아니면 그 농민들의 동료로서 그들의 삶을 함께 하고자 했으며 기존 질서의 문제점을 직시하고 격동의 시대에 억압받는 농민들을 위한 마을공동체를 재창조하고자 했던 인물이었다. 리차드 A 호슬리, 『예수와 제국』, 186-190.

9 박경미, 『마몬의 시대, 생명의 논리』(녹색평론사, 2010), 179-183.

10 리차드 A 호슬리, 『갈릴리:예수와 랍비들의 사회적 맥락』, 364.

11 이호선 "마가의 예수와 집," 호주성산 신약신학 연구실 인터넷 정보 https://m.blog.naver.com/PostView.naver?blogId=holyhillch&logNo= 60003634084&referrerCode=0&searchKeyword=%EB%A7%88%EA%B0%80%EC %9D%98%20%EC%A7%91.

2장 _ 갈릴리에 등장한 예수와 마을의 새로운 움직임과 변화

1 하느님 나라는 이러한 상호 교류 속에 출현한다. 하느님 나라는 유랑자들과만 함께하는 게 아니라, 유랑자와 집 있는 사람 사이의 관계 속에 현존하기 때문이다. 한쪽은 먹거리가 필요하고, 다른 한쪽은 치유가 필요하다. 정연복, "'역사적' 예수와 예수운동," 한국기독교연구소 편집위원(「당당뉴스」) 2007년 12월 28일).

2 조태연 "바이블 온에어/마가의이야기극장/레위의 식탁과 하나님의 나라," https://www.youtube.com/watch?v=vbozeaytwrc&t=1016s (2021. 1. 12.)

3 예수의 제의적 행동은 광야에 모인 이들이 모두 예수만을 바라보게 만드는 거대한 '중심'이 아니라, 백 명 또는 오십 명씩 모인 이들이 서로의 얼굴을 보고 대화하며 먹을 것을 나누는 협동공동체가 되게 하는 플랫폼이었다. 그리고 이 플랫폼의 효과는 엄청났다. 분명 개개인이 가져온 음식의 총량은 모인 사람의 수에 턱없이 부족했을 것이다. 그러나 성서는 오천 명이 넘는 사람들이 모두 배불리 먹었다고 말하며, 남은 것을 모으니 열두 광주리에 가득 찼다고 기록한다. 그래서 오병이어 기적은 단순히 나눔과 자선의 모범으로 이야기할 것이 아니다. 이 기적 이야기는, 연대와 협동을 통한 문제 해결이 개인적 문제 해결 방식보다 더 큰 만족을 끌어낼 수 있으며, 심지어 미래를 위한 공동의 자산(남은 열두 광주리의 음식)까지 창출할 수 있음을 보여주는 사례로 해석할 수 있다. 또한 더 큰 의미는, 이 사건을 통해, 예수를 따라온 무리가 무능력한 잉여의 집합이 아니라 서로의

배고픔을 해결하는 협동의 주체로 새롭게 자리매김하며, 협동을 통해 각 개인이 체제의 박탈과 폭력으로부터 견딜 수 있는 자원을 내부에서 스스로 마련하게 했다는 데 있다. 유승태, "교회는 가난한 자들의 연대와 협동을 위한 플랫폼인가? ― 신자유주의시대, 교회를 보는 7가지 키워드 사회적경제," 웹진 「제3시대」(2015. 11. 23.)

　4 부천 새롬교회 주일 말씀(2021. 2. 21).

　5 "당시 마을의 배제 장치는 '(광의의) 바리사이'가 주도하는 '(마을)회당'이었다. 그렇기에 예수는 회당의 질서, 그 질서의 수호자인 바리사이와 충돌하지 않을 수 없었다. 그는 이러한 바리사이파의 율법을 통한 차별과 배제의 전략이 오늘 한국에서는 대형 교회 중심의 웰빙 우파, 현대판 한국의 바리사이운동으로 전개되고 있다고 비판하고 있다." 김진호, '웰빙-우파와 대형 교회, 열다섯 번째(보론)', 「주간경향」 1198호(2016. 10.).

　6 오늘 예수님과 바리새인의 대립과 갈등은 중심과 변두리의 갈등이다. 예루살렘 성전과 지역 회당을 대변하는 주류세력인 '헤롯당과 바리새파'와 갈릴리 변두리를 대변하는 예수님의 한판 정면 승부인 것이다. 이 갈릴리마을의 변방운동이 1세기 만에 예루살렘과 온 유대와 당시의 세상 끝인 로마까지의 주류가 되었다. 이처럼 변방이야말로 유일한 창조의 공간인 것이다. 그런데 신용복 선생은 이 변방이 창조 공간이 되기 위해서는 결정적인 전제로 중심부에 대한 콤플렉스가 없어야 한다고 말했다. 변방에 있으면서 믿음이 없이 자꾸 중심부를 기웃거리는 사람들이 있다. 변방에 자꾸 냉소와 의심의 눈초리를 보내며 바리새인과 사두개인들 사이를 기웃거리는 사람들이 있다. 그러므로 중심부에 대한 콤플렉스를 청산하지 못하는 한, 변방은 그야말로 변방에 지나지 않는다.

　7 민중신학자 김진호는 이 사태를 다음과 같이 정리하고 있다. "갈릴래아 마을 밖, 특히 회당의 질서에서 포용의 대상이 될 수 없는 이들이 바로 마가복음의 '오클로스'다. 그런데 그들이 예수 기억의 주요 대중이다. 마을 안에서 예수는 그들을 위해 활동했고, 마을 밖으로 내몰린 뒤에는 그들에 대한 예수의 메시지는 더욱 명료해졌다. 예수는 성전이 형성되고 마을 회당이 형성되는 과정에서 존재로 취급되지 못하는 이들을 편들며, 그것을 위해서 성전과 회당의 제도 자체를 해체적으로 비판했다. 그리고 예수의 이런 메시지를 몸으로 체현한 이들이 바로 오클로스였기에 그들은 예수를 기억하는 제1의 주체다. 나아가 그들은 예수 기억들을 결합하여 스토리를 만들어 낸 주역이다. 그들이 아니었다면 예수 기억의 대부분은 우리에게 전달될 수 없었다. 그런 점에서 오클로스는 예수운동의 가장 중요한 행위자일 수 있다. 비록 예수의 최측근인 제자집단이 훨씬 더 내밀한 예수 이야기를 알고 있었겠지만, 그들의 역할보다도 훨씬 더 중요한 담론의 형성자는 바로 오클로스인 것이다." 김진호, "촌락 '안과 '밖'의 예수운동과 그 주역들― 라오스와 오클로스", 「공동선」 (2020년 9+10월호, 11+12월호).

3장 _ 마을에서 쫓겨난 예수, 민초와 마당극을 펼치다

　1 고미숙, "포스트 코로나 시대, 욕망과 거리두는 방법," 「지혜의 다락방 19회」 https://www.youtube.com/watch?v=HIFf_Q38bi4.

　2 부천 새롬교회 주일 말씀(2023. 1. 8.).

3 민중의 사회 전기라는 용어는 민중 신학자 김용복의 개념으로서 "민중 스스로의 역사적 경험을 스스로 이야기하거나 기록한 것"을 뜻하는 것이다. 민중이 역사 속에서 스스로를 해방하는 메시아적 정치가 담긴 이야기를 의미한다.

4 "기쁜 소식(드라마)은 보는 것이 아니라 듣는 것이다. 이 복음 전령(케릭스)들은 에클레시아를 돌면서 순회공연을 한다. 유앙겔리온은 극장에서 공연되는, 교회에서 공연되는 판소리였던 것이다." 김용옥, 『도올의 마가복음 강해』(통나무, 2019), 74.

5 "더 강해진 '뉴스공장 2' 나온다⋯ '탄압의 끝은 새 매체의 탄생," 세상을 바꾸는 시민언론 민들레(https://www.mindlenews.com/news/articleView.html?idxno=1038).

6 "이원돈 칼럼 예수와 마을 시리즈 6," 「에큐메니안」. http://www.ecumenian.com/news/articlePrint.html?idxno=12721View.html?idxno= 1038 (2022. 12. 29.)

7 김진호, 『실천적 그리스도교를 위하여』 (도서출판 나단, 1992), 71. 김진호는 예수의 삶을 크게 3단계로 구분하고 있다. 1단계−갈릴리 촌락 회당 활동기, 2단계−갈릴리호숫가 활동기, 3단계−예루살렘 성전 활동기.

8 박경미, 『마몬의 시대, 생명의 논리』, 80-82.

9 정연복 「역사적」 예수와 예수운동, 「당당뉴스」 (2007. 12. 28.)

10 크로산은 예수가 브로커 없는 하나님 나라를 선언했다고 한다. 크로산은 예수의 사회적 비전이었던 브로커 없는 하나님 나라를 해명하기 위해 우선 '가난한 사람'으로 번역된 그리스어 '프토코이'의 당시 용법을 추적하여, 하나님 나라가 극빈자들의 나라였음을 밝힌다. "최근 역사적 예수 연구의 새로운 강조점 − 코페르니쿠스적 변화 정의 평화," (김준우, 2005년 예수세미나 기조강연) http://historicaljesus.co.kr/xe/article/21276.

11 존 도미니크 크로산, 『비유의 위력』 (한국기독교연구소, 2012), 43.

12 강헌, 『전복과 반전의 순간』 (돌베게, 2015), 85.

13 안재학, "소작농의 비참한 현실만 보인다," 「에큐메니안」 (2023. 06. 08.). http://m.ecumenian.com/news/articleView.html?idxno=23855/

14 허호익, "일꾼 고용과 품삯 지급 방식이 달랐다 − 포도원 주인의 비유(마 20:1-10)를 다시 읽다," 「에큐메니안」 http://m.ecumenian.com/news/articleView.html?idxno=23318/ (2023. 12. 11.).

15 장윤재, "YMCA운동의 신학과 이념 - 하나님의 정의가 다스리는 생명과 평화의 나라," 「한국YMCA전국연맹 결성 100주년 비전 워크숍 자료집」 (2014. 10. 26.), 39.

4장 _ 마을공동체의 새로운 항해

1 부천 새롬교회 구역예배 교재 (2022. 2.).

2 부천 새롬교회 주일 말씀 (2023. 2. 5.).

3 부천 새롬교회 주일 말씀 (2019. 3. 27.).

4 「당당뉴스」 당당설교 (2013. 6. 23.), 성령강림절 후 제5주.

(http://www.dangdangnews.com/news/articleView.html?idxno=21466).

5 미국의 신약성서학자 월터 윙크(Walter Wink)는 지난 30여 년 동안 성경에서 '사탄'(satan)이나 '악마'(demon), 혹은 '권세'(power)라고 부르는 악령들에 대해 집중적으로 연구하여 3부작으로 3권의 책을 썼는데, 그 책들에서 월터 윙크는 귀신이나 악마를 "이 세상의 악한 세력들, 특히 정치·경제·문화적인 지배 체제(dominant system)라는 구조악(systemic evil)의 내면에 있는 영적인 실재"라고 해석한다. 쉽게 말하면, 하나님 외에 실제로 이 세상을 지배하고 있는 엄청난 힘이 바로 성경이 말하는 '사탄'이나 '악마', 혹은 '권세'라는 것이다. 즉, 악의 힘이 통합된 형태가 지배 체제이고, 그 지배 체제를 지배하고 움직이는 악한 정신 또는 영이 바로 사탄이라는 것이다 (http://www.dangdangnews.com/news/articleView.html?idxno=10457).

6 부천 새롬교회 주일 말씀 (2021. 3. 7.).

7 이 치유 기사는 마가복음의 유명한 문학 양식인 샌드위치 형식의 본문이다. 이 '예수의 항해 이야기'와 '데카폴리스 여행 이야기'의 많은 부분이 조태연 교수의 『예수이야기 마가 2』와 『성서 복음의 인문적 감상』이라는 책에 의존하여 설교한 것을 편집한 것임을 밝혀둔다.

8 강일상, 『마가복음의 기적이야기』, 262.

9 조태연, 『태의 소생, 여성 지도자들을 위한 마가 읽기』(한들, 1998), 97-106.

10 부천 새롬교회 말씀(2023. 03. 12).

5장 _ 십자가로의 여행길, 예루살렘 오르는 길

1 이원돈, "마을에서 만난 예수 5," 「가스펠 투데이」 (2021. 08. 26.). https://www.gospeltoday.co.kr/news/articleView.html?idxno=8893.

2 마커스 보그의 용어로 말하자면 회당과 마을은 '거룩의 정치학'의 보루이고, 시몬의 집은 '자비의 정치학'의 근거이다(마커스 보그/김준우 옮김, 『예수의 의미』, 한국기독교연구소, 2001).

3 정진우, "인습, 통념, 편견, 무엇보다 마을을 떠나라(막 8:22-26)," 「에큐메니안」 (2010. 05. 31.). http://www.ecumenian.com/news/articleView.html?idxno=7669.

4 갈릴리에서 예루살렘으로 올라가는 사마리아 길 위에서 행하신 예수님의 이러한 환대가 눈에 거슬리는 사람들이 있었다. 교회의 거룩성을 너무 가볍게 여긴다며 반감을 품는 이들은 소위 경건한 자들로, 죄인을 영접하고 음식을 같이 먹는 예수님에 대해 수군거린다. "여기는 사마리아입니다. 가족과 사업, 사회와 정치 문제를 다루느라 나도 여력이 없어요. 여기는 내가 알아서 합니다. 내 방식대로 할 겁니다," 유진 피터슨, 『비유로 말하라』 (IVP, 2018), 67.

5 차정식, 『기독교 공동체의 성서적 기원과 실천적 대안』(짓다, 2015), 258-259.

6 조태연, 『태의 소생, 여성 지도자들을 위한 마가 읽기』, 128-129.

7 부천 새롬교회 주일 말씀 (2022. 2. 13.).

8 조태연, "성공한 횡단의 실패한 교육," 바이블 온에어 19 (2021. 3. 31.). https://www.youtube.com/watch?v=w_-vQg6IG1s?.

9 촌락민은 바리새인이 마을 회당에서 가르쳤던 율법에 스스로를 규율시킴으로써 촌락의 범위를 넘어서는 상상적 공동체인 이스라엘의 일원이 되었다. 즉 바리새인의 율법을 통한 도덕 재무장운동은 일종의 고대의 '민족 만들기' 프로젝트라고 할 수 있다. 김신호, "웰빙-우파와 대형 교회, 열다섯 번째(보론)", 「주간경향」 1198호(2016. 10. 25.)에서 인용.

10 김누리, "능력주의는 폭군이다," 「한겨레신문」 (2021. 11. 30.).

11 박충구 교수의 페이스북에서 인용.

12 "故 고미애 약사 30주기 추도식 지인 후배들의 애도 속에 줌으로 열려," 「콩나물신문」 (2022. 2. 14.).

13 조태연, 『태의 소생, 여성 지도자들을 위한 마가 읽기』, 122.

14 심리학자 김태형은 정치인을 심리학적으로 '공익추구형'과 '사익추구형'으로 분류하고 있다. (출처: 「브랜드타임즈」(Brand Times) (http://www.brandtimes.co.kr) 2021. 11. 03.

15 이정배, "3월 9일 대선 앞에서 한국 기독인이여 일어나라," 2022 한반도 참된 인류세를 위한 새문명 선언 기자회견문, 「베리타스」 (2022. 02. 15.).

16 "지역사회 주민들을 동역자로 삼는 마을목회! 한국마을목회종합지원센터 출범," https://www.cts.tv/news/view?ncate=CATTV&dpid=285993.

17 부천 새롬교회 주일 말씀 (2023. 2. 12.).

18 체드 마이어스, 『오늘 마가복음을 살다』 (대장간, 2018), 64-66.

19 부천 새롬교회 주일 말씀 (2023. 3. 19.).

20 김근수, "억압하는 사람들과 싸우는 예수," 「민들레 신문」 (2022. 12. 29.). (https://www.mindlenews.com/news/articleView.html?idxno=1040.)

21 대한예수교장로회 총회는 2002년부터 2012년까지 제1차 장기계획을 세운 바 있으며, 두 번째의 장기 정책은 2012년부터 2022년 사이의 계획이었다. 그동안 예장 교단은 두 차례의 10년운동을 통해 '생명'에 방점을 둔 바 있다. '생명살리기운동 10년 (2002-2012)'과 '치유와 화해의 생명공동체운동 10년 (2012-2022)'이 그것이다. 이에 본 교단은 치유와 화해의 생명공동체운동 10년의 하반기였던 2018-2022의 5년간을 '마을목회운동'의 기간으로 정하고, 하나님의 진정한 사랑으로 마을을 품고 세상을 살리는 목회를 위해 힘써오기도 했다. 그리고 이 '하나님의 창조세계를 꽃피우는 생명문명·생명목회 순례 10년 (2022-2032)'을 출발하였다.(2023 류영모 총회장)

22 김종수 '마을대학 추진위원'님 카톡 인사글.

23 부천 새롬교회 주일 말씀 (2023. 4. 2.).

24 정원진, "병자를 만지고 귀신을 추방하고," <2014년 상반기 길목신학강좌>, 그 사람 예수 4강.

25 조태연 『뒤집어 읽는 신약성서』 (대한기독교서회, 1999), 43-46.

26 부천 새롬교회 주일 말씀 (2022. 3. 20.).

27 조태연 교수는 이 무화과나무 이야기는 앞에서 다루었던 하혈병 걸린 여인의 치유 기사인 '야이로의 간청/ 혈류증여인의 새치기/ 야이로 딸의 소생 구조'와 닮은 꼴이라고 한다(조태연, 『뒤집어 읽는 신약성서』, 대한기독교서회, 1999, 43-50).

28 가정교회마을 연구소 대선 번개 토론회 (출처: 가정교회마을연구소 카톡방, 한국일 교수 요약).

29 유대인들이 로마 지배, 특별히 로마의 세금 정책으로 인한 지배에 대항하는 신앙차원에서 나온 생존전략이 바로 정결의 정치학이었다고 한다. 부연 설명하자면 이렇다. 유대인들은 항시 십일조를 냄으로 유대인이라는 정체성(거룩함)을 유지해 왔다. 그러나 소출의 20퍼센트에 달하는 십일조를 내면서 동시에 로마가 부과한 세금을 내는 것은 힘겨운 일이었다. 로마의 세금을 거절하면서 율법을 지켜 거룩한 백성이 될 것인가, 아니면 강력력 없는 종교적 규정(십일조)을 포기하면서 현실적인 삶을 살 것인가 하는 것이 당시 유대인들의 처절한 고뇌였다고 한다(마커스 보그/김준우 옮김, 『예수의 의미』, 한국기독교연구소, 2001).

30 허호익, "포도원 주인의 비유(마태복음 20:1-10)를 다시 읽다."

31 부천 새롬교회 주일 말씀 (2022. 04. 09.).

32 김용옥, 『나는 예수입니다』 (통나무, 2020), 312.

6장 _ 다시 갈릴리에서 부활의 생명망을 짜라

1 부천 새롬교회 주일 말씀 (2023. 04. 09.).

2 부천 새롬교회 주일 말씀 (2021. 04. 03.).

3 이원돈, "다시 갈릴리마을에서 우리가 할 일은 무엇인가?" 예수와 마을 시리즈 12, 「에큐메니안」 http://www.ecumenian.com/news/articleView.html?idxno=12968

4 조태연, 『태의 소생, 여성지도자들을 위한 마가 읽기』, 169.

5 조태연, 『태의 소생, 여성지도자들을 위한 마가 읽기』, 176.

6 월터 브루그만, 『안식일은 저항이다』 (복있는사람, 2015), 165.

7 안병무, "살림-품," (한국신학연구소, 1992년 11월호), 2-13.

8박상진, "기독교교육생태계를 회복하는 대안적 교회교육: 품 모델",(장로회신학대학교 출판부, 2016년).

9 이원돈, "저출생의 대안으로서 돌봄마을과 돌봄교회," <지역사회 돌봄 포럼>, 의성군 종합복지관, (2023. 05. 11).

10 부천 새롬교회 부활절 말씀 (2022. 04. 17.).

7장 _ 생명과 돌봄이 풍요로운 교회와 마을(약대동의 미래)

1 "약대동, 한 편의 마을여행 드라마를 찍다" 「마을목회 신문」(2023. 06. 10.).

http://www.maeulch.net/news/219382

2 "경기마을 약대동 탐방 이야기," http://www.maeulch.net/news/219382.

3 부천 새롬교회 구역예배 기도문 (2023. 07.).

4 부천 새롬교회 주일 말씀 (2022. 12. 04.).

5 김중미, "서로 돌봄의 그물망이 희망이 된다," 「창작과 비평」 2022 가을호 특집, 91-92.

6 "2022 마을목회 선언문" 수정본, <마을목회 원탁회의>, (2022. 09. 26.).

7 임종한, '부천마을목회 협동조합' 카톡방 글.

8 "마을목회와 아시안선교"(이원돈 목사) 오인방 tv
(https://.www.youtube.com/live/YBki4Y-zLZM?si=02wnxixJ8vr97-8V)

9 번역: 이수아(런던 정경대 대학원 졸업), 이원혁 교수(백석대 영어과 은퇴교수).

10 <CBS 광장> (2023. 07. 09.).

셋째 마당 _ 마을과 사회적 연대경제 (임종한)

머리글

1 김상봉, "영성 없는 진보 — 한국 민주주의의 위기를 생각함," 「세상을 바꾸는 시민언론 민들레」 (https://www.mindlenews.com/news/articleView.html?idxno=5690) 게재일 2023. 10. 29. 09:45. 접속일 2023. 12. 06.

2 이오갑, 『칼뱅, 자본주의의 고삐를 잡다』(한동네, 2019), 149-160.

3 임종한 외, "가치기반 지역사회중심 일차의료 건강 관리 모델 효과분석," 「건강보험공단 심평원 보고서」, 2002년.

4 신용인, "묻지마 범죄, 근원 치유 해법은?" 「시사오늘(시사ON)」
(https://www.sisaon.co.kr/news/articleView.html?idxno=152839).
게재일 2023. 08. 13. 12:19. 접속일 2023. 12. 06.

1장 _ 마을목회와 사회연대경제

1 이오갑, 『칼뱅. 자본주의의 고삐를 잡다』, (한동네, 2019).

2 "협동조합 현황," https://www.coop.go.kr/home/statistics/ (2023. 9. 16. 접속).

3 앤드류 매클라우드/홍병룡 옮김, 『협동조합 성경의 눈으로 보다』(아바서원, 2013), 13.

4 같은 책, 148.

5 김용복 박사를 고문으로 한 희년상생사회적경제네트워크는 전 지구 상생공동체의 생명망 회복과 안전을 위한 기민하고 담대하며 정의로운 실천에 앞장서고자 창립되었으며, 희년과 상생의 실현을 목표로 하는 협동조합 등 여러 사회적경제 조직이 참여하였다.

6 "협동을 통한 평등한 사회, 꿈같은 세상은 가능하다," 「오마이뉴스」 (2010. 8. 5.).

7 임종한, "[항동에서] 지역사회통합돌봄, 이제부터 시작이다," 「인천일보」 (2021. 4. 1.).

8 심성보, "코로나 시대, 마을교육공동체운동과 생태적 교육학," 「살림터」 (2021. 2. 28.).

9 "감염병시대, 사회적 의료를 말하다," <KBS 다큐온>, KBS1TV (2021. 1. 9.) 방송.

10 야고보서 5장은 합심기도를 통한 치유와 건강복지공동체의 가능성을 제시한다. 치유 기도는 하나님을 향한 전적인 신뢰로서의 믿음과 생명의 건강한 복지에 대한 적극적인 신념으로서의 믿음이 만나는 자리라고 한다. 이는 신앙 치유가 의료적 치유와 배치되지 않고 그 병자의 건강복지를 극대화하는 방향으로 서로 공조하고 있다는 점에서 또 다른 중요한 의의라고 할 수 있다. 여기서 공동체의 치유 기도를 병든 자를 구하는 믿음의 기도로 규정하고 있음을 통해(약 5:15-16) 야고보서의 배후에 작동된 건강복지의 원리를 추출해 볼 수 있다. 다시 말해 그 치유 활동이 특별한 개인의 카리스마에 의존하기보다 공동체 전체의 관심과 배려 하에 이루어졌다는 점에 착안하며 그 의미를 우려낸다면 오늘날 약대동 마을의 중보기도와 마을 심방이 건강 리더들의 치유 사역으로 이어지고 있는 마을목회와 돌봄마을 구상의 중요한 신학 신앙적 시사점을 발견할 수 있다. 차정식, "사회 양극화와 평화에 대한 신약성서적 통찰"- 초대교회 공동체 정신으로 양극화 극복, 「한국성결신문」 (2015. 12. 2.).

11 [헬로 이슈토크] 청소년의 심야식당 '청개구리 식당' 이정아 대표, https://youtu.be/2Z_n-p3gQKo.

2장 _ 협동조합을 통한 공동체 회복 활동 성과와 전망

1 Kontis V, Bennett JE, Mathers CD, Li G, Foreman K, Ezzati M. *Future life expectancy in 35 industrialised countries: projections with a Bayesian model ensemble.* Lancet. 2017 Apr. 1; 389(10076): 1323-1335.

2 신영전 · 김창엽, 『보건의료 개혁의 모색』 (한울아카데미, 2006), 19-34.

3 김창엽, "고비용, 저효율의 의료보장제도," 「참여연대 정책 강좌 자료집」.

4 아브히지트 바네르지, 에스테르 뒤플로, "코로나19 위기 이후 한국이 글로벌 리더 역할을 할 수 있다," 「동아일보」 (2020. 5. 13. 인터뷰).

5 Vuori H., "The role of the schools of public health in the development of primary health care," *Health Policy.* 1985(3): 221-230.

6 Starfield B., "Primary care visits and health policy," *CMAJ.* 1597(1998 Oct.): 795-796.

7 Starfield B, Shi L., "Policy relevant determinants of health: an international perspective," *Health Policy* 603(2002 Jun.): 201-218.

8 Health Aff(Millwood), 284(2009 Jul.-Aug.): 1136-1145; Sandy LG, Bodenheimer T, Pawlson LG, Starfield B., *The political economy of U.S. primary care.*

9 Dresang LT, et al., "Family Medicine in Cuba: Community-Oriented Primary Care and Complementary and Alternative Medicine," *J Am Board Fam Pract* 18(2005): 297-303.

10 안상훈, "우리나라 일차의료 수준의 평가 및 선진국들과의 비교 분석," 「가정의학회지」 224(2001): 483-497.

11 이상이, "한국보건의료체계의 진단과 과제," 「보건과 사회과학」 제12집(2002).

12 마이클 샌델, "코로나19로 택배기사 등 노동자 중요성 깨달아… 존엄성 인정해야," 국민권익위원회 보도자료. (2020. 12. 04).

13 임종한, "협동조합을 통한 공동체 회복 활동성과 전망," 359-380.

14 김은식, 『장기려 우리 곁에 살다 간 성자』, 200-201.

15 지역주민들과 의료인이 함께 만들어 가는 협동공동체인 의료협동조합은 원래 의료생협에서 2012년 이후 의료사협으로 모두 전환되었다.

16 김용복, "기독청년의료인회 30주년 축사," 「기독청년의료인회 30주년 기념 자료집」.

17 성낙진, "가정의학전문의가 근무하는 기관 구조가 일차의료 수행에 미치는 영향," 「가정의학회지」 2811(2007), 26.

18 백재중, "의료협동조합을 그리다," 「건강미디어협동조합」 (2017년).

19 한국의료사협 홈페이지, http://hwsocoop.or.kr/ (2023. 8. 23. 최종접속).

20 WHO, *The impact of the COVID-19 pandemic on noncommunicable disease resources and services: results of a rapid assessment* (Geneva: World Health Organization, 2020).

21 NCD department, WHO. *Final results: Rapid assessment of service delivery for noncommunicable diseases* (NCDs) during the COVID-19 pandemic, 2020; COVID-19: a new lens for non-communicable diseases. The Lancet editorials. 2020: 396(10252); 649.

1 OECD. Global Action: Promoting Social and Solidarity Economy Ecosystems https://www.oecd.org/cfe/leed/ social-economy/oecd-global-action/

2 한국협동조합운동 100년 편집위원회, 『한국협동조합운동 100년사 I, II』 (가을의 아침 출판사, 2019).

3 임종한 외, 『가장 인간적인 의료』 (스토리플래너, 2011); 임종한 외, 『참 좋은 의료공동체』 (스토리플래너, 2015); 임종한 외, 『주치의가 답이다』 (스토리플래너, 2017); 임종한 외, 『고령화사회, 건강불평등 시대』 (스토리플래너, 2020).